凡　例

一、本書所收魏晋南北朝墓誌，起三國之始，迄楊隋之末（220—
　　618），皆趙萬里《漢魏南北朝墓誌集釋》（科學出版社 1956
　　年版）及趙超《漢魏南北朝墓誌彙編》（天津古籍出版社 1992
　　年版）兩書所未收者。趙萬里書出版太早，五十年代以後新
　　出墓誌未能收入；趙超書所收墓誌截至 1986 年，且不收隋
　　誌。本書所收隋代墓誌，皆趙萬里所未及得見，主要是五十
　　年代至 2003 年底發表者；其餘墓誌，爲 1986 年後至 2003 年
　　12 月間初次公開發表，間有早已發表而爲趙超漏收者。雖
　　出土及發表前後不一，亦統冠以“新出魏晋南北朝墓誌”之
　　名。高昌墓誌，因比較特殊，且侯燦《吐魯番出土磚誌集注》
　　（巴蜀書社 2003 年版）整理完備，故本書不再收入。

二、全書分爲魏晋十六國南朝、北魏、東魏北齊、西魏北周、隋五
　　部分，每一部分按照誌主下葬日期先後爲序排列。同墓出土
　　或同一家族墓地出土之親屬，因下葬時間不同，夫妻父子前
　　後各異，皆一一注明，參互表見。

三、墓誌録文采用通行繁體字，專名之外的俗別字徑改爲正字，
　　假借字及現在仍通行的簡體字則照録原文。録文依據拓片
　　圖版，在誌蓋和誌石每行末字後加“／”，以示原拓行款。除
　　人名、謚號類空格以及疏證專門加以討論者外，原墓誌中的

空格不予保留。少量墓誌由於未見拓片圖版,無法確知其行款,亦於疏證中説明。誌石殘泐,無法辨識者,在知所殘字數時,以"□"表示;在不知所殘字數時,以"■"表示。字迹模糊無法確認的,字外加方框,如"贈原州"。

四、墓誌先列録文,後附疏證。疏證意在注明拓片圖版和參考録文的出處,介紹現有研究成果,並對墓誌所涉史事作簡單的考證和説明。

五、本書所收墓誌除期刊發表之外,多集中收録於一些石刻彙編類書籍中。這些書籍的詳細出版信息,見參考書目,疏證中直接引用,不再一一注明。

目　次

魏晉十六國南朝

一　司馬馗妻王氏墓誌

【誌陽】

惟晉太康三年冬十一月，我王皇/妣大妃王氏薨。春三月，協櫬/于皇考大常戴侯陵。王孝慕罔極，/遂遜衮列，侍于陵次。以營/域不/夷，乃命有司，致力于斯坑，役夫/七千功。天朝遣使臨焉。國卿一

【誌陰】

令二，以統事。既剋其功，大祚宣/流，上寧先靈，下降福休。子/子孫/孫，天地相侔。/隴西國人造。

【疏證】

　　司馬馗妻王氏磚質墓誌，1979 年出土於河南省孟縣南莊鄉沇河村，誌石現藏孟州市博物館。墓誌拓片圖版及錄文見《新中國出土墓誌》河南卷（壹），圖版見上册頁 211，錄文見下册頁 201—202；又見梁永照《西晉王氏磚誌》，《華夏考古》1996 年第 4 期。研究文章有周錚《西晉王氏磚誌考釋》，《華夏考古》1999 年第 1 期。誌稱"隴西國"、"王太妃"，知爲隴西王太妃墓誌。西晉武帝太康三年（282）前後，司馬泰爲隴西王。據《晉書》卷三七《宗室傳》，司馬泰爲司馬馗之子，而司馬馗爲司馬懿之弟，"魏魯相東武城侯"，既無晉朝爵位，説明他死於禪代之前。據王氏墓誌，知司馬馗謚"戴"。《千唐誌齋藏誌》①第 708 號司馬

---

① 河南省文物研究所、河南省洛陽地區文管所：《千唐誌齋藏誌》，文物出版社，1984 年。

銓墓誌,云"自晋高祖宣皇帝弟戴侯馗,洎君十五代"。可見司馬馗謚"戴",確然無疑。

司馬馗既死於魏時,故歸葬河内温縣司馬氏家族墓地。王氏死後,司馬泰奉母與父合葬,即所謂"協櫬于皇考大常戴侯陵"。其地即今孟州市南莊鄉一帶。司馬馗官太常,不見於史,應當是死後贈官。司馬泰擴建墓地,所命"有司",照理不是河内地方政府,而是他自己的隴西國王府屬官,墓誌稱監造官員"卿一令二",誌末所謂"隴西國人造"是也。《晋書》卷二四《職官志》王國有三卿:郎中令、中尉、大農。一卿當是指這三卿之一,二令則不詳所指。

司馬泰爲母親營葬,共"役夫七千功"。這種以石刻文字記錄建築工程所費人力的做法,來自漢代的傳統。如東漢張景碑有"功費六七十萬,重勞人功"的句子[1]。北魏宋紹祖墓有一處銘記,云"太和元年五十人用公三千鹽豉卅斛"[2]。其中"五十人用公三千","公"當作"功",即所費共三千功,遠少於司馬泰爲母營葬所費人力。司馬泰以隴西王國官員監工,則其工人亦當出自隴西,故計功不計財(宋紹祖墓銘記則記"鹽豉")。

---

① 高文:《漢碑集釋》,河南大學出版社,1997 年,頁 227。

② 山西省考古研究所、大同市考古研究所:《大同市北魏宋紹祖墓發掘簡報》,《文物》2001 年第 7 期。

二　趙氾墓誌

【誌額】

晋故宣/威將軍/趙君墓/中之表

【誌文】

君諱氾,字叔伯,河南河南人也。惟君先裔,弈世高宗,昔漢室/失統,九州分崩,遂絕先緒,湮没韜光。君性恢偉,雖陷塗炭,志/節難尚,處於憂愍,勸務墳典,貴義尚和,謙己沖人。誠世範之/清模,積德之遺彦也。少挺靈曜之美質,明盛随侯之暉光,容/觀琰茂,儀表堂堂。欽明之素,令豫應騁,庶勳績允成,如昊天/不惠。昔年卅有一,厥命隕阻。於時遺藐,幼弱孤微,喪柩假瘞,/遂迄於今。今卜筮良辰,更造靈館,北營陵陽之高敞,南臨伊/洛之洪川,右帶纏谷,左乘首山。遊讓夷叔,熙會高原,廓據崇/庸,億載安安。靈魄永眛,子孫惋戀,攀悼號絕,泣血崩傷。賓寮/來奔,莫不哀酸。刊石作頌,其辞曰:/

穆穆懿德,靈挺精英,洞穎玄達,神鑒孔明。天恣苞粹,邶節堅/正,處濁絜素,雪白冰清。仁洽沉穆,啓式銓平,德邁高軌,遐聞/馨聲,賢淑含真,行與道并。顯命龍驤,靈魄上征,滕揚雲霄,遊/神泰清。瞻景望絕,仰慕延情,附表刻贊,勒石書銘。/

元康八年十月廿一日庚申外甥尹始恭世光世良造。

【疏證】

　　趙氾墓誌,不詳出土時間與地點,今藏香港中文大學文物館,在湖南省博物館與香港中文大學文物館聯合舉辦的"中國古代銘刻文物展"中展出,照片及拓片圖版,發表於爲該展覽而出版的《中國古代銘刻文物》①一書中。該書還提供了參考録文及簡短考證。此外,該墓誌拓片又見《書法叢刊》2002 年第 3 期。

趙汜墓誌額題"晋故宣威將軍趙君墓中之表",無蓋而有額,下有碑座,其形制全似漢代墓碑。這是魏晋時期放棄漢代厚葬傳統以後,國家禁止墓前立碑,墓碑向地下轉移,墓誌逐漸發達的歷史過程中,一個非常重要的環節。墓碑置於墓中,故稱"墓中之表",而形制規格,則模擬墓碑。後來方形、長方形磚質、石質墓誌流行起來以後,墓碑的形制似乎也没有完全放棄,但也逐漸有所變化。區别在於在墓中的放置方式,是平置還是立於棺前。源於墓碑的形制,多立於棺前,故没有誌蓋,且往往自稱墓表,如吕他、吕憲墓表②。後來流行的墓誌,則是平置於墓室,故發展出方形誌蓋與誌石相互緊扣的形制。但即使在後一種墓誌流行最廣的北朝,也還有前一種墓誌形制的廣泛存在。如山西太原晋源區出土的大量小型北齊墓誌,下部有榫卯,可知原來是立於石座之上的。

趙汜墓誌雖不詳出土地點,但從墓誌所云"北營陵陽之高敞,南臨伊洛之洪川,右帶纏谷,左乘首山"來看,趙汜的墓地,應當在今河南偃師境内。"纏谷",應爲瀍谷,"首山",即首陽山。

---

① 湖南省博物館、香港中文大學文物館:《中國古代銘刻文物》,香港,2001 年,第 53 號展品。

② 趙超:《古代墓誌通論》,紫禁城出版社,2003 年,頁 47—52。

三　劉寶墓誌

【誌額】

晋故

【誌文】

侍中、使持節、安北大將/軍、領護烏丸校尉、都督/幽并州諸軍
事、關内侯、/高平劉公之銘表。/公諱寶，字道真，/永康二年正
月丁巳朔/廿九日□□□。

【疏證】

　　劉寶碑形墓誌，1974 年出土於山東省鄒縣郭里鄉獨山村，
墓誌拓片圖版見胡新立《西晋劉寶墓誌》，《書法藝術報》1994 年
12 月 16 日第三版；又見佟柱臣《喜見中國出土的第一塊烏丸石
刻》，《遼海文物學刊》1996 年第 2 期。

　　劉寶事迹，散見於史。據《三國志》卷三五《蜀書·諸葛亮
傳》注引《蜀記》，有“晋初，扶風王駿鎮關中，司馬高平劉寶、長
史榮陽桓隰諸官屬士大夫共論諸葛亮”云云。劉寶爲扶風王司
馬駿的府官，始於從事中郎。《北堂書鈔》卷六八“從事中郎”門
之“劉道真爲扶風王所用”條，引《郭子》云：“劉道真嘗爲司（案
“司”字衍）徒，扶風王駿以五百匹布贖之，既而用爲從事中郎。”
劉寶曾任吏部郎，見《世說新語》“任誕”門之“劉道真少時常漁
草澤”條。

　　據墓誌，劉寶葬於晋惠帝永康二年（301），其最高官爵爲
“侍中、使持節、安北大將軍、領護烏丸校尉、都督幽并州諸軍事、

關内侯"。其中"安北大將軍"比較可疑,因爲非宗室而四安將軍加大,在晋初似乎没有它例。西晋任護烏丸校尉者,一般帶安北將軍號。劉寶生前將軍號應當是安北將軍,墓誌加大,可能並非實情。《隋書》卷三三《經籍志二》史部有《漢書駁議》二卷,云:"晋安北將軍劉寶撰。"今中華標點本《漢書》卷首有顔師古《漢書叙例》,備列諸家《漢書》注釋,亦云:"劉寶字道真,高平人,晋中書郎,河内太守,御史中丞,太子中庶子,吏部郎,安北將軍。侍皇太子講《漢書》,別有《駁義》。"顔師古詳列劉寶歷官,終於安北將軍。《太平御覽》卷三九二引《郭子》"劉道真少時"條,小字注曰:"劉寶字道真,高平人,安北將軍。"由此可知,劉寶最終的實際職務,應當就是安北將軍、領護烏丸校尉。

劉寶任安北將軍、領護烏丸校尉的時間,很可能在晋武帝末年。西晋的第一任護烏丸校尉是衛瓘,一直到太康初年纔離任,見《晋書》卷三六《衛瓘傳》。衛瓘之後,很可能是嚴詢。《晋書》卷三《武帝紀》太康三年:"三月,安北將軍嚴詢敗鮮卑慕容廆於昌黎,殺傷數萬人。"按照慣例,駐幽州的最高軍事長官(或爲寧朔將軍,或爲安北將軍),一般領護烏丸校尉。嚴詢之後是唐彬,見《晋書》卷四二《唐彬傳》。唐彬之後是張華,見《晋書》卷三六《張華傳》。張華於武帝末年回到洛陽。史料中可以考見的接下來一位護烏丸校尉,是劉弘。《晋書》卷六六《劉弘傳》:"張華甚重之,由是爲寧朔將軍、假節、監幽州諸軍事,領烏丸校尉。"但是没有説劉弘任職的時間。據酈道元《水經注》卷一四鮑丘水注引《劉靖碑》,劉弘出任護烏丸校尉的時間是晋惠帝元康四年(294)①。在張華

---

① 楊守敬:《水經注疏》,江蘇古籍出版社,1989 年,頁 1224—1225。

與劉弘之間，大約有六、七年時間，是誰在擔任護烏丸校尉呢？很可能就是劉寶。張華很看重劉寶，陸機曾經諮詢張華，洛陽人士中有誰值得拜謁，張華就推薦了劉寶，見《世説新語》"簡傲"門之"陸士衡初入洛"條。張華離任時推薦劉寶繼任，有較大的可能性。

西晉歷任護烏丸校尉，一般帶寧朔將軍或安北將軍（衛瓘資歷極高，是例外），都督幽州諸軍事（衛瓘加督平州），未見有兼督并州者。劉寶"都督幽并州諸軍事"，較爲特別，也許是墓誌刻寫的問題，并州或當作平州。

劉寶的家世難以詳考。《世説新語》"賞譽"門"劉萬安即道真從子"條，注引《劉氏譜》曰："祖奧，太祝令；父斌，著作郎。"劉萬安，即劉綏。由此可知劉寶的父親是劉奧。

晉惠帝永康元年（300）四月，趙王倫發動政變，次年正月九日，篡奪皇位。趙王倫的王朝只維持了四個月，就被齊王冏等推翻，惠帝復位，同時改元永寧。趙王倫篡位之後改元建始，所以永康二年只在年初行用了九天。但劉寶墓誌仍稱永康二年，可能是因爲距離較遠，没能及時得到趙王倫改元的消息（中間只隔了二十天）。當然，也可能是劉寶家故意沿用永康年號，對趙王倫的篡位不予認可。劉寶此時埋葬，説明他極可能死於此前一年，即永康元年。永康元年趙王倫發動政變時，洛陽上層死難者很多，包括張華、裴頠這樣的重臣。如果劉寶也同樣死於這一事變，墓誌中沿用永康年號，就更加可以理解了。

四　孟□妻趙令芝墓誌

【誌文】

永嘉三年十一月廿一日丁卯/中尚方散都尉孟□/妻趙令芝年廿喪

【疏證】

　　孟□妻趙令芝磚質墓誌,1998 年出土於河南省洛陽市漢魏洛陽故城,現存洛陽,墓誌拓片圖版見王木鐸《洛陽新獲磚誌説略》,《中國書法》,2001 年第 4 期。

　　趙令芝死於晉懷帝永嘉三年(309),二十歲,則其生年當在晉武帝太熙元年,亦即晉惠帝永熙元年(290)。

　　西晉有中、左、右三尚方,屬少府,見《晉書》卷二四《職官志》。散都尉不見於史,當屬於當時所謂"散官"。《晉書》卷四七《傅玄傳》,傅玄上疏提到"散官衆而學校未設",並説"前皇甫陶上事,欲令賜拜散官皆課使親耕,天下享足食之利"。所謂"賜拜散官",當是傅玄所謂"賜拜不在職者"。《初學記》卷一〇引臧榮緒《晉書》,稱晉武帝"又置美人、才人、中才人,以爲散職"[1]。少府各署之散都尉,或即此類員外增置之散職。

---

① 《初學記》,中華書局,1980 年,頁 225。

五　李廆墓誌

【誌文】

燕國薊李廆／永昌三年正月廿六／日亡

【疏證】

　　李廆磚質墓誌,1992 年 11 月出土於遼寧省錦州市凌河區解放路與雲飛街交叉路口東南部的前燕墓,墓誌拓片圖版,見辛發、魯寶林、吳鵬《錦州前燕李廆墓清理簡報》,《文物》1995 年第 6 期。簡報作者稱,李廆墓是迄今唯一有準確紀年的前燕墓葬。

　　李廆不見於史。永昌是東晋元帝的年號。但永昌元年(322)的閏十一月十日(己丑),元帝死,次日明帝即位。永昌二年(323)三月一日,明帝改元太寧。因此,元帝的永昌年號,行用於太寧元年三月以前,不存在永昌三年的官方紀年,所謂永昌三年,實爲太寧二年(324)。李廆墓誌的紀年,反映在明帝改元大半年之後,慕容鮮卑所控制的遼東遼西地區,没有獲得江東地區的正式通知。

　　慕容廆在晋元帝時期,與江東政權聯繫密切,因而得以加官進爵,獲得很大的政治利益,對於慕容鮮卑在遼東遼西地區擴展勢力、建立政權,有重要的作用。元帝時期最後一次聯繫,見於《晋書》卷六《元帝紀》太興四年:“十二月,以慕容廆爲持節、都督幽平二州東夷諸軍事、平州牧,封遼東郡公。”據同書卷一〇八《慕容廆載記》:“裴嶷至自建鄴,帝遣使者拜廆監平州諸軍事、安北將軍、平州刺史,增邑二千户。尋加使持節、都督幽州東夷諸軍事、車騎將軍、平州牧,進封遼東郡公,邑一萬户,常侍、單于並如故;丹書鐵券,承制海東,命備官司,置平州守宰。"據《資治通鑑》卷九一,裴嶷受命出使在太興二年(319),到達建康是三年三月。元帝任命慕容廆"監平州諸軍事、安北將軍、平州刺史",應當在三月之後不久。裴嶷北歸,也必在同一年。那麽,發生了什麽特别的事情,使江東政權要在一年之後,就大大提升慕容廆的官爵呢?

一方面,由於北方形勢發生重大變化,石勒控制了冀、并、幽、兖的絕大部分疆域,對江左的威脅越來越大,東晋需要在石趙的背後樹立牽制力量;另一方面,也許是更重要的原因,江東政局發生了嚴重的分裂,王敦與元帝之間展開了爭奪實際權力的較量。如果提升慕容廆官爵的遣使在改元以前,那麽,使者不可能把改元的事傳達到遼東遼西;而在王敦興兵以後,元帝不會再有餘裕向慕容廆遣使,而王敦也不會急於把改元的事情通知遼東遼西。因此,元帝向遼東遣使,並不在太興四年冬,而是在永昌元年春。也許給慕容廆提升官爵的決定是在前一年年底作出的,但是使者離開建康,却應在永昌元年年初。這樣,使者把改元永昌的事一併傳達到遼東遼西,慕容鮮卑所控制的地區遂奉行永昌年號。

明帝即位之後,到太寧二年年底,江東陷入更嚴重的紛爭,以王敦病死和他的集團失敗告終。紛擾之下,東晋朝廷向遥遠的遼東遼西派遣使者的可能性很低。而同時,石趙奪取了青州,進一步切斷了慕容集團與東晋政權之間的聯絡渠道。這樣就可以理解,爲什麽到東晋改元十個月之後,慕容集團猶奉永昌年號。

六　温嶠墓誌

【誌文】

祖濟南太守恭,字仲讓,夫人太原/郭氏。/父河東太守襜,字少卿,夫人潁川/陳氏,夫人清河崔氏。/使持節、侍中、大將軍、始安忠武公/并州太原祁縣都鄉仁義里温嶠,/字泰真,年卅二。夫人高平李氏,夫/人琅耶王氏,夫人廬江何氏。息放/之,字弘祖;息式之,字穆祖;息女膽;/息女光。

【疏證】

　　温嶠磚質墓誌,2001 年 2 月出土於江蘇省南京市下關區郭家山。墓誌拓片圖版及録文,見南京市博物館《南京北郊東晉温嶠墓》,《文物》2002 年第 7 期。

　　據《晉書》卷七《成帝紀》,温嶠死於晉成帝咸和四年(329)四月。又據墓誌,温嶠卒年爲四十二歲,則其生年當在晉武帝太康九年(288)。温嶠字泰真,文獻中往往寫作“太真”。據墓誌,作“泰真”是。

　　《晉書》卷六七《温嶠傳》,不載其祖父姓名。由墓誌知其祖父爲温恭,字仲讓。温嶠的父親,墓誌云名“襜字少卿”,《晉書》云名“憺”。“襜”字應是“憺”字的異寫。《晉書》稱温嶠的母親姓崔。據墓誌,知清河崔氏是温憺的後妻,温憺前妻潁川陳氏,可能早死。

　　關於温嶠的三個妻子,亦見史書。《晉書》卷二〇《禮志中》:“驃騎將軍温嶠前妻李氏,在嶠微時便卒。又娶王氏、何氏,並在嶠前死。"三個妻子是否可以並稱夫人,涉及國家禮制,相關官員加以討論,陳舒主張夫貴妻榮,三妻並得稱夫人。但後來"贈王、何二人夫人印綬,不及李氏"。李氏死得早,而且是在溫嶠微時。據《文選》卷三七劉越石(琨)《勸進表》李善注引王隱《晉書》,溫嶠於晉愍帝建興五年(即晉元帝建武元年,317)爲劉琨使於江左奉表勸進。這一年溫嶠三十歲,應當已經成婚。李氏(李暅女)應當就是溫嶠在北方時所娶,而且早死。過江以後,溫嶠逐漸顯貴,先後聯姻江左高門琅琊王氏(王詡女)和廬江何氏(何邃女)。朝廷追贈夫人印綬,有王、何而不及李氏,其各自家族在江東政局中的不同地位應當起了重要作用。

《世説新語》"假譎"門有"溫公喪婦"條,記溫嶠娶其從姑劉氏之女爲繼室。劉孝標注引《溫氏譜》僅載溫嶠娶李氏、王氏和何氏,不見有劉氏,認爲此條記事"虛謬"。後人有疑所謂劉氏者,溫嶠從姑之姓,非姑女之姓。清人李慈銘云,既是溫嶠從姑,必姓溫,所謂劉氏,應是從其夫姓,其女姓劉無疑①。根據溫嶠墓誌,其前後所娶三個妻子中,並無劉姓者,可見《世説新語》這一條,並非事實。但江東士林流傳溫嶠娶妻的故事,也反映溫嶠渡江以後的婚姻問題,曾經受到關注。

---

① 余嘉錫:《世説新語箋疏》(修訂本),上海古籍出版社,1993年,頁857—858。

七　王康之墓誌

【誌文】

永和十二年十月十七日晋/故男子琅耶臨沂王康之,字/承叔,年廿二,卒。其年十一月/十日,葬於白石。故刻磚爲識。

【疏證】

王康之磚質墓誌,2000年出土於江蘇省南京市北郊象山東晋王氏家族墓地,墓誌照片及拓片圖版,見南京市博物館《南京象山11號墓清理簡報》,《文物》2002年第7期。同時出土的還有王康之的妻子何法登墓誌,亦收入本書,請參看。

王康之死於晋穆帝永和十二年(356),二十二歲,故其生年當在晋成帝咸康元年(335)。據王康之妻何法登墓誌,王康之在世時只育有一女,故他去世後,何氏養兄臨之子續之。清理簡報認爲臨之應當是何法登之兄,是不對的。何充無子,見《晋書》卷七七《何充傳》。臨之應當是康之之兄,養兄子以爲嗣,在當時是普遍現象。而王臨之,據宋人汪藻《世説叙録》中的《琅邪臨沂王氏譜》,是王彪之的兒子。據此,知王康之乃是王彪之之子。

到目前爲止,南京象山已經發現的王氏墓葬,已經有十一座(參看王建之墓誌疏證)。從墓誌內容看,這些墓主人,都是王彬的子孫。可以肯定,象山王氏家族墓地,基本上就是渡江的琅琊王氏中,王彬一支的家族墓地。這對於我們瞭解琅琊王氏在江東的家族分化、家族制度,有很大的幫助。

現依據象山前後所出王氏墓誌,並參考文獻,排列王彬一支世系如後:

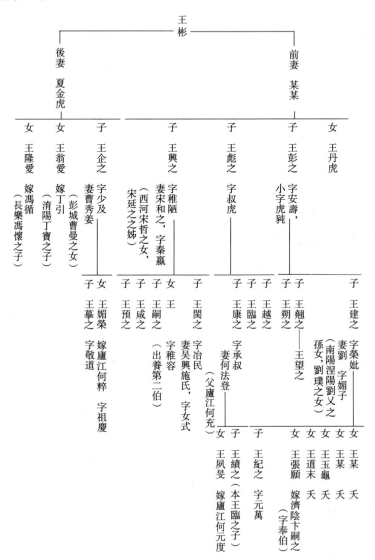

八 高崧及妻謝氏墓誌

【高崧墓誌】

晋故侍中、騎都尉、建/昌伯廣陵高崧,泰和/元年八月廿二日薨,/十一月十二日窆。

【高崧妻謝氏墓誌】

鎮西長史、騎都尉、建昌伯/廣陵高崧夫人會稽謝氏,/永和十一年十二月七日/薨,十二年三月廿四日窆。

【疏證】

　　高崧及妻謝氏磚質墓誌二方,1998 年出土於南京市栖霞區仙鶴觀東晋高崧家族墓地 2 號墓,墓誌出土情況及拓片圖版詳見南京市博物館所撰發掘簡報《江蘇南京仙鶴觀東晋墓》,載《文物》2001 年第 3 期,頁 4—40。同期封二還刊登了墓誌誌磚的照片。發掘簡報認爲 2 號墓爲高崧及妻謝氏的合葬墓,並對墓誌内容作了考證、研究。

　　高崧事迹,見於《晋書》卷七一《高崧傳》。本傳叙高崧歷官,不見鎮西長史與騎都尉。簡報認爲此鎮西,應指鎮西將軍謝尚,甚是。《晋書》卷八《孝宗穆帝紀》,永和十一年,“冬十月,進豫州刺史謝尚督并冀幽三州諸軍事、鎮西將軍,鎮馬頭”,至升平元年,“夏五月庚午,鎮西將軍謝尚卒”。可知從穆帝永和十一年(355)十月至升平元年(357)五月的時間内,鎮西將軍一職由謝尚擔任。而高崧妻謝氏墓誌稱謝氏死於永和十一年十二月,葬於次年三月,正是在謝尚爲鎮西將軍的時期之内,可見這時高崧正隨謝尚北鎮壽陽。

　　本傳記高崧爲侍中之後，"是時謝萬爲豫州都督，疲於親賓相送，方臥在室。崧徑造之……崧便爲叙刑政之要數百言。萬遂起坐，呼崧小字曰：'阿酈！故有才具邪！'"顯示高崧與謝萬關係相當親密。又《晋書》卷七九《謝安傳》："征西大將軍桓溫請爲司馬，將發新亭，朝士咸送，中丞高崧戲之曰：……安甚有愧色。"高崧爲御史中丞，亦未見載本傳。這些材料顯示，高崧與陳郡謝氏關係甚深。這和他在東晉荆揚的鬥争中，站在建康朝廷一邊，協助簡文帝對抗桓溫，似乎也是一致的。高崧妻謝氏墓誌稱高崧曾爲謝尚鎮西府長史，更加揭示了高崧與謝氏集團的歷史淵源，有助於理解他後來的政治立場。

九　護國定遠侯墓誌

【誌文】

護國定遠侯,祖籍建/昌,以北邊有警,仗節/孤征,馳逐沙漠,墜騎被/虜。建元二年四月朔一日,/身故。軍士負土以瘞焉。

【疏證】

　　佚名護國定遠侯墓誌,出土時間地點不詳,藏河南省洛陽市古代藝術館,拓片圖版見李春敏《十六國漢護國定遠侯墓誌》,《文物天地》1994 年第 4 期。李春敏根據墓誌中的建元年號,定爲十六國漢國劉聰建元二年(316)墓誌。王素則認爲應是十六國前秦苻堅建元二年(366)墓誌,見《前秦建元二年護國定遠侯墓誌考釋》,《文物天地》1994 年第 4 期。今從王説。

　　據王素考證,誌主護國定遠侯某,參加了苻堅建元元年(365)前秦建節將軍鄧羌所指揮的對匈奴劉衛辰的木根山之戰,並且很可能在戰場被俘,後劉衛辰軍敗,纔得歸前秦。王素也懷疑,他的將軍號(護國將軍)和封爵(定遠侯),都可能是死後追贈的。

一〇　王企之墓誌

【誌文】

晉故前丹楊令、騎都尉、琅耶臨沂都鄉南/仁里王企之,字少及,春秋卅九,泰和二年/十二月廿一日卒,三年初月廿八日葬于/丹楊建康之白石,故剡石爲志。/所生母夏氏。/妻曹氏。/息女字媚榮,適廬江何粹,字祖慶。/息男摹之,字敬道。

【疏證】

王企之磚質墓誌,1998 年出土於江蘇省南京市北郊的象山東晉琅邪王氏家族墓地,詳見南京市博物館《南京象山 8 號、9 號、10 號墓發掘簡報》,《文物》2000 年第 7 期。發掘簡報附有墓誌拓片的圖版和釋文。胡舜慶、姜林海《南京出土東晉王氏四方墓誌書法評析》一文,也附有墓誌拓片的圖版和錄文,載《書法叢刊》2000 年第 4 期。同時出土的墓誌共有五方,石誌三,磚誌二,除王企之墓誌外,還有王建之夫婦墓誌。簡報錄文把王企之釋作王仚之,案企之字少及,名、字意義相關,作"仚"誤。

王企之死於晉廢帝太和二年(367),三十九歲,故其生年當在晉成帝咸和四年(329)。據夏金虎墓誌①,王企之是王彬和夏金虎之子,妻爲彭城曹曼女曹秀姜。

墓誌所説的葬地"丹楊建康之白石",即今象山。東晉南朝史籍提到建康城北邊的"白石",胡三省説:"白石壘,在石頭東

---

① 趙超:《漢魏南北朝墓誌彙編》,天津古籍出版社,1992 年,頁 20。

北,峻極險固。"①胡注是依據《晋書》卷六六《陶侃傳》所載侃部將李根的話,李根説:"查浦地下,又在水南,唯白石峻極險固,可容數千人,賊來攻不便,滅賊之術也。"墓誌中所説的王氏墓地所在的白石(今象山),是否爲建康城北的軍事要害白石壘,還很難説②。

---

①　《資治通鑑》卷九四《晋紀十六》,中華書局,1956 年,頁 2958。

②　劉宗意:《東晋王氏墓誌之"白石"考》,《江蘇地方志》2002 年第 2 期。

一一　王建之妻劉媚子墓誌

【誌文】

晋振威將軍、鄱陽太守、都亭侯琅/耶臨沂縣都鄉南仁里王建之，字榮妣，/故夫人南陽涅陽劉氏，字媚/子，春秋五十三，泰和六年六月戊/戌朔十四日辛亥，薨于郡官舍。夫/人修武令乂之孫，光禄勳東昌男/璞之長女，年廿來歸，生三男三女，/二男未識不育。大女玉龜，次女道/末，並二歲亡。小女張願，適濟陰卜/嗣之，字奉伯。小男紀之，字元萬。其/年十月丙申朔三日戊戌，喪還都。/十一月乙未朔八日壬寅，倍葬于/舊墓，在丹楊建康之白石。故刻石/爲識。

【疏證】

　　王建之妻劉媚子墓誌，1998 年出土於南京市北郊的象山東晋琅邪王氏家族墓地，詳見南京市博物館《南京象山 8 號、9 號、10 號墓發掘簡報》，《文物》2000 年第 7 期。發掘簡報附有墓誌拓片的圖版和釋文。胡舜慶、姜林海《南京出土東晋王氏四方墓誌書法評析》一文，也附有墓誌拓片的圖版和録文，載《書法叢刊》2000 年第 4 期。同時出土的還有王建之和王企之墓誌。劉媚子墓誌分別有磚誌與石誌，磚誌内容全同石誌，而略有省文，今只録其石誌。

　　劉媚子死於太和六年（371，即簡文帝咸安元年，是年十一月改元，劉媚子死於六月，在改元以前，故猶稱太和六年），五十三歲，故其生年當在晋元帝太興二年（319）。

　　劉媚子的籍貫,發掘簡報誤釋爲"南陽涅陽"。六朝劉氏有南陽涅陽一望,南陽有涅陽縣,無涅陽縣①。

―――――――

① 　劉濤:《〈王建之妻劉媚子墓誌〉中的"涅陽"》,《文物》2002 年第 7 期。

一二　王建之墓誌

【誌文】

晉故振威將軍、鄱陽太守、/都亭侯琅耶臨沂縣都鄉/南仁里王建之，字榮妣，故/散騎常侍、特進、衛將軍、尚/書左僕射、都亭肅侯彬之/孫，故給事黃門侍郎、都亭/侯彭之之長子，本州迎西/曹，不行。襲封都亭侯。州檄/主簿、建威參軍、太學博士、/州別駕，不行。長山令、廷尉/監、尚書右丞、車騎長史、尚/書左丞、中書侍郎、振威將/軍、鄱陽太守，春秋五十五，/泰和六年閏月丙寅朔十/二日丁丑，薨于郡官舍。夫/人南陽涅陽劉氏，先建之/半年薨，咸安二年三月甲/午朔十四日丁未遷神，其/年四月癸亥朔廿六日戊/子，合葬舊墓，在丹楊建康/之白石，丹楊令君墓之東。/故刻石爲識。/二男未識不育。大女玉龜，/次女道末，並二歲亡。小女/張願，適濟陰卞嗣之，字奉/伯。小男紀之，字元萬。/建之母弟翹之，見廬陵太/守；小弟朔之，前太宰從事/中郎。

【疏證】

　　王建之磚質墓誌，1998 年出土於南京市北郊的象山東晉琅邪王氏家族墓地，詳見南京市博物館《南京象山 8 號、9 號、10 號墓發掘簡報》，《文物》2000 年第 7 期。發掘簡報附有墓誌拓片的圖版和釋文。胡舜慶、姜林海《南京出土東晉王氏四方墓誌書法評析》一文，也附有墓誌拓片的圖版和錄文，載《書法叢刊》2000 年第 4 期。同時出土的墓誌還有王企之墓誌和王建之的妻子劉媚子墓誌。

象山是琅邪王氏家族墓地。六十和七十年代,南京市文物保管委員會曾在同一墓地發掘了七座王氏墓,出土墓誌若干,可見其發掘簡報①。這些墓誌又見於《南京出土六朝墓誌》,趙超《漢魏南北朝墓誌彙編》也收有録文(頁 18—20)。2000 年南京市博物館又在象山清理了第 11 號墓,出土王康之夫婦墓誌(《南京象山 11 號墓清理簡報》,《文物》2002 年第 7 期)。關於象山所出墓誌對於王彬一支人物世系的重要價值,請參看本書所收王康之墓誌。

王建之死於晋廢帝太和六年(371,即簡文帝咸安元年,是年十一月改元,王建之死於閏十月,在改元以前,故猶稱太和六年),五十五歲,故其生年當在晋元帝建武元年(317)。

正如發掘簡報所指出的,王建之墓誌所云"建之母弟翹之",就可以證實,宋人汪藻《世説叙録》中的《琅邪臨沂王氏譜》(簡報誤作《世説新語·王氏族譜》)所謂"翹之彬子",肯定是錯誤的。《琅邪臨沂王氏譜》漏王建之,墓誌彌補了這一空白。

---

① 南京市文管會:《南京人臺山東晋興之夫婦墓發掘報告》,《文物》1965 年第 6 期;《南京象山東晋王丹虎墓和二、四號墓發掘簡報》,《文物》1965 年第 10 期;《南京象山五號、六號、七號墓清理簡報》,《文物》1972 年第 11 期。

一三 李緝等五人墓誌

【李緝墓誌】

［磚正面］

晉故平南參軍湘南/鄉侯廣平郡廣平縣/李府君，諱緝，字方熙。/夫人譙國譙縣陳氏。

［磚側面］

升平元年十二月廿日丙午

【李纂妻武氏墓誌】

［磚正面］

晉撫軍參軍廣平郡/廣平縣李纂故妻潁/川郡長社縣武氏

［磚側面］

升平元年十二月廿日丙午

【李纂墓誌】

晉故宜都太守魏郡肥/鄉李纂/寧康三年十月廿六日

【李纂妻何氏墓誌】

夫人東海郯縣何氏

【李摹墓誌】

［磚正面］

晉故中軍參軍廣平/郡廣平縣李摹，字仲/山。

［磚側面］

升平元年十二月廿日丙午

【疏證】

　　李緝等五人墓誌(五方),1998 年出土於南京東北郊吕家山西南麓的三座東晋墓葬中,出土情況及墓誌拓片的圖版,見南京市博物館的發掘簡報《南京吕家山東晋李氏家族墓》,《文物》2000 年第 7 期。王至昌、胡舜慶《南京出土東晋李氏家族墓誌書法評析》一文,附有拓片圖版和録文,載《書法叢刊》2000 年第 4 期。

　　李緝墓誌出土於一號墓,李摹及武氏、何氏三墓誌出土於二號墓,李摹墓誌出土於三號墓。李摹妻武氏入葬時間(晋穆帝升平元年,即 357 年),早於李摹入葬時間(晋孝武帝寧康三年,即 375 年)達十八年,可見武氏先亡。李摹與何氏兩誌書法、誌磚形制都很接近,可能是同時製作的,而李緝墓誌、武氏墓誌與李摹墓誌,誌磚形制、書法風格及下葬時間又完全一致,透露出吕家山的這三座李氏家族墓,是升平元年同時砌築的,前此已故的三人分别建墓,同日入葬(或遷葬),李摹及其後妻(也可能是妾)何氏死後,入武氏之墓合葬。因此,升平元年主持營葬的,很有可能就是李摹本人。李緝墓誌稱"府君",又有"夫人譙國譙縣陳氏"的話,顯然也是夫妻合葬墓,李緝可能是李摹的父親,而李摹,根據名字看,應當是李摹的兄弟。

　　在武氏墓誌中,稱李摹爲"廣平郡廣平縣李摹",李緝和李摹墓誌都著籍貫爲廣平郡廣平縣,而李摹墓誌則稱"魏郡肥鄉李摹",怎麽理解這一差别呢? 發掘簡報認爲這是僑郡縣土斷的反映,並分析此時以原廣平郡籍併入原廣平郡所轄的肥鄉縣,而肥鄉縣改隸魏郡,這一分析是準確的。具體地説,晋哀帝興寧二年(364)由桓温主持的"庚戌土斷",是這一著籍變化的關鍵。李氏墓誌在庚戌土斷前後顯著的著籍差異,給認識土斷和黄白籍問題,提供了新資料。在庚戌土斷之前,已經有晋成帝咸康七年(341)"實編户,王公已下皆正土斷白籍"的重要土斷政策。庚戌土斷之後,又有劉裕主持的"義熙土斷",南京市南郊出土的宋乞墓誌的著籍,反映了義熙土斷帶給南渡僑民著籍方式的變化。而廣平李氏在庚戌土斷前後著籍的變化,也反映了咸康土斷與庚戌土斷的不同内容,因此是非常有價值的資料。

李篡墓誌上有誌蓋性質的刻字磚,磚面中央刻有兩個"晋"字,上下相對。此磚與墓誌磚相扣,爲後世誌蓋之雛形。

一四　王康之妻何法登墓誌

【誌文】

晋故處士琅耶臨沂王康之妻,廬江/潛何氏,侍中、司空文穆公女,字法登,/年五十一,泰元十四年正月廿五日卒。/其年三月六日,附葬處士君墓于/白石。刻磚爲識。/養兄臨之息績之。/女字夙旻,適廬江何元度。

【疏證】

王康之妻何法登磚質墓誌,2000 年出土於江蘇省南京市北郊象山東晋王氏家族墓地,墓誌照片及拓片圖版,見南京市博物館《南京象山 11 號墓清理簡報》,《文物》2002 年第 7 期。同時出土的還有何法登的丈夫王康之的墓誌,亦收入本書,請參看。

何法登死於晋孝武帝太元十四年(389),五十一歲,則其生年當在晋成帝咸康五年(339),比她丈夫王康之小四歲。王康之死時,何法登纔十八歲,後來守寡生活了三十三年。王康之未仕而早死,故墓誌稱爲"處士君"。據墓誌,何法登之父爲"廬江潛何氏,侍中、司空文穆公"(潛,當即"灊"字之訛寫,清理簡報誤文穆爲"父穆"),即何充。《晋書》卷七七《何充傳》,充死後"贈司空,謚曰文穆"。王康之無子,故何法登養康之兄臨之子績之爲嗣。何法登之女夙旻,嫁廬江何元度。據《晋書》卷九三《外戚·何準傳》,何元度是何充的弟弟何準的孫子,於何法登爲堂侄。

<h1 style="text-align:center">一五　呂他墓誌</h1>

【誌文】

墓表。/弘始四年十二月/乙未朔廿七日辛/酉,秦故幽州刺史/略陽呂他,葬於常/安北陵,去城廿里。

【疏證】

　　呂他墓誌七十年代出土於陝西咸陽市渭城區窰店鎮東北原畔,因農民取土而偶然發現,1997 年入藏西安碑林博物館。墓表圓首帶座,表身與表座以榫臼相接,形如小碑,當初應當是竪立於墓中,入葬時間是後秦姚興弘始四年(403)十二月。關於此墓表的形制、文字内容及相關歷史問題,已經有兩篇文章專門探討:一,李朝陽《呂他墓表考述》,《文物》1997 年第 10 期,頁 81—82;二,路遠《後秦〈呂他墓表〉與〈呂憲墓表〉》,《文博》2001 年第 5 期,頁 62—65。兩篇文章都附有墓表拓片圖版。此外,呂他墓表的拓片圖版還可見於《碑林集刊》第五輯①圖版頁 2、《文博》2001 年第 1 期封三。

　　路遠一文把呂他墓表與呂憲墓表結合起來研究,比較有啓發。案呂憲墓表出土於清光緒年間,輾轉流落到日本,舊金石著作多有著録,北京圖書館亦藏其拓本。趙萬里《漢魏南北朝墓誌集釋》未收呂憲墓表,可能是認爲墓表不屬墓誌,其形制内容較接近墓碑。這影響了後來著録墓誌的學者,如趙超《漢魏南北朝

①　《碑林集刊》第五輯,陝西人民美術出版社,1998 年。

墓誌彙編》也不收呂憲墓表。可是隨着對墓誌淵源研究的深入，我們知道魏晋時代的墓表，是墓誌尚未定型時一種可能的發展方向。"表"與"誌"，意思也很接近。所以應當把這樣的墓表看作墓誌的形式之一。

路遠一文附有呂憲墓表的拓片圖版，今據以迻録其表文於下：

墓表
弘始四年十二
月乙未朔廿七
日辛酉秦故遼
東太守略陽呂
憲葬於常安北
陵去城廿里

除了文字布局（六行，行六字；而呂他墓表五行，行七字）略有區别外，兩墓表的形制、書法完全相同。顯示呂他與呂憲同日下葬，葬地也當在同一處。所以路遠推測呂憲墓表亦出土於咸陽市渭城區密店鎮之東北，其地北距漢高祖長陵約一公里，南去漢魏長安城不足十公里，恰當漢里之二十里。

呂他爲呂光弟，於後秦姚興弘始三年（401）降後秦。呂憲史書無徵，唯《太平御覽》卷四三九引崔鴻《後涼録》（案即《十六國春秋》之《後涼録》）："建中將軍、遼東太守呂憲妻苻（案"苻"當作"苻"）氏，年十五，有姿色，憲率自殺。"這個遼東太守呂憲當即墓表主人呂憲。據此，呂憲是自殺的（還存在一個可能，即上引《後涼録》文字中的"率"字乃"卒"字之訛）。其官銜"遼東太守”,究竟得自哪一個政府？路遠認爲後涼和後秦都不曾轄有遼東和華北,因而吕憲的遼東太守和吕他的幽州刺史,都不可能得自後涼和後秦,而應當得自前秦。這個看法是錯誤的。分裂時期各割據政權象徵性地設置自己並不實際控制的地區的州郡長官,十分常見。比如,後秦姚興時就以東晉降臣袁虔之爲廣州刺史、以司馬國璠爲揚州刺史、司馬叔道爲兗州刺史,姚泓時有徐州刺史姚掌、并州刺史尹昭,具見《晋書》之卷一一七、一一八和一一九。吕他、吕憲爲後涼降將,姚興命以遠方虛無之刺史、太守,完全符合當時通行的做法。再説,吕他、吕憲死於以秦爲國號的後秦,其殯葬並非草率隨意,墓表的寫刻當然要經過後秦官員的審查,且極有可能是由後秦政府直接經辦的,這種情況下,墓表上的“秦”,當然不可能指前秦。吕他、吕憲身爲降將,降後一年同日入葬,其爲暴死可想而知,至於死因已無可考。即使是姚秦迫殺,從其墓表形制及書寫看,也決不是“顯誅”,其死後還是略享哀榮的。

一六　謝温墓誌

【誌文】

晉故義熙二年丙午歲九月■

縣都鄉吉遷里謝温，字長仁，□□□十一月廿八日□/丹楊郡江
寧縣牛頭山。祖攸，散騎郎。祖母潁川庾/氏，諱女淑。父諱璵，
母河東衛氏，諱□。伯諱琰，豫/寧縣開國伯。叔諱球，輔國參
軍。姊諱□，適太/原温楷之。外祖諱準，□□□，關內侯。□諱
□/□□□□□，父諱簡之，散騎郎。/□凝之，左將軍、會稽
內史。

【疏證】

　　謝温墓作爲謝氏家族謝攸一支家族墓地的組成部分，與謝
琰墓前後同地發掘，謝温墓誌出土於謝温墓。墓誌拓片及參考
釋文均見南京市博物館、雨花區文化局《南京南郊六朝謝温
墓》，《文物》1998 年第 5 期。本録文對原簡報釋文的個別誤釋
文字作了訂正，並據圖版恢復了行句格式，加了標點。

　　墓誌中的“義熙二年丙午歲九月”（406）當是墓主謝温的卒
年及葬年。據墓誌，謝温字長仁，是謝琰弟謝璵之子，不見於史。
謝温墓誌書寫凌亂隨意，遠遜謝琰墓誌，所述家世，亦甚簡略。
但也提供了一些新資料，比如，謝璵妻河東衛氏之父爲衛準，而
謝温姊嫁太原温楷之，等。

　　太原温氏，當是温嶠一族。墓誌中的温楷之，很可能就是東
晉末年桓振的部將温楷，温楷效命於桓玄集團，桓氏敗，北奔後

秦,終入北魏。其事迹見《晋書》卷一○《安帝紀》義熙元年、卷
七四《桓振傳》、卷八五《劉毅傳》等,又見《魏書》卷三《太宗明元
帝紀》泰常二年、卷三七《司馬休之傳》等等。温楷爲温嶠從
子①。而温嶠二子,名放之、式之②,放、式兩字與楷義近,故温楷
又名温楷之的可能性極大。

結合謝琰墓誌所顯示的謝氏婚姻關係,可以知道,幾乎東晋
門閥政治中的所有重要門户,如琅邪王氏、高平郗氏、太原温氏、
潁川庾氏、譙國桓氏、太原王氏、陳郡袁氏、陳郡殷氏,都是謝氏
的婚姻之族。

謝温墓誌的最後兩行,應當是叙述謝温之妻的郡望及父祖。
衛準"□□□,關内侯",有學者録爲"江夏郡開國公"③,亦備一
説。最後一行的"□凝之",顯然是王凝之,琅邪王羲之的兒子,
王獻之的兄長,官左將軍、會稽内史。所以,"父諱簡之",就是
指謝温的岳父,而王簡之,應當就是王凝之的兒子。這樣,王凝
之娶謝温的祖姑母謝道韞,謝温又娶凝之的孫女。

從墓誌圖版看,第一行所殘損的部分,大約不會超過十個
字,恰好夠寫上日期干支和"豫州陳郡陽夏"這幾個字,而不夠
如宋乞墓誌那樣在祖籍之前寫上受"揚州丹楊建康某鄉某里"
所領,這和謝琰墓誌是一致的,與謝濤墓誌有所不同。

---

① 《元和姓纂》卷四,中華書局,1994 年,頁 470。
② 《晋書》卷六七《温嶠傳》,中華書局,1974 年,頁 1796。
③ 張學鋒:《南京司家山出土謝氏墓誌研究——東晋流寓政府的挽歌》,《南京曉莊
學院學報》2004 年第 3 期。

一七　田巭墓誌

【誌文】

唯大夏二年歲庚申正/月丙戌朔廿八日癸丑/故建威將軍散騎侍郎/涼州都督護光烈將軍/北地尹將作大匠涼州/刺史武威田巭之銘

【疏證】

田巭磚質墓誌,1992 年出土於内蒙古烏審旗境内,墓誌拓片圖版見上海博物館編《草原瑰寶——内蒙古文物考古精品》①。這是迄今所出赫連夏唯一的墓誌。對墓誌中"大夏二年"年號問題的研究,請參看三崎良章《"大夏紀年墓誌銘"に見える"大夏二年"の意味》,《早稻田大學本莊高等學院研究紀要》第 20 號,2002 年 3 月。

誌主田巭,在赫連夏的歷官中,有建威將軍、散騎侍郎、涼州都督護、光烈將軍、北地尹、將作大匠、涼州刺史。都督護不見於史,可能是從督護發展起來的。北地太守改稱尹,説明赫連夏的統治中心統萬城地區,在其行政區劃中屬於北地郡,故改北地太守曰北地尹。由此墓誌知赫連夏設有涼州刺史,很可能與其向西方的經營有關。

---

① 上海博物館:《草原瑰寶——内蒙古文物考古精品》,上海書畫出版社,2000 年。

一八　謝珫墓誌

【誌文】

［第一磚］

宋故海陵太守散騎常侍謝府君之墓/誌/

永初二年太歲辛酉夏五月戊申朔廿/七日甲戌，豫州陳郡陽夏縣都鄉吉遷/里謝珫字景攻卒，即以其年七月丁未/朔十七日癸亥，安厝丹楊郡江寧縣賴/鄉石泉里中。珫祖父諱弈，字无弈，使持/節都督司豫幽并五州，揚州之淮南、歷

［第二磚］

淮南、歷陽、廬江、安豐、堂邑五州五郡諸/軍事，鎮西將軍，豫州刺史，襲封万壽子;/祖母陳留阮氏，諱容，字元容。父諱攸，字/叔度，散騎侍郎，早亡;母潁川庾氏，諱女/淑。長伯寄奴，次伯探遠，並早亡。次伯諱/淵，字仲度，義興太守，襲封万壽子;夫人/瑯琊王氏。叔諱靖，字季度，散騎常侍，太/常卿，常樂縣侯;夫人潁川庾氏。次叔諱

［第三磚］

豁，字安度，早亡。次叔諱玄，字幼度，散騎/常侍、使持節、都督會稽五郡諸軍事、車/騎將軍、會稽内史、康樂縣開國公，諡曰/獻武;前夫人太山羊氏，後夫人譙國桓/氏。次叔諱康，字超度，出繼從叔衛將軍/尚，襲封咸亭侯，早亡。長姑諱韞，字令姜，/適瑯琊王凝之，江州刺史。次姑道榮，適/順陽范少連，太子洗馬。次姑道粲，適高

［第四磚］

平都道胤,散騎侍郎、東安縣開國伯。次／姑道輝,適譙國桓石民,使持節、西中郎／將、荊州刺史。長姊令芬,適同郡袁大子,／散騎侍郎。次姊令和,適太原王万年,上／虞令。次姊令範,適潁川陳茂先,廣陵郡／開國公。妹令愛,適瑯琊王攄之。弟璵,字／景琳,早亡;夫人河東衛氏。次弟球,字景／璋,輔國參軍;夫人瑯琊王氏。長子寧,字

[第五磚]

元真,駙馬都尉、奉朝請;妻王,即琉第二／姊之長女。次子道休,早殀。次子奉,字剛／真,出繼弟璵;妻袁,即琉夫人從弟松子／永興令之女。次子雅,字景真;妻同郡殷／氏,東陽太守仲文之次女。次子簡,字德／真,妻瑯琊王氏,太尉諮議參軍纘之／女,女不名。／琉夫人同郡袁氏,諱琬。夫人祖諱勗,字

[第六磚]

敬宗,太尉掾。父諱劭,字穎叔,中書侍郎。／琉外祖諱翼,字稚恭,使持節、征西將軍、／荊州刺史。／琉本襲次叔玄東興侯,改封豫寧縣開／國伯。大宋革命,諸國並皆削除,惟從祖／太傅文靖公之廬陵公,降爲柴桑侯。玄／復苻堅之難,功封康樂縣開國公,餘諸／侯爵南康、建昌、豫寧並皆除國。

【疏證】

　　謝琉磚質墓誌出土於南京市雨花臺區鐵心橋鄉大定坊司家山東晋南朝的謝氏家族墓地,發掘簡報見南京市博物館、雨花區文化局《南京南郊六朝謝琉墓》,《文物》1998年第5期。墓誌磚共有六塊,分置棺床前左右兩壁的底部,文字單面陰刻,六塊磚上的文字合拼而成完整的墓誌。清晰完整的拓片圖版和參考録

文，見《新中國出土墓誌》江蘇卷（貳）上册頁 26—27、下册頁 9。

第一磚最後三字與第二磚最初三字錯誤重疊，今亦照録，不予更正。第六磚第二行叙謝琰外祖漏其姓氏（庚），此類問題在墓誌中還有多處，説明當時對墓誌刻寫不太重視。

墓誌詳述陳郡謝氏謝弈子謝攸一支，爲歷來各種史料所未備。案《晋書》卷七九《謝弈傳》，只説弈有三子：泉（淵）、靖、玄。同書同卷《謝尚傳》，稱尚“無子，從弟弈以子康襲爵，早卒”。同書同卷《謝玄傳》載玄上疏，自稱“臣同生七人，凋落相繼，惟臣一己，孑然獨存”。是文獻中謝弈子存名者四人。而謝琰墓誌叙弈子凡八人：寄奴、探遠、淵（字仲度）、攸（字叔度）、靖（字季度）、豁（字安度）、玄（字幼度）、康（字超度）。謝淵、謝攸、謝靖三人的字顯示，寄奴和探遠二人之中，必有一人夭亡過早，所以没有被計入兄弟排行中，正合於謝玄所謂“同生七人”。

謝琰之名不見於史。但是今本《晋書》卷七九《謝玄傳》：“以勳封康樂縣公。玄請以先封東興侯賜兄子玩，詔聽之，更封玩豫寧伯。”而這兩個爵位正合於墓誌中的謝琰，可見《晋書》的“玩”乃“琰”字之誤。

墓誌不僅載明謝弈八子和謝攸三子的名諱、官位，還載明各自妻族的郡望，只是不録這些妻子的名諱及其父名，而謝弈三女及謝攸四女則詳載其夫婿姓名郡望。可是，對墓主謝琰夫妻子女社會關係的記録就詳細得多，諸子的妻族都寫上父名。

墓誌反映的謝攸一支父祖子女婚姻方面的社會關係，大可補史料之闕。今據墓誌分作世系圖示如下：

一、謝弈子女

父　陳郡謝弈（字无弈）

母　陳留阮容（字元容）

謝寄奴　早亡

謝探遠　早亡

謝淵　字仲度　妻琅邪王氏

謝攸　字叔度　妻潁川庾女淑

謝靖　字季度　妻潁川庾氏

謝豁　字安度　早亡

謝玄　字幼度　前妻泰山羊氏　後妻譙國桓氏

謝康　字超度　出繼從叔謝尚

謝〔道〕韞　字令姜　夫琅邪王凝之

謝道榮　夫順陽范少連

謝道粲　夫高平郗道胤

謝道輝　夫譙國桓石民

二、謝攸子女

陳郡　謝攸

潁川庾女淑（父庾翼）

謝令芬　夫陳郡袁大子

謝令和　夫太原王万年

謝令範　夫潁川陳茂先

謝琬　字景玫　妻潁川袁琬（琬父袁劭，袁劭之子）

謝令愛　夫琅邪王擸之

謝璵　字景琳　妻河東衛氏

謝球　字景璋　妻琅邪王氏

三、謝琰子女

謝琰——袁琬

謝寧　字元真　妻太原王氏（謝琰姊謝令和與王万年之長女）

謝道休　早殀

謝奉　字剛真　出繼謝琁　妻陳郡袁氏（袁琬從弟袁松子之女）

謝雅　字景真　妻陳郡殷氏（殷仲文之女）

謝簡　字德真　妻琅邪王氏（王績之之女）

一九　劉庚墓誌及劉頵妻徐氏墓誌

【劉庚墓誌】

彭城郡呂縣司/吾令劉庚之墓

【劉頵妻徐氏墓誌】

晋彭城呂縣劉/頵之妻徐氏

【疏證】

　　劉庚磚質墓誌與劉頵妻徐氏磚質墓誌,1984 年分別出土於鎮江市諫壁磚瓦廠黑山灣 M21 及 M26 兩座東晉墓葬,墓葬發掘及墓誌出土有關情況,詳見鎮江博物館的發掘簡報《江蘇鎮江諫壁磚瓦廠東晉墓》,《考古》1988 年第 7 期。簡報附有墓誌的拓片圖版,並進行了深入分析。同時發掘的墓葬尚有多座,黑山灣的東晉墓共三座,只有 M21 和 M26 出有墓誌。劉庚墓誌出於 M21,劉頵妻徐氏墓誌出於 M26。這兩種墓誌都是一式多份,M21 所出的劉庚墓誌磚共三塊,内容全同,行文格式微有差異;M26 所出劉頵妻徐氏墓誌磚共兩塊,也是基本一致,今各取其一,不備列。

　　發掘簡報把劉庚釋爲劉庚之,把劉頵釋爲劉碩之,今據圖版改正①。黑山灣的這三座墓葬,都没有明確紀年,劉頵妻徐氏墓誌有“晋”字。發掘簡報根據出土器物及墓葬形制,認爲屬於東

---

① 張今認爲此二人名當據簡報作“劉庚之”與“劉碩之”,並作了分析。張今:《跋劉宋鍾濟之及妻孫氏墓誌》,《古典文獻研究》2021 年第 1 期,頁 251 注②、頁 252 注①。其説是。

晋墓。從墓誌看，這三座墓應當是東晋時流寓京口地區的彭城呂縣劉氏家族墓。

彭城呂縣劉氏，是彭城劉氏的一個分支。彭城劉氏各支，都以西漢高祖劉邦的弟弟楚元王劉交爲始祖，而彭城劉氏除了叢亭、綏輿、安上（所謂三里）的三支，就是出自劉交少子棘湯侯劉調的沛國相縣一支和出自劉交子楚文王劉禮的彭城呂縣一支，參看《元和姓纂》卷五劉氏條。永嘉之亂，彭城流民南遷，分佈在江北廣陵與江南京口一帶，其中京口及其附近地區集中了大量淮泗流民，彭城劉氏的各支也在其中，後來很多都成爲北府兵的重要將領。彭城呂縣劉氏也不例外。據《宋書》卷五〇《劉康祖傳》：“劉康祖，彭城呂人，世居京口。”劉康祖的伯父劉簡之、父親劉虔之，都在晋宋之際立勳。劉康祖這一支“世居京口”的彭城呂縣劉氏，與劉庚、劉頵應當有親緣關係，而位於京口城東南郊的劉庚和劉頵妻徐氏墓地，證明彭城呂縣劉氏的確是居住在京口的。

二〇　宋乞墓誌

【誌文】

［其一］

亡祖父儉，本郡功曹史、關中侯。/亡父遠，本郡主簿、河內郡河陽縣左尉。/楊州丹建康都鄉中黃里領豫州陳郡陽夏縣/都鄉扶樂里宋乞，妻丁　　丹楊建康丁騰女。/息女草，適丹楊黃千秋。息伯宗，本郡良吏。/息馴，本郡功曹史、征虜府參軍、濮陽令。/元嘉二年八月十三日於江寧石泉里建。

［其二］

亡祖父儉，本郡功曹史、關中侯。/亡父遠，本郡主簿、河內郡河陽縣左尉。/楊州丹楊建康都鄉中黃里領豫陳郡陽夏縣/都鄉扶樂里宋乞，字兆懷，泰元中亡。/息女草，適丹楊黃千秋。息伯宗，本郡良吏。/息馴，本郡功曹史、征虜府參軍、濮陽令。/元嘉二年太歲乙丑八月十三日於江寧泉里建作。

［其三］

亡祖儉，郡功曹史、關中侯。/亡父遠，郡主簿、河內郡河陽縣左尉。□□黃氏。/楊州丹建康都鄉中黃里領豫州陳郡陽夏縣/都鄉扶樂里宋乞，　　　　　妻丁。丹楊建康丁騰女。/息女草，適丹楊黃千秋。息伯宗，本郡良。/息馴，本郡功曹史、征虜府參軍、濮陽令。/元嘉二年八月十三日於江寧石泉里建□□冢一所。/伯宗妻丹楊王氏。馴妻丹楊陳氏。

【疏證】

宋乞墓磚質墓誌三方,出土於南京市雨花臺區鐵心橋鎮,拓片圖版及參考録文均見南京市博物館斯仁《江蘇南京市中華門外鐵心橋出土南朝劉宋墓誌》,《考古》1998 年第 8 期。原録文有明顯誤識(如"黄千秋"誤作"黄子狄")及漏識,兹據圖版予以更正;墓誌刻文揚州作"楊州",丹陽作"丹楊",以及墓誌漏刻文字,如第一誌"楊州丹楊"漏後一"楊"字,第二誌"豫州陳郡"漏"州"字,"石泉里"漏"石"字,第三誌"本郡良吏"漏"吏"字,俱一仍其舊。

上舉斯仁文指出,"作於劉宋元嘉二年(425)的宋乞墓誌是目前所見年代最晚的六朝磚質墓誌",處在六朝墓誌銘形式發生轉變的前夕,"在格式上行文規範",又稱這三方墓誌爲"一式多塊",這種情況"爲六朝墓誌中所罕見"。這就意味着,把三方墓誌視爲同一墓主即宋乞的墓誌。可是仔細研讀三墓誌,感覺雖然三墓誌形式内容非常相近,但並不相同,微小的差别正反映了各墓誌不同的功能。第二誌提到墓主宋乞的名、字,亡故時間,不提其妻;而第一誌宋乞兩字之後没有空格,直接寫"妻丁",似乎全句可以句讀爲:"楊州丹建康都鄉中黄里領豫州陳郡陽夏縣都鄉扶樂里宋乞妻丁,丹楊建康丁騰女。"如果是這樣,那麽第二誌可以認爲是宋乞墓誌,第一誌則是宋乞妻丁氏的墓誌。宋乞亡故在晋孝武帝太元(誌作"泰元")年間(376—396),最終安葬在宋文帝元嘉二年(425),這可能並非如斯仁文所謂"停柩待葬"。實際情況應當是,宋乞屬於二次葬,到元嘉二年其妻丁氏死,夫婦合葬,纔營此墓。第三誌就是爲此而作。第三誌在"宋乞"兩字之後,空隔了六個字,纔繼續寫"妻丁",後面特别寫了"元嘉二年八月十三日於江寧石泉里建□□冢一所",並附上兩位兒媳的姓氏,可以看作是合葬墓的正式墓誌,前面兩誌則是分别屬於宋乞和他妻子。因此,一墓三誌,並不是所謂的"一式多塊",而是各有所屬,非可互相代替。

墓誌中把宋乞的籍貫寫作"楊州丹楊建康都鄉中黃里領豫州陳郡陽夏縣都鄉扶樂里",既保留了故鄉原籍,又標明已屬現居住地所領(謝濤墓誌同),這可能反映了東晉兩次土斷之後,北方流寓士民著籍方法的一個變化。

宋乞一家南渡時間不明,從其父祖官爵看,應當得自東晉。宋遠官河内郡河陽縣右尉。據《續漢書·百官志》注引應劭《漢官》:"大縣丞左右尉,所謂命卿三人。小縣一尉一丞,命卿二人。"[1]又引應劭《漢官》提到雒陽有孝廉左尉和孝廉右尉,與縣丞一樣都是秩四百石。由於官低秩微,正史少見其例。《後漢書》卷五一《橋玄傳》,玄"舉孝廉,補洛陽左尉",注曰"左部尉也"。《晉書》卷二四《職官志》:"江左以後,建康亦置六部尉,餘大縣置二人,次縣、小縣各一人。"《晉書》卷六九《劉隗傳》提到"建康左尉"。《宋書》卷七九《竟陵王誕傳》提到"建康右尉黃宣達"[2]。等等。宋遠之時,河内河陽縣非江左所實際控制,而仍有左右尉之置,可見東晉前期,僑郡縣官吏職員的配置竟與實際控制區相同。

宋乞子宋馴爲"本郡良吏",良吏是一個選舉項目。《晉書》卷九二《文苑·趙至傳》,"太康中,以良吏赴洛,方知母亡"。

---

[1] 《後漢書》,中華書局,1965年,頁3623。
[2] 《南史》卷一四《宋宗室及諸王上·竟陵王誕傳》,中華書局,1975年,頁398作"黃達"。

　　墓誌所稱"江寧石泉里"，自然是墓地所在。前舉斯仁文説，墓誌是"從雨花臺區鐵心橋鎮一基建工地推土時發現的"，則墓地必在鐵心橋無疑。可證鐵心橋一帶，東晉南朝時屬江寧縣。1986 年前後出土於鐵心橋鎮大定坊村司家山的謝珫家族墓，其中謝珫墓磚誌稱葬地在"丹楊郡江寧縣賴鄉石泉里"①。益證石泉里屬於江寧縣之賴鄉。這有助於我們進一步瞭解秣陵、江寧兩縣各自的縣境範圍。

---

① 南京市博物館、雨花區文化局：《南京南郊六朝謝珫墓》，《文物》1998 年第 5 期，頁 4—14。

二一　黃法氍墓誌

【誌文】

■君墓誌銘

左民尚書江總制太子率更令■東宮舍人顧野王■冠軍長史謝衆

書/■本軒轅■宇江漢祚土惟黃爲楚■著姓■建復爲冠族■北

府□軍父僧■軍■初追贈給事中■任□有威嚴弱年時■燕超褸

過於□壽弱冠郡命■辟功■而■鄉黨前■敬而服之■事於是■

四戰之地一□寧■力也及■之陽■心授■兵□軍新淦縣令公親

率親兵屯授新淦南屆大庾之北■之南■地■郡憚公威武自然清

肅時有前高州刺史李遷仕授臺□捷■有異□須爲■公乃遣密□

言於高祖高祖遣周文育進屯西昌■入鄉曲衆至公遣千人以助文

育文育大喜一鼓便平虜僞□同□慶■逞群■逕□吉陽公乃親率

精銳拒■慶又知公□後密遣陽椿■淦□人■固請□師公徐命□

食已而■未移■威■駛歸椿■高祖又遣文育討慶軍於■擁兵不

前□有■入便□腹心陳說□謀若□諸軍乃方軌並進■笙屯西臺

承制即授假節超■交州刺史領新淦縣令封巴山縣開國子食邑三

百戶高祖既定豫章命公■輸飛■粟連■千金不遣□平■此之由

也承聖三年詔■百並前爲五百戶改■並如故■改授明威將軍■

軍□如故天■年詔授持節左驍騎將軍領□騎校尉□如故敬帝即

位改封新建縣開國侯■如前太平元年割江州四郡置高州詔□爲

刺■散騎常侍使持節■高州■信武將軍餘如故■連■攻國■大

陳受命永■公乃■並前■如故■詔授平南將軍開府儀同三司■

如故三年六月熊曇朗反於金口■攻之■公大都□改授■將軍■

故天嘉元年三月■喪■哀客■並爲過■高■史改■軍餘如故■
贈母■命即茬方□三年周□反■麾下■爲使持節鎮北大將軍■
南徐州刺史加散■如故未拜改授鎮南大將軍江吳■諸軍■餘並
如故天康元年■軍改封新建縣開國公食邑■如故光大元年□使
持節■南徐州刺史餘並如■郢巴武三州諸軍事鎮西將軍■故太
建元年進號征■二年詔征公爲侍中中權大將軍餘如故四年除使
持節散騎常侍■南豫州□江諸軍事■並如□五年大舉北伐詔公
■使平大■

【疏證】

　　黃法氍墓誌,1989 年出土於南京市南郊雨花區西善橋鎮磚
瓦廠内的一座南朝磚室墓,詳見南京市博物館《南京西善橋南朝
墓》,《文物》1993 年第 11 期。簡報附有墓誌拓片的圖版和録
文,因誌石殘泐過甚,圖版亦模糊難辨,兹移其參考釋文,不加標
點。又因圖版模糊,原誌行句無法辨明,所以録文未能反映原誌
的行文格式。《新中國出土墓誌》江蘇卷(貳)有圖版及參考録
文,邵磊《陳朝名將黃法氍墓誌辨析》①對録文多有討論,均值得
參考。

　　殘誌不見墓主姓名,簡報據誌中官爵時間,斷定墓主爲陳之
黃法氍,甚是。以《陳書》卷一一《黃法氍傳》與誌石殘泐文字對
勘,若合符節,唯本傳不提父祖姓名官爵事迹,而殘誌似本有介
紹,惜已殘敗。黃法氍生於梁武帝天監十七年(518),卒於陳宣
帝太建八年(576),時年五十九。墓誌之作當在太建八年冬。

---

① 　邵磊:《陳朝名將黃法氍墓誌辨析》,《東南文化》2015 年第 2 期。

此誌爲江總撰誌文,顧野王撰銘辭,謝㷌書寫。江、顧都以文辭名,而且顧野王身爲大著作,總國史之任,與撰王公墓誌,當出自朝命。南朝後期王公墓誌的撰作往往出自名家之手,而且誌文與銘辭由不同的人寫。孫瑒墓誌由江總撰,陳後主爲之寫銘辭,見《陳書》卷二五《孫瑒傳》。

以此誌與《陳書·黃法氍傳》比照,行文十分接近,而敘事稍詳,這種情况説明,修撰墓誌時使用了祕書省史館機關原有的史傳資料,而且這種資料與後來的《陳書》非常接近。同樣的事例,還可以舉出 1988 年出土的梁桂陽王蕭象墓誌①。據蕭象墓發掘簡報,以蕭象墓誌與《梁書》卷二三《桂陽嗣王象傳》對照,不僅墓誌内容與本傳完全吻合,甚至行文詞句也有很多相同的地方,因此該簡報認爲"墓誌和《梁書》應有一定的關係"。事實上這種關係就是同源關係,二者都是依據祕書省有關的史傳稿件而稍加改寫。據此類推,南朝由朝廷出面營葬的王公貴族,其墓誌的撰寫一般也就是由祕書省諸著作或相關人員來承擔,這些人所依據的資料,只能是祕書省原有的檔案(名臣傳、功臣傳之類),所以在名號、稱謂、生平等等方面,是符合有關規定的,這與北朝墓誌很不一樣。

---

① 南京博物院:《梁朝桂陽王蕭象墓》,《文物》1990 年第 8 期,頁 33—40。

北　魏

二二　張略墓誌

【誌文】

惟大代皇興二年歲次戊申十一月癸卯朔十／三日乙卯，涼故西平郡阿夷縣凌江將軍、萬平／男、金昌白土二縣令、東宮記室主簿、尚書郎、民／部、典征西府錄事戶曹二參軍、左軍府戶曹參／領內直、征西鎮酒泉後都攝留府、安彌侯、常侍／□南公、中尉、千人軍將張略之墓。

【疏證】

　　張略墓誌，1987 年出土於遼寧省朝陽市于家窩鋪凌河機械廠家屬樓菜地，墓誌拓片圖版及參考錄文，見遼寧省文物考古研究所、朝陽市博物館《朝陽市發現的幾座北魏墓》，《遼海文物學刊》1995 年第 1 期。

　　張略是從北涼入魏的，墓誌所記張略歷官封爵，應當都得自北涼。張略籍貫屬西平郡阿夷縣，阿夷當作安夷，音近致訛。

　　北魏太武帝平河西，大量河西人士被擄至代北，其中一部分被置於北邊諸鎮，今朝陽地區屬北魏和龍鎮。張略就是被徙至和龍的北涼舊人。他在和龍的身份難以考證，但他的家人對於其北涼背景還是念念不忘，雖然很多年過去了，當他在獻文帝皇興二年(468)去世以後，家人給他刻寫墓誌，還是詳記他所歷北涼職官。

　　張略墓誌形制接近西晉趙汜墓誌、後秦呂他墓誌，立置墓中。不知道這與北涼舊制，是否有關係。

<h2>二三　宋紹祖墓誌</h2>

<h3>【誌文】</h3>

大代太和元年歲次丁/巳，幽州刺史敦煌公敦/煌郡宋紹祖之柩。

<h3>【疏證】</h3>

宋紹祖磚質墓誌，2000 年 4 月出土於山西省大同市水泊寺鄉曹夫樓村東北一公里的北魏宋紹祖墓。出土情況及墓誌照片，均見山西省考古研究所、大同市考古研究所《大同市北魏宋紹祖墓發掘簡報》，《文物》2001 年第 7 期。同期《文物》上還發表了張慶捷、劉俊喜《北魏宋紹祖墓兩處銘記析》一文，研究了墓誌內容。

宋紹祖不見於史。前舉張慶捷、劉俊喜文，推測宋紹祖爲敦煌宋氏，當是太武帝時期入魏的宋繇的族人，可從。敦煌宋氏自前涼後期被張邕殘滅，宗族勢力衰落，到北涼時期只有宋繇一支比較顯著。據《魏書》卷五二《宋繇傳》，太武帝平河西之前，遙賜宋繇爵清水公，後來作爲俘虜到了平城，但是似乎受到禮遇，爵位没有改降。傳稱："長子巖，襲爵，改爲西平侯。"宋繇死後，纔降爵。根據本傳，宋繇子孫在北魏没有人能够再居高位。

宋紹祖墓誌所謂"幽州刺史、敦煌公"，即使是死後所贈官爵，也遠遠爲宋繇本傳所載的宋氏諸人所不及。而且，據《魏書》，北魏得封敦煌公的人，也只有萬安國的祖父萬真、李寶、李茂。李寶於太武帝太平真君三年（442）封敦煌公，文成帝太安五年（459）九月薨。李茂襲爵，至孝文帝改降五等，始"例降爲侯",時間當在太和十六年(492)以後。這期間,没有關於李茂被除爵、降爵或復爵的記載,因而就不存在宋紹祖於太和元年(477)得到敦煌公爵位的可能。

宋紹祖得封本郡,是很高的榮譽,入魏之初的敦煌宋氏,似乎找不到一個合適的人來擔當這一榮譽。同時墓誌有爵無謚,暗示了封爵的有始無終。怎麼解釋這一問題呢?有兩種可能性。其一,這一爵位來自河西時代,是宋氏得自沮渠政權的,宋繇的後人出於虚榮而在墓中刻銘時援引了往日的爵號。其二,宋紹祖本人由於奇異的機緣而與某位權勢人物牽連,被短暫地封了本郡爵位。第二種可能如果存在,那麼就應當與文成帝昭太后有關。昭太后常氏的母親姓宋,據《魏書》卷八三上《常英傳》,昭太后的妹夫王睹"奉宋甚至",得封遼東公,昭太后説"本州郡公,亦足報耳"。没有材料顯示宋氏籍貫,如果她出於敦煌宋氏,那麼以本家某個親近的子弟爲"本州郡公",也有可能。

宋紹祖墓的墓室石椁頂板仿瓦壟間,有一處題記,曰"太和元年五十人用公三千鹽豉卅斛"。前舉張慶捷、劉俊喜文有很好的研究,可以參看。

二四　元榮宗墓誌

【誌文】

大魏景明元年歲次庚辰十一月丁/酉朔十九日乙卯,/景穆皇帝
之玄孫,使持節、侍中、征南/大將軍、都督五州諸軍事、青雍二
州/刺史、故/京兆康王之第四子廣平内史、前河/間王元定之長
子榮宗之墓誌銘。/

剛通乾範,義導人儀,禀叡無恒,曜靈/豈知。誕矣王胤,韶也聲
猗,器同孫滿,/量超子奇。方申懋烈,光我辰熙,豈圖/暴夭,弱
齡徂虧。蘭傾夏馥,玉碎春肌,/慘適京甸,悲貫紫墀。勒銘幽
宇,揚誌/玄碑。

【疏證】

　　元榮宗墓誌,出土時間地點不詳,現藏洛陽古代藝術館,墓
誌拓片圖版見《洛陽出土歷代墓誌輯繩》頁 16。拓片圖版和參
考録文見毛遠明《漢魏六朝碑刻校注》第 3 册頁 334—335。

　　北魏宣武帝景明元年(500)十一月十九日,是元榮宗下葬的
時間,其死亡時間及年歲,墓誌均未記載。墓誌稱元榮宗爲景穆
帝之玄孫,京兆康王子推之孫,前河間王元定之長子。元定墓
誌,趙萬里《漢魏南北朝墓誌集釋》卷四下收入(圖版一〇八),
並謂《魏書》中無元定及其子裔事迹。其實不然。《魏書》卷
二〇《文成五王·河間王若傳》:"河間王若,字叔儒。年十六,
未封而薨,追封河間,謚曰孝。詔京兆康王子太安爲後。太安於
若爲從弟,非相後之義,廢之,以齊郡王子琛繼。"據同傳,拓跋若

之兄齊郡王簡、弟安豐王猛，都是在太和五年（481）受封。河間王之追封，當也在這一年，而拓跋若之死，必早於此年。這時馮太后主政，而獻文帝生前與叔父京兆王子推特相親①，故以子推第四子泰安（《魏書》作"太安"）繼若爲河間王。可是拓跋若與元定（泰安）同爲恭宗拓跋晃之孫，"非相後之義"，故孝文帝廢去元定的河間王爵位，轉以若之兄齊郡王簡的兒子元琛繼其後爲河間王。《魏書》卷七下《高祖孝文帝紀下》，太和二十一年（497）十二月，"以齊郡王子琛紹河間王若後"。這是孝文帝整頓禮制的一個部分。元定之廢，也當同時或稍前。被廢後不到三年，元定就死了。墓誌稱元定爲"前河間王"，緣由就在於此。

　　元定與元榮宗同日下葬，而墓誌格式字體又完全一致，必出同一人之手。元榮宗既是元定長子，死後全無名位，可見元定父子很可能同死同葬，而且並非善終。元定的第二子元靈曜的墓誌，亦收入趙萬里《漢魏南北朝墓誌集釋》卷四下（圖版一〇九）。據元靈曜墓誌，元靈曜死於正光三年（522），年三十七歲，故當生於太和十年（486）。元定死時，元靈曜十四歲。故知元榮宗死時，至少已經十五歲。墓誌稱元榮宗"暴夭"，似乎暗示其並非自然死亡。

---

① 《魏書》卷一九上《景穆十二王上·京兆王子推傳》，中華書局，1974年，頁443。

二五 趙謐墓誌

【誌文】

大魏故持節龍驤將軍定州刺史趙郡/趙謐墓誌銘/

遠源洪休,與嬴分流,族興夏商,錫氏隆/周。曰維漢魏,名哲繼進,行義則恭,履仁/必信。篤生君侯,體苞玉潤,文以表華,質/以居鎮。含素育志,非道弗崇,聲貞琁響,/迹馥蘭風。貴閑養朴,去競違豐,形屈百/里,情寄丘中。報善芒昧,仁壽多寒,辭光/白日,掩駕松山。深燈滅彩,壟草將繁,德/儀永往,清塵空傳。/

魏景明二年歲次辛巳十/月壬戌朔廿四日乙酉造。

【疏證】

趙謐墓誌,1997 年出土於河北省趙縣西封村,墓誌拓片圖版見李俊卿《北魏〈趙謐墓誌銘〉跋》,《文物春秋》2003 年第 6 期。拓片圖版和參考錄文見《漢魏六朝碑刻校注》第 3 册頁 342—343。

趙謐不見於史,趙氏亦非趙郡郡姓。敦煌文書《新集天下姓望氏族譜》(S. 2052)列趙州趙郡出七姓,其中没有趙姓。趙謐墓誌刻寫於北魏宣武帝景明二年(501),在北魏墓誌中屬於較早的,誌石長方形,誌文有銘無序,反映了北魏墓誌的早期風格。

誌文“形屈百里,情寄丘中”一句,暗示趙謐只做到縣令。那麼,墓誌首題中的“持節、龍驤將軍、定州刺史”,可能都是死後的贈官。

二六　員標墓誌

【誌磚正面】

兖、岐、涇三州刺史、新安子,姓員,諱標,字顯/業,涇州平涼郡陰
槃縣武都里人。楚莊王/之苗裔,石鎮西將軍、五部都統、平昌伯
曖/旽之曾孫,冠軍將軍、涇州刺史、始平侯郎/之長子。惟公文
照資於世略,英毅括囊/仁倫,納言則貞波顯司,出牧則純風再
宣。匪悟星/寢宵泯,華景盡戾,以大魏景明三年歲次壬午

【誌磚右側】

□岐涇三州刺史新安子員世墓□銘

【疏證】

　　員標磚質墓誌,1964 年出土於寧夏回族自治區彭陽縣彭陽
鄉姚河村,現藏寧夏固原博物館,詳見楊寧國《寧夏彭陽縣出土
北魏員標墓誌磚》,《考古與文物》,2001 年第 5 期,文内有墓誌
錄文及拓片圖版。又請參看羅豐《北魏員標墓誌》,載《桃李成
蹊集——慶祝安志敏先生八十壽辰》①。誌磚右側所題誌主姓
名爲"員世"。據洛陽出土的元顯魏墓誌②,顯魏之女元仲容,
"適南陽員彦,父標,故兖岐涇三州刺史、新安子,謚曰世"。可
見"員"是姓,而"世"爲謚,員世仍是指員標。員標墓誌正文不
全,似別有誌磚相續,今已不存。

————————

① 《桃李成蹊集——慶祝安志敏先生八十壽辰》,香港中文大學出版社,2004 年。
② 趙萬里:《漢魏南北朝墓誌集釋》,圖版一四六,科學出版社,1956 年;趙超:《漢魏
　南北朝墓誌彙編》,頁 166—167。

員標及其父親員郎的姓名，不見於史。員標墓誌所稱其曾祖員曖昐仕“石鎮西將軍、五部都統”，亦不見於石趙及十六國史文獻。從“五部都統”官名來看，員氏應當是内入胡族。《廣韻》卷一上平聲二十文部：“員，……又音運，姓也。”《元和姓纂》卷三員氏條，引《前涼録》（案即崔鴻《十六國春秋》之《前涼録》）有安夷人員平、金城人員敝、大夏人員倉景。案漢代安夷縣、金城縣屬金城郡，大夏縣屬隴西郡，都在黃河上游的湟水、洮水流域，這一帶漢魏以來爲羌族和盧水胡的重要活動區。員標墓誌稱其籍貫爲“涇州平涼郡陰槃縣武都里”（里名武都，是否與遷徙自武都的氐人有關？），員氏當是魏晉十六國時期由西東遷到達陰槃的少數部族的酋長，故得用於石趙時期，“五部”不詳所指，當是安定郡某一種胡族的部族聯合組織。這種背景使得員氏得以在北朝時期繼續活躍，員標墓誌提供了這方面的素材。出土於甘肅涇川的北魏南石窟寺碑，是記録涇州刺史奚康生開南石窟寺的重要材料，其碑陰題名中有兩人，一是“主簿平涼員詳”，一是“□□從事史平涼員英”，見羅振玉《石交録》卷三。這反映了北魏時平涼員氏在地方上的活躍。

北朝以後的員氏多以平涼爲郡望，《元和姓纂》員氏條便只列平涼一望。唐代墓誌中，有兩位員氏女性的郡望標明爲平涼，見李景陽墓誌和梁令珣墓誌①。但是也有員氏似乎改造了自己的譜系。《舊唐書》卷一九〇中《文苑中·員半千傳》：“員半千，本名餘慶，晋州臨汾人。”而《新唐書》卷一一二《員半千傳》：“員半千字榮期，齊州全節人。其先本彭城劉氏，十世祖凝之，事宋，

_____

① 周紹良、趙超：《唐代墓誌彙編》，上海古籍出版社，1992年，頁1379、1654。

起部郎,及齊受禪,奔元魏,以忠烈自比伍員,因賜姓員,終鎮西將軍、平涼郡公。"關於員氏以劉凝之爲祖的説法,似乎可以由員半千的墓誌作證。南宋王楙《野客叢書》卷二二"侯霸員半千宋璟"條,引《嘉祐雜志》載白水縣民所得員半千墓誌,稱"十八代祖凝,自宋入魏,本姓劉氏,彭城人,以其雅正似伍員,遂賜姓員"①。除世系數字外,基本與《新唐書》本傳合。員半千這一支,很可能經歷了改造姓族譜系的過程,即把宗姓淵源從胡族改爲華夏舊族。從元顯魏墓誌看,員標之子員彦被稱爲"南陽員彦",似乎已經改籍南陽,不過這可能只是員彦這一支的特別情況。

　　而員氏得姓的由來,尚無可考。北朝時西方藩國,有名"員闊"者,不知道與内入的員氏是否有關聯。

---

①　王楙:《野客叢書》卷二二,中華書局,1987 年,頁 249。

二七　李伯欽墓誌

【誌文】

魏故國子學生李伯欽墓誌銘/

曾祖翻,驍騎將軍、酒泉太守;夫人晉昌唐氏,父瑤,冠/軍將軍、永興桓侯;夫人天水尹氏,父永,張掖令。/祖寶,使持節、侍中、鎮西大將軍、開府儀同三司、并州/刺史、敦煌宣公;夫人金城楊氏,父禕,前軍參軍;後夫/人同郡彭氏,父含,西海太守。/父佐,使持節、安南將軍、懷相荆秦四州刺史、兼都官/尚書、涇陽照子;夫人同郡辛氏,父松,鎮遠將軍、漢陽/太守、狄道侯;後夫人榮陽鄭氏,父定宗。/諱伯欽,秦州隴西郡狄道縣都鄉和風里人也。幼而/岐悟,明經早歲,緝韻沉華,談端辨密。故以衿嶺於上/庠,峻標於冑子矣。方隆克家之寄,增荷薪之屬,必慶/有聲,唯因無實。春秋十有三,魏太和六年歲次壬戌/二月丙戌朔廿七日壬子,卒於平城。蕙殘富春,名流/慟惜。粵景明三年歲次壬午十二月乙酉朔十二日/丙申,遷窆于鄴城西南豹寺東原吉遷里。/

誌銘:/

珠潛驪浦,琛藏崐岫,桂質冰襟,必也洪冑。弱而專術,/淵章洞究,高第國庠,明經獨秀。來戭有言,仁亦無壽。/白楊一晦,松門不晝,壟草時衰,清塵歲茂。

【疏證】

　　李伯欽墓誌,2001 年出土於河北臨漳,墓誌拓片圖版,見劉恒《北朝墓誌題跋二則》,《書法叢刊》2002 年第 2 期。拓片圖版和參考録文見《漢魏六朝碑刻校注》第 3 册頁 362—363。

李伯欽死於北魏孝文帝太和六年（482），年十三，則其生年當在獻文帝皇興四年（470）。

李伯欽祖父李寶，《魏書》卷三九有傳。李伯欽之父李佐，是李寶第四子，事迹附見《李寶傳》，謂李佐“景明二年卒，年七十一”，李伯欽出生時，李佐已經四十歲。從李佐嗣子李遵（473—524）墓誌看①，李遵比李伯欽還小三歲，且李遵字仲敬，李伯欽應當是李佐的長子，伯欽當是字而不是名，其弟李神俊亦以字行。

李伯欽死於平城，亦當葬於平城。李佐死於宣武帝景明二年（501），葬地未見史籍記載。而李遵墓誌稱李遵亦“窆於豹祠之南，先公神道之左”，李遵之弟李神俊（即李挺）墓誌云“葬於鄴城之西南七里豹祠之東南二里半”②，與李伯欽墓誌所謂“遷窆于鄴城西南豹寺東原吉遷里”正合。可見李佐即葬鄴城。正因爲李佐葬於鄴城西南的西門豹祠附近，李家纔把二十年前已經葬在平城的李伯欽也遷來鄴城。這裏遂成爲李佐一支的家族墓地。

《李寶傳》記李寶之舅爲唐契，可見其母姓唐。今據李伯欽墓誌，知李寶之母爲晉昌唐瑶之女。從《宋書》卷九八《氐胡傳》和《晉書》卷八七《涼武昭王李玄盛傳》有關李暠建立西涼的記載看，晉昌太守唐瑶是李暠創業的最主要臂助之一。李暠爲子李翻娶唐瑶女，兩家結親，不知在西涼建立之前還是之後，但兩

① 趙超:《漢魏南北朝墓誌彙編》，頁 165。
② 趙萬里:《漢魏南北朝墓誌集釋》，圖版五九二。

人有親密的私人關係則可以肯定。李翻後夫人尹氏，爲天水尹永之女。這一支天水尹氏，很可能跟隨吕光西征大軍而留居河西，並在後凉亡國之際與李暠結合起來。此外，李伯欽墓誌還使我們知道：李寶前夫人爲金城楊褘之女，後夫人爲隴西彭含之女；李佐前夫人爲隴西辛松之女，後夫人爲滎陽鄭定宗之女。

《李寶傳》記李佐封“涇陽縣開國子……謚曰莊”，而李伯欽墓誌稱“涇陽照子”，比較李遵墓誌“顯考昭侯……胙土晋陽”，李神俊（李挺）墓誌“父尚書昭侯”，可以肯定，李佐謚“昭”，而非謚“莊”。

李伯欽墓誌自叙籍貫爲“秦州隴西郡狄道縣都鄉和風里人”，與李伯欽的堂妹、李沖的女兒李媛華墓誌所稱“隴西狄道縣都鄉和風里人”①，完全相合。

---

① 趙萬里：《漢魏南北朝墓誌集釋》，圖版一八六。

二八　元淑墓誌

【誌額】

魏元公之墓誌

【誌陽】

大魏故使持節、平北將軍、肆朔燕三州刺史、都督□□□□□□
□/二道諸軍事、平城鎮將，復贈使持節、鎮東將軍、都督相州諸
軍事、相州/刺史，嘉謚曰靖，元諱淑，字買仁，司州河南洛陽人
也。/昭成皇帝曾孫常山康王第廿五之寵子。公承□皇極，分瓊
帝緒，孝友/軫於齠年，忠順發於未弁，靖与停淵爭其凝，動与流
波競其駭。至於始/立而栽黃霸之風，暨於不或而樹勿揃之化，
標九功於千祀，顯六德於/万葉，故文煥於魏史，可得而略之。以
正始四年歲次丁亥十月丙辰朔/廿三日戊寅，春秋六十一。其夫
人乃賀渾，給事、相州刺史、相國侯、趙郡/呂金安第六之敬女，幼
稟霜節之規，長遵冰潔之度，化光爰自三宮，風/輝發於四裔，恒
軌宋姬之遺迹，常准起家之餘範，故建績於百齡之下，/立名於千
歲之上，烏可詳哉，且略其旨也。以正始五年歲次戊子三月/甲
申朔十五日戊戌，春秋五十六，僉薨於舊京金城之公館。越自來
歲，/永平元年十有一月庚辰朔十五日甲午，葬於白登之陽。惜
乎遘厲，逝/矣弗救，迺鐫以幽石，鏤以顯迹，其辭曰：/

恭矣元極，顯自黃基，分琨神□，敷瓊靈芝。德由泰夏，道新肆
茲，慧屬鳳/舉，哲應龍期。雲潭朔壤，風液燕區，義隆平鎮，温盛
相墟。響績八表，功聞/九居，宜承寶曆，德音□符。冰不異操，
霜弗改彫，内儀明閨，外式顯韶。徽/詠三宮，休歌四標，節固宋

姬,情□□遥。仁侔春彩,德齊夏榮,純以綏微,／粹以接英,百兩方顯,著於千齡。□則松□,□則楊堂,鴻悲風悼,禽哀雲／□。魂歸宵□,魄□□□,銘金□□,宣迹後□。

【誌陰】

永平元年歲次戊子十二月庚戌朔四日癸丑建,／太常博士青州田徽寶造,／書者相州主簿魏洽。

【疏證】

元淑墓誌,1984 年從元淑墓出土,該墓位於山西省大同市的小南頭鄉東王莊村西北 1.5 公里處,北距水泊寺鄉石家寨村 1.5 公里,西北距大同市區 6 公里,詳見大同市博物館《大同東郊北魏元淑墓》,《文物》1989 年第 8 期。簡報附有墓誌拓片的照片。同期還發表了王銀田研究該墓誌的文章《元淑墓誌考釋——附北魏高琨墓誌小考》。元淑墓實際上是元淑與其妻呂氏之合葬墓,墓誌亦爲夫妻二人之合誌。

元淑本傳見於《北史》卷一五《魏諸宗室傳》,其高祖即昭成帝什翼犍,曾祖壽鳩,祖遵,父素。據元侔墓誌①,壽鳩又寫作“受久”,遵字勃兜,素又作“素連”;而元昭墓誌②徑稱遵爲兜,素連爲連。此兩墓誌並稱素連之妻爲赫連昌妹。未知此赫連氏是否元淑生母。

元淑死於北魏宣武帝正始四年(507),年六十一歲,則當生於太武帝太平真君八年(447)。元淑妻呂氏死於宣武帝正始五年(永平元年,508),年五十六,則當生於文成帝興安二年(453)。

---

① 趙超:《漢魏南北朝墓誌彙編》,頁 60。
② 同上,頁 145—146。

據元淑本傳，淑死後謚静，而墓誌作靖。墓誌有“靖与停淵争其凝”句，是“靖”與“静”同。

墓誌第一行所缺八字，是元淑所督之州鎮名。元淑死時任平城鎮將，故推測所缺八字爲“柔玄、御夷、懷荒三鎮”。

元淑妻父吕金安之名不見於史。然而趙郡吕氏爲河北著姓，高允《徵士頌》，有“趙郡吕季才”，當與吕金安同族。

從元昭、元侔墓誌看，元淑家族墓地在洛陽。可是元淑死於平城任上，吕氏並未奉柩歸葬洛陽，而是繼續逗留於平城，直至次年“薨於舊京金城之公館”，也就是死在元淑在平城的公署之內。“金城”也許是指公館所在的里坊。很可能元淑死後，吕氏隨即卧病，故不得離開平城。吕氏死後，地方政府爲元淑夫妻營葬，遂葬平城東郊。

誌陰保留墓誌撰作及書寫者姓名，與同時墓誌不同。元淑墓誌形制，較接近置於地表墓前的墓碑。

二九　元融妃穆氏墓誌

【誌文】

魏章武王妃穆氏墓誌銘/

惟大魏永平二年歲在己丑三/月戊寅朔十二日己丑,章武王/妃穆氏,薨於洛陽之綏武里,殯/於正寢。粤四月一日戊申,葬於/芒山之陽,附於南安王之塋。乃/作銘曰:/

帝緒初基,清源亦始,茂葉葳蕤,/淵流亹亹。儷景姻天,綢繆不已,/克挺蘭儀,淑慎容止。女子有行,/遠其兄弟,合卺宗王,同心異體。/口無擇言,身無擇禮,令譽愔愔,/徽風濟濟。珪璋載誕,本被方盛,/玉皁摧光,金姿滅鏡。錦帳徒芳,/羅衣空凈,淪形已遠,遺音虛咏。

【疏證】

元融妃穆氏墓誌,1935 年出土於河南省洛陽鄭凹南地,墓誌拓片圖版見《鴛鴦七誌齋藏石》頁 25;又見《洛陽出土歷代墓誌輯繩》頁 19。拓片圖版和參考錄文見《漢魏六朝碑刻校注》第 4 册頁 122—123。

穆氏死於北魏宣武帝永平二年(509),其時章武王正是元融,故知穆氏爲元融妃。元融妃盧貴蘭墓誌,出土於河北磁縣,收入趙超《漢魏南北朝墓誌彙編》頁 371—372。盧貴蘭墓誌云"亦既言歸,繼之王室",可見盧氏是元融的繼室。根據盧貴蘭墓誌,盧貴蘭生三子,"長子章武王,字景哲……第二子字叔哲,……第三子字季哲"。案叔哲、季哲,從字面上看,應當是第三子、第四子。《魏書》卷一一：“後廢帝，諱朗，字仲哲，章武王融第三子也，母曰程氏。……太昌元年五月，封安定郡王，邑一萬户，後以罪殂於門下外省，時年二十。”元朗死於孝武帝太昌元年（532），二十歲，則其生年當在宣武帝延昌二年（513）。元朗既非盧氏所生，亦出生於穆氏死後，母曰程氏。元朗字仲哲，從字面看爲第二子，而不是第三子。長子景哲既是盧氏所生，元朗的生母程氏就應當是妾而不是正妃。

穆氏死於洛陽綏武里。北魏墓誌中同樣死於綏武里的，還有元融的弟弟元湛的妻子薛慧命、元融弟子元舉，分别見趙超《漢魏南北朝墓誌彙編》頁214—215、頁215—216。可見綏武里是章武王府宅第所在。

《魏書》卷一九下《景穆十二王下·章武王太洛傳》：“無子，高祖初，以南安惠王第二子彬爲後。”元融即元彬長子。太洛死於遷洛以前，葬在代北。而南安王元楨死於洛陽①。據元楨墓誌，元楨“窆於芒山”。而元融之父元彬墓誌稱元彬“附於先陵”②。元彬墓誌所謂“先陵”，是不是指元彬的生父元楨之墓呢？依靠穆氏墓誌，可以肯定。穆氏墓誌云：“葬於芒山之陽，附於南安王之塋。”可見自元彬以下的章武王一支，雖然名義上出繼章武王太洛，實際上仍然祔葬於元楨墓。

---

① 趙超：《漢魏南北朝墓誌彙編》，頁36。
② 同上，頁38。

三〇 穆循墓誌

【誌蓋】

魏故河／南穆君／墓誌銘

【誌文】

君姓穆，諱循，字如意，河南洛陽人也，故相州刺史、昌國子乞／袁之元子。震鴻華於帝軒，隆遺光於有魏，本枝之茂，百世知／踰芳者矣。君幼懷不測之量，長抱難識之機，不明不昧，不獨／不群。年始十八，丁羅重憂，泣血三齡，至性過人。禮服既終，／襲爵昌國。高祖孝文皇帝沙汰人物，銓衡四海，太尉咸陽王，／天子之元弟也，崇開府選，妙簡名德，以君人華國望，器光朝／野，徵拜太尉外兵參軍。君昇朝拱默，青忠自守，衣冠貴其堅／白，縉紳尚其貞明。時嬴蕃多務，議舉青能，拜君爲嬴州長史。／君御邊防遏，效均古人，匪躬之成，唯彰紫聽。尋遷步兵校尉，／左將軍，除東萊太守。清貞著於所茌，美教播於營代，金魚不／能動其懷，聲色不能變其操，禮樂導物，風政日新，巍巍洋洋，／莫之能名。方當入司台衡，棟維乾宇，如昊天不吊，貽庈伊人，／永平二年寢疾不豫，三月丁酉，卒于洛陽承華里，時年五十／有三。臨終爽悟，神氣益明，遺勅嗣孤，薄葬從禮，衣棺之外，命／無所費。遵君素心，弗敢加厚，以十月辛酉，窆於洛陽西北奇／坑之陽。人之云亡，邦國殄悴，如遺德彰於朝聽，鴻烈聲於物／口，生榮死哀，禮窮兹日。是以鐫華幽石，式刊玄宮，其詞曰：／

瑋瑋夫子，晈晈時英，體道崇仁，實曰老成。含華玉震，耀彩金／聲，松不孤翠，竹不孤貞。披苞照國，開綺輝庭，方德仲山，毗衮／

是鍾,紆弼元鉉,宣化下邦。如何不熟,構兹閔凶,龍閣彫蘭,鳳/
間擢松。

【疏證】

穆循墓誌,1991 年出土於河南省孟津縣送莊村南 310 國道,誌石現藏孟津縣文管會。拓片圖版及參考録文,均見《洛陽新獲墓誌》(圖版見頁 9,録文及研究見頁 196)。李獻奇《北魏六方墓誌考釋》也收有穆循墓誌拓片的照片,並作了簡短考證,載洛陽市第二文物工作隊編《畫像磚石刻墓誌研究》①頁 204—206。

穆循死於北魏宣武帝永平二年(509),年五十三,則當生於文成帝太安三年(457)。墓誌稱穆循之父乞袁爲"故相州刺史、昌國子",相州刺史應當是贈官,昌國子則應是生前賜爵。墓誌説穆循"年始十八,丁羅重憂"(案"羅"字當是"罹"字之誤),則其父乞袁之死在孝文帝延興四年(474)。據《魏書》卷三三《張蒲傳》,蒲孫靈符"天安初,遷中書侍郎,賜爵昌國子"。那麽,乞袁得賜昌國子,當在延興元年之後。墓誌又説穆循"泣血三齡,至性過人。禮服既終,襲爵昌國"。根據當時慣例,穆循在承明元年(476)或稍後嗣爵。又《魏書》卷三一《于烈傳》,于烈太和初"賜爵昌國子"。據此,穆循很快就失去了爵位,墓誌諱而不載。

穆循可能與穆崇同族。據《魏書》卷一一三《官氏志》,穆氏原爲丘穆陵氏。穆循之父名乞袁,而據《魏書》卷一〇三《高車傳》,乞袁是高車十二姓之一,自然也就是一個高車語詞彙。

墓誌中的"嬴蕃"、"嬴州",是"瀛州"的别寫。

---

① 洛陽市第二文物工作隊:《畫像磚石刻墓誌研究》,中州古籍出版社,1994 年。

<h1 style="text-align:center">三一　元冏墓誌</h1>

【誌文】

陽平王墓誌銘/

維皇魏永平四年歲次大火二月丁卯朔十八日甲申,/故輔國將軍、汲郡太守、陽平王元冏,字曇朗,厥年廿有/七,以去永平二年十二月廿四日,薨於郡庭,即殯郡之/西序。王/景穆皇帝之曾胤,故陽平王之孫。故陽平　王第二息。/王流暉皇蕚,分光乾緒,含彩弱年,摘華晚歲,光崇前/烈,堂構後隆。/聖上嘉焉,授玆斯郡,履政半期,風冠京野,故能使灾蝗/靡入,猛虎出江,邑頌來甦,鄴城改聽。皇朝以王執三/英於生辰,秉五美於平日,故追贈持節、征虜將軍、□豫/州刺史,王如故,謚曰恭王。窆於西陵,其辭曰:/

王誕懋英韻,氣烈風舒,籌練七武,粉賾九圖。懷仁樂静,/含道澄虛,非義靡處,非禮弗居,庶尹皇家,永世國謨。/但凝飋春馳,驚泠夏急,早淪金精,夙摧玉粒。赫矣叡王,/痛灾禍及,萬僚崩叫,千司慟泣。形潛雖永,休風猶集,鏤/金誌石,刊景標立。嗚呼哀哉。

【疏證】

　　元冏墓誌,1991 年出土於河南省孟津縣朝陽村北,現藏孟津縣文管會,出土情況見 310 國道孟津考古隊《洛陽孟津邙山西晉北魏墓發掘報告》,載《華夏考古》1993 年第 1 期。誌爲青石質,有盝頂形誌蓋,誌蓋無字。《洛陽新獲墓誌》收有拓片圖版和録文(圖版見頁 10,録文見頁 197)。圖版又見倪水通、霍宏偉《北魏〈元昞墓誌〉》,《書法叢刊》1993 年第 1 期。已經發表的研究文章有周錚《元昞墓誌析》,載《華夏考古》2000 年第 1 期。又李獻奇《北魏六方墓誌考釋》一文,也對元昞墓誌有簡短的研究,載洛陽市第二文物工作隊編《畫像磚石刻墓誌研究》頁 206—208。周錚文指出"征虜將軍、□豫州刺史"句中所殘泐的字,應是"東",可以參考。

　　元昞死於北魏宣武帝永平二年(509),時年二十七,則其生年當在孝文帝太和七年(487)。據《魏書》卷一九上《景穆十二王·陽平王新成傳》,新成於文成帝太安三年(457)封陽平王,薨①,長子頤嗣爵,頤於宣武帝景明元年(500)薨。《魏書》沒有提到嗣元頤爵位的人是誰,只説"傳國至孫宗胤,肅宗時,坐殺叔父賜死,爵除"。從元昞墓誌看,元昞爲元頤次子,嗣王爵。宗胤應當就是元昞之子。

　　元昞墓誌中在元頤諡號處有空格,據《魏書》,元頤諡"莊"。但是,根據元頤的母親、元昞的祖母李太妃的墓誌,元頤的諡號應當是"惠"。李太妃墓誌見趙萬里《漢魏南北朝墓誌集釋》卷四、趙超《漢魏南北朝墓誌彙編》(頁 100),墓誌云:"太妃李氏,頓丘衛國人也,魏故使持節大將軍陽平幽王之妃,使持節衛大將軍青定二州刺史陽平惠王之母。"元頤爲定州刺史、衛大將軍,見《魏書》卷四九《崔秉傳》、卷六八《甄琛傳》。元頤本傳稱頤"薨於青州刺史"。李太妃死於孝明帝熙平二年(517),這時元昞已經不在,當時的陽平王是元昞的兒子、李太妃的曾孫元宗胤。洛

————————

① 據《魏書》卷六《獻文帝紀》,新成薨於皇興四年(470)十二月。

陽出土的墓誌中,還有元昞的叔父元颺夫婦的墓誌,見趙萬里《漢魏南北朝墓誌集釋》卷四、趙超《漢魏南北朝墓誌彙編》(頁75、頁72)。元颺是元頤的六弟、元昞的六叔。元颺不見於史,元颺墓誌中提到"季弟散騎常侍度支尚書大宗正卿思若",就是元頤的另一個弟弟元欽。元欽字思若,見《魏書》元頤本傳。元欽墓誌見趙萬里《漢魏南北朝墓誌集釋》卷四,趙超《漢魏南北朝墓誌彙編》收有録文(頁249—251)。

墓誌稱元昞"窆於西陵"。西陵作爲葬地在北魏墓誌中常見,其位置及所指尚有待研究。據元昞墓的發掘簡報,元昞墓位於孟津縣朝陽村以北1.5公里處,應即所謂西陵。據元颺墓誌,元颺葬於西陵,李太妃墓誌稱"窆於洛陽之西陵",元欽墓誌亦云"遷窆於西陵之阿"。據《洛陽孟津邙山西晉北魏墓發掘報告》,與元昞墓同時發掘的M18,雖然未見墓誌,但肯定與元昞同屬陽平王家族,加上前此已經出土的陽平王家族各墓誌,可以認爲,今孟津縣朝陽村北左近,即是北魏時期的西陵,元昞家族的墓地就在這一帶。

三二　楊椿妻崔氏墓誌

【誌文】

魏故使持節、督/洛州諸軍事、安/南將軍、洛州刺/史弘農楊簡公/第二子婦清河/崔氏墓誌銘。/永平四年十一/月十七日鐫記。

【疏證】

　　楊椿妻崔氏墓誌，1986 年出土於陝西華陰五方村楊氏墓塋。誌蓋無文字。拓片圖版及説明見《華山碑石》頁 9。拓片圖版和參考録文見《漢魏六朝碑刻校注》第四册頁 186—187。

　　楊椿，《魏書》卷五八有傳，生於北魏文成帝太安元年（455），死於北魏節閔帝普泰元年（531）七月。

三三　高琨墓誌

【誌文】

魏故使持節都督冀嬴相幽平/五州諸軍事鎮東大將軍冀州/刺史勃海郡開國公墓志銘/

延昌三年歲次甲午冬十月丙/子朔廿二日丁酉，冀州勃海郡/脩縣崇仁鄉孝義里使持節都/督冀嬴相幽平五州諸軍事、鎮/東大將軍、冀州刺史、勃海郡開/國公高琨，字伯玉。/夫人鉅鹿耿氏。/父颺，左光祿大夫、勃海郡開國公。/母汝南袁氏。

【疏證】

　　高琨墓誌，據稱 20 世紀 70 年代出土於大同市東郊小南頭村，拓片的圖版及參考錄文，均附見王銀田《元淑墓誌考釋——附北魏高琨墓誌小考》，《文物》1989 年第 8 期。高琨長子高猛及高猛妻元瑛的墓誌也已出土，請參看本書高猛墓誌疏證。

　　高琨是宣武帝生母孝文帝文昭皇后高氏的長兄，也即高肇的長兄，事迹見《北史》卷八〇《外戚·高肇傳》。高肇這一係，自稱勃海高氏，然而久在高麗，北魏孝文帝時，始從高麗來歸，所以，其勃海郡望在當時可能難以被廣泛承認。高肇弟高顯，爲高麗國大中正，這説明其“高麗高氏”的身份有所保留，亦即“勃海高氏”的身份尚未確立。高琨墓誌標著籍貫爲“冀州勃海郡脩縣崇仁鄉孝義里”（“脩”當即“脩”、“蓚”之誤寫）。《金石萃編》卷二九收出土於“景州城東十八里”“六屯村”的《高植墓誌》，亦稱“勃海蓚人也”，而高植爲高肇之子。《金石萃編》卷三〇有

《高湛墓誌》，清乾隆己巳秋（1749年）出土於德州衛第三屯運河東岸，錢大昕《潛研堂金石文跋尾》考證高湛應是高肇之子。陸增祥《八瓊室金石補正》卷一五收《贈營州刺史懿侯高貞碑》，據孫星衍說，此碑亦出於"德州衛河第三屯"。高貞爲高偃之子，世宗高皇后之弟，於宣武帝延昌三年（514）卒於洛陽，明帝正光四年（523）歸葬勃海（從宣武帝的詔書看，高貞卒後，就已經計劃歸葬"本州"了，然而遷延十年之久，實未詳所以）。可見高肇顯貴以後確曾努力改造過郡望，其子弟都歸葬勃海。據《金石續編》，高植、高湛墓誌及高貞碑，皆出德州衛河第三屯。只是高肇和高皇后都不得善終，高氏郡望的改造被中斷，未能如許多其他北朝冒籍的家族那樣最後成功。但是，從《新唐書·宰相世系表》看，還是部分地成功了。

　　高琨及其父母高颺、袁氏，都死於遷洛以前，故葬在平城。其時高氏未顯，葬事必甚草草。宣武即位以後，"追思舅氏"，征肇兄弟而貴之，追贈高颺爲勃海郡公（墓誌作開國公）。高琨雖故，仍以襲爵而得爲郡公，並以高琨子高猛襲爵。此外，同樣死於遷洛以前的高琨弟高偃，宣武帝正始間亦獲追贈官爵。這樣，高琨、高偃與其父母都得到封贈，理應重新安葬。所以《高肇傳》說："父兄封贈雖久，竟不改瘞。三年，乃詔令還葬，肇不自臨赴，唯遣其兄子猛改服詣代，遷葬於鄉。時人以肇無識，哂而不責也。"據此，延昌三年的父兄"改瘞"，高肇只派了高琨的兒子高猛從洛陽到平城辦理。史文之"遷葬於鄉"，也許指從平城舊塋還葬勃海，此時高肇寵貴已極，其勃海郡望受到公開質疑的可能性很小，所以高肇本來有機會在勃海蓚縣營葬。但是高肇粗劣無文，不懂得改葬的禮法意義，對於這類活動非常消極，雖然浸染時風,攀附郡望,畢竟並不認真,所以最終還是把父兄葬在平城。高猛所主持的"改瘞",包括重刻墓誌、豐大封丘等等。重刻墓誌的最大意義,就是把封贈的官爵標示出來。高琨墓誌雖然簡略,封贈之榮却完全表現出來了。

據王銀田説,高琨墓誌出於小南頭村北面被稱爲"三皇墓"的墓葬中。"'三皇墓'爲東西並列的三座墓,封土規模相當,排列整齊。"我們認爲,這三座墓就是高猛於延昌三年爲其父高琨、叔父高偃及祖父母改瘞所營造的三座墓。《北史》卷一三《后妃·孝文文昭皇后高氏傳》,稱高颺夫妻有"四子三女"。而卷八〇《外戚·高肇傳》,却列高肇有兄琨、偃、壽,有弟顯,分明是五子。也許因爲高壽死於歸魏之前,幼年而夭,不獲封贈,且未葬平城,故不得與四子之數。因此,高猛"改瘞"營葬時,只營三墓,一墓葬父高琨,一墓葬叔父高偃,一墓合葬祖父高颺及祖母袁氏。

《高肇傳》謂高琨子高猛爲高颺"嫡孫",是知高琨決非側出。墓誌稱高琨"母汝南袁氏",即高颺正妻爲袁氏。而《高肇傳》載北海王元祥等奏稱高颺之妻爲"蓋氏",《北史》亦稱文昭皇后母爲蓋氏。核以高琨墓誌,蓋氏當作袁氏,"蓋"、"袁"二字形近致訛。

高琨妻鉅鹿耿氏。《周書》卷二九《耿豪傳》:"耿豪,鉅鹿人也。本名令貴。其先避劉、石之亂,居遼東,因仕於燕。曾祖超,率衆歸魏。"趙萬里《漢魏南北朝墓誌集釋》收有北魏文成皇帝兩位耿嬪,一爲鉅鹿宋子人,一爲鉅鹿曲陽人,出自宋子者"祖誕,燕朝使持節、鎮東將軍、幽州刺史"。與耿豪一族的經歷相應,説明鉅鹿耿氏有長期在遼東的經歷,這與高颺家庭情況很接近,而遼東集團的聯姻傳統在北魏維持相當長久。高琨的妻子耿氏,很可能與耿誕、耿豪同族。

三四　元睿墓誌

【誌文】

魏故平遠將軍洛州刺史元使君墓誌銘并序／

祖受拔，侍中、太尉、武邑貞公。／

夫人河南穆氏，父泰拔，侍中、中書監、宜都王。／

父奴瓌，平北將軍、武川鎮將、昌邑子。／

夫人遼東李氏，父捶，常山太守。／

君諱睿，字洪哲，河南洛陽人也。六世祖彭城王，昭成皇帝第／七子。分崇峰之雲構，派積水之深源，其弈葉連輝，纂戎繼德，事／光於國傳，聲歌於風流矣。君承家餘慶，生資上善，志性公方，神／情溫雅。賞鑒清儁，韶年歎其夙成；器宇虛湛，丱歲許其遠大。少／闕庭規，訓無外假，植操立心，率蹈天至。事母以孝聞，善弟以友／稱，令聞令望，於焉允集。太和中，除武騎常侍，轉員外散騎侍郎，／鴻漸宦初，望暉朝序。遷給事中，進羽林監，加伏波將軍，出除徐／州鎮東司馬，作毗蕃政，甚收治譽。入爲司空從事中郎，宣亮黃／扉，樹聲玄武。方騁逸足於長路，申志業於明時，窮彼寵榮，贊此／朝右，不幸遘疾，春秋卅有五，延昌三年三月戊申朔四日辛亥，／卒於洛陽永和里。知與不知，聞咸灑淚。追贈平遠將軍、洛州刺／史，諡曰恭子，禮也。以熙平元年三月戊辰朔十七日甲申，遷葬／於乾脯山之南原，西去洛城廿五里。乃作銘曰：／

緜哉鴻緒，盛矣昌胤，瑤榦瓊蕊，崇基岳峻。篤生夫子，寔民之儁，／高識金明，奇懷玉潤。騫門比孝，晏朋等信，俯仰循規，造次

斯慎。/言也無尤,行焉靡咎。平生素抱,業尚唯忠,戚里家彦,
國序朝崇。/文贊府議,武翼蕃戎,出官善始,入司令終。驚川理
切,促駕途窮,/一朝罷事,万載誰功?荒涼野氣,蕭瑟松風,黄壤
晦隧,朱燈闇融。/清徽菴蔚,聲實颯隆,金石不朽,賁采泉宮。/
夫人趙國吕氏,父檀,恒農太守。夫人河南于氏,父兜,恒州
刺史。

【疏證】

元睿墓誌,1991(或 1990)年出土於河南省偃師縣杏園村之
南的洛陽首陽山電廠基建工地,墓誌拓片圖版及參考録文,見中
國社會科學院考古研究所河南二隊《河南偃師縣杏園村的四座
北魏墓》,《考古》1991 年第 9 期。

墓誌稱元睿死於"延昌三年三月戊申朔四日辛亥",可是這
一年三月應是己酉朔,四日爲壬子;而五月纔是戊申朔,四日爲
辛亥。三、五形近,疑撰寫者本作五月,而刻石者誤爲三月。

元睿死於宣武帝延昌三年(514),年四十五,則其生年當在
獻文帝皇興四年(470)。

墓誌記元睿之六世祖爲昭成帝第七子,祖父受拔爲武邑公,
父奴瓌爲武川鎮將。昭成帝共有九子,第七子爲地干,地干一支
僅記地干子毗陵王順。可是昭成子孫中得封武邑公的,爲第八
子力真的孫子受洛。《北史》卷一五《魏諸宗室傳》:"遼西公意
烈,力真之子也。……子拔干,……子受洛襲,進爵武邑公。卒。
子叱奴,武川鎮將。"可見元睿的六世祖,不是地干而是力真。很
可能昭成帝的庶長子寔君因爲背叛而被解奪身份,逐出宗室,北
魏宗室中没有他,因此昭成諸子的排列中也就没有了他,本爲第

八子的力真遂被認作第七子。墓誌稱力真彭城王,不見於史,不知是否後來追贈。

　　元睿的父、祖名諱,墓誌與《北史》不同,當是由於音譯用字及省略音節不同,"受洛"與"受拔",很可能是各自省略"受洛拔"而來,"叱奴"與"奴瓌",很可能是各自省略"叱奴瓌"而來,本爲多音節,漢字音譯時盡量簡化,故用字不同。元睿墓誌記受拔(即受洛)的夫人"河南穆氏,父泰拔,侍中、中書監、宜都王"。《魏書》卷二七《穆崇傳》:"〔崇子〕觀,字闥拔,襲崇爵,……贈宜都王,謚曰文成。"泰拔即闥拔,是穆觀的鮮卑本名。

　　《北史》記叱奴之子洪超,而不及元睿。洪超與元睿爲同父兄弟。據《洛陽伽藍記》卷一,元洪超住宅在修梵寺北的永和里。元睿墓誌稱元睿死於洛陽永和里,看來永和里正是元睿一家在洛陽的住處。

三五　羊祉墓誌

【誌文】

魏故鎮軍將軍兗州刺史羊公墓誌銘/

使君祖父已見銘序。太夫人清河崔氏，父■/史，贈平東將軍、兗州刺史，謚曰威。■/第二弟靈寶，州主簿，後除□州使君；妻清河崔氏。■/靈珍，州別駕；妻清河崔氏，父烏頭，冀州刺史。■/魏郡申氏，父恒安，宋虎賁中郎將。息深，字文淵，年卅一，□□□□□□□□；妻清河崔氏，父■/息穌，字文憘，年卅七，太尉墨曹參軍；妻安定皇甫氏，父□，梁中散大夫。息儉，字□□，年廿五，□□□□侍郎；妻■/三姑女。息偁，字祖忻，年廿一，妻安定皇甫氏，父沖，平涼太守。息允，字士□，年廿□。息忱，字文稚，年十■/姿，年卅，適天水趙令勝，河北、河東二郡太守。息女顯姿，早亡。息女景姿，年卅，適滎陽鄭松年，州主簿，父長猷，通直散騎常侍■/息女華姿，年廿三。息女淑姿，年廿二。孌女伯□，年五。深男敷，字子尚，年廿三。男恭，字子□，年四。女仲漪，年十三。■/默男植，字子建，年十四。女漢□，年十一。穌男楨，字子□，年八。男□，字子□，年三。男□，字子□，年二。女漢□，年■/儉男劭，字子將，年□。男荆，字子玉，年一。女□珪，年□。女□君，年三。/

使君諱祉，字靈祐，泰山梁父人也。始姓氏周君■/晋時，若迺分品派姓，寶幹□□，莫不冠冕。■/道播惟良。公□年聰□，資威遲範，十六而孤，六□不□持□□□□□□□主知之■/□□昆德，襲爵鉅平子，加振武將軍。公學□群□，志□經史，是以□□

不□，清猷方遠。太和中，特拜出藏□高□□□/昌帝發薮官人，綜揆名實，抽奇獎異，必先曰□官人之際□以遠大相許。遷□□□□□故官■/□東留戍。□想年□，開輔國大將軍府，國棟時□，民□長。□□□□□尋加建威將軍，別督戎旅。□□之□□□□/□□□□，師徒失律，公獨亡□。除征西大將軍司馬，辭□□命，□□□□。/太和六年，襄樊未賓，迺□□□□□□□□/使持節□統軍，故左僕射元珍時亦同爲統軍，俱受節度□□。公少閑兵術，善於治戎。時有詔使，軍門不開，詔使□□/令明□□□難犯。使者踟蹰，通□以進，還，以狀□帝，帝嘆曰：“細柳之師，方將蔑矣。”昔亞夫稱美于漢文，今公見□于/高祖，邁古垂聲，其芳逾蔚。帝旋師。久之，除左軍將軍，先事即爽，俯從此職。景明末，□且□□□號武興氏，□□/□詔公持節爲軍司，馳□戎軒，沈機偉略，制□□□。首夏發京，至秋殄賊，威□若神，□□關右。昔奉世□時□□□□，/□□□古，寧不慚德。尋兼給事黃門侍郎。魯陽方留京畿，□復侵□，此城關守，固難其人。□□公權行郡事，求□□□，/不俟期月。先是華陽獻地，巴劍□門，西南氓庶，萬里投款。□器望成歡□朝有聞，詔徵持節、龍驤將軍、益州刺史，□□/□督梁秦二州諸軍事、梁秦二州刺史，持節、將軍如故。公威惠素流，下車騰詠，肅迺建□□禮歸□□□開教決□□/□，徵役必時，官民兼稽，於是開石門於遂古，闢棧道於荒途。歲物絹□，□窮經國，懷吳綏蜀，襁負□聚，不□□□□/其爲官可以圖身慮化光□榮家者矣。尋轉征虜將軍。以母老辭榮，乞反終養，手詔敦屬弗許。而□□□□□□□/歲□，仲升謁還，玉門非遠，頻煩表請，久而遂□。馳軒載途，□處膝下。歲餘，朝廷興伐蜀之師，詔復徵公平南將軍、光禄/大夫，秉旄戎首。抗表陳讓，不蒙哀允。□綸繼薦，相望中衢。時太夫人教曰："□已事君，豈復存孝？□宜□之，速□□□命。"/殷勤固請，具表已成。太夫人遂勸，二弟□對王人。於是還命辭親，□征奉主。兵未逾月，國諱班師。假途□□□□□□/如故。公□履居貞，含仁體順，以孝移君，匪□形□□。朝廷褒□□□國望。經明□□，志略遐宣，□班生讜言，陸子□□，無/以尚也。方應股肱王室，爕襄台門，□弼告成，懸車□□。而命德□未造，積善無憑。春秋五十九，熙平元年正月二日己巳/遘疾，暨二月十二日己酉，薨於雒陽徽文里舍。天子傷悼，賵贈時臨，册曰："惟熙平元年三月戊辰朔廿九日甲申，皇/帝曰：咨故光禄大夫、新除平北將軍羊祉，器懷雅亮，秉操貞□，誠著累朝，效彰出内。作牧岷區，字民之績驟聞，詔勒戎/旗，撫馭之功寔著。比居□秩，□申優養，方委蕃樞，助諧政道，而年未盡算，奄云已畢。言尋朝舊，用悼于懷。□遣□者，□/册即柩，贈安東將軍、兗州刺史，祭以太牢。"尋詔以舊德未崇，遷鎮軍將軍，謚曰景。以其年十一月甲子朔廿日癸酉，葬/太山郡梁父縣盧鄉□里之徂徠山左。圖帛易湮，□鐫無滅，假息餘漏，用述芳猷。雖銘功不朽，窮心何及？其詞曰：

奕弈岱宗，開川作鎮，鐫兹景□，以險□胤。亹亹公族，茂葉□晋，大夫出疆，載揚君信。邁種縣基，爰降東萊，維漢維晋，槐/棘伊台。英風嗣烈，下武遺才，如彼松柏，森聳巖隈。於□世懿，操直行方，即温望儼，吸吐柔剛。神凝弘道，徙義褰裳，既見/君子，爲龍爲光。學優禄始，矯□臨年，式搏烟霧，又躍龍淵。昇降容

與,自代祖澶,入融□侍,出贊維賢。喆士攸□,大義是╱毗,乃文
乃武,寔曰兼姿。宏謀重沓,雅度威夷,帝云欽爾,作屏作綏。石
門之固,歷代長阻,有德斯開,仁亡還擬。□路層嶠,╱通衢架渚,
一敷善化,膠庠載序。大風已息,烽鼓無聲,言收蕃組,來襲朝
纓。何年上帝,日日淪晶,覆我幹德,□□□□。□遠岱日,素
柳徐遷,晨箚徒切,旐旆虛旋。肅肅松檟,翳翳荒原,□兹寶□,
□□□□。

【疏證】

　　羊祉墓誌,1964 年出土於山東省新泰縣天寶鎮,同時出土
的還有羊祉妻崔神妃墓誌,墓誌録文見周郢《新發現的羊氏家族
墓誌考略》,載《周郢文史論文集》,山東文藝出版社,1997 年,頁
46—80。墓誌録文和拓片圖版又見《漢魏六朝碑刻校注》第 4 册
頁 317—319。周郢文附有羊氏家族世系表,請予參考。羊祉妻
崔神妃墓誌、子羊深妻崔元容墓誌、侄羊烈夫妻墓誌,均收入本
書。對新泰所出羊氏家族墓誌的研究,請參看王尹成《新泰文化
大觀》,齊魯書社,1999 年,頁 125—129。此外,還可參看賴非
《齊魯碑刻墓誌研究》,齊魯書社,2004 年,頁 239—248。

　　羊祉死於北魏孝明帝熙平元年(516),五十九歲,則其生年
當在文成帝太安四年(458)。

　　據《魏書》卷八九《酷吏·羊祉傳》,羊祉父羊規之(《梁書》
卷三九《羊侃傳》稱羊侃祖父爲羊規),仕劉宋爲任城令,於太武
帝太平真君末年(450—451)降魏,“賜爵巨平子,拜雁門太守”。
羊祉妻崔神妃墓誌中“時雁門壽君薨逝甫爾”的“雁門壽君”,即
指羊規之。羊祉墓誌中所記歷官事迹,與本傳相合。本傳記胡

太后令議羊祉贈謚,元端、劉臺龍上言之中引述朝廷給羊祉的册文云:"及其殁也,又加顯贈,言祉'誠著累朝,效彰内外,作牧岷區,字萌之績驟聞'。"這篇册文,全載於羊祉墓誌中,兩相對照,只有個别文字不同。

墓誌開頭説"使君祖父已見銘序",可是墓誌中並没有介紹羊祉祖父和父親的文字,不知道所謂"銘序"所指爲何。

墓誌稱羊祉"十六而孤",知羊規之死於北魏孝文帝延興三年(473)。

墓誌詳載羊祉諸弟、兒女及孫兒女的年歲、仕宦和婚姻情況。從羊氏婚姻看,有清河崔氏、魏郡申氏、安定皇甫氏,都是隨南燕遷徙並土著於青齊地區的大族,他們在南燕政權下與徐兗地區的地方勢力相凝結。後劉裕滅南燕,青徐盡入於江左政權,地方大族自身力量及相互之間的關係更有較大發展①。後來北魏奪取淮北四州,青齊大族或入魏,或南渡。羊氏姻族皇甫氏有爲"梁中散大夫"者,應當是在淮北入魏後南渡江左的,亦可見當時同一家族,被南北政權所分割。青齊大族雖各自歷史命運不同,但互爲婚姻之族的傳統却十分强固,羊氏家族的情況也是一個例證。

---

① 羅新:《青徐豪族與宋齊政治》,載《原學》第一輯,中國廣播電視出版社,1994年,頁147—175。

三六　皮演墓誌

【誌文】

魏故鎮遠將軍涼州刺史皮使君墓誌銘/

君諱演,字榮祖,下邳郡下邳縣都鄉永吉里人也。選部尚書、/散騎常侍、侍中、使持節、都督秦雍荆梁益五州諸軍事、征西/大將軍、開府儀同三司、淮陽襄王豹子之孫,南部尚書、使持/節、散騎常侍、都督秦雍荆梁益五州諸軍事、開府、安南將軍、/豫州刺史、廣川恭公歡欣之子也。並洪勳茂績,受專征之委,/敏德英猷,荷司牧之任,固已弈世重光,踵武一時矣。君少而/警慧,有若成人,恭公異之,以爲家寶。年十有一,太和初,召爲/中散,出入雲禁,夙夜匪懈,忠懃之至,簡在帝心。十有五年,/高祖首創流品,位置庶官,親御寶軒,妙選英彦,復除強弩將/軍、假揚武將軍。北征別將。軍還,進爲奉車都尉。十有九年,改/創百官,仍除奉車,從新令也。尋出爲安東大將軍、魏郡王長/史,府主丁憂,未之所職。又轉平西將軍長史、加寧遠將軍,辭/屈不就。景明中,假建武將軍、征蠻統軍。正始之初,除假節、建/威將軍、燉煌鎮將。延昌三年,歲次甲午,三月己酉朔十七日/乙丑,寢疾,薨于洛陽縣之安武里宅,時年卌有九。追贈鎮遠/將軍、涼州刺史,謚曰　以熙平元年十一月甲子朔廿/二日乙酉,卜窆于首陽山之南。迺作銘以誌之,曰:/

高陽濬哲,昆吾炳烈,將相有門,雄英不絶,惟祖惟父,匡時讚/世。粵若夫君,實踵高轍,逸氣霜嚴,機情水鏡,詢直處身,寬敏/從政,再緝國容,三誓軍令,文尚來懷,武資保定。悲矣人生,昧/

哉天道，如何不吊，未壽而夭。萬古攸攸，三泉杳杳，徒誌玄石，/
空切黄□。

【疏證】

皮演墓誌，1995 年 5 月出土於河南省偃師市首陽山鎮香玉
村北磚廠，現藏偃師市博物館。拓片圖版見洛陽市第二文物工
作隊《洛陽碑誌選刊》一文，載《書法叢刊》1996 年第 2 期。《洛
陽新獲墓誌》收有拓片圖版及録文（圖版見頁 11、録文及研究見
頁 197—198）。研究文章有馬志强《〈皮演墓誌〉略論》，載《北
朝研究》1997 年第 4 期。

墓誌稱皮演爲皮豹子之孫，皮歡欣之子。皮豹子傳見《魏
書》卷五一、《北史》卷三七，兩處都稱其爲"漁陽人"，而皮演墓
誌著其籍貫曰"下邳郡下邳縣都鄉永吉里人也"。《元和姓纂》
卷二皮氏條，皮氏只有下邳一望，列下邳皮氏歷代人物，舉後魏
皮豹子。據此，則皮豹子似確爲下邳而非漁陽人。然而，皮豹子
死於北魏文成帝和平五年（464），魏收《魏書》之皮豹子傳所據
材料，當纂成於太和以前，即在孝文帝姓族改革以前。太和改革
以後，北族攀附華夏舊姓、改著籍貫蔚成風尚，皮演墓誌中的下
邳籍貫當是由此産生，故皮演籍貫與皮豹子當年所著不同。前
舉馬志强文以皮豹子在太武帝時即封爵淮陽公，與下邳位於淮
北之地望相合，證皮豹子一系源出下邳不爲無據，也可參考。

皮演之父皮歡欣，很可能就是《魏書》卷五一《皮豹子傳》所
附豹子第八子皮喜，皮喜在《魏書》卷七上《孝文帝紀上》、卷
一〇一《氐傳》，又作皮歡喜。據墓誌，當作歡欣。可能喜是名，
歡欣是字，《魏書》誤竄名字作歡喜。《皮豹子傳》述其歷官云：

“又拜選部尚書……出除使持節、侍中，都督秦雍荆梁四州諸軍事、安西將軍、開府儀同三司，進爵淮陽公，鎮長安。……尋除都督，秦、雍、荆、梁、益五州諸軍事，進號征西大將軍，開府、仇池鎮將，持節、公如故。……贈淮陽王，謚曰襄。”與墓誌全合。《宋書》卷九五《索虜傳》載元嘉十九年（442）北魏太武帝移書，有“使持節、侍中、都督雍梁益四州諸軍事、安西將軍、開府儀同三司淮陰公皮豹子”之句，淮陰公當作淮陽公，而“都督雍梁益四州諸軍事”當作“都督秦雍荆梁四州諸軍事”，其都督益州是後來加上的。《魏書・皮豹子傳》附《皮喜傳》：“高祖初，……詔假喜平西將軍、廣川公，……又拜爲使持節、侍中、都督秦雍荆梁益五州諸軍事、本將軍、開府、仇池鎮將，……征爲南部尚書……轉散騎常侍，安南將軍、豫州刺史。……七年卒，贈以本官，謚曰恭公。”與皮演墓誌所述皮歡欣官爵謚號亦全合。

趙萬里《漢魏南北朝墓誌集釋》卷三所收元龍墓誌有云：“夫人下邳皮氏，祖豹，侍中儀同三司淮陽王，父欣，侍中豫州刺史廣川公。”則元龍夫人皮氏是皮演的姐妹。這裏簡稱皮豹子之名爲豹，皮歡欣之名爲欣，對於研究太和以後北人姓名的改革也有參考價值。

皮演死於宣武帝延昌三年（514），年四十九，則其生年當在獻文帝天安元年（466），其父皮喜於太和七年（483）去世時，皮演十八歲。墓誌“年十有一，太和初，召爲中散”，時在孝文帝承明元年（476）或太和元年（477）。

墓誌云：“尋出爲安東大將軍、魏郡王長史，府主丁憂，未之所職。”北魏孝文帝朝封魏郡王的，只有陳建，太和三年封，九年薨，子念嗣爵，後陳念犯法除爵，見《魏書》卷七上《孝文帝紀上》、卷三四《陳建傳》。按照墓誌叙事順序,時在太和十九年(495)之後,這個魏郡王自然應當是陳建子陳念。然而,自太和十六年(492)改降五等,異姓王絶大多數例降爲公,史書所載未降爵者僅長孫觀一例①。由皮演墓誌看,陳念亦未降爵。

墓誌銘辭概括皮演歷官爲"再緝國容,三誓軍令","再緝國容"是指他兩拜奉車都尉,"三誓軍令"則是指他曾經三次以將軍身份參與征討(北征、征蠻、爲敦煌鎮將)。

---

① 陳爽:《世家大族與北朝政治》,中國社會科學出版社,1998年,頁23。

三七 楊無醜墓誌

【誌蓋】

魏故使持節／洛州刺史弘／農簡公楊懿／第四子之女／墓誌銘之盖

【誌文】

女姓楊，諱無醜，字慧芬，此邑潼鄉習仙里／人也，清河太守仲真之曾孫，洛州刺史懿／第四子之女。禀靈閑惠，資神獨挺，體兼四／德，智洞三明。該般若之玄旨，遵斑氏之祕／誡，雅操與孟光俱邈，淵意與文姬共遠。信／逸群之姝哲，絶倫之淑女者也。夫其恭孝／和讓之風，婉娩幽閑之德，斯乃閨房之恒／事，在心之常節，固不可得而備論矣。方當／外嬪鴻族，言歸奥室，亨是脩年，閑厥有家，／而上天不吊，以熙平三年正月十八日，春／秋廿有一，於白馬鄉寢疾而終。粵以二月／丁亥朔廿三日己酉，殯於定城里焉。銘曰：／

於穆哲媛，遹駿有聲，豐姿玉潤，雅操金貞。／因恭克讓，資孝以成，行該四德，志達三明。／如淵之邃，如蘭之馨，式刊玄玉，永振休名。

【疏證】

　　楊無醜墓誌，出土時間及地點不詳，今藏香港中文大學文物館。在湖南省博物館與香港中文大學文物館聯合舉辦的“中國古代銘刻文物展”中展出，照片及拓片圖版，發表於爲該展覽而出版的《中國古代銘刻文物》一書中，該書還提供了録文及簡短考證。

　　楊無醜爲楊懿第四子楊順的女兒。她死於北魏孝明帝熙平三年正月(神龜元年,518),年廿一歲,故其生年當在孝文帝太和二十二年(498)。楊無醜比二兄楊仲宣小14歲。

　　楊無醜父兄墓誌皆出土於陝西省華陰縣五方村楊氏家族墓塋,而無醜死於白馬鄉,葬於定城里。從墓誌文字"此邑潼鄉習仙里"看,白馬鄉與定城里屬於華陰縣。目前尚不清楚白馬鄉與潼鄉之間的關係。

　　楊無醜年二十一尚未出嫁。

　　墓誌有"該般若之玄旨,遵斑(班)氏之祕誡",佛典與傳統女子教育典籍並舉。

三八　文昭皇后高照容墓誌

【誌文】

魏文昭皇太后山陵誌銘并序/

皇太后高氏,諱照容,冀州勃海脩人。高祖孝■

皇帝之貴人,世宗宣武皇帝之母也。遙源綿緒,■

方載史册,豈寄略陳。弱稟淵懿之靈,夙體疎通之■

俗,機明入神。幼處素閨,庶族仰德,爰接帝幄,椒■

樞之靈,邁慶都之感,是以延寵高祖,誕載■

母養萬國,曾未龍飛,遄棄萬壽。以太和廿年■

四更時,薨乎洛宮。悼軫皇闈,慕切儲禁。■

武皇係運,迺追尊曰皇太后。時以軍國■

餝舊塋,兩紀于兹。皇上追先帝之遺■

邈,粤筮三龜,協從吉兆,以神龜二年■

祔高祖長陵之右。天長地永,大■

□迺/

□□□鐫,其銘曰:/

■有憑於鑠我■

■母則姜■

【疏證】

　　北魏文昭皇后高照容墓誌,出土時間地點不詳,墓誌拓片圖版見《洛陽出土歷代墓誌輯繩》頁 28。墓誌殘斷,石藏洛陽。拓片圖版和參考録文見《漢魏六朝碑刻校注》第 5 册頁 42—43。

《魏書》卷一三《皇后·文昭皇后高氏傳》："孝文昭皇后高氏，司徒公肇之妹也。父颺，母蓋氏（案"蓋"當作"袁"，見本書高琨墓誌疏證），凡四男三女，皆生於東裔。高祖初，乃舉室西歸，達龍城鎮，鎮表后德色婉豔，任充宫掖。及至，文明太后親幸北部曹，見后姿貌，奇之，遂入掖庭，時年十三。……遂生世宗。後生廣平王懷，次長樂公主。及馮昭儀寵盛，密有母養世宗之意。后自代如洛陽，暴薨於汲郡之共縣，或云昭儀遣人賊后也。……〔肅宗時〕文昭遷靈櫬於長陵兆西北六十步。"傳文較爲簡略，既無高氏名字，亦不載死於何年。據此墓誌，知文昭皇后名照容，死於孝文帝太和二十年（496）。

高照容生宣武帝元恪、廣平王元懷和長樂公主元瑛，元懷與元瑛墓誌都已出土，元懷墓誌見趙超《漢魏南北朝墓誌彙編》頁92，元瑛墓誌見本書。據《魏書》卷八《世宗宣武帝紀》，宣武帝生於太和七年（483）。據元懷墓誌，元懷死於熙平二年（517），年三十，則其生年當在太和十二年（488）。據元瑛墓誌，元瑛死於北魏孝明帝孝昌元年（525），三十七歲，則其生年當在孝文帝太和十三年（489）。可見高照容分別在太和七年、十二年和十三年生宣武帝、元懷及元瑛。

《魏書》卷九《肅宗孝明帝紀》：神龜二年正月"改葬文昭皇太后高氏"。改葬文昭皇后的時間，與墓誌所記神龜二年（519）正相合。這時胡太后柄政，她同情與自己情況接近的文昭皇后，故爲之遷塋改葬。

高照容長兄高琨、侄高猛（高猛即長樂公主元瑛的丈夫）的墓誌，亦收入本書，請參看。

三九　劉榮先妻馬羅英墓誌

【誌文】

河陰縣人劉榮先/妻馬羅英/神龜二年七月五日

【疏證】

劉榮先妻馬羅英磚質墓誌,出土於河南省洛陽市北邙山,出土時間不詳,墓誌拓片圖版見王木鐸《洛陽新獲磚誌説略》,《中國書法》2001 年第 4 期。

墓誌上的年月日應當是下葬時間,即北魏孝明帝神龜二年(519)七月初五。

洛陽北邙山地區出土磚質北朝墓誌極爲罕見。

四〇　常襲妻崔氏墓誌

【誌文】

大魏神龜三年歲次/庚子二月乙巳朔廿/八日壬申,平州遼西/郡肥如縣征東大將/軍府行參軍、明威將/軍、別駕從事史、帶肥/如縣常襲妻,清河冀/州別駕、蘭陵燕二郡/太守、司空諮議、冀州/長史崔隆宗女墓記。

【疏證】

常襲妻崔氏墓誌,1984年河北省唐山市文物管理所從遷安縣徵集而得。拓片圖版與有關説明見李子春、劉學梓《河北遷安縣發現北魏墓誌》一文,載《文物》1998年第11期。

神龜三年即正光元年(520),這年七月,元叉、劉騰奉孝明帝親政,幽禁胡太后,改元正光。而崔氏下葬在二月,故仍爲神龜年號。

遼西常氏在北魏興盛,是從文成帝尊保母常氏爲保太后(即文成昭太后)開始的。文成昭太后事迹見《魏書》卷一三《皇后傳》。據《魏書》卷八三上《外戚上·常英傳》,昭太后貴重以後,遼西常氏官爵者衆,"時爲隆盛"。遼西常氏的這種鼎盛局面一直維持到孝文帝太和中期(馮太后在世時)以前。然而遼西常氏並不是偶然暴貴的,與長樂馮氏一樣,遼西常氏本來就屬於慕容燕集團的成員。常英的祖父常亥爲苻堅扶風太守(當然是在苻堅滅前燕以後),父常澄爲後燕或北燕的勃海太守,具見《常英傳》。遼西常氏與長樂馮氏似乎還有姻親關係,如馮熙娶常氏女而生孝文幽皇后(當然没有證據顯示這個常氏屬於遼西常氏)。從這個意義上説,遼西常氏屬於原慕容燕集團成員,而慕容燕集團入魏以後仍然保持着相當緊密的互婚傳統。常襲籍貫爲遼西肥如縣,自是遼西常氏一族無疑,其妻清河崔氏爲崔隆宗女,恰好清河崔氏的這一支,正是慕容燕集團的成員,因而也就是原慕容燕婚親集團的成員。常襲娶崔隆宗女,正是又一個例證。

《魏書》卷三二《崔逞傳》:"逞兄適(案當從《北史》作逷),字寧祖,亦有名於時。慕容垂尚書左丞,范陽、昌黎二郡太守。適(逷)曾孫延壽,……延壽子隆宗,簡率愛友,居喪以孝聞。歷位冀州別駕,蘭陵、燕郡二郡太守,司空諮議參軍,冀州中正,中軍大將軍府長史。仁信待物,出於至誠,故見重於世。卒,贈前將軍。齊州刺史,謚曰孝。"崔通墓誌稱"燕建興十年昌黎太守清河東武城崔通",見《朝陽十二臺營子發現後燕崔通墓誌》,載《遼寧文物》1980年第1期。墓誌稱崔通位至昌黎太守,與史籍相合,而昌黎郡在五燕時代地位重要,超過范陽。清河崔氏這一支與慕容燕集團其他成員間建立婚親關係,不會遲於崔通之時。

前引《魏書》記崔隆宗歷官,與墓誌多相合,惟有墓誌所稱"冀州長史"爲《魏書》所無,《魏書》多於墓誌的,有"冀州中正,中軍大將軍府長史",以及贈官和謚號。如果"冀州中正,中軍大將軍府長史"不誤,應當在正光元年之後。考《魏書》卷三九《李寶傳》附《李韶傳》,韶在孝明帝初除中軍大將軍、吏部尚書,後又出爲冀州刺史。李韶爲冀州刺史時,仍帶中軍大將軍之號,後乃加爲車騎大將軍。以崔隆宗歷官情況看,他很可能是在李韶初爲冀州刺史時,得爲李韶中軍大將軍府長史的。而崔氏墓誌所叙崔隆宗歷官,缺少崔隆宗正光元年以後的官銜,恰與史籍相對應。

　　常氏爲遼西肥如縣著姓,其家族墓地自然是在肥如縣境内。這使崔氏墓誌有助於確定肥如縣的確切位置。墓誌出於河北遷安縣,可見遼西肥如縣就在今遷安縣一帶。

四一　郭定興墓誌

【誌文】

魏故河澗太守郭君墓誌/

君諱定興，太原晉陽人也。氏系之由，以載/史册，三祖之分，具記家譜，故不復備詳焉。/曾祖珍，南來客，聰睿識譏，聲和館邸。祖諱/達，鎮遠將軍、蘭臺御史。父諱沙，庫部莫堤、/濟陰太守，清明柔亮，世有嘉稱。君諱興，始/于事親，忠於事君，積階漸進，遂至今授。温/良謹勤，德順民心。正光三年四月末，遇患/而卒。弟强弩將軍、永寧、景明都將，名安興，/智出天然，妙感靈授，所爲經建，世莫能傳。/論功酬庸，以授方伯，已孔懷之，情深悲結。/乃爲以禮送終，墳塋旒□，葬祭之儀，不奢/不儉。略録三世，銘墓誌曰：/

於維郭氏，誕自周胄，其根既深，其枝亦茂。/乃祖乃父，世襲華秀。偉哉河澗，聲播趙守。/睿弟明敏，特禀天授，欽泣友于，情禮光究。/敬銘櫬前，千載垂籀。

【疏證】

　　郭定興墓誌，2001 年出土於河南省洛陽市紗廠以西，紗廠西路與金谷園西路之間的凱悦雅園住宅小區工地。墓誌拓片圖版，見洛陽市第二文物工作隊《洛陽紗廠西路北魏 HM555 發掘簡報》，《文物》2002 年第 9 期。拓片圖版和參考録文見《漢魏六朝碑刻校注》第 5 册頁 152—153。

　　郭定興死於北魏孝明帝正光三年（522），死後由其弟郭安興爲他營葬。郭安興見於《北史》卷九〇《藝術·蔣少游傳》:"宣武、明帝時,豫州人柳儉、殿中將軍關文備、郭安興並機巧。洛中製永寧寺九層佛圖,安興爲匠也。"郭定興墓誌記郭安興的官職是"强弩將軍、永寧、景明都將",讚美他"智出天然,妙感靈授,所爲經建,世莫能傳",説明郭安興確實是宣武、孝明時期重要的建築學家。《北史》説郭安興設計營造永寧寺,墓誌記郭安興爲"永寧都將",兩者可相印證。而墓誌記郭安興又爲"景明都將",則可補史書之闕。景明寺是宣武帝時期所建大寺,與孝明帝時期靈太后所建永寧寺,並稱北魏洛陽兩大佛寺。從郭定興墓誌可知,這兩大佛寺的建築師,都是郭安興。

郭定興墓誌追溯其父祖世系,其曾祖郭珍爲"南來客",似乎由南入北,證以"聲和館邸"一語,疑是被俘入魏。北魏另外一個重要的建築師蔣少游,就是於劉宋明帝初年淮北四州淪陷時,作爲平齊户而進入平城的。郭珍可能也是如此。很有可能,郭安興的建築技能出於家傳。《北史》卷九〇《藝術·蔣少游傳》説:"文成時,郭善明甚機巧,北京宮殿,多其製作。"郭善明是平城重要的建築家,不知是否與郭定興同族。

郭定興的父親"沙,庫部莫堤"。莫堤是平城時代的官名。《南齊書》卷五七《魏虜傳》:"又有俟懃地何,比尚書;莫堤,比刺史;郁若,比二千石;受別官比諸侯。諸曹府有倉庫,悉置比官,皆使通虜漢語,以爲傳驛。"北朝文獻史料中已不見有莫堤官名,只見於墓誌中。

四二　席盛墓誌

【誌文】

魏故冠軍將軍河間席府君墓誌銘/

曾祖霄,司州主簿,都官從事,再臨盧氏令,都督安西府司馬,天水太守。/

曾祖親,廣漢太守鉅鹿魏乾孫女。祖榮族,京兆君功曹,冠軍府主簿。/

祖親,陳留公録事參軍安定皇甫欑女。父樹,陝州都,恒農郡中正。/

母猗氏令天水楊雙女。妻司州都楊祖寶女。/

息男孝雅,年十七。/

息女季姬,年十九。息女法妙,年十三。/

息女令容,年十三。息女女容,年十二。息女暉門,年九。息女耀儀,年七。/

君諱盛,字石德,安定臨涇人也。水帝開其遠源,稷君重以大業,逕百世而必祀,/歷千載而承流。監公遥集文雅,騰華秘閣;天水剖符共治,政成大邦。自時厥後,/纂戎無曠。君稟靈秀出,與善俱生,乘道德以立身,體仁義而成性,懷清明之質,/抱柔惠之心,行不失准繩,動不踰規矩。是故朝廷謂之俊士,鄉里稱爲善人。學/成名立,脱巾應務,釋褐殿中將軍。高祖興阪泉之役,誓丹水之師,方欲清塵東/國,澄氛南海,君應機效用,執弭戎行。以勳增級,遷强弩將軍,尋爲黄剛戍主。綏/御盡和,邊城偃柝,爭桑之訟斯止,灌瓜之德有聞。都督陳留李公,薄伐蠻方,以/君爲帳内軍主，轉積射將軍、東宮直後。鎮西邢公，當推轂之重，徂征梁漢，以君／聲略宿著，虚心徵引，署中兵參軍，帖武都郡事。其時氐渠拔扈，侵梗王略。分命／偏率，随方致討，公雅相杖寄，故使作監軍。掎挶有方，應時掃定。遷給事中，加宣／威之號。公東征豫土，又爲行臺郎中、鎮南府司馬，還，遷射聲校尉，出爲北道使，／案檢州鎮。糾察明允，所在見稱，雖八俊分方，不能尚也。後假龍驤將軍，統軍南／討，師還，除游擊將軍，又加冠軍將軍，仍本号，出補河間内史。政理明惠，吏民安／之，雖黄霸在潁川，龔遂居勃海，語迹論功，今古如一。宜其永錫難老，應此天祐，／而三得靡徵，一化云及。春秋六十一，薨於郡解。合境悲慕，遠近酸傷。朝廷褒懃／悼往，追加禮命，贈　　將軍，　州刺史，謚曰　　。正光四年歲在癸卯二月戊／午朔廿四日甲申，歸窆於恒農胡城縣胡城鄉胡城里。懼三泉靡錮，兩和或彰，／敢揚輝範，銘之幽隧。其詞曰：／

餘慶降祥，繼美傳芳，篤生賢俊，抱質含章。多才多藝，令問令望，清風上聳，輝音／遠揚。積水忘倦，登山不已，優遊行業，紛綸儒史。稷下爲群，華陰成市，藏器待用，／學優而仕。亦既翻飛，來升橋木，仁斯必勇，出倍麾轂。心畫規謀，手運鋒鏃，策勤／謝賞，應言受禄。是曰唯良，爰居共治，緝調風俗，式和民志。蟓蝗／去境，風雨如氣，／政侔兩岐，化同三異。人生若浮，時運難遊，遽辭万事，終歸一丘。圖輝鏤石，寘彼／泉幽，千秋万歲，仰味風猷。

【疏證】

　　席盛墓誌，1987 年出土於河南省靈寶縣焦村鎮焦村，現藏靈寶市文物管理所，墓誌拓片圖版及參考録文，見《新中國出土墓誌》河南卷（貳），圖版見上册頁 321，録文見下册頁 329—330。墓誌第五至第七行記席盛子女姓名年齡，被鑿去六人。而後文記席盛死後追贈將軍號、州刺史及謚號，皆空而不書，似是撰銘者留待喪家填寫的，可是喪家並未填寫，而是直接讓人寫刻了。從這種情況看，前面鑿去的六人，可能是撰銘者寫錯了，而刻石完成之後纔被發現。也可能另有家庭糾紛，臨時鑿去這些子女的名字。墓誌中“正光四年歲在癸卯二月戊午朔廿四日甲申”句，本月二十四日爲辛巳，二十七日纔是甲申，墓誌原刻有誤。

席盛葬於北魏孝明帝正光四年（523）二月，很可能死於前一年（522），六十一歲，則其生年很可能在北魏文成帝和平三年（462）。

席盛早年任黄剛戍主，不詳此戍所在。後“都督陳留李公，薄伐蠻方，以君爲帳内軍主，轉積射將軍、東宫直後；鎮西邢公，當推轂之重，徂征梁漢，以君聲略宿著，虚心徵引，署中兵參軍，帖武都郡事”。陳留李公，指陳留公李崇；鎮西邢公，指鎮西將軍邢巒。孝文帝太和二十一年（497），李崇行梁州刺史，擊仇池楊氏。宣武帝正始元年（504），蕭梁行梁州事夏侯道遷降魏，假鎮西將軍邢巒受命前往受降，並駐兵漢中。席盛作爲中下級軍官，先隨李崇，後隨邢巒，主要活動於仇池地區。分别見《魏書》卷六六《李崇傳》和卷六五《邢巒傳》。席盛墓誌説：“其時氐渠拔扈，侵梗王略。分命偏率，隨方致討，公雅相杖寄，故使作監軍。”據《魏書》卷八《宣武帝紀》，正始二年“二月，梁州氐反，絶漢中運路。刺史邢巒頻大破之”。席盛以監軍身份所參與的對“氐渠”的戰役，便是這一次。《邢巒傳》：“巒至漢中，白馬已西猶未歸順，巒遣寧遠將軍楊舉、統軍楊衆愛、氾洪雅等領卒六千討之。"席盛應當就在這支軍隊中。

　　席盛號稱出於安定臨涇,但並不居住安定。他父親席樹官陝州州都、恒農郡中正,而他自己死後也"歸窆"於恒農郡,可見其家族墓地在恒農,席氏已久居恒農,席盛本人娶楊祖寶之女,從楊祖寶官司州州都來看,他應當出於弘農華陰楊氏。胡城,史作湖縣。席盛墓誌稱其葬地爲"恒農胡城縣胡城鄉胡城里",正在漢魏湖縣縣城附近。

四三　楊順妻吕氏墓誌

【誌蓋】

故恒農簡公/第四子婦吕/夫墓誌盖

【誌文】

魏故洛州史君恒農簡公楊/懿之第四子婦天水吕夫人/之殯誌/

大魏正光四年歲次癸卯九/月甲申朔廿二日乙巳,夫人/諱法勝,

字春兒,寝疾,終於家,/時春秋六十有一。廿六日己/酉,權殯於

本邑華陰之潼鄉/習仙里家宅之西庚地。

【疏證】

　　楊順妻吕氏墓誌,1993 年出土於華陰縣五方村楊氏家族墓

塋,誌蓋第三行奪一“人”字。拓片圖版及説明見《華山碑石》頁

12,原書無録文,兹據圖版録文。此誌與楊順墓誌同時同地出

土。據本書收楊順墓誌,楊順爲楊懿第四子,故知本誌吕夫人是

楊順妻。

　　吕夫人死年在孝明帝正光四年(523),年已六十一,知其生

年在文成帝和平四年(463),長於楊順三歲。

四四 高猛墓誌

【誌文】

魏故使持節侍中都督冀州諸軍事車騎大將軍司空公冀州刺史駙馬都尉勃/海郡開國公高公誌銘/

公諱猛,字景略,勃海脩人也。左光禄大夫、勃海敬公之孫,使持節、都督冀嬴相幽/平五州諸軍事、鎮東大將軍、冀州刺史、勃海靜公之元子,文昭皇太后之長姪。/其氏族所出,弈葉之華,固已備諸方策,可得而詳焉,不復一二言也。公體靈川岳,/質備珪璋,風流著於綺年,問望成於弁歲,具瞻俄然在己,美談發自衆口。以元舅/之子,賜封勃海郡開國公,食邑二千户,選尚長樂長公主,即世宗之同母妹也。/于時寵傾椒掖,德冠宮闈,雖易貴幾望,詩稱桃李,亦何以加焉。公歷位通直散騎/常侍、北中郎將、散騎常侍、平東將軍、光禄勳卿、使持節、都督夏州諸軍事、安西將/軍、夏州刺史、金紫光禄大夫、中書令、使持節、都督雍州諸軍事、撫軍將軍、雍州刺/史、征西將軍、散騎常侍、殿中尚書。公之立身也,唯正唯清,不驕不諂,有武有文,能/小能大。處帷幄,總絲綸,則獻替有聞,王言載穆;牧方夏,子黔黎,則化等若神,風同/勿剪。雖鬭子毀家之忠,去病辭館之節,亡以過也。方六彼五臣,三兹二伯,被袞登/階,爕和鼎味,上天不弔,春秋卌有一,正光四年夏四月丁巳朔十日丙寅,薨于位。/二宮哀悼於上,百辟嗟痛於下。暨仲冬將葬,天子迺詔有司曰:"故散騎常侍、征/西將軍、殿中尚書、駙馬都尉、勃海郡開國公猛,姻儷令器,承暉爵胄,識具夷雅,理/懷沉篤。内敷禮閣,聲績聿宣;外綏蕃政,美譽剋播。方資良幹，光贊治猷，徽業不永，/寔用傷惻。卜遠有期，宜申榮寵。可贈使持節、侍中、都督冀州諸軍事、車騎大將軍、/司空公、冀州刺史，公如故。"十有一月癸未朔二日甲申，窆于茫山之陽。一息不還，/万春斯在，勒鴻名與茂實，弊金石而無改。其詞曰：/

穆穆文昭，作配高祖，譬似歸周，篤生聖武。厥胄伊何，於乎鴻緒，以德以親，比/華申呂。藹藹舅宗，有螭有龍，哲人秀出，高岸奇峰。外溫内敏，匪順伊恭，若兹翹楚，/鬱彼蘭叢。赫赫大姬，平王之子，德盛幾望，顔如桃李。曖矣來儀，溫其容止，唯肅唯/雍，迺終迺始。夫和妻柔，既仁且義，見善必從，臨財能施。留連友朋，綢繆讌戲，清風/可期，白雲斯寄。大邦云啓，朱紱方來，六轡沃若，四牡徘徊。馳道直指，應門洞開，出/入溫殿，昇降雲臺。迹著能官，聲稱善職，不二其心，匪素其食。敬事恂恂，勞謙翼翼，/見賢思齊，古訓是式。膴膴周原，悠悠雍服，帝曰尒諧，欽哉作牧。金鉞朱旐，眷言出/宿，澤如雲雨，恩同覆育。有成期月，亦既名揚，納言加首，鳴玉鏘鏘。方仁等亂，將成/棟梁，遽同朝露，捐此高堂。何以追終，爰台爰岳，爐輅葳蕤，駟騮跼跼。眇眇北京，茫/茫西麓，蘊我名臣，于兹巖曲。/
維大魏正光四年歲次癸卯十一月癸未朔二日甲申刊

【疏證】

　　高猛墓誌，二十世紀三十年代出土於河南省洛陽東北小李村的高猛夫婦合葬墓，同墓出土的還有高猛妻元瑛墓誌，均收藏在河南省洛陽古代藝術館。兩墓誌拓片圖版及出土情況，見黄吉軍、黄吉博《北魏高猛及夫人元瑛墓誌淺釋》，《中原文物》

1996 年第 1 期，但圖版模糊，無法識讀。高猛墓誌較爲清晰的圖版，見洛陽市古代藝術館編《洛陽古代藝術館——石刻·碑誌》頁 26。拓片圖版和參考録文又見《漢魏六朝碑刻校注》第 5 册頁 229—231。參看本書高猛妻元瑛墓誌疏證。

高猛死於北魏孝明帝正光四年（523），四十一歲，則其生年當在孝文帝太和七年（483）。

高猛即高琨長子、高肇之侄，關於高琨及相關問題，請參看本書高琨墓誌疏證。

高猛比其妻元瑛大六歲。《魏書》卷八三下《外戚下·高肇傳》：“〔高〕猛，字豹兒。尚長樂公主，即世宗同母妹也。……公主無子。猛先在外有男，不敢令主知，臨終方言之，年幾三十矣。乃召爲喪主。”高猛死時，纔四十一歲，他的兒子最多不過二十四、五歲，史書云“幾三十矣”，過於夸張。

高猛墓誌未記死後謚號，據元瑛墓誌，高猛謚“文”。

四五　侯掌墓誌

【誌蓋】

侯府君銘

【誌文】

魏故本國中正奉朝請燕州治中從事史上谷侯府君墓誌/

君諱掌,字寶之,上谷郡居庸縣崇仁鄉脩義里人也。曾祖浮,/司隸校尉、潁川汲郡二郡太守。祖甸,舉孝,中書議郎、揚烈將/軍、帶方太守。父麓,舉秀才,北征子都將、本縣令、伏波將軍、廣/寧太守。軒轅恢基,壽丘祐緒,積德往昆,慶膺茲裔,故夷門高/尚於前,平國秘名於後。司徒居漢,鼎餗以之克諧;光禄處晋,/几杖由之載蔚。五運乘符,世資簪帶。君式誕嘉慶,用保岐嶷,/方重在躬,遊雜斯遠。仁讓著于邦家,孝悌稱於鄉國。屬朝廷/水鏡流貫,沙汰衡石,選窮望實,授盡器宇。乃以君為本郡中/正,斟裁銓軸,聲允時議。尋除奉朝請,俄轉本州治中。言辭承/明,出贊部領,綱維故邦,德壓遠邇。而与善乖徵,輔仁愆信,梁/木其摧,逝川遂往。春秋六十九,正光五年歲次甲辰三月辛/亥朔二日壬子,卒于洛陽延壽宅。親朋悼心,知故隕泗,事等/枯木,義同罷祖。粤四月辛巳朔廿九日己酉,寓殯於河南之/芒阜。陵谷或徙,丘壟不常,鐫此幽石,誌彼玄房。乃作銘曰:/

兩儀載楨,川岳斯靈,育寶降瑞,哲人誕生。行苞禮讓,器蘊仁/明,貴越照車,價重連城。執銓鄉部,分乘故國,人挹其風,物稟/我德。坦懷虛納,秉心淵塞,時欽高軌,世服英則。風飄電逝,道/存人往,中楹陳夢,遊門負杖。福善空言,報應徒爽,一隨物

化,/永捐黄壤。營丘返葬,義傳曩册,歸骨舊塋,在今猶昔。權
窆芒/山,且誌琬石,千齡萬古,以播芳迹。

【疏證】

　　侯掌墓誌,1985 年出土於河南省洛陽市孟津縣邙山鄉三十
里鋪村,墓誌拓片圖版見洛陽市文物工作隊《洛陽孟津晋墓、北
魏墓發掘簡報》,《文物》1991 年第 8 期。圖版和參考録文見《漢
魏六朝碑刻校注》第 5 册頁 262—263。

　　侯掌死於北魏孝明帝正光五年(524),六十九歲,則其生年
當在北魏文成帝太安二年(456)。

　　侯掌父、祖均不見於史。侯掌死於"洛陽延壽宅",當是指
延壽里之宅。延壽里,見於韓賄妻高氏墓誌①:"抱疾薨於洛陽
延壽里。"侯忻也住在延壽里,很可能與侯掌同族,有親屬關係。
請參看本書侯忻墓誌疏證。

---

①　趙超:《漢魏南北朝墓誌彙編》,頁 153—154。

四六　趙猛墓誌

【誌蓋】

趙府君墓誌銘

【誌文】

君諱猛,字玄威,南陽西崿人也。其先趙明王之/苗裔,晋揚州刺史尚之後。高祖永,永嘉之年剖/符新平,遂宅秦堨。曾祖辨,雄才冠世,授命苻氏,/拜建威將軍、天水太守。祖魚,姚奉車都尉、關内/侯。遷官河左,因而家魏。君稟英明之姿,挺驍果/之略。志氣宏恢,風操雅毅。於時荆州偏垂,地岨/關洛。以君德望具瞻,擢爲白楊軍將。君善撫酋/渠,大著恩信,器核不施,凶心自屏。暨還桑梓,/旨假定安令。而上靈降災,春秋七十,太和十二/年八月十七日卒於家。粵正光五年歲次甲辰/十月戊寅朔十月廿日葬於蒲城南崿。悲金玉/之奄質,傷松蘭之摧榮。憑玄石以刊狀,託黄泉/以流名。乃作頌曰:/

鴻源韶繼,爰自趙王。領袖晋京,官冕南陽。岳蒞/江浦,守臨涇壇。因宦秦堨,移蔭魏鄉。伊君驍果,/統戎遐荒。假拜名邑,令問亡令。哲人其萎,邦國/彌傷。/

夫人馮翊田氏,父背,秦姚中書博士、馮翊太守。

【疏證】

　　趙猛墓誌,1987 年出土於山西省永濟縣蒲州鎮侯家莊村南,現藏永濟縣博物館。拓片圖版見《書法叢刊》2012 年第 2

期,參考録文見《河東出土墓誌録》①。

趙猛死於孝文帝太和十二年(488),年七十,則其生年當在明元帝泰常四年(419)。

墓誌稱趙猛爲晋揚州刺史趙尚之後,趙尚不見於史,或出杜撰附會,或官職有誤。其高祖趙永、曾祖趙辨、祖趙魚,歷仕西晋、前秦和後秦。據墓誌,趙猛一家永嘉亂後定居關中,因而得以與前秦、後秦政權合作。趙魚"遷官河左",當是爲姚秦守河東,與北魏對抗,北魏奪取河東,趙魚陷於拓跋,"因而家魏"(這裏的魏,是指魏地,具體就是指河東)。趙猛的妻父田背,仕姚秦爲中書博士、馮翊太守,與趙氏都是姚秦集團的成員。趙猛娶妻之時,姚秦早已覆亡,田趙二氏當都在拓跋境內,可見入魏以後的姚秦集團成員內部還存在互爲婚姻的傳統。

趙猛祖名魚,妻父名背,都不似華夏之名。懷疑趙猛及其妻田氏本來就屬內入族族群。

---

① 李百勤:《河東出土墓誌録》,山西人民出版社,1994年,頁1。

四七　殷伯姜墓誌

【誌文】

魏故涇州三水令張府君殷夫人之墓誌銘/

夫人殷氏,字伯姜,雁門人也,魏故中書博士玄之/女。夫人幼而聰慧,機悟過人,處室著綿谷之風,在/家流桃李之咏。及歸先君,婦道斯備,三德靡違,/四行無爽。年甫卅三,而先君在縣棄背。夫人哀養/孤嬰,劬勞理棘,然而終始一情,誓存弗許。遂乃奉/柩還都,艱越千里,夙夜憂懃,唯念鞠視,内教母儀,/外同嚴父。仲邕等仰賴慈獎,並得成人。覬怗庇/蔭百齡,永歡膝下,何圖天地無心,有乖信順。春秋/六十有三,寢疾,以正光六年歲在乙巳,五月乙巳/朔十四日戊午,卒於洛陽澤泉里宅。即歲孝昌元/年八月癸酉朔十二日甲申,與先君合葬於旦/甫山之高阜。親故酸悲,啁噍竚嘆,風結朱旐,雲凄/素幕。陵谷有移,清音無換。其辭曰:/

恭姜爲誓,石席匪踰,孟母亟遷,慰我遺孤。哀哉夫/人,桃年單居,聖善之德,備此勞劬。内教母儀,外兼/嚴父,溫顔潤色,愀然不與。行齊退金,節高梁女,嬰/童資訓,脩規習矩。在疹雖綿,覬逢靈救,暴禍□□,/天迴地覆。風折長松,霜摧翠竹,刊石題文,永□□/淑。

【疏證】

　　殷伯姜墓誌,1990 年 9 月出土於河南省偃師市南蔡莊鄉溝口磚廠,現藏偃師市博物館。拓片圖版及參考録文,均見《洛陽

新獲墓誌》,圖版見頁 12,錄文及研究見頁 198—199。拓片圖版
又見洛陽市第二文物工作隊《洛陽碑誌選刊》一文,載《書法叢
刊》1996 年第 2 期。李獻奇《北魏六方墓誌考釋》也收有殷伯姜
墓誌拓片的照片,並作了簡短考證,載洛陽市第二文物工作隊編
《畫像磚石刻墓誌研究》頁 208—209。

殷伯姜死於北魏孝明帝正光六年五月(這一年六月改元孝
昌,即孝昌元年,525),享年六十三歲,則其生年當在文成帝和平
四年(463)。墓誌稱她三十三歲時,其夫張氏死於涇州三水縣令
任上,當在孝文帝太和十九年(495)。三水縣屬涇州新平郡。

墓誌以殷氏子女口氣寫出,子女中有"仲邕"之名:"夙夜憂
懃,唯念鞠視,内教母儀,外同嚴父。仲邕等仰賴慈奬,並得成
人。"這反映了墓誌體裁的新傾向。

墓誌稱殷氏"卒於洛陽澤泉里宅"。前舉李獻奇文,以爲今
洛陽漢魏故城外西北有村名"翟泉",當即北魏洛陽的澤泉里地
望所在。

殷氏葬地爲"旦甫山之高皁",旦甫山之名,不見於它處。墓
誌出土之地爲今偃師南蔡莊鄉溝口頭北的山丘,山接北邙,其地
即古代的乾脯山。本書收同出其地的尹詳墓誌則稱其地爲"葛甫
山",與旦甫、乾脯,音近易訛,所指當是同一片丘地。北魏孝明帝
神龜元年(518)十二月發佈詔書,特辟洛陽城以東,至乾脯山一
帶,作爲洛陽居民的墓葬地加以保護,所謂"今制乾脯山以西,擬
爲九原",見《魏書》卷九《孝明帝紀》。今洛陽東至偃師一帶,北魏
墓葬特別密集,與北魏政府對首都地區墓葬地的統一規劃有關①。

---

① 宿白:《北魏洛陽城和北邙陵墓——鮮卑遺迹輯録之三》,《文物》1978 年第 7 期。

四八　羊祉妻崔神妃墓誌

【誌文】

魏故鎮軍將軍兗州刺史羊使君夫人崔氏墓誌銘/
夫人諱神妃，清河東武城人也。丁公伋之後，漢扶風太守霸九世/孫也。祖道林，宋東安太守，爲政清静，流化如神。考平仲，齊度支尚/書，東安府君之第二子，長於宰民，威鎮方岳，在梁爲光禄大夫、新/亭侯，薨，謚曰剛。夫人本枝□茂，冠冕世□，慶緒繁長，篤生懿淑。年/十五，歸於先君。夫人性睿□□，□履端凝，優游趣舍，必與禮合，/般申之誠，終食無毀。時雁門壽君薨逝甫爾，家進□□，而太夫/人在堂，夫人奉水授□，供養□□。復以男女衆多，嬰孫滿室，負劍/提携，劬勞莫堪，而怨語□□，護養無缺。允兄弟頗用成立，實仰稟/訓誘之恩。及太夫人薨，先夫人以冢婦傳家，躬奉饋醴，朝夕弗怠。/冀天地有靈，獲□餘己之志，而彼蒼不吊，斯願莫從□。正光五年/秋九月廿九日，允第四兄和徂逝，夫人因此敷疾。暮出不歸，已有/倚閭之望；一去莫反，寧無舐犢之悲。至六年太歲乙巳春三月乙/巳朔廿五日己巳，大漸，薨於洛陽徽文里宅，春秋六十六。其年夏/六月，改爲孝昌元年，越八月癸酉朔卅日壬寅，祔葬於泰山郡梁/父縣徂徠山陽鎮軍使君之神塋。竊此立言不朽，種德流馨，/允以殘年餘喘，曾何萬一，雖不周盡，粗□□慕，抑亦是其實録云：/
三公啓宗，四履命胄，□來冀野，世挺民發。龍翼虎飛，雀文更授，聲/立厥後，迹光伊□。匪唯士美，復此嬪則，於鑠母師，允膺柔克。出雲/□志，象地成德，□□弗奕，□圖靡忒。啓自笄日，有問其芳,亦云歸/止,作合其□。式恭□悦,載曜幾望,閨閫内理,周爰外揚。攸遂能息,/□□□□,韋提多福,誕斯才子。藉甚俱發,思□並起,八慈是譬,五/□□□。□□有言,慶隆則吉,方永其滔,克終養秩。九鼎難練,六蟠/□□,□□□胡,忽歸泉室。室其安在,在岱之垂,夜臺曰此,天井瓊/□。□□□□,□□終惟,蘭菊□永,□缺焉知。

【疏證】

　　羊祉妻崔神妃墓誌,1964 年出土於山東省新泰縣天寶鎮,同時出土的還有崔神妃的丈夫羊祉墓誌,墓誌録文見周郢《新發現的羊氏家族墓誌考略》,載《周郢文史論文集》頁 46—80。拓片圖版及參考録文又見《山東石刻分類全集》第 5 卷頁 24—25。崔神妃之夫羊祉墓誌、子羊深妻崔元容墓誌,均收入本書。對新泰所出羊氏家族墓誌的研究,請參看王尹成《新泰文化大觀》頁 125—129。此外,還可參看賴非《齊魯碑刻墓誌研究》頁 239—248。

　　崔神妃死於孝昌元年(525),六十六歲,則其生年當在劉宋孝武帝大明四年(460)。

　　崔神妃的父親崔平仲,作爲青齊大族仕於劉宋,淮北淪陷時官給事中,自東陽南奔,家屬遺棄在歷城。《魏書》卷四三《房法壽傳》:"崔平仲自東陽南奔,妻子於歷城入國。太和中,高祖聽其還南。"崔神妃隨母入魏,時在劉宋明帝泰始三年(467),其時崔神妃不到八歲。崔氏入魏,可能作爲平齊户被遷到平城附近,遭遇應當是很不好的。這時崔神妃一家可能得到了先入魏的青齊人士如羊祉家族的照顧,因而七年以後,崔神妃十五歲時就嫁給羊祉了。後來，因爲崔平仲在江左早已顯貴，孝文帝時允許崔平仲的家人到江左與平仲團聚，但嫁到羊家多年的崔神妃並没有隨母親南去。

　　崔神妃喪葬事宜由第七子羊允主持，墓誌亦出之以羊允口氣，很可能確實是羊允所寫。

四九　封□妻長孫氏墓誌

【誌蓋】

長孫氏墓誌

【誌文】

輕車將軍給事中封君夫人長孫氏墓誌銘/

夫人河南洛陽人也，柱國大將軍、太尉公、北平王嵩之曾/孫，伏波將軍萇生之女。嬋聯載於國史，官華備於方策，今/不復更言矣。夫人稟一象之醇暉，體坤元之正氣，玉貌羞/春，蘭儀駭望。若乃肅雍之德，婉善之美，故以邁雎鳩於燕/周，超樊葦於秦楚矣。天不報善，殱兹懿淑。春秋卅，以大魏/孝昌元年七月廿五日，寢疾，終於安武里。越十一月十九/日，葬於墓地。淵流永住，一逝不歸，刊兹玄石，用記芳徽。乃/作銘曰：

陰婺垂精，陽臺開晛，誕發玉儀，光啓金相。惠/愛兼資，淑善斯尚，升月倫光，□鴻比狀。九氏宗仁，閨庭畢/仰，言爲世範，行則時放。志學出倫，摛辭入賞，昔賴班曹，今/亦斯仗。報善徒言，昔聞今見，桂落炎州，光淪雪縣。松上荒/芒，泉下凝复，千秋万古，載悲載戀。

夫人曾祖嵩，/太武皇帝時柱國大將軍、太尉公、北平王，薨，謚曰宣/惠王。曾祖親，燕國段氏，父干，僞燕使持節、征南大將軍、/青冀二州刺史。祖陵，/獻文皇帝時外都坐大官、左光禄大夫、征東大將軍、東/陽鎮都大將、督青州諸軍事、蜀郡公，薨，謚曰蜀郡莊王。/祖親河澗劉氏，父出建，使持節、平西大將軍、涇州刺史。/父萇生，/宣武皇帝時冗從僕射、伏波將軍。母河澗劉氏，父寵，/平西將軍、長安鎮將、合陽侯。孝昌元年十一月十九日。

【疏證】

　　封□妻長孫氏墓誌，出土時間地點不詳，現藏香港，墓誌拓片圖版附見王壯弘《北魏封君夫人長孫氏墓誌》，《書法》1995 年第 3 期。拓片圖版和參考録文見《漢魏六朝碑刻校注》第 5 册頁 345—349。

　　長孫氏死於北魏孝明帝孝昌元年（525），四十歲，則其生年當在孝文帝太和十年（486）。

　　據墓誌，誌主長孫氏曾祖爲長孫嵩，祖長孫陵，父長孫萇生。《魏書》卷二五《長孫嵩傳》，只記長孫嵩本人及其嗣子頹一支，而《魏書》多處記録長孫陵參加爭奪劉宋青齊地區（劉宋之“淮北四州”因此失陷）的戰役，却不言長孫陵家世。由此墓誌知道，長孫陵乃長孫嵩之子。墓誌介紹長孫陵之歷官，爲“獻文皇帝時外都坐大官、左光禄大夫、征東大將軍、東陽鎮都大將、督青州諸軍事、蜀郡公，薨，謚曰蜀郡莊王”。東魏元鷟（孔雀）妻公孫甄生墓誌①，記其祖母家世曰：“河南長孫氏。父諱壽，字敕斤陵，散騎常侍、左光禄大夫、都督秦雍荆梁益五州諸軍事、征西將軍、東陽仇池鎮都大將、征東將軍、都督青州諸軍事、青州刺史、蜀郡公，謚曰莊王。”記載更爲詳細，與長孫氏墓誌可互爲補充。可見長孫陵之鮮卑本名是敕斤陵。《宋書》卷八八《沈文秀傳》提到“虜蜀郡公拔式”，拔式即長孫陵。長孫氏本作拔拔氏②，或省作拔氏，如《宋書》卷九五《索虜傳》引北魏獻文帝詔書，提到

①　趙萬里：《漢魏南北朝墓誌集釋》，圖版四三。

②　姚薇元：《北朝胡姓考》，科學出版社，1958 年，頁 12—14。

"羽直征東將軍北平公拔敦",羽直當作羽真,拔敦即長孫陵之兄子長孫敦。可見當時北魏官方文書中,拔拔氏已省作拔氏。而長孫陵寫爲拔式,可能與公孫甗生墓誌所謂"諱壽,字敕斤陵"之鮮卑本名的前半部音節有關,隸定其名爲壽,或即得自於"敕斤"之音,壽、式音近,當時或無定字。

誌主長孫氏的夫家封氏,亦略有綫索可考。北魏封昕墓誌①記封昕"河南洛陽安武里人"。既著籍河南洛陽,應當是代人。又《魏書》卷一一三《官氏志》:"是賁氏,後改爲封氏。"同書卷五一《封敕文傳》:"封敕文,代人也。"趙萬里疑封昕即封敕文之族。而長孫氏墓誌亦云:"寢疾,終於安武里。"可見其夫家與封昕在洛陽同里居住,則極有可能同族甚至同支。

墓誌所記長孫嵩之岳父爲段干,長孫陵岳父爲劉出建,長孫萇生岳父爲劉寵,俱不見於史,幸賴此誌得知。

---

① 趙萬里:《漢魏南北朝墓誌集釋》,圖版二一一。

五〇　元懇墓誌

【誌文】

魏故假節中堅將軍玄州刺史元使君墓誌銘/

君諱懇,字思忠,河南洛陽人也。太宗明元皇帝之曾/孫,使持節、侍中、衛大將軍、儀同三司、樂安王之孫,使持/節、征虜將軍、齊洛二州刺史之第四子。層丘結而爲靈,/瓊璋徽而成寶,睿業生知,卓出霞際。孝友發於自然,温/恭稟於天骨,道素自矜,率意高絶。龍門之譽,復見於兹/矣。車騎齊王,作牧徐蕃,辟爲長流參軍,加襄威將軍。非/其所好。帝嘉才彦,尋除尚書祠部郎中。又以母憂去/職。孝性怦怦,幾於毁滅。正光五年五月中,朔卒跋扈,侵/擾邊塞。以君王室英傑,智勇絶倫,服未卒哭,詔起君/爲統軍,北征賀延。君以家國未康,冒哀從役。于時王師/失據,逆黨繁盛,君揮戈奮劍,大摧醜虜。匹馬無援,枉卒/乱行。三軍文武,莫不痛惜。皇上追愍,悲怛于懷。其年/十月,遷柩洛陽。詔贈假節、中堅將軍、玄州刺史,帛二/百匹,祭以太牢,礼也。以孝昌元年十二月辛未朔二日/壬申,遷窆西芒長陵之東。乃作銘曰:/

偉哉皇構,鬱矣本枝,誕降英秀,克睿生知。爰孝爰悌,/能矩能規,機談霧散,布藻風馳。蹇蹇爲國,匪躬作翰,建/節立功,志康時難。弓劍霜飛,犬戎星亂,與善何乖,高峰/頹岸。旌德有章,龜旐龍驤,拱木將殖,松櫝已行。凄凄隴/霧,肅肅泉霜,魂兮何往,空挹遺芳。

【疏證】

元懇墓誌,出土時間地點不詳,墓誌拓片圖版,見《洛陽出土歷代墓誌輯繩》頁 44。拓片圖版和參考録文又見《漢魏六朝碑刻校注》第 5 册頁 373—374。

元懇是"太宗明元皇帝之曾孫,使持節、侍中、衛大將軍、儀同三司、樂安王之孫,使持節、征虜將軍、齊洛二州刺史之第四子"。明元帝第二子樂安王範,見《魏書》卷一七《明元六王傳》,其子孫僅記其嗣子良。元懇的父親顯然是元良的兄弟。據元朗墓誌,朗爲"太武皇帝之母弟樂安宣王範之孫,處士萇生之仲子"①。萇生並無官爵,與元懇的父親不同,所以元懇的父親與元良、元萇生都是兄弟。

元懇墓誌記"車騎齊王,作牧徐蕃,辟爲長流參軍,加襄威將軍"。車騎齊王,指蕭寶夤,蕭寶夤入魏後得封齊王。《魏書》卷五九《蕭寶夤傳》:"神龜中,出爲都督徐南兗二州諸軍事、車騎將軍、徐州刺史。"元懇辟爲蕭寶夤府長流參軍,當在此時。

墓誌記"正光五年五月中,朔卒跋扈,侵擾邊塞",指發生於正光五年(524)的六鎮反亂。《魏書》卷九《孝明帝紀》正光五年條:"三月,沃野鎮人破落汗拔陵聚衆反,殺鎮將,號真王元年。詔臨淮王彧爲鎮軍將軍,假征北將軍,都督北征諸軍事以討之。……五月,臨淮王彧敗於五原,削除官爵。"元懇應當就在臨淮王元彧的大軍中,並且很可能死於五月的五原之敗。

在正光五年五月的戰事中,元懇受命"北征賀延"。賀延鎮,見於元寧墓誌,元寧的曾祖是"使持節、龍驤將軍、雍州刺史、

---

① 趙超:《漢魏南北朝墓誌彙編》,頁 201—202。

外都大官、賀延鎮都督、武陽侯竭洛侯"①。元偃墓誌有"賀侯延鎮都大將始平公元偃"句,亦見趙超《漢魏南北朝墓誌彙編》頁36。賀侯延鎮,應當就是賀延鎮。賀延鎮的位置不清楚,如果元懃確在元彧軍中,那麼賀延鎮很可能在五原一帶,位於沃野、懷朔諸鎮的南邊。

　　元懃被追贈爲玄州刺史。玄州不見於《魏書・地形志》。據《隋書》卷三〇《地理志中》冀州安樂郡下,云"舊置安州,後周改爲玄州,開皇十六年州徙";又於漁陽郡下,云"開皇六年徙玄州於此"。一云開皇六年,一云開皇十六年,其中當有一誤。而所謂"舊置安州,後周改爲玄州",似乎北周的玄州是由北齊安州改名而來。可是,《魏書》卷七三卷末云:"其平州刺史王買奴、南秦州刺史曹敬、南兗州刺史樊魯、益州刺史邴虬、玄州刺史邢豹……俱爲將帥,並有攻討之名,而事迹不存,無以編録。"可見北魏後期已有玄州。玄州很可能是柔玄鎮改鎮爲州之後所設的州。隨着北鎮擾亂,鎮民南遷,北魏僑置各鎮所改之州於幽并地區,玄州或因此而得僑置於安州境内。從周隋之間玄州所在來看,北周所繼承的北齊玄州,在北魏安州安樂郡境。北周乾脆省安州入玄州,《隋書》所謂"舊置安州,後周改爲玄州",當由此而來。北魏大規模改北鎮爲州,就發生在正光五年的八月。這一年十月,元懃歸葬洛陽的時候,北鎮改州在行政條文上已經全面實施,元懃被追贈爲玄州刺史,就可以理解了。

---

① 同上,頁157。

五一　高猛妻元瑛墓誌

【誌文】

魏故司空勃海郡開國公高猛夫人長樂長公主墓誌銘/

主諱瑛,高祖孝文皇帝之季女,世宗宣武皇帝之母妹。神情恬暢,志識高/遠,六行允備,四德無違,孝友出於自然,柔恭表於天性。雖倪天爲妹,生自深/宮,至於箕幂製用,醴醴程品,非唯酌言往載,而率用過人。加以披圖問史,好/學罔倦,該柱下之妙説,覈七篇之幽旨,馳法輪於金陌,開靈光於寶樹。綃縠/風靡,斧藻川流,所著辭誄,有聞於世。蘭芝之雕篆富麗,遠未相擬;曹家之聲/悦淹通,將何以匹? 及於姿同似月,麗等疑神,雖復邯鄲莊容,易陽稚質,無能/尚也。爰始相攸,事歸髦傑,自非地兼齊紀,聲高梁魏,則肅雍之車,御輪無主。/司空文公,衿懷万頃,墻宇千刃,清徹素譽,標映一時,乃以選尚焉。和若塡篪,/好踰琴瑟,敷政内朝,允釐中饋,恩雖被物,貴不在身。方謂天道無親,降年有/永,兹義一乖,息駕已及。春秋年三十有七,孝昌元年十二月廿日,薨於洛陽/之壽安里。二宮摧慟,遐邇同傷,詔曰:"高氏姑長樂長公主,四德早徽,柔儀播/譽,方享遐頤,式昭閨範,奄至薨背,哀慟抽惋,不能自任。可賵雜綵八十匹,絹/八百匹,布八百匹,給東園秘器,臘三百斤,可遣鴻臚監護喪事。"以二年三月/七日,將合葬於司空文公之穴。哀□□□,痛丹青之易歇,將陵谷之難久,式/銘徽烈,俾貽不朽。其辭曰:/

金風不競,淪胥寶命,叶光在曆,終握天鏡。行夏乘殷,重基累聖,北都既徙,南/風在詠。周原膴膴,堇荼如飴,篤生良媛,曷不若兹。女圖起則,彤管興辞,温恭/爲性,仁讓爲基。亦既有行,來儀君子,居滿不溢,慎終如始。親事荇蘩,躬察麻/藁,柔儀已暢,陰德唯理。人生若寄,自古同然,儵如風燭,飄若吹煙。攸攸若是,/于嗟上天,發軔華屋,投宿玄泉。芒芒遠甸,崔崔遥阪,再見何期,一瞑方遠。如/慕已訣,若疑行反,欒毀江侵,有芳山畹。

【疏證】

　　高猛妻元瑛墓誌,二十世紀三十年代出土於河南省洛陽東北小李村的高猛夫婦合葬墓,同墓出土的還有高猛墓誌,均收藏在河南省洛陽古代藝術館。兩墓誌拓片圖版及出土情況,見黄吉軍、黄吉博《北魏高猛及夫人元瑛墓誌淺釋》,《中原文物》1996年第1期,但圖版模糊,無法識讀。元瑛墓誌較爲清晰的圖版,見《洛陽出土歷代墓誌輯繩》頁45。拓片圖版和參考録文見《漢魏六朝碑刻校注》第6册頁1—2。參看本書高猛墓誌疏證。

　　元瑛死於北魏孝明帝孝昌元年(525),三十七歲,則其生年當在孝文帝太和十三年(489)。《魏書》卷一三《皇后·孝文昭皇后高氏傳》:"遂生世宗。後生廣平王懷,次長樂公主。"世宗宣武帝死於延昌四年(515),三十三歲。廣平王懷的墓誌亦已出土,見趙超《漢魏南北朝墓誌彙編》,頁92。據元懷墓誌,元懷死於熙平二年(517),年三十,則當生於太和十二年(488)。由此可以知道,孝文昭皇后高氏於太和七年(483)生宣武帝,太和十二年(488)生廣平王元懷,太和十三年(489)生長樂長公主元瑛。

　　元瑛居住洛陽壽安里,壽安里之名,首見於此。

五二　尹祥墓誌

【誌蓋】

魏故□將/軍

【誌文】

魏故襄威將軍東代郡太守尹府君之墓誌銘/

君諱祥,字僧慶,天水上封人也。徽胄鬱於夏牘,錦氏繡於周簡,披金/花於万景,結玉實於千基,紱冕華於有紀之先,資族妍於未縹之日。/曾祖闍,龍驤將軍,西平、樂都二郡太守;祖宗,榆中令,構美西夏,流膏/秦涼;考虎,昌國令,聿脩丕迹,堂結彌彩。君誕哲襲靈,縱和踵慶,弱歲/深機慇之懷,齠年結嶷寤之操,澄孝敬以愛親,汎仁惠以接友。三朝/之風,鄉邦拭眆,追慎之響,遐邇拂心。居室爲領袖之宗,出家振襟帶/之本,停山静德,凝海纂智,冰鏡内融,規矩外昶。脱巾司空府行參軍,/瑚璉攸俟,讚製台鉉。能憼,轉安東府鎧曹參軍,何敞之諫每聞,子思/之諍恒著。于時東益遼蕃,地殊九服,側偪接寇,警以不虞,鋒鋋交光,/務簡良俊,以君器猷秀群,綏佐難叡,擇授平西府主簿。嚼戎夷猾擾,/抗撓王威,持迷肆狡,邀路侵邑,舍境無安息之夫,四民豐立澆之士,/州府懷慮,百族吟嗟。君招遠之德宿播,悦近之量早彰,撫慕深於張/公,袪非高於郅氏,故上下褒詮。假威遠將軍,統軍,行廣業郡三戍。君/懇篤發忠,志規殄乱,是以應推順舉,辭無遜讓。但孤城峻劍之間,絶/援束馬之徑,氛妖雲扇,犲狼蟻動,山崩海傾,枝堰匪止,勇士失奮戟/之氣,猛徒喪排鋒之幹。唯君精貫白日,誠徹幽賢,遭磨莫磷其堅,逗/污勿玷其潔。遂以正光五年七月十八日薨。銜膽令效,殞命寇仇,雖復納/肝之輔衛懿,愧盡之相趙王,豈足比斯隆款,喻茲深義者也。朝廷感/歎,酸慟京野,議贈襄威將軍、東代太守,冀標婥亮之節矣。孝昌二年/七月廿四日,窆於葛甫山之陽。窮埏既闔,永代無春。友人直侵、洛陽/令李該,傷崇岳之頽頂,痛瑜櫏之撙葩,乃憑筆以追餘高,寄銘以傳/遺詞,曰:

千靈開粹,万氣流精,綴綺裁艷,資秀養馨。韶齔播響,弱冠/振聲,入常孝敬,出貞藹質。守素,懷道隱名,玉潔二府,冰徹百城。殞己/濟人,終效孤蕃,山移海傾,堅白無翻。犲狼逾熾,陵霜更暄,翩摧輝翳,/歡而莫冤。欽譽下國,贊識雲門,古絶今斷,筆石寧原。夫人隴西辛氏。

【疏證】

　　尹祥墓誌,1986 年出土於河南省偃師縣南蔡莊鄉溝口頭磚廠,現藏偃師商城博物館。拓片圖版及録文,均見《洛陽新獲墓誌》(圖版見頁 13,録文及研究見頁 199—200)。李獻奇《北魏六方墓誌考釋》也收有尹祥墓誌拓片的照片,並作了簡短考證,載洛陽市第二文物工作隊編《畫像磚石刻墓誌研究》頁 213—217。誌蓋刻文作淺陽篆文,研究者認爲可能是因爲刻錯而没有完成。墓誌銘辭中"入常孝敬,出貞藹質,守素,懷道隱名"一段,守素句缺少兩字,可能是無意中漏刻,也可能限於篇幅布局,故意漏刻。此外,周錚《北魏尹祥墓誌考釋》一文,對墓誌重新作了録文,並逐句作了解釋,載《北朝研究》第一輯①頁 193—199。舊録

① 《北朝研究》第一輯,北京燕山出版社,2000 年。

文有多處誤釋，今據圖版改正。

尹祥之名，見於《魏書》卷九《孝明帝紀》正光五年（524）七月："丁丑，念生遣其都督楊伯年、樊元、張朗等攻仇鳩、河池二戍，東益州刺史魏子建遣將尹祥、黎叔和擊破之，斬樊元首，殺賊千餘人。"其曾祖尹闡、祖尹宗、父尹虎，均不見於史。墓誌稱尹祥"天水上封人"，上封原名上邽，避北魏道武帝諱改。天水尹氏爲秦隴大族，魏晉十六國以來，人物甚多。

墓誌稱"于時東益遼蕃，……擇授平西府主簿"。尹祥參與正光年間的東益州戰事，是因爲仕官爲平西將軍府主簿，府主應當就是當時的東益州刺史魏子建。魏子建初爲東益州刺史時的將軍號，《魏書》失載，今賴尹祥墓誌可以考知。《魏書》卷九《孝明帝紀》，正光二年正月，南秦州氐反，十二月，東益、南秦州氐反；正光五年六月，南秦州城民殺刺史崔遊據城反。這些發生在仇池地區（南秦州和東益州）的氐族暴亂，與秦州、高平等地的鎮民暴亂互相呼應，互爲聲勢，成爲北魏末年六鎮大反亂的組成部分。而在仇池地區，由於北接秦州，受秦州莫折大提起兵的鼓蕩，南秦州叛亂較早而持續時間最久，東益州稍遲而彌平較快。正光五年六月，以刺史崔遊被殺爲標誌，南秦州完全淪陷。東益州刺史魏子建率軍與叛氐作戰，而尹祥就是在東益州境内戰死的。

墓誌稱"假威遠將軍，統軍，行廣業郡三戍"（"三戍"舊録文都誤作"三戎"），即指尹祥受命前往保衛廣業郡的三個戍城。這三個戍城，應當是廣業、仇鳩和河池。攻擊廣業三戍的軍隊，來自秦州叛羌莫折念生。前引《魏書》"念生遣其都督楊伯年、樊元、張朗等攻仇鳩、河池二戍"，就是墓誌所記載的這一戰役。

秦州與南秦州的叛軍結爲一體之後，開始向東益州挺進，以期得到武興氏的響應，從而把北魏的軍政統治從原仇池地區完全趕出去。這就需要首先攻克橫亘在仇池與武興之間的廣業郡三個戍城，而北魏的廣業三戍恰好具備一定的防衛能力。據《魏書》卷七八《張普惠傳》，在正光五年的大叛亂之前，運往南秦州和東益州的軍糧，遭到叛氏搶劫，絕大多數戍城都沒有得到軍糧後勤的支援，只有廣業、仇鳩和河池三城例外。這可以說是北魏在東益州戰場能够支撑、並以東益州爲根據進而恢復南秦州的重要原因。

魏子建派遣到廣業三戍的軍隊，阻止了莫折念生的南進，故《魏書》云：“丁丑……東益州刺史魏子建遣將尹祥、黎叔和擊破之，斬樊元首，殺賊千餘人。”然而，尹祥雖然參與了戰事，他本人則早於戰事結束而戰死了。北魏孝明帝正光五年（524）七月己酉朔，十八日是丙寅，據墓誌尹祥死於此日。而前引《魏書》謂七月丁丑日，尹祥尚在作戰，丁丑是二十九日。丁丑是廣業之戰結束的時間，並不是開始的時間。《魏書》籠統記其事，故有此誤。《資治通鑑》卷一五〇梁武帝普通五年七月條，尹祥作伊祥，今據墓誌可證其誤。

墓誌記尹祥葬地爲“葛甫山”（舊録文都誤爲“菖甫山”），應當就是乾脯山，本書所收殷伯姜墓誌作“旦甫山”，音近易訛，其地即今偃師南蔡莊鄉溝口頭一帶。

五三　染華墓誌

【誌文】

惟大魏孝昌二年歲次丙午十一月丙申朔十四日己酉故鎮遠／將
軍射聲校尉染府君墓志／

君諱華，字進樂，魏郡內黃人也。其先帝嚳之苗裔，周文王之少
子／冉季之後。高祖閔，趙武帝初，封西華王，侍中、使持節、都督
中外諸／軍事、黃鉞大將軍、錄尚書事、武信王。趙祚既微，遂昇
帝位，號曰魏／天王。群臣依皇圖，奏改族，因即氏焉。崩，謚曰
平帝。曾祖叡，仕燕散／騎常侍、海冥縣侯。祖興，聖世太武皇帝
安遠將軍、殿中給事、蒲／陰伯。崩，贈輔國將軍、洛州刺史，謚曰
惠侯。父雅，孝文皇帝爲譽／曹給事，遷使持節、征虜將軍、懷州
刺史、北平侯，轉武衛將軍、北中／將、光禄太府二卿。崩，贈平西
將軍、河州刺史，謚曰貞侯。休祚烈昌，／洪業洋溢，君統基承緒，
在於舊京。于時普選高門子，暫衛皇宮，乃／出身應召，得爲領
表。及遷鼎洛邑，料隔清濁，既凤厠混流，釋褐乖／分，太和廿年
除皇子北海王常侍，稍遷鎮遠將軍、射聲校尉。君仁／才英挺，體
量潛深，軀貌超偉，儀範莫群，志操霜嚴，貞節素皎。澄情／冰澈，
若明鏡之在高臺；凝懷內朗，如沚水之去煩淤。恬性篤好，敦／究
史籍，遍覽三墳，備詳五典，剖析豪氂，精辯幽賾，吐音方韻，出
言／有章。弱冠登朝，預知應闕，規矩神謨，股肱三帝，言參天心，
行合／聖旨。雖班非台弼，實蒙負寄，榮荷任重，光紹祖先。惟正
光五年十／月卅日，搆疾崩於京都。乾不報善，殲此名德，春秋六
十，奄然歸化。／臨終明寤，辭理端庠，親故請訣，罔不執手，別言

周至,悉有義方。/皇上以績業隆重,追贈樂陵太守。君德無窮,
孰能記述? 乃作銘曰:/

芒芒造化,蠢蠢群生,唯此夫子,卓絕才英,識度遐遠,智量淵明,
懿/德坦蕩,淑行淳平,聲揚海内,非止雒京。弱冠登朝,金鳴玉
馨,狀若/浮飇,騫昂直上。如彼長松,掃雲千丈,如彼皎月,分霞
獨朗。餘軌時/模,遺範世像,衢巷稱謡,鄰陌羨仰,舐鐫銘石,永
代傳想。

【疏證】

　　染華墓誌,1990 年秋(一說 1991 年 1 月 6 日)出土於河南省
偃師縣城關鎮杏元村東磚廠,現藏偃師商城博物館,出土情況見
《河南省偃師兩座北魏墓發掘簡報》,載《考古》1993 年第 5 期。
拓片圖版及録文,又見《洛陽新獲墓誌》(圖版見頁 14,録文及研
究見頁 200—201)。李獻奇《北魏六方墓誌考釋》也收有染華墓
誌拓片的照片,並作了簡短考證,載洛陽市第二文物工作隊編
《畫像磚石刻墓誌研究》頁 210—213。

　　染華死於北魏孝明帝正光五年(524),年六十,則其生年當
在文成帝和平六年(465)。染華贈官爲樂陵太守,而墓誌首題仍
稱其生前所歷散官"鎮遠將軍、射聲校尉",可能是因爲贈官未
能高於生前歷官。據《魏書》卷一一三《官氏志》載太和二十三
年《職令》,鎮遠將軍爲第四品,射聲校尉爲第五品,而樂陵作爲
中下等的郡,其太守不能高於第五品。墓誌首題捨贈官而用實
際歷官的原因,應當在此。

　　墓誌稱高祖爲染閔,即十六國時代的冉閔。案《晉書》卷
一〇七《石季龍載記下》,及《太平御覽》卷一二〇引崔鴻《十六

國春秋》之《後趙録》，均作"冉閔"，而不作"染閔"。可是《元和姓纂》卷七琰部，冉、染兩姓並收，其"染氏"條曰："《石趙録》云，石季龍將染閔，魏郡内黄人，或作冉氏。"所謂《石趙録》，當即崔鴻書。據此，唐人所見崔鴻書，有作染閔者。《元和姓纂》多處提到冉閔，或作"染"，或作"冉"，或作"梁"，案"梁"當是"染"字之誤。《宋本廣韻》卷三上聲第五十琰部染字條："又姓，石勒時有染閔。"可見冉閔的確切姓氏，唐宋人已經難以明瞭，唐修《晉書》作"冉"，可能只是整齊體例的處理方法。染華墓誌是現存關於冉（染）閔姓氏第一手資料中最早的，雖然未必可據以否定冉氏説，却給染氏説提供了强證①。

墓誌中關於冉閔的資料比較重要："趙武帝初，封西華王，侍中、使持節、都督中外諸軍事、黄鉞大將軍、録尚書事、武信王。趙祚既微，遂昇帝位，号曰魏天王。群臣依皇圖，奏改族，因即氏焉。崩，謚曰平帝。"趙武帝，指石虎。案墓誌所云冉閔在石虎初年封西華王，是不準確的。石虎即位之初，降號天王，親王貶封爲公，藩王降爲縣侯，冉閔没有封王的可能。據《太平御覽》卷一二〇引崔鴻《十六國春秋》之《後趙録》，冉閔於石勒時期封西華侯，石虎即位後封修武侯。墓誌西華王當爲西華侯之誤。《晉書》卷一〇七《石季龍載記下》，石虎時封冉閔爲蘭陵公，改蘭陵郡爲武興郡，冉閔爲武興公，直到石鑒即位，"以石閔（案即冉閔）爲大將軍，封武德王"。武德王，墓誌作武信王，德、信兩字形近易訛，未知所是。

墓誌云："趙祚既微，遂昇帝位，号曰魏天王。"案據《晉書》

---

① 羅新：《北朝墓誌叢札（一）》，《北大史學》第九輯，北京大學出版社，2003 年。

卷一〇七《石季龍載記下》，冉閔於東晋穆帝永和六年（350）"僭
即皇帝位於南郊"，《資治通鑑》卷九八，《太平御覽》卷一二〇引
崔鴻《十六國春秋》之《後趙録》，並以爲冉閔稱號皇帝而非天
王，與墓誌不同。墓誌又稱冉閔"謚曰平帝"，爲史書所不載。
案冉閔於永和八年（352）四月被前燕慕容儁俘殺，隨後被慕容儁
謚爲武悼天王，而鄴城之破在八月。史籍没有冉閔的太子冉智
繼位的記載，但是在這三個月之中，冉魏可能而且應當給冉閔一
個謚號。染華墓誌中的"謚曰平帝"，很可能就是當時鄴城的冉
魏朝廷所爲。

染華墓誌又稱："曾祖叡，仕燕散騎常侍、海冥縣侯。"《晋
書》提到的冉閔諸子有智、胤、明、裕，不見染叡。據染華墓誌，冉
閔諸子在慕容燕還得到了善待。染氏似在太武帝時候滅北燕後
歸魏，定居平城。染華本人在孝文前期曾經"出身應召"以"暫
衛皇宫"，並"得爲領表"，可能是較低級的内行武官。墓誌又
説："及遷鼎洛邑，料隔清濁，既夙厠混流，釋褐乖分，太和廿年除
皇子北海王常侍。"這是關於孝文帝改革姓族與選官制度的材
料。根據太和二十三年職令，皇子屬官，自第四品至從九品皆
有，常侍在從七品。墓誌解釋是由於染華在平城時起家爲内行
武官，而依據起家官確定清濁及昇進緩速，是孝文帝職官改革的
重要内容之一。所謂"夙厠混流，釋褐乖分"，就是解釋染華歷
仕濁官的原因。

染華墓誌叙高祖以下及染華本人之死，皆書"崩"，這種情
況，在其它北魏墓誌中雖然也偶有同例，但畢竟較爲罕見，可能
是私家殯葬時僭越禮制的行爲。

五四　韋彧墓誌

【誌文】

魏故使持節散騎常侍太常卿尚書都督雍州諸軍事撫軍將軍豫雍二州刺史文烈公韋使君墓誌銘/

公諱彧，字遵慶，京兆杜人也，今分山北縣洪固鄉疇貴里。肇基顓頊，命氏豕韋，翼商周爲世祿，歷漢魏而朱軒。大丞/相、扶陽節侯賢，小丞相、恭侯玄成，即公十六世祖也。七世祖晉太常卿、上祿貞侯，諱敦；六世祖北平太守、關內靖侯，/諱廣；高祖清河府君，諱諶；曾祖秦姚郎中，諱宣。並綴響儒林，德音清美。祖魏雍州刺史、杜縣簡侯，諱尚，追體潛龍，利/見大人，會太祖武皇帝，藻玉鳳池，衣錦鄉國。考郢荊青三州使君、霸城懿侯，諱珍，字靈智，擁旄三岳，芳譽結路，驅/旌萬里，童稚澆良，聲溢魏齊，功書兩史，固以蔚彼北林，隆兹積石矣。公稟氣玄黃，天姿凝秀，神豁三才，情和六物。岐/嶷之辰，合黃中以達性；紈綺之歲，舒清襟於文思。孝敬仁恭，超顏閔之稱；溫清禮順，頡頏孔鄉之美。言窮五籍，文綜/百氏，經眸無再，一貫高賞。陶衍洪規，儒林慕其芳塵；疋翰清章，衣冠咏而在口。談天飾鳳，絕比遐踪；雕龍金馬，於此/淪迹。邃德蔚彼千刃，清衿浩如萬頃，兹焉藉甚，望古無雙。七齡之日，發製洪藻，樂道丘林，不答州郡之命。會高祖/孝文皇帝定鼎嵩瀍，親簡人門，太和十九年，欽公高辯，顧謂僕射李思沖曰：才明如響，可除奉朝請，令優遊道素，以/成高器。廣陽王嘉奏爲騎兵。事非所好，辞官去祿，歸養溫清，制賦述志，忘食終朝，追經達曙，瞻風慕道，千里結轍，負/書鑽術，如鱗之萃。

任城王爲雍州，以地錦西周，天鄉一俊，屈爲治中。公清風扇物，緝政唯美，天使巡方，命爲別駕，督/京兆郡，行州府事，晝錦敷政。四慎之風，飛光萬里；三奇之惠，獨美今章。暨關隴揚塵，北地勢連，□□屈公督郡，百姓/昭明，如見父母。曾未浹辰，還用清謐。信哉，公之德義，利於甲兵矣。自鄉端八載，舊盖不易，乘車仍反，唯儲書數千，以/自娛世。永平元年，翁疾，孝侍憂毀，興居罔倦。風樹不迫，委曠告分，痛毀刑魂，泣消化骨，去粒絶鹽，幾於滅性。拜司空/中郎，俄司徒中郎領掾，又爲大將軍中郎。秋，拜散騎侍郎，優册雅言，謨明盛辰。典章符檄之文，蔚萬古以葳蕤；軍國/詔誥之翰，邈千祀而昭晰。熙平元年，宗官曠德，人神載佇，兼太常卿。司徒、廣平王召屈諮議，風蔚槐庭，道光雲水。尋/除假節、督東豫州諸軍事、平遠將軍、東豫州刺史，導民以德，齊民以禮，賈楚不用，囹圄長虛，蔚若春雲，曖同秋露。兩/政乏袴之謠，非獨西京；惠君神父之詠，復刑東國。建太學，置崇文堂，立孔聖廟，生徒負袟，慕義如雲，俎豆之容，道齊/一變。政事之暇，親爲執經，高義既清，徽言載緒，僞民奔德，樂兹化道。夫妻負戴，闐術填喧，謳歌行頌，于今盈耳。朝廷/以聲名爲天下最，頻降優旨。賜騂騮上駟，綵縑百匹。及代當還，編户飲淚，卧轍思仁，越境未止。正光五年十月，詔大/將軍長史，又除散騎常侍、征虜將軍，緝如綸之旨，綜帷幄之謀，出内既諧，軍國斯美，詞誥絲多出公焉。孝昌元年，/詔公本官持節、都督征幽軍事，兼七兵尚書、西道行臺。太和高祖大駕廓清樊、鄧，公有力焉。封開國男，食邑二百/户。節盖州館，寢疾大漸，子曄及融，侍還私第，奉足以泣。顧謂曰：啓予手，啓予足。嘗藥禱神，曾無感轍，樹風不静，直粒/何申，號天叩地，煩冤愊抑。春秋五十一，孝昌元年八月廿六日，薨於長安城永貴里第。天子傷慟，朋僚涕塞，淚滿行/目，人思致百。贈使持節、都督雍州諸軍事、撫軍將軍、雍州刺史。喪禮所備，悉皆公給。長子彪與吏民謹上行狀。太常/博士朱惠興議：公慧性沖遠，才業清敏，幼敦詩書，長翫百氏。昔衣錦鄉，寮庶緝穆，往毗二台，義光槐庭。入司瑣闈，謨/明帝道，出藩東南，流聲二國。導德齊禮，偃服歸仁，廉素之風既著，納言之亮惟美。謹依謚法，博聞多見曰文，有功安/民曰烈。太常卿、尚書僕射元順奏可，禮也。二年歲次丙午十二月乙未朔十日丙午，謁者蕭軌持節奉册，即柩祭以/太牢，護雍州法駕詣墓，葬於舊兆杜陵。公義同削草，事等溫樹，今髣髴遺塵，無申万一。其辭曰：/

明明聖后，赫赫我公，含和二氣，體道神聰。黃中萬頃，至德文蹤，清風素軌，寔曰時綜。好爵日臻，軒旗結轍，半天墜照，/雲霞晝滅。天合同悲，九域酸咽。

第二子曄，其年十二月四日亡，即以十二日在使君玄宮之左掖。/

夫人河東柳氏，諱敬憐，生七子。父諱文明，州主簿、別駕；祖諱師子，州主簿、州都、鷹揚將軍、襄陽太守、西陵男。/長子彪，字道亮，州主簿、治中。第二子曄，字道夏，本郡功曹、州撫軍府記室參軍、州別駕。第三子融，字道昶。第/四子熙，字道昇。第五子㑦，字道泰。第六子暉，字道颺。第七子𤣱，字道諧。

【疏證】

韋彧墓誌，1998 年出土於陝西省西安市長安縣韋曲北原，墓誌録文附見周偉洲、賈麥明、穆小軍《新出土的四方北朝韋氏墓誌考釋》，《文博》2000 年第 2 期。墓誌拓片圖版和録文又見《漢魏六朝碑刻校注》第 6 册頁 77—79。與韋彧墓誌同墓出土的還有韋彧妻柳敬憐墓誌，鄰近一墓則出土了韋彧子韋彪夫婦墓誌，皆收入本書，請參看。

周偉洲等人之文，詳細考察了韋彧家族世系，請參看。韋彧及子事迹，略見《魏書》卷四五《韋閬傳》及《北史》卷二六《韋閬傳》。

韋彧死於北魏孝明帝孝昌元年（525），五十一歲，故其生年當在北魏孝文帝延興五年（475）。墓誌記韋彧葬於“二年歲次丙午十二月乙未朔十日丙午”，可是本月十日爲甲辰，十二日纔是丙午。原録文如此，故遵而不改。

墓誌云：“京兆杜人也，今分山北縣洪固鄉疇貴里。”意即杜縣分置山北縣。《隋書》卷二九《地理志上》，京兆郡大興縣條下云“有後魏杜城縣、西霸城縣、西魏山北縣，並後周廢”。似乎山北縣置於西魏，實則北魏時已有山北縣，韋彧墓誌即一證據。而且《魏書》卷一〇六下《地形志下》，京兆郡領縣八，有山北縣。《宋書》卷三七《州郡志三》雍州刺史條：“北京兆領北藍田、霸城、山北三縣。並云景平中立。”北京兆屬襄陽的僑雍州，景平是宋少帝劉義符的年號，其時赫連夏已奪取關中，關中流民遺迸至於漢沔，劉宋遂於雍州僑立北京兆，因爲東晋時已經在襄陽僑立有京兆郡，故新立的京兆郡不得不稱北京兆，見《晋書》卷一四《地理志上》。這個新立的北京兆領有北藍田（因襄陽原已僑立藍田縣，新立者不得不稱北）、霸城和山北三縣，可見當劉裕滅姚秦、據有關中時，已有山北縣，所以關中流民流移至襄陽時纔需要僑立山北縣。《太平寰宇記》卷二五《關西道一》雍州萬年縣條：“《周地圖記》云：‘後周明帝二年，分長安、霸城及姚興所置山北三縣地，始于長安城中置萬年縣，理八角街已東，屬京兆尹，取漢舊縣名也。’天和三年廢山北縣，建德二年又省霸城、杜城二縣，以三縣地併入萬年。”可見山北縣置於後秦姚興，廢於北周武帝天和三年（568）。姚興立山北縣，劉宋沿而不改，赫連夏、北魏也予以繼承。韋彧墓誌叙韋彧籍貫，既保留了郡望傳統，又反映了地方行政區劃的實際。韋氏所居住的地區被劃入山北縣，在文獻中也有反映。《北史》卷六六《韋祐傳》：“韋祐字法保，京兆山北人也。”

五五　侯忻墓誌

【誌文】

魏故平北將軍燕州刺史侯君墓誌銘

君諱忻,字季歡,上谷居庸人也。忻先出自有周,列爲方國,後因以侯爲氏。秦照王滅周,徙居燕代,遂爲著姓。冠冕相襲,名茂不墜。太和中,沙門法秀訛言遘釁,蘭艾靡分,時爲逆黨所逮,遂爲奄害。早給闈掖,小心敬慎,罔或愆失。延昌年除本郡丞,毗贊有聞,庸績甚著。正光二年除魏平令,恩化大行,合境稱頌。又轉園池令,清直勤敏,夙夜惟寅。永安年復□大長秋丞,出内宮幄,真心匪石。又加布泛,除宣威將軍,加建明、普泰泛,除龍驤將軍、中散大夫。以□彤宮四十餘載,履涉徑過,咸流芳響。積福無徵,降年不永,春秋六十,普泰二年二月廿五日,卒於延壽里。詔褒勤奮,叙追考階,贈平北將軍、燕州刺史。今以閏月乙未朔廿一日乙卯,權殯芒所,冀寧歸窆。乃爲銘曰:

攸攸厥初,承姬啓茂,歷載迤綿,爰生我後。葦葦孤苗,峨峨獨秀,卯日聲煩,童辰響就。入宦弁初,馳名騁節,出總方城,威寬並設。將歸帝庭,耆民偃轍,三慮乃刑,終然靡缺。積善流慶,兹文徒炳,夏木摧條,中天隕影。朝露有晞,幽泉無景,用刊玄石,芳臭共永。

【疏證】

　　侯忻墓誌,出土時間地點不詳,由中國國家博物館徵集並收藏,墓誌録文見周錚《北魏侯忻墓誌考釋》,《北朝研究》1997 年第3期。未見拓片圖版,故不存誌文行句格式。

侯忻死於北魏節閔帝普泰二年(532),六十歲,則其生年當在孝文帝延興三年(473)。

墓誌云:"太和中,沙門法秀訛言遘釁,蘭艾靡分,時爲逆黨所逮,遂爲奄害。"侯忻罹法秀之難,受腐刑而爲宦官。法秀之變,在太和五年(481)。《魏書》卷七上《孝文帝紀上》:"〔太和五年二月〕沙門法秀謀反,伏誅。"法秀謀反,似乎僅僅停留在言論上,並未付諸行動。《魏書》卷三一《于栗磾傳》附《于烈傳》:"從幸中山,車駕還次肆州,司空苟頹表沙門法秀詃惑百姓,潛謀不軌,詔烈與吏部尚書闕丞祖馳驛討之。會秀已平。"卷四四《苟頹傳》:"大駕行幸三川,頹留守京師,沙門法秀謀反,頹率禁衛收掩畢獲,内外晏然。"可見法秀並未實際行動起來,就遭到鎮壓。侯忻墓誌説"沙門法秀訛言遘釁",也就是指法秀僅僅言論涉及謀反。法秀案牽連甚廣。《魏書》卷九三《恩幸·王叡傳》:"及沙門法秀謀逆,事發,多所牽引。叡曰:'與其殺不辜,寧赦有罪。宜梟斬首惡,餘從疑赦,不亦善乎?'高祖從之,得免者千餘人。"侯忻一家卷入此案,可能死者不少,侯忻年纔三歲,亦受腐刑。與侯忻一樣受腐刑者,一定不在少數。《魏書》卷九四《閹官·平季傳》:"平季,字稚穆,燕國薊人。祖濟,武威太守。父雅,州秀才,與沙門法秀謀反,伏誅。季坐腐刑,入事宫掖。"平季因爲父親涉案而被腐,侯忻的情況應當差不多。

侯忻居住於洛陽延壽里,與侯掌同里,很可能他們有親屬關係。請參看侯掌墓誌疏證。侯忻、侯掌墓誌都強調由於北邊動蕩,未能歸葬上谷,故葬於洛陽。

五六　王温墓誌

【誌文】

魏故使持節撫軍將軍瀛州刺史王簡公墓誌銘/

公諱温，字平仁，燕國樂浪樂都人。啓源肇自姬文，命氏派於子晋。漢司徒/霸、晋司空沉之後也。祖評，魏征虜將軍、平州刺史，識寓詳粹，譽光遐邇。父/蒗，龍驤將軍、樂浪太守，雅亮淹敏，聲播鄉邑。昔逢永嘉之末，高祖准，晋太/中大夫，以祖司空、幽州牧浚，遇石氏之禍，建興元年，自薊避難樂浪，因而/居焉。至魏興安二年，祖評携家歸國，冠冕皇朝，随居都邑。公踐奄骼之洪/基，蹈笙歌之芳烈，□訓惠於韶齔，天資篤於號慕，秉翰則神思電發，對席/則雅韻煙生。玉質冰心，等秋月之孤昭；孝情忠節，竝春松之獨秀。景明年，/釋褐平原公國郎中令。于時國主尚書令高肇，居衡石之任，待公親密。而/公馬不食粟，暑不張蓋，珠璣可致而室宇壁立。尋簡鄉望，補燕國樂浪中/正。品裁人物，昇降有叙，邦邑縉紳，比之水鏡。轉濟州刺史高殖輔國府司/馬。殖以廉察治民，公以清和化俗，故号刺史曰聖，司馬曰賢。樹績播譽，公/有翼輔之能。以母憂去職，哀脊過礼，幾將毀滅。服闋，除翼林監、直閤將軍。/延昌四年，轉長水校尉。時偽梁賊帥趙祖悦，竊據硤石。尚書僕射崔亮，充/元帥討之。亮知公文武兼濟，機幹兩有，啓公爲假節、假征虜將軍、別道統/軍，領步騎五千，專據蚳城，外捍湛僧十万之衆，内援河北六州之粮，終始/剋濟，公之力也。除鎮遠將軍、後軍將軍，祇奉王政，懃憂夙夜。普泰二年，轉/安東將軍、銀青光禄大夫。虚簡在心，琴書自

得。方享彼遐年,膺兹景福,報／善無徵,殲此明喆。春秋六十有
六,普泰二年二月廿六日,遘疾卒於昭明／里宅。朝野傷心,親知
斷骨。有詔嗟悼,贈使持節、撫軍將軍、瀛州刺史。粵／其歲太昌
元年十一月辛卯朔廿五日乙卯,窆於岐坑之西原。陵谷有革,／
詔鄉無期,叙芳塵而寫德,託幽石以傳徽。其詞曰:／

肇源聖系,構緒仙蹤,司徒輔漢,翼晉司空。如金如璧,且王且
公,繼武台鼎,／弈世雕龍。川岳降靈,誕兹英喆,孝友内明,忠貞
外烈。玉思蘭華,冰心水徹。／礼樂怡性,清貧自潔,嵩洛播譽,
河濟稱賢。潛根北晉,寓地東燕,冠冕相襲,／龜組紛然。九德孔
著,六藝丕宣。江月中晦,山峰半摧,苔生客室,蟲網琴臺。／影
流易没,人往難來,親朋淚切,行路酸哀。蒼芒隴色,瑟洎松聲,
夜長燈盡,／溝凍泉□。□天隔照,託地同形,崇墳表德,刊石
傳馨。

【疏證】

　　王温墓誌,1989 年出土於河南省孟津縣朝陽鄉石溝村。墓
誌拓片圖版見《洛陽出土歷代墓誌輯繩》頁 54;參考録文見張乃
翥《北魏王温墓誌紀史勾沉》,《中原文物》1994 年第 4 期。

　　王温死於北魏節閔帝普泰二年(532),六十六歲,其生年當
在北魏獻文帝皇興元年(467)。

　　墓誌稱王温出於太原王氏,七世祖王浚,浚敗,子孫流入遼
東,後遂著籍樂浪郡樂都縣,至祖父王評時,因魏滅北燕而得入
魏。北朝出於樂浪的王氏家族,另有樂浪遂城王氏,與王温一族
頗有區别。不過,王温一族如果確是太原王氏,何以入魏後不改
歸舊籍? 和當時多數邊地人士入魏以後極力重寫家族世系的情

況一樣,王温一家很可能也是在適應孝文帝姓族改革以後的社會風氣而自溯其家世至於王浚。

墓誌記載王温歷官,與高肇父子關係甚深。這是由於他們有共同的家世背景。從高肇一家與王温的關係也可以看出來,北魏社會與政治中的遼東集團内部的複雜聯繫,維持的時間相當長久。

王温在北魏孝明帝初年的梁魏硤石之戰中,"領步騎五千,專據蜖城,外捍湛僧十萬之衆,内援河北六州之粮"。蜖城,《水經注》卷三〇淮水注作蚍城,據楊守敬《水經注疏》熊會貞按語,其城"在今鳳臺縣西北四十餘里焦岡湖西北之虎頭岡西畔,遺迹猶存"。蜖蚍形近易訛,疑本當從墓誌作"蜖城"。

墓誌記載王温死於"普泰二年二月廿六日",葬於"太昌元年十一月辛卯朔廿五日乙卯"。其實普泰二年,即太昌元年。節閔帝普泰二年四月,高歡擊敗尒朱集團,進入洛陽,立孝武帝,改元太昌。王温死時,洛陽猶行節閔帝年號,葬時則已行孝武帝年號,故墓誌兩從其實。

王温家在洛陽昭明里,昭明里首見於此。

五七　鄭胡墓誌

【誌磚正面】

延昌四年歲在乙未／開封縣鄭胡銘

【誌磚背面】

大魏太昌元年十二／月□□，鎮北將／軍、銀青光禄大／夫、平陽太守鄭／君之銘。四祖葬／其中，十七座同時／葬。一祖胡，一祖驎，／一祖□，一祖□。／開封城西門西／二百步，橫道／北五十步。／歲次壬子。

【疏證】

　　鄭胡磚質墓誌，出土於河南省開封市朱仙鎮老譚家寨村北，80 年代徵集到開封市。録文及拓片圖版，見郭世軍、劉心健《開封發現北魏鄭胡墓誌磚》，《文物》1998 年第 11 期。

　　這方磚誌字體大小不一，書寫粗糙潦草，顯然屬於一次草率匆促的下葬行爲。而且，墓誌雖然指明墓主爲鄭胡，却又説：“四祖葬其中，十七座（疑座字誤釋）同時葬，一祖胡，一祖驎，一祖□，一祖□。”看來同時下葬的人還相當多，包括鄭胡及其兄弟四人，還另有同族人員十七人。這當然不是一次正常的安葬活動。前舉郭世軍、劉心健文，以鄭胡死於北魏宣武帝延昌四年（515）却葬於十七年之後（孝武帝太昌元年，即 532），推測這些滎陽鄭氏家族成員死於尒朱氏之亂，直到高歡平定尒朱“四胡”，纔得以集體安葬。這個推測有一定道理。可是鄭胡死於延昌四年，那時距孝莊帝之誅尒朱榮（永安三年，即 530），已有十五年之久，其死亡原因既與尒朱榮無關，亦與鄭儼無關。怎麽解釋這個歧異呢？

我們可以進一步推測鄭胡等人的身份。墓誌以鄭胡爲誌主，又稱四祖同葬，鄭胡爲四祖之一，可見主持葬事、刊刻墓誌的人，是鄭胡的孫子，而四祖中的另外三人，是鄭胡的兄弟，因爲同葬，所以墓誌中要一一指出。這個鄭胡，不見於史籍，但是，並非完全不可考。根據《北史》卷三五《鄭羲傳》，在尒朱榮入洛到高歡剪滅尒朱這個時期，活動於北魏政治舞臺上的滎陽鄭氏，主要是鄭羲的孫輩，如鄭羲的孫子鄭恭業、鄭嚴祖、鄭敬祖，鄭羲兄鄭洞林的孫子鄭儼，鄭羲兄鄭連山的孫子鄭先護，等等。很可能，主持鄭胡兄弟葬事的，也就是這一輩人。

《魏書》和《北史》的鄭羲傳，都説鄭羲有兄五人，分別是：白驎、小白、洞林、叔夜、連山，鄭羲最幼，故鄭曄有子六人。而《新唐書》卷七五上《宰相世系表五上》：“鄭氏出自姬姓。……曄生中書博士茂，一名小白，七子：白麟、胤伯、叔夜、洞林、歸藏、連山、幼麟，因號‘七房鄭氏’。大房白麟後絶，第三房叔夜後無聞。”這裏和《魏書》、《北史》有明顯的不一致。首先，把所謂“七房鄭氏”説成出自鄭小白，顯然是錯誤的；七房的構成也多歧異，胤伯應是小白之子，不應與其伯叔輩並列；歸藏不是鄭曄之子，是新添加出來的；白麟應作白驎。唐人林寶《元和姓纂》卷九“四十五勁”下有鄭氏：“曄七子：白麟、小白、叔夜、洞林、歸藏、連山、幼麟，因號七房鄭氏。”比《新唐書》要正確得多，只是同樣多出了一房“歸藏”，而且也以白驎爲白麟。七房的説法何時形成尚待研究。但是《新唐書》這裏又有很重要的信息供我們參考，那就是鄭曄的次子鄭小白，還有一個名字是鄭茂。同時，這裏列舉七房名稱時，對鄭羲稱字不稱名。這説明什麼呢？説明其它各房（錯誤的胤伯和歸藏除外）的名稱，也可能都是稱字不稱名。由此，我們可以懷疑，《魏書》和《北史》在列舉鄭羲的五個兄長時，所稱者是字不是名，他們都另外還有正式的名（如鄭羲、鄭茂一樣是單名）。

　　墓誌中列舉四祖之名，可以辨認的除了鄭胡，就是鄭驎。這個鄭驎，有没有可能就是鄭羲的長兄白驎呢？我認爲這個可能性是存在的。《魏書》卷五六《鄭羲傳》：“羲五兄：長白驎，次小白，次洞林，次叔夜，次連山。並恃豪門，多行無禮，鄉黨之内，疾之若讎。”所謂“鄉黨”，是指滎陽地方鄉黨。鄭羲一家在十六國時期就已經離開滎陽開封，曾祖鄭豁仕於慕容燕，父鄭曄娶長樂潘氏，看來屬於原慕容燕集團。鄭氏重新在滎陽開封地方建立勢力，是從鄭羲與李孝伯結親並在汝淮地區長期做官開始的。《魏書》卷八八《宋世景傳》：“鄭氏豪横，號爲難治。”因此，滎陽鄉黨對鄭氏的仇視，也許還可以理解爲鄭氏在滎陽重建勢力的過程中所引起的利益衝突和社會秩序的調整。

　　如果我們把墓誌中的鄭胡、鄭驎等四祖，看作是鄭羲兄弟中的四人，而他們的死亡都遠在尒朱榮入洛以前，考慮到其家族勢力正處於上升時期，及時安葬應當不成問題，那麼，爲什麼會發生鄭胡墓誌所顯示出來的草率下葬呢？我認爲，這可以有一個解釋，那就是，太昌元年這次家族合葬，對於近年死難者來説，或許是第一次安葬，對於所謂“四祖”，則是第二次葬。從孝文帝以來鄭氏家族的政治權位來看，只有尒朱氏之亂時期，他們在滎陽地方的勢力遭受到急劇衰落，并且，由於鄉黨“疾之若讎”，勢必遭受報復性打擊。事實上，據《北史·鄭羲傳》，鄭羲的孫子

鄭敬祖,"鄭儼之敗也,爲鄉人所害"。《魏書》卷九三《鄭儼傳》:
"〔尒朱〕榮逼京師,儼走歸鄉里。儼從兄仲明先爲滎陽太守,至
是,儼與仲明欲據郡起衆。尋爲其部下所殺,與仲明俱傳首洛
陽。"雖然鄭氏子弟掌握着滎陽地方政權,但是他們還是得不到
地方的有力支持。可以設想,就是在這個時候,仇視鄭氏的地方
力量會聯合起來報復和排擠鄭氏。也許,破壞鄭氏家族墓地的
事情就發生在這樣的條件下。鄭氏不得意於鄉邦,也許是他們
追隨魏孝武帝西遷的助因之一。鄭氏重建地方權威,那要等到
北周滅齊以後了。

　　鄭胡是洞林、叔夜和連山中的哪一個? 這個問題尚待考證。
由於鄭胡的孫子主持葬事,遂以鄭胡爲墓主,叙四祖名諱,自然
是以鄭胡爲先,接着就要按兄弟排行爲序了,故鄭氏六兄弟中的
老大白驎(鄭驎)排在第二。正當時局劇烈動蕩,而且鄭氏家族
剛剛遭受沉重打擊,故葬事草草。

　　以上是對鄭胡墓誌的若干推測。缺乏材料,所以僅僅是推
測,而不是考證。但是從這個推測,也可以看到,北朝地方大族
依據政治力量,重建其在地方上的勢力的過程,可能是很複雜
的,也會有許多衝突和反復①。

　　前舉郭世軍、劉心健文,還指出鄭胡墓誌標示墓地方位,證
明今朱仙鎮東南三公里的古城址,確係東周至唐初開封(啓封)
縣治所在。這也是鄭胡墓誌的重要價值之一。

①　關於北朝滎陽鄭氏的歷史,請參看陳爽《世家大族與北朝政治》書中之第五章
　　"南北對峙與胡漢融合中的滎陽鄭氏"。

五八　楊暐墓誌

【誌文】

魏故使持節都督雍州諸軍事衛將軍儀同三司雍州刺史楊公墓誌/

君諱暐,字延年,弘農華陰人也。漢太尉震之後,四世五公之盛,降魚泣/鳥之祥,故以布於傳記,至茲可得而略。祖河內,操尚沉靖,少播清塵;父/洛州,弘毅開朗,早標素論。公世藉連聲,凤挺英駿,栝羽成於卭歲,風焱/茂自弱年。年廿有六,太和中解褐奉朝請。于時九流初判,五教攸始,槐/府精選,妙盡英奇,乃辟司徒西閣祭酒,轉司空外兵參軍。延昌中,相國/胡公以后父之貴,論道中台,□訪珪璋,以備僚采,於是以君爲從事中/郎。公徘徊王事,縱容讌語,命議盈前,風流滿席。雖子玄之處宰朝,未獨/稱貴,太倫之居相府,豈足云美? 尋以紫闥禁重,青瑣高華,朱褠玉劍,非/賢莫可,除直閣將軍、散騎侍郎,加中堅將軍。孝昌元年,轉嘗食典御,綺/肴桂酒,羽傳星羅,珠目貝齒,咸所嘗眄。二年,除冠軍將軍、通直散騎常/侍,華貂珥首,文虎垂腰,徙倚山墙,照耀粉壁。後除安南將軍、武衛將軍、/南北二華州大中正。閣道陰沉,鈎陳隆萃,内以六軍,外澄九品,既簡帝/心,復允民望。而運屬屯危,時當否泰,火焚玉石,蘭艾俱爐。建義元年四/月十三日薨於河陰,嗚呼哀哉。公風儀翔峙,辭吐清潤,文圖篆麗,學成/斧藻。閨門悌睦,邑里以爲美談;出忠入孝,朝野稱其盛則。故謂永隆家/慶,方茂國珍,致茲繡裳,倍彼瑤闥,而天道芒昧,与善靡親,有志未申,遇/斯不幸,春秋五十有五。有詔追

贈使持節、都督雍州諸軍事、衛將軍、儀/同三司、雍州刺史。若
夫青編易朽，玄石難消，永言泉術，式銘巖椒。其詞/曰：
慶緒攸長，鴻祚載昌，徽聲代舉，懋德重光。龜虎昭映，朱紱/斯
煌，槐蔭穆穆，鼎實祥祥。乃及夫子，剋紹嘉運，似雲之高，如山
之峻。汪/汪万頃，亭亭千刃，體合金貞，志同玉潤，遊藝依仁，居
忠履信，尋文闡理，/受學淹中。九流載叙，六藝斯融，式揚幽軌，
闡耀玄風，樂道不倦，辭吐無/窮，肇昇青瑣，遂陟紫庭，翻飛玉
陛，或躍琁衡，職參心膂，任是維城。禍瑤/莫驗，倚伏難明，如何
不弔，奄忽潛靈。嗚呼哀哉。深憂罔極，遠日在期，鉉/望伊集，
台光以輝，人神怨酷，朝野傷悲。泉宮晨闇，燈影宵微，寶琴徒
設，/桂酒不持。式鑴遺烈，永晰山基。太昌元年遷葬於華陰之
舊塋。

【疏證】

　　楊暐墓誌，1989年出土於華陰縣五方村楊氏家族墓塋。録
文據《華山碑石》頁13之拓片圖版而作，原圖版不甚清晰，録文
時參考了原書頁237—238所附録文。原録文釋楊暐之字爲“延
季”，顯然是受了《魏書》影響，今據圖版釋爲延年。據《華山碑
石》之説明文字，此誌爲張江濤所收藏。

　　從圖版上看，最後一行下部的“太昌元年遷葬於華陰之舊
塋”十二字，與墓誌其它文字不相類，可能楊暐先殯洛陽，墓誌也
製作於洛陽，孝武帝太昌元年（532）十一月，在洛陽的楊氏宗族
死於普泰之難者歸葬華陰，楊暐亦隨同遷葬，尒朱榮時期所製的
這方墓誌也就隨而西遷，只是在末尾補刻了這十二個字。楊暐
死於孝莊帝建義元年（亦即孝明帝武泰元年，528年）四月十三

日（庚子）的河陰之變，而墓誌文字完全沒有顯示對尒朱氏的讎怨，避免了對於死因的解釋，可見墓誌作於尒朱氏控制朝廷的時期。據《魏書》卷一〇《孝莊帝紀》，尒朱榮在河陰之變不久就後悔了，並且大肆追贈遇難諸臣，給予很高的哀榮。楊暐應當是這時候殯葬在洛陽的，墓誌也當作於此時。

楊暐死時五十五歲，則當生於孝文帝延興四年（474），是楊懿八子之最幼者。《魏書》卷五八《楊暐傳》，稱楊暐“字延季”，據墓誌，季當是年（季）字之誤。墓誌叙楊暐歷官亦遠較本傳爲詳，可補《魏書》之脫略；本傳“尚食典御”，墓誌作“嘗食典御”。

楊氏諸墓誌，對楊真的官銜，通常都舉清河太守，而本誌稱河內太守。《魏書》卷五八《楊播傳》：“祖真，河內、清河二郡太守。”故墓誌有此分歧。

五九　楊侃墓誌

【誌文】

魏故車騎大將軍開府儀同三司秦州刺史楊君墓誌銘/

君諱侃,字榮業,弘農華陰潼鄉習仙里人也。十二世祖震,漢太尉;七/世祖瑤,晋侍中、尚書令;高祖珍,上谷太守;曾祖真,清河太守;祖懿,洛/州刺史、弘農簡公;雍州使君播之第二子也。襲爵華陰伯,除太尉騎/兵、撫軍府録事參軍,後除車騎大將軍府録事參軍,帶長安縣令、諫/議大夫、行臺左丞,除通直散騎常侍,除使持節、都督東雍州諸軍事/、冠軍將軍、東雍州刺史,後除使持節、都督岐州諸軍事、右將軍、岐州/刺史、度支尚書、鎮軍將軍、給事黃門侍郎、衛將軍、金紫光禄大夫、侍/中、濟北郡開國公。國難未夷,權歸胡羯,淫刑所及,先在忠貞,以普泰/元年六月廿八日遇害於長安,時年卅有四。太昌革運,追贈使持節/都督秦夏二州諸軍事、車騎大將軍、開府儀同三司、秦州刺史,以太/昌元年十一月十九日歸於華陰雍州使君莊公之神塋。永言盛美,/刊諸玄石,其詞曰:/

厥初中葉,聖緒賢胄,杳藹曾標,嵬巖峻構。慶雲攸往,福禄斯湊,高才/必歸,大寶惟茂。金自紫山,珠生赤野,無雙等荀,最良猶馬。栖情沖泊,/置心文雅,九流必綜,五行俱下。窮經極史,蘊故知新,耕道獵德,路義/宅仁。温温和景,亹亹芳塵,聞家達國,孝子忠臣。好爵崇顯,徽猷遠映,/體備九能,位鄰八命。翼翼奉主,斤斤從政,誅暴康邦,一人有慶。天不/悔亂,道消運傾,虐先朝右,酷始時英。民思遺愛,世染餘馨,闃哉華屋,/眇矣佳城。蕭森松柏,透迤山阜,霧慘松端,風哀壟首。浮生已促,立言/可久? 嗟乎一去,誰夭誰壽?

【疏證】

　　楊侃墓誌,1986 年出土於華陰縣五方村楊氏家族墓塋,拓片圖版見於《華山碑石》頁 15,該書頁 240 附有錄文。今據圖版重新錄文,與原錄文有數處不合。原圖版殘去下端,每行之末缺三字,則據原錄文補齊。

　　墓誌云楊侃字榮業,而《魏書》卷五八《楊侃傳》謂侃字士業(《北史》卷四一《楊侃傳》同),《魏書》誤。據本傳,楊侃死於節閔帝普泰元年(531),墓誌稱楊侃死時年四十四,則當生於孝文帝太和十二年(488)。

　　本傳謂楊侃年三十一襲爵,當在孝明帝神龜元年(518)。據楊播墓誌①,楊播平反復爵在孝明帝熙平元年(516)。據楊泰墓誌及妻元氏墓誌②,楊泰死於熙平二年,爵華陰伯,諸子無襲爵者。很可能楊播除名後,楊泰得到了華陰伯的爵位,熙平元年雖然追復楊播官爵,但楊泰尚在,楊侃不得襲爵,到楊泰死後,華陰伯之爵始回歸楊侃一系,楊侃得以襲爵。楊泰有爵無諡,説明他得到和失去爵位都是不正常的。

　　墓誌稱楊侃"襲爵華陰伯,除太尉騎兵、撫軍府録事參軍"。本傳云:"釋褐太尉汝南王悦騎兵參軍,揚州刺史長孫稚請爲録

---

① 杜葆仁、夏振英:《華陰潼關出土的北魏楊氏墓誌考證》,《考古與文物》1984 年第5 期;趙超:《漢魏南北朝墓誌彙編》,頁 86—88。

② 杜葆仁、夏振英:《華陰潼關出土的北魏楊氏墓誌考證》;趙超:《漢魏南北朝墓誌彙編》,頁 101—102、頁 385。

事參軍。"《魏書》卷二五《長孫稚》傳,稚於世宗時"出爲撫軍大將軍,領揚州刺史"。由墓誌知,楊侃爲長孫稚撫軍大將軍府録事參軍,而非刺史屬官。本傳籠統而言,不如墓誌清楚。墓誌"車騎大將軍",指雍州刺史楊椿,時統兵關西,進號車騎大將軍。

墓誌叙楊侃贈官:"追贈使持節都督秦夏二州諸軍事、車騎大將軍、開府儀同三司、秦州刺史。"而《魏書》本傳:"贈車騎將軍、儀同三司、幽州刺史。"《北史》卷四一《楊侃傳》同,當以墓誌爲是。

《魏書·楊侃傳》,侃既預孝莊帝誅尒朱榮之謀,尒朱兆入洛,侃自洛陽逃歸華陰,"普泰初,天光在關西,遣侃子婦父韋義遠招慰之,立盟許恕其罪。侃從兄昱恐爲家禍,令侃出應,假其食言,不過一人身殁,冀全百口。侃往赴之,秋七月,爲天光所害"。墓誌謂侃死於普泰元年六月廿八日,當以墓誌爲準。普泰元年,尒朱氏爲報復尒朱榮之死,屠殺參與孝莊帝密謀的弘農楊氏,楊氏家族遇害於關西與洛陽者,以楊侃爲第一人,次日(六月廿九日)纔誅及華陰諸楊,七月四日誅洛陽諸楊。楊播、楊椿的外甥元馗,因在華陰,故亦於廿九日遇害,見元馗墓誌。

華陰縣歷次出土的北魏楊懿一支的墓誌,都追叙譜系至於漢楊震、晉楊瑶,"楊瑶",應當就是《晉書》卷四〇有傳的楊珧,文獻中都作珧而未見作瑶者。洛陽出土的西晉辟雍碑,提到"詹事給事中光禄大夫珧",據《晉書》卷二四《職官志》所謂"泰始中,唯太子詹事楊珧加給事中光禄大夫",知辟雍碑所指即楊珧。因此楊珧不得作楊瑶,而華陰楊氏墓誌皆誤作"瑶"。

六〇 楊昱墓誌

【誌文】

魏故驃騎大將軍司空公定州刺史楊公墓誌銘/

公諱昱,字元晷,弘農華陰潼鄉習仙里人也。洛州刺史、弘農簡公懿之/孫,大丞相、太師椿之元子。孝敬格于人物,愛篤淳於先民,慈悌下下,恢/廓有大志,留心經典,博覽群史,墻宇儼嶷,非可得而窺也。親戚祇憚,儕/輩所宗,幼而有令問。年十六,辟皇子常侍,自倍贊邦國,可否必簡,直置/規矩,有匡佐之才。俄爲太學博士,轉員外郎。孝明皇帝明兩初辟,東/儲之選,故難其人,以公弱歲有彌諧之譽,長收敦德之美,領瞻事丞,加/宣威將軍、給事中。太尉、清河文獻王降辟爲掾,俄入帶中書舍人,朝廷/以公器洽養民,除揚烈將軍、濟陰內史,至訓一敷,則化牟移俗。徵授中/中書侍郎,遷給事黃門侍郎,尋兼侍中、持節、催關右諸軍大使,除涇州/刺史,徵尚書吏部郎,轉武衛將軍、北中郎將、安東將軍、銀青光祿大/夫。公聲業既隆,委誠弥洎,除撫軍將軍、度支尚書、鎮軍將軍、七兵尚書。/淮泗襟帶,彭、沛攸屬,除使持節、散騎常侍、徐州刺史,曾不期月,龕虜万/計,信服淮夷,義流異域。除右光祿大夫、河南尹,遷車騎將軍、兼尚書右/僕射、東南道大行臺。凶羯肆暴,毒害忠良,以普泰元年六月廿九日薨/於習仙里第,時年五十四。太昌革運,贈使持節、都督瀛定二州諸軍事/、驃騎大將軍、定州刺史、司空公。以太昌元年十一月十九日歸窆於華/陰丞相之神塋。盛彩不朽,貽之刻石,其詞曰:/

猗歟公族,鼻祖汾隅,大風之後,世德靡渝。簡公嗣列,韞玉懷
珠,司徒繼/軌,駟馬並驅。於穆若人,寔邦之俊,體兹外朗,含此
内閨。藹藹芳猷,昂昂/高韻,遺心愠憘,亡情鄙悋。學優登仕,
撫翼翰飛,竭來粉壁,步武彤闈。出/總連率,　尹京畿,銀黄疊
襲,金紫駢輝。羿涅肆姦,王室板蕩,見危以奮,/應難如響。案
劍雷息,登車抵掌,莊節未恢,忠圖忽往。春冬迴薄,歲紀周/旋,
駕言出祖,于彼中田。風酸迴陌,日闇荒川,茂采終謝,虚謚
空傳。

【疏證】

　　楊昱墓誌,1993年出土於華陰縣五方村楊氏家族墓塋。著
録見《華山碑石》,該書收有拓片圖版(頁18)和録文(頁241—
242)。據《華山碑石》圖版説明文字,該誌收藏於陝西省考
古所。

　　楊昱《魏書》卷五八有傳,載生平事迹較詳,與墓誌可參互
印證。墓誌稱楊昱節閔帝普泰元年(531)遇害,年五十四,則當
生於孝文帝太和二年(478)。

　　墓誌稱楊昱“年十六,辟皇子常侍”,當在孝文帝太和十七
年(493)。本傳云“起家廣平王懷左常侍”。本傳“員外散騎侍
郎”,墓誌則省稱“員外郎”。墓誌“微授中中書侍郎”句,衍一
“中”字。墓誌記楊昱抗元顥時官銜爲“遷車騎將軍、兼尚書右
僕射、東南道大行臺”,而本傳則是“假車騎將軍、爲南道大都
督”,知車騎將軍是假非正,墓誌以假作正;而本傳“南道”當從
墓誌作“東南道”。墓誌“尹京畿”句前當奪一字,從圖版看此處
是一空格,《華山碑石》的録文補“三”字,可是楊昱生平只做了

一任河南尹，不得作"三"，故不從。《漢魏六朝碑刻校注》第7册頁9注9認爲可能補"入"字。

　　楊昱被害在普泰元年六月二十九日，即在楊侃被害於長安的第二天。揆以情理，可能在楊侃自首於長安並被害的同日（六月二十八日），尒朱天光即遣人前往華陰，盡誅楊氏，同時也派人告知洛陽的尒朱兆。由於距離關係，華陰第二天就開始了屠殺，而洛陽要到六天以後（七月四日）纔盡誅依仁里的楊氏。

六一　楊順墓誌

【誌文】

魏故太尉公録尚書事相州刺史楊公墓誌銘/

公諱順,字延和,弘農華陰潼郷習仙里人也。十一世祖震,漢太尉;六/世祖瑤,晋侍中、尚書令;高祖結,石中山相;曾祖珍,上谷太守;祖真,清/河太守;洛州刺史、弘農簡公懿之第四子。解褐員外散騎侍郎、直寢;/除員外散騎常侍、鎮遠將軍、直閤將軍、輔國將軍、驍騎將軍;除平西/將軍、銀青光禄大夫、武衛將軍、北中郎將、太僕卿,以勳封三門縣開/國伯,本州大中正、使持節都督冀州諸軍事、撫軍將軍、冀州刺史、天/柱府長史、征東將軍、右光禄大夫、驃騎將軍、左光禄大夫。羯胡亂政,/毒忌忠貞,以普泰元年七月四日遇害於洛陽依仁里,時年六十有/六。太昌革運,追贈使持節、太尉公、録尚書事、殷相二州諸軍事、相州/刺史。以太昌元年十一月十九日,歸窆於華陰之舊塋。永言盛德,以/刊玄石。其詞曰:/

河華降靈,四葉聯聲,盛德必祀,若人挺生。是惟家寶,寔曰民英,基仁/宅信,履義含貞。憑木高逝,搏風上征,脱巾青瑣,珥筆彤庭。金蟬炯炯,/高步盈盈,乃作心腹,實司禁旅。威懾獷寇,誠邁許褚,北門襟帶,理兼/遏禦。帝曰訏謨,匪賢莫与,深謀遠被,事功遐舉。襄帷万里,爰屬時良,/曾未期月,民用知方。左蔚豐氄,右峻戎章,世逢多詖,運屬無妄。道消/泰極,落蕙摧芳,壠門幽寂,欑楚荒涼。哀哀孝思,翠柏徒傷,攸攸万古,/安此巖場。

【疏證】

楊順墓誌,1993年出土於陝西省華陰縣五方村楊氏家族墓塋,誌石現藏西嶽廟。著録僅見《華山碑石》,有圖版(頁16)和録文(頁240—241)。原録文釋"欑"爲"樸",今據圖版訂正。楊順妻吕夫人墓誌,本書收。

楊順生於獻文帝天安元年(466),死於節閔帝普泰元年(531),《魏書》卷五八有簡短的小傳。墓誌記載的楊順歷官,比本傳多出了自冀州刺史罷歸以後的部分"天柱府長史、征東將軍、右光禄大夫、驃騎將軍、左光禄大夫",應當是尒朱榮時期的官職。關於楊順的起家官,《魏書》本傳云"起家奉朝請",而墓誌稱"解褐員外散騎侍郎、直寢",當以墓誌爲是。

據墓誌,楊順是楊懿的第四子。據《魏書》卷五八楊懿諸子順序,順兄穎,穎兄椿,椿兄播。據楊穎墓誌①,楊穎是第三子,故知楊椿爲第二子。而《魏書》卷五八《楊椿傳》載椿《誠子孫書》,憶孝文帝"遂舉賜四兄及我酒"。楊椿只有一兄楊播,楊順是其四弟,故知此文必有誤,必衍一"四"字,或"兄"當作"弟"。《北史》卷四一《楊椿傳》載此書,無"四"字,當是。

---

① 杜葆仁、夏振英:《華陰潼關出土的北魏楊氏墓誌考證》,《考古與文物》1984年第5期;趙超:《漢魏南北朝墓誌彙編》,頁61—62。

六二　楊仲宣墓誌

【誌文】

魏故尚書右僕射青州刺史楊君墓誌銘／

君諱仲宣，字仲宣，弘農華陰潼鄉習仙里人也。祖懿，洛／州刺史、弘農簡公；太尉公、録尚書順之第二子。君繼美／忠純，嗣徽前德，馳騁九丘，弋羅百氏，故以鳴鶴響天，好／爵有縻，仁義既聲，弓車斯降。解褐奉朝請，轉員外郎、太／尉記室，除太尉掾。尋去台翼，入司帝言，除中書舍人、／通直郎。既而朱管俟才，紫泥佇彦，除征虜將軍、中書侍／郎。遷持節、平西將軍、正平太守、散騎常侍、安西將軍、銀／青光禄大夫，轉征東將軍、金紫光禄大夫、恒農伯。而讒／勝道消，忠良見忌，巧言聚謗，貝錦斯成，春秋卌有八，以／普泰元年七月四日遇害於洛陽依仁里。太昌革運，贈／使持節、青光二州諸軍事、車騎大將軍、青州刺史、尚書／右僕射。以太昌元年十一月十九日歸窆於華陰太尉／公之神塋。永言盛美，刊諸玄石。其詞曰：／

惟河之精，惟華之靈，降神合德，世載有聲。漪歟夫子，含／章以貞，如金之鏡，由冰之清。文兼義德，器實通儒，研精／六籍，遊訪百書。閨門以孝，會友中孚，價高楚玉，明兼魏／珠。言參王士，惟朝之賢，出匡民職，入耀中蟬。讒勝謗起，／濫禍以延，城崩齊地，嚴霜降燕。曰云往矣，松墳難即，羽／挽悽悲，龍軒不息。楊柏脩脩，寒泉清測，敢傳芳美，玄堂／是勒。

【疏證】

楊仲宣墓誌,1993年出土於華陰縣五方村弘農楊氏家族墓塋。《華山碑石》收有墓誌拓片的圖版(頁17)和録文(頁241)。據此書的圖版説明,楊仲宣墓誌現由陝西省考古所收藏。

楊仲宣是楊順第二子,死於節閔帝普泰元年(531),年四十八,則當生於孝文帝太和八年(484)。《魏書》卷五八有簡短的小傳,記載楊仲宣歷官比較簡略,墓誌則多可補正。本傳漏中書侍郎,又誤以征虜將軍爲鎮遠將軍,俱當從墓誌。而墓誌所記征東將軍、金紫光禄大夫,不見本傳,恐非偶然之失載。衡以楊仲宣歷官時間先後關係,這些官銜應當得自尒朱榮入洛以後。這種情況和楊仲宣的父親楊順非常相似,楊順墓誌所記載的得自尒朱榮時期的官銜也都没有反映在《魏書‧楊順傳》中。這恐怕是魏末(太昌以後)整頓史傳時特意安排的,意在否定尒朱榮柄政的合法性。

據楊仲宣本傳,仲宣與父楊順、兄楊辯、弟楊測、子楊玄就,同日(七月四日)被害於洛陽家宅(依仁里),只有少弟楊稚卿得免於難。今所見楊順、楊仲宣墓誌,都只叙誌主,不及家人,看來,太昌元年(532)給楊氏申雪時,人皆有誌,各叙其事,所以墓誌中没有介紹其他家人的情況。這在已經出土的楊氏家族近二十方墓誌中,凡死於普泰之難者,幾乎没有例外。因此,可以相信,其他遇難人員,都各有墓誌,將來還會陸續出土。

六三　楊遁墓誌

【誌文】

魏故車騎大將軍儀同三司幽州刺史楊君墓誌銘/

君諱遁,字山才,弘農華陰潼鄉習仙里人也。十二世祖震,漢太/尉;七世祖瑤,晋侍中、尚書令;高祖珍,上谷太守;曾祖真,清河太/守;祖懿,洛州刺史、弘農簡公;大將軍、太傅、司空公津之長子也。/氏胄煥於千古,冠冕鬱於百世,爲天下之鼎族,作海內之民宗。/上禀岳靈,下應家慶,無待學於洙泗,不假游於汝潁。日就成寶,/月旦歸高,苞卷道德,栖息礼讓,言爲准的,動中規矩,內行茂於/閨門,外譽彰於邦國。旌命之禮,俄而坐來。釋褐鎮西主簿,雖跬/步初發,就列方將,已見廊廟之才,便有公卿之望。轉尚書郎,高/步建禮,伏奏明光,起草致懃,獨宿見善,自此相望,遠兼前美。永/安中稔,天子蒙塵,君志如金石,效力□險。因忠見重,論功陟位,/除尚書左丞、平南將軍、銀青光禄大夫,掌万機之總會,居六品/之清美,振綱理目,秉正肅僚。除征東將軍、金紫光禄大夫,應德/而臻,時無二論。君風局清曠,識度淹遠,天資孝友,躬履仁義,心/藏是非,口絶瘡痏,塞貪競之情,杜聲色之好,加以謙恭自已,進/退可觀,藹藹芳猷,迢迢峻範,固以獨表一世,秀出當時。國難未/夷,權歸胡羯,淫刑所及,先在忠貞。普泰元年七月四日,遇害於/洛陽依仁里,時年卌有二。太昌革運,追贈使持節、都督幽州諸/軍事、車騎大將軍、儀同三司、幽州刺史,以太昌元年十一月十/九日歸窆於太傅之神塋。永言盛美,刊諸玄石,其詞曰:/

華山西鎮,河水南流,精靈所集,世業惟休。門羅將相,家列公侯,/藍田有玉,伊人聿脩。觀詩以言,問禮而立,庶將得二,殆鄰知十。/學優來仕,玄衣載襲,方諸地芥,俯而斯拾。星宿之位,樞轄之官,/於衆爲重,自我非難。令問不已,陵颷鬱起,拖紫懷金,負天惟始。/初及曾泉,忽沉濛氾,一隨舟壑,永謝朝市。生民有命,夭壽同歸,/茫茫寒皋,慘慘秋輝。白楊遽落,青蓬坐飛,悲乎不反,相視霑衣。

【疏證】

　　楊遁墓誌,1985 年出土於華陰縣五方村弘農楊氏家族墓塋。著録僅見《華山碑石》,有圖版(頁 14)和録文(頁 238—239)。原録文釋"寒皋"爲"寒島",今據圖版改正。

　　楊遁爲楊津長子,《魏書》卷五八有簡短的小傳。墓誌叙楊遁歷官,較本傳爲詳,死葬日期亦明確具體,均可補史。楊遁死於節閔帝普泰元年(531),年四十二,則當生於孝文帝太和十四年(490)。

六四　楊穆墓誌

【誌文】

君諱穆,字長和,弘農華陰/潼鄉習仙里人也。其先漢/太尉震之
冑,晋儀同瑤之/胤,清河太守之孫,侍郎楊/德之長子。君純性
沉質,平/行自若。辟郡功曹,除蕩寇/將軍、渭南令,再臨華陰,
領/督華山郡事。舉君以公族/之美,乃應斯授。合鄉所重,/僉
推斯任。如何不永,春秋/五十有三,被害于家。朝野

【疏證】

　　楊穆墓誌,1993年出土於華陰縣五方村楊氏家族墓塋。著
録見於《華山碑石》,該書收有楊穆墓誌拓片的圖版(頁20)和録
文(頁243—244)。據圖版説明,墓誌收藏於西嶽廟。原録文有
多處誤釋、漏釋,標點亦頗有錯誤,今據圖版補正。從文字看,墓
誌並不完整,可能是由多塊誌石組成,也可能該石多面有字。

　　楊穆不見於史,《魏書》卷五八記載楊播的族弟楊鈞次子爲
楊穆,仕華州别駕,世系歷官都不合,顯然不是同一人。據已知
北朝的弘農楊氏家族世系,清河太守是指楊真,已知的楊真子嗣
中只有楊懿。據楊穆墓誌,楊穆之父楊德是楊懿的親兄弟,楊穆
與楊播、楊椿等爲從兄弟,楊氏世系内容得到補充。墓誌説楊穆
是楊德長子,就意味着楊德尚有其他兒子。

　　墓誌説楊穆被害於家。北魏弘農楊氏在華陰遭到殘害,已
知只有節閔帝普泰元年(531)尒朱氏大誅楊氏這一次。從《魏
書》卷五八所記楊鈞一支没有人死於普泰之難來看,尒朱氏所誅

弘農楊氏,不及疏屬,楊鈞之子楊儉、楊寬,都平安度過了這一危機。從現有史料看,楊懿這一支,全在尒朱氏的誅滅範圍内。如果楊穆墓誌所説的"被害于家",也是指普泰元年這場慘禍的話,那麽誅殺的範圍至少還包括楊懿兄弟的子嗣,也就是楊椿兄弟的同祖所生。

東魏北齊

六五　羊深妻崔元容墓誌

【誌文】

侍中車騎大將軍中書令羊令君妻崔夫人墓誌銘/

祖烈，宋冠軍將軍，青、冀二州刺史。/父士懋，尚書左民郎中，出爲高平太守。/夫人姓崔，諱元容，清河東武城人也。自姜水導源，營/丘肇構，本枝弈葉，世禄無窮。英華繼軌，芬藹於前，/風烈相輝，照映於後。固以詳諸載籍，銘之家傳，不/復備言矣。祖冀州，守道純粹，名重一時。父高平，遺/愛見稱，甘棠勿剪。夫人志懷淵默，體資沖素，六行/夙成，四德早備。儀訓著於閨闥，芳風表於遠邇。及/言歸作合，謙約日隆，體無組繡之飾，服有浣濯之衣。孝敬舅姑，竭誠娣姒，饘粥菜蔬，温恭朝夕。諸子/不安其儉，夫人莫改其操。故能中饋内理，陰教外/融，昔稱樊衛，方之慚德。始當女宗一世，母儀兩族，/而仁壽無徵，□然長往。春秋六十，武定二年太歲/甲子正月辛卯朔廿五日乙卯，薨於盧鄉瀝里第。/粵其年十一月廿九日，合葬舊塋。若夫先遠行及，/奄歾有期，烏鳥之情，終天長奪。故仰述清軌，俯銘/陰石。其詞曰：/

累葉重基，有芬其馥，式啓名胤，誕生英淑。貞芳内/潔，徽音外融，亦既善始，高朗令終。清規不忒，禮訓/斯隆，爰供蘋芼，祗肅在躬。家慶未展，朝露奄窮，棄/此華屋，即彼幽泉。陰風動地，寒雲蔽天，靈闈載撫，/脩夜長玄。/

長子肅，字子慎，襲封新泰縣開國男，解褐司空府/長流參軍。大女字仲猗，適彭城劉氏。/第二女字繁猗，適頓丘李氏。第三女字繁瑶,/適鉅鹿魏氏。第四女字幼憐。

【疏證】

　　羊深妻崔元容墓誌,1973 年出土於山東省新泰縣天寶鎮顏前村,現藏新泰市博物館,墓誌拓片圖版見常明《東魏〈羊令君妻崔夫人墓誌銘〉考》,《書法叢刊》2003 年第 2 期。周郢《新發現的羊氏家族墓誌考略》有參考録文及研究,載《周郢文史論文集》頁 46—80。

　　墓誌稱崔元容的丈夫是"侍中車騎大將軍中書令羊令君"。《魏書》卷七七《羊深傳》:"羊深,字文淵,太山平陽人,梁州刺史祉第二子也。……以功賜爵新泰男……尋兼侍中,廢帝甚親待之。……出帝初,拜中書令。頃之,轉車騎大將軍、左光禄大夫。……及出帝入關,深與樊子鵠等同逆於兖州。子鵠署深爲齊州刺史,於太山博縣商王村結壘,招引山齊之民。天平二年正月,大軍討破之,於陳斬深。子肅,武定末,儀同開府東閣祭酒。"可見,羊深即崔元容之夫。羊深父母羊祉夫妻墓誌也收入本書。

　　崔元容死於東魏孝静帝武定二年(544),年六十,則其生年當在北魏孝文帝太和九年(485)。

　　羊深在孝武帝與高歡的鬥争中,站到孝武帝一邊,死於孝静帝天平二年(535)。羊深雖因反高歡而死,但其家庭似乎没有受很大牽連。據墓誌,其子羊肅還得以"襲封新泰縣開國男",到武定二年時已經"解褐司空府長流參軍"。而據《羊深傳》,到武定末年,羊肅已經做到儀同開府東閣祭酒。羊肅本人以文名,據《北齊書》卷四五《文苑傳》,他在齊後主時以文林館待詔參與了《御覽》的編寫。顏之推《顏氏家訓》卷三:"太山羊肅,亦稱學問,讀潘岳賦'周文弱枝之棗',爲杖策之杖;《世本》'容成造歷',以歷爲碓磨之磨。"雖然諷刺他學業不精,但"亦稱學問"一語,説明羊肅在北齊被認爲是有學問的。

墓誌稱崔元容"祖烈,宋冠軍將軍,青、冀二州刺史。父士懋,尚書左民郎中,出爲高平太守"。崔氏在劉宋位至州刺史的,只有崔道固,以寧朔將軍、平北將軍爲冀州刺史,後投降北魏,見《宋書》卷八八《崔道固傳》。不知道崔元容的祖父與崔道固是否有關係。可以肯定的是,崔元容的家族屬於追隨慕容德從河北遷徙到青齊定居的河北大族之一,青齊地區經過入宋又入魏的歷史波折,崔氏亦得歷仕燕、宋、魏三個政權。

六六　崔芬墓誌

【誌文】

魏威烈將軍行臺府長史崔公之墓頌/

君諱芬，字伯茂，清河東武城人也。姜水發其洪源，維嶽降其峻峙。遠祖/以神符建業，光宅啓於營丘。世業崇爽，鬱述東土，相秦匡漢，朱輪繡轂。/四馬騰驤，六彎沃若。至如先生羽翼漢儲，孺子獨坐劉代，尔公尔侯，珪/組陸離，亦卿亦相，長劍耿介。浩若長津帶地，鬱如嵩高極天。門榜盛於/天下，鼎族冠於海内。高曾在晋，持柯作牧。乃祖居宋，分竹共治，洎魏道/南被，政寄唯良，復和在陰，載縻好爵。父贊朝右之任，珥負閣之華，聿職/州邦，蟬聯世禄者矣。若夫珪璋朗潤，則疊起於崑山，明珠璀燦，則間出/於赤水。君承降靈之秀氣，胄川精之慶緒，淵嶷廉明，沉漸剛克。志骨雄/爽，强立龕人，涉獵博通，稽古多識，英英若白雲浮天，灌灌如清淵瀉地。/恂恂鄉黨，訥言敏行，侃侃公庭，才辭辯富。以文以武，左右宜之。弱冠辟/郡功曹，成人召州主簿。除開府行參軍，總大行臺郎中，禀命天子，參事/莫府，握蘭禮闈，黼藻軍國。類子猷之高爽，匹仲文之匪懈。武定五年，徵/本州別駕，弼諧万里，歲聿三齡，百城緝熙，六條弗紊。八年，復徵南討大/行臺都軍長史，運籌方寸，騫旗万里，恩沾汝墳，威震建業，公之策也。君/宫墻崇峻，道德之門難入，器宇沖深，室家之好□□。□劍琴書，高名自/遠，方當理翮排空，扶摶直上，佐世舟梁，軌儀物□。□蒼旻不吊，降此鞠/凶，春秋四十八，以齊天保元年十月十九日，遘疾終於家。松崩千丈，玉/碎連城，淚墮行人,酸結聞識。豈直門生慟哭,邑里軫哀。嗚呼哀哉,以二/年十月九日,窆於冶泉之陰,浮山之陽。青延一奄,白日長虧,新松方茂,/宿草將離。桑田互起,山谷傾移,嗟乎投分,鎸德題碑。其詞曰:/

靈符降祐,山川集祉。周祚文昌,太師□峙。賢哉燮道,大□掘起。袞衣承/弁,意如角里。時乎振赫,虬才孺子。朱駼符竹,歷駕終始。鄉部望資,弓車/不已。玉映和璞,珠賁隨光。夫君挺秀,如璧如璋。才稱武被,器号文房。州/端分乘,崇闕含香。芒昧上玄,殲我人良。風吹拱木,鳥亂鄧楊。盛德不朽,/勒銘傳芳。

【疏證】

　　崔芬墓誌,1986 年出土於山東省臨朐縣冶源鎮。墓誌拓片圖版見山東省文物考古研究所、臨朐縣博物館《山東臨朐北齊崔芬壁畫墓》,載《文物》2002 年第 4 期;又見臨朐縣博物館《北齊崔芬壁畫墓》①。《漢魏六朝碑刻校注》第 8 册頁 261—262 有拓片圖版和參考録文。

　　崔芬死於北齊文宣帝天保元年(550),年四十八,則其生年當在北魏宣武帝景明四年(503)。

　　崔芬出於清河東武城崔氏。崔氏中的大多數成員,在後燕覆滅之時,隨慕容德渡河至於青齊。劉裕滅南燕,青齊歸屬江左,崔氏雖然服務於晋、宋政權,但家族仍然留居青齊。宋明帝初年,北魏奪取劉宋的淮北四州,崔氏家族多數成員亦因而入

---

① 　臨朐縣博物館:《北齊崔芬壁畫墓》,文物出版社,2002 年。

魏,甚至作爲"平齊户"被遷至平城,可是他們依舊以青齊爲故里,後來都回到青齊。北魏崔光、崔道固、崔模等人,都是這種情况①。崔芬墓誌所謂"高曾在晋,持柯作牧。乃祖居宋,分竹共治,洎魏道南被,政寄唯良,復和在陰,載縻好爵",就是簡要叙述崔氏宗族這一歷史軌迹。崔芬的祖父在劉宋位至太守("分竹共治"),父親就僅僅供職於州郡僚佐("贊朝右之任"、"聿職州邦"),反映入魏以後遭遇過一個困難時期,家族地位下降。

崔芬葬於"冶泉之陰,浮山之陽",即今臨朐縣冶源鎮海浮山南坡,地名古今變化竟然很小。《魏書》卷一〇六中《地形志中》青州北海郡平壽縣,有浮山。而崔芬葬地屬青州齊郡,與北海相鄰。據崔芬墓誌,知齊郡亦有浮山。

崔芬墓室四壁及室頂有精美彩繪壁畫,題材與技法都顯示出强烈的南朝影響。劉裕滅南燕以後,青齊地區有很長一個時期,在江左政權控制之下,受到江左文化的深刻影響原不足怪。北魏在奪取青齊地區以前,間接地通過原十六國所控制的河北、河西等地區,獲得漢化營養。佔領青齊以後,直接接觸江左文化,對於北魏漢化的歷史運動無疑是一個重大推動。青齊地區長期保存原劉宋時期的文化影響,與這一地區在北朝整體的文化格局中所具有的特殊地位有密切關係。

---

① 唐長孺:《北魏的青齊土民》,載唐長孺《魏晉南北朝史論拾遺》,中華書局,1983年,頁92—122。並可參看羅新《青徐豪族與宋齊政治》,載《原學》第一輯,中國廣播電視出版社,1994年,頁147—175。

六七　賀拔昌墓誌

【誌文】

君諱昌，字右引，朔州鄯無人也。太尉公之嫡孫，并州使君、/安定王之世子。遠胄搖光，縣系星質，世籍瑰琦，抽峰挂月。/君幼稟沖機，長弥清粹。太昌之初，釋褐除安東將軍、親信/大都督、捍殊縣開國子，食邑三百户。所在清高，新風遠布。/興和年中，以君體局貞和，幹用强濟，除使持節、都督渭州/諸軍事、渭州刺史。至武定年中，又除使持節、都督廓州諸/軍事、征北將軍、廓州刺史。所臨未幾，頌聲盈路，值亂賊侯/景，跋扈江左，君奉敕行師，身先履寇，旌旗所向，無往不/□。□除驃騎大將軍、儀同三司、右箱都督、太子右衛帥、□/□縣開國公，增邑三百户，通前一千一百户。天保元年，授□/右衛將軍、開府儀同三司，別封南兖州譙郡蒙縣開國子，/邑四百户。君夙誕龍萌，方宰台司，殃風流濫，不甄有德，/春秋卅有二，奄從靈算。天慈顧愍，追贈都督滄瀛二州諸/軍事、瀛州刺史。漏影暫移，曆數新啓，大齊天保四年歲次/癸酉二月廿七日庚申，窆於晋陽城北廿五里，地勢西高，/名山之下，憑石埃顏，寄情銘意。其詞曰：/

天挺秀哲，玉質金莖，蘭生七穆，神協八英。鑽冰抽榦，仰拂/曜靈，累花綴蕚，器業唯清。含真内瑩，碧彩重繁，奇峰巒□，/卓絶南軒。高山仰止，道邁丘園，朝陽集鳳，荏岳名蕃。殃風/流濫，不在我先，飄風近發，寧當此年。筆研長辭，冠蓋永遷，/詩書卷帙，鳴琴罷弦。玄精西晻，朗月淪踪，三良殞往，連璧/失雙。幽堂斷徑，悲感秋□，靈開一閉，朱火無容。

【疏證】

賀拔昌墓誌,1999 年出土於山西太原市西南萬柏林義井村,墓誌拓片圖版及録文,見太原市文物考古研究所《太原北齊賀拔昌墓》一文,載《文物》2003 年第 3 期。同時出土有墓誌蓋,但誌蓋文字漫漶,不見姓氏,發掘者根據誌文稱誌主父親爲并州刺史、安定王,證之《北史》與《北齊書》,知所指爲賀拔仁,由此知墓主爲賀拔仁的世子,姓賀拔氏。研究文章有周錚《對賀拔昌墓誌的幾點看法》,《文物世界》2002 年第 6 期。

賀拔昌死於北齊文宣帝天保四年(553),年四十二,則其生年當在北魏宣武帝延昌元年(512)。墓誌稱賀拔昌"太昌之初,釋褐除安東將軍、親信大都督、捍殊縣開國子,食邑三百户",太昌是北魏孝武帝的第一個年號(532),只用了八個月,年底先改永興,旋改永熙。這一年高歡大敗尒朱氏,控制了洛陽政權,剛滿二十歲的賀拔昌於此時被用,反映其家庭屬於高歡集團。

墓誌稱賀拔昌"朔州鄯無人"。《魏書》卷一〇六上《地形志上》,朔州無鄯無郡,而恒州有善無郡。鄯無,當即善無。其實《魏書》的朔州,是指孝昌改鎮爲州,改懷朔鎮而成的朔州。在改懷朔鎮爲朔州以前,本來還有一個朔州,即孝昌以後的雲州(治雲中郡)。墓誌所説的朔州,是改鎮爲州以前的朔州。原朔州所轄諸郡,已無可考。據賀拔昌墓誌,知善無郡在孝昌以前,本屬朔州,不屬恒州。大概在改鎮爲州以後,特别是魏末北邊州鎮紛紛内徙,州郡區劃有了很大的調整,雲州南遷,所以原屬雲州(原朔州)的善無轉而隸屬恒州,纔有了《魏書·地形志》所描述的格局。

賀拔昌起家"安東將軍、親信大都督",爲高歡的親兵將領。

史書和出土墓誌中，常見魏末“親信”兵系統有親信副都督、親信都督、親信正都督等，又親兵系統的“帳内兵”，又有帳内副都督、帳内第二副都督、帳内正都督等等，唯不見有“大都督”。疑賀拔昌所任是正都督，而墓誌夸張爲大都督。

六八　張肅俗墓誌

【誌蓋】

張處士/墓誌銘

【誌文】

君諱肅俗,字季良,代郡平城人也。魏/故龍驤將軍、中散大夫、豫州長史、鎮/城大都督、萇安侯張子霞之第四子。/祖以强學馳名,父以多才標譽。君是/稱龍種,實有鳳毛,彎弧極破葉之工,/下筆盡臨池之妙。但英俊或沉,居諸/靡息,未登好爵,翻摧小年,春秋廿六,/以大齊天保十年七月廿七日,卒於/鄴下,即以其年十一月十九日,權殯/晋陽三角城外。諸兄愛同伯雅,睦等/元方,悲棣華之稍落,痛荆株之漸亡,/聊鐫茂範,庶畢天長。乃爲銘曰:/

白楊雲聚,丹旒風生,足興悲於行路,/況同氣之深情。

【疏證】

　　張肅俗墓誌一合,1955 年出土於山西太原市西南蒙山山麓的壙坡,現藏山西省博物館,墓誌圖版及録文均見山西省博物館編《太原壙坡北齊張肅墓文物圖録》①。該書誤以張肅俗之名爲張肅,今改正。趙超《漢魏南北朝墓誌彙編》漏收,特補入。

　　張肅俗死於北齊文宣帝天保十年(559),二十六歲,故其生年當在東魏孝静帝天平元年(534)。張肅俗及其父張子霞均不

①　山西省博物館:《太原壙坡北齊張肅墓文物圖録》,中國古典藝術出版社,1958 年。

見於史。從墓誌內容看，張肅俗死後由諸兄爲其營葬，顯然父母
已經不在。張肅俗本人没有仕宦，却居住鄴城，死後喪事也算隆
重，可見其兄必有名位。《北齊書》卷二五及《北史》卷五五都有
《張纂傳》，稱張纂"代郡平城人"，魏齊之際從高歡而貴。但是
張纂卒於"文宣時"，與張肅俗前後相近，無法證實張肅俗是否
張纂一族。1991年在張肅俗墓附近，又發現了張海翼墓①。據
張海翼墓誌，他應當就是張肅俗之兄。張海翼墓誌，亦收於本
書。墓誌稱張肅俗之父爵萇(長)安侯，這個長安，應當是指太
原郡長安縣，即張肅俗歸葬之地。

　　墓誌説張肅俗死於鄴城而葬於晋陽，這是北齊相當普遍的
一個問題。除了部分北齊新貴和由河南改籍清都(鄴、臨漳、成
安三縣)的原洛陽貴族以外，所謂"九州勳人"大多歸葬其州郡
僑置之地，即今山西省中南部。

　　所謂"晋陽三角城"，見《魏書》卷一〇六上《地形志上》并州
太原郡長安縣，有二陵城、三角城。《元和郡縣圖志》説："三角
城，在縣西北十九里，一名徙人城。"②"徙人城"，有的版本作"徒
人城"，故後世《太平寰宇記》、《大清一統志》等書引用或作
"徙"，或作"徒"。據道光六年(1826)重修《太原縣志》卷四古
迹門："三角城，在縣西北二十里義井村，一名徙人城，又名胡提
城，趙襄子所築，以處刑徒。內置却敵、外安、龍尾爲三面，故名
三角城。城址存。"趙襄子築城云云，未知所據，不可輕信。按厙
狄迴洛的夫人尉娘娘，死於天保十年，亦"窆於并州三角城北五

---

① 李愛國：《太原北齊張海翼墓》，《文物》2003年第10期。
② 《元和郡縣圖志》卷一三《河東道二·太原府》，中華書局，1983年，頁365。

里"①。從張肅俗墓的出土地,可以判定三角城的基本位置。

　　北齊晋陽城西北與西南一帶,顯然是主要的官民墓地。除已知大量墓誌及墓葬考古材料以外,據《太原縣志》卷四,這一帶還有彭城太妃墓(高歡之妻尒朱氏,墓誌在石堂頭村)、司空左深墓和丞相斛律金墓等等。

---

① 　王克林:《北齊庫狄迴洛墓》,《考古學報》1979 年第 3 期。

六九　賀婁悦墓誌

【誌文】

齊故衛大將軍安州刺史太僕少卿禮豐縣開國/子賀婁公墓誌銘/
君諱悦,字阿樂,高陸阿陽人。自馮淵表命,姬水成/業,垂衣布
德,刻木稱功,苗存海外,葉茂寰中。君家/世北蕃,酋督相繼,接
胄英豪,踵武承賢。君少好弓/馬,勇力過人。和鸞容握,既窮工
御之能;参連讓尺,/必磬射伎之術。光睹珠衡,思勁草以翻風;
饋食加/璧,望雲旗而隨影。至於橫矛後殿,非論益德;突陣/衝
師,同比雲長。太祖嘉君忠勇,拜明威將軍。解衣/爲寵,賚褥稱
恩,校之今古,良無以匹。後遷衛大將/軍、直蕩正都督、禮豐縣
開國子。曲澤私廬,鞠躬彌/厲,來謁公庭,實成人楷。方隆鼎
鉉,茂兹槐棘,誰言/夏露,忽變秋霜。春秋五十有六,卒於鄴之
崇義里。/皇上追勳,仍加優禮。詔贈安州刺史、太僕少卿,羽/
葆鼓吹、將軍如故。生榮死哀,既等丘尼,追功顯德,/豈謝君然。
粵以皇建元年十一月廿六日,窆於并州三角城南。/陵谷易虧,
桑田必改,庶兹玄石,存諸永久。其詞曰:
顯允君侯,掎逸多/能,御工禽左,射必有中。名高位重,德茂才
膚,銅頭既珍,鐵額斯窮。如何不/弔,薤露同悲,痛□流雲,淚切
不知。馬嘶莨轍,人愁斂眉,墓門多棘,無復行期。

【疏證】

　　賀婁悦墓誌,1986 年出土於山西省太原市北郊區義井鄉神
堂溝磚廠,墓誌録文見渠川福《北齊〈賀婁悦墓誌銘〉釋考》,《北

朝研究》1990 年上半年刊。拓片圖版見常一民《太原市神堂溝北齊賀婁悅墓整理簡報》，《文物季刊》1992 年第 3 期。更爲清晰的拓片剪裱圖版見《晉陽古刻選》（北朝墓誌）①頁 121—128。

賀婁悅葬於北齊孝昭帝皇建元年（560）十一月，應當也死在這一年或稍早，終年五十六歲，則其生年當在北魏宣武帝正始二年（505）或略早。

賀婁悅墓誌稱悅是"高陸阿陽人"，據《魏書·地形志》，高陸爲馮翊郡屬縣，阿陽爲略陽郡屬縣，高陸置郡、馮翊境内僑置阿陽，均不見於史。據此墓誌，很可能北魏後期曾經置高陸郡，並僑置阿陽縣。賀婁氏的族屬很不清楚，據《隋書》卷五三《賀婁子幹傳》："賀婁子幹字萬壽，本代人也。隨魏氏南遷，世居關右。"賀婁氏既是代人，何以南遷後不是著籍洛陽，而要著籍高陸，並且世居關右？《魏書》卷一一三《官氏志》記載内入諸姓，有賀樓氏，孝文帝改爲樓氏。如果賀婁氏即賀樓氏之異譯，那麼賀婁悅這一支關右的賀婁氏，顯然南遷甚晚，沒有趕上孝文帝的姓氏改革，所以保留了鮮卑本姓。

懷疑關西的賀婁氏，並非來自拓跋集團，而極有可能本來從屬於十六國時代關西或隴右各少數族政權，特別可能是從屬於乞伏鮮卑集團。所以"世居關右"。

賀婁悅住在鄴城崇義里。北魏洛陽城本有崇義里，見《洛陽伽藍記》卷二。鄴城這個崇義里，可能是直接套用洛陽崇義里之名。東魏北齊擴建鄴城時，模仿洛陽城建之處甚多，照搬洛陽里名，可能也是一個方面吧。

---

① 太原市三晉文化研究會編《晉陽古刻選》（北朝墓誌），山西出版集團·山西人民出版社，2008 年。

七〇　狄湛墓誌

【誌蓋】

齊涇州／刺史狄／公墓誌

【誌文】

大齊車騎將軍涇州刺史朱陽縣開國子狄公墓誌／

公諱湛，字安宗，馮翊郡高陸縣人也。其先漢丞相狄方進之後，衣冠世襲，／人物代昌，史牒載焉，無假復叙。曾祖寧朔將軍，略陽、趙平二郡太守，又除／使持節、都督、鎮西將軍、領東羌校尉、駕部尚書、秦涇二州刺史、略陽公。祖／使持節、鎮西將軍、召補蘭臺給事中丞、秦州刺史、司空公、略陽公、謚曰康／王，德望隆高，雄振朝野。父大將軍府行參軍、秦州府主簿，風流淹雅，領袖／當時。公納祉奇靈，資神異氣，生而卓犖，長則殊群，儀貌端長，志量弘遠。輕／文好武，重義忘身，超乘擊劍之能，類中希伴，麾戈騎射之伎，舉世無儔。見／者愛而敬之，聞者虛衿屬慕。年十八，解褐散騎侍郎，在員外。尋加給事中，／心存將略，非其好也。俄值孝昌季年，海內波蕩，王室微弱，政出私門，鹿馬／相曚。永熙西蹈，公被勒侍從，隨到咸陽，深識逆順之機，悟知禍福之理，遂／与建州刺史王保貴擁騎歸朝。獻武皇帝戢其忠節，即除東雍州刺／史，綏撫邊民，威恩甚著。昔竇融歸款，名載於漢圖，黃權送誠，譽傳於魏史。／方今況古，異軫同榮，比校而論，綽有餘裕。元象元年，除爲都督。興和三年，／除永安鎮將。武定六年，除侍官正都督。八年，除平西將軍、臨邑子。天保□／年，除安西將軍、朱陽縣開國子。至六年，除原仇領民副都督。七年，除直蕩/正都督、食陽城縣幹。十年,除白馬領民都督。乾明元年,除假節、都督涇州/諸軍事、涇州刺史。皇建元年,除車騎將軍,餘官如故。公或出從戎行,或入/參帷幄,功城野戰,每立庸勳。故能闢土以承家,裂山川而建國。貴盛一時,/聲流千載。方當論道槐棘,享年茂永,賦命不融,溘隨時謝。春秋六十有□,/薨於晉。公忠孝盡於君親,信諾存於朋友,脫略錢帛,敬寶才賢,内外嗟談,遠迩歌詠。天不贊善,玉樹漂渝,凡在聞知,莫不痛惜。家人情地,乎可言哉。/皇帝悼傷,贈策云尔。越以河清三年十二月十九日,窆於晉陽城東北三/十里。若夫英傑載挺,必爲楨榦,世德相傳,理垂不朽。惟恐陵谷非固,縑竹/易蠹,所以金石稱長,寄刊盛美。其詞曰:/

源流眇浚,基構遐崇。含靈蘊祉,世挺才雄。或卿或相,非侯則公。餘芬不□,/嗣軌傳風。公惟降誕,夙号民英。儀容魁岸,氣略從横。情欽劍俠,意忽儒生。/方圖遠大,棄置耘耕。悁家入仕,姓居廉潔。憲章法度,師模令哲。去兹華屋,□/彼高原。風吟壠樹,鳥思泉門。音形永隔,景行空存。相偕到此,舉目傷魂。

【疏證】

狄湛墓誌,2000 年 7 月出土於山西省太原市迎澤區王家峰村。墓誌拓片圖版及參考録文,見太原市文物考古研究所《太原北齊狄湛墓》,《文物》2003 年第 3 期。

《新唐書》卷七四下《宰相世系表四下》狄氏條:"狄氏出自姬姓。周成王母弟孝伯封於狄城,因以爲氏。孔子弟子狄黑裔孫漢博士山,世居天水。後秦樂平侯伯支裔孫恭,居太原,生湛,東魏帳内正都督、臨邑子。孫孝緒。"狄孝緒即狄仁杰的祖父。

《舊唐書》卷八九《狄仁杰傳》："狄仁杰,字懷英,并州太原人也。祖孝緒,貞觀中尚書左丞。"據此,狄湛乃狄仁杰之高祖。

狄湛墓誌中追溯其先世,稱"其先漢丞相狄方進之後"。案西漢翟方進,或傳寫訛爲狄方進,故北朝狄氏如狄湛者,攀附以爲宗族所自出。到唐代,狄氏覺察到追溯至翟方進實有不妥,乃改稱"周成王母弟孝伯封於狄城,因以爲氏",並在孔子弟子中尋找到一個狄黑作爲祖先。這反映了從北朝到唐朝,胡族人士在華夏化過程中,對改造其家世淵源所作的持續努力。努力的方向,則是愈到後來,追溯愈古,合乎顧頡剛先生"層累造成"説。唐修《晋書》稱狄伯支爲天水人,顯然已經接受了後來的譜系了。

其實狄湛一族本是馮翊羌人,故狄湛墓誌舉其籍貫爲馮翊高陸。《元和姓纂》卷一〇錫部狄姓條,叙狄氏起源,與上引《新唐書・宰相世系表》同,關於狄伯支與狄孝緒之世系,云:"《姚秦録》,狄伯文官至中書令、樂平侯。……伯文裔孫,又居太原;曾孫孝緒。"伯文當作伯支。狄孝緒是狄伯支的孫子的曾孫,恰與《新唐書》相合。據此,太原狄氏,始祖爲狄伯支,即狄湛之曾祖。而狄伯支是姚秦集團的重要成員,官至尚書右僕射,北魏天興五年(402)於柴壁之役被俘入魏。據《魏書》卷二八《賀狄干傳》,姚興後來拿北魏的賀狄干交換狄伯支,道武帝同意了。據《晋書》卷一一八《姚興載記下》,狄伯支回到後秦長安,"復其爵位",後爲征虜將軍,爲姚沖所鴆殺。狄氏入魏,可能在北魏滅夏、奪取關隴之後了。狄伯支短暫地入魏,也可能獲得魏朝官職,狄湛墓誌中所記伯支官位"東羌校尉"、"駕部尚書"之類,不似後秦職官。

墓誌稱：“永熙西蹈，公被勒侍從，随到咸陽，深識逆順之機，悟知禍福之理，遂与建州刺史王保貴擁騎歸朝。獻武皇帝戢其忠節，即除東雍州刺史。”北魏孝武帝逃奔關中時，狄湛時任給事中、散騎侍郎，作爲隨從官員而西入長安。但他後來又逃回關東。“建州刺史王保貴”不見於史。狄湛本人由於這次東歸，得到高歡賞識，得除東雍州刺史，成爲他提升地位的一個機緣。

狄湛歷官中有“原仇領民副都督”，“原仇”不詳所在。狄湛死於晉（州），而晉州治白馬城，故其“白馬領民都督”的白馬，應當就是指晉州白馬城。領民都督，出現於北魏末年六鎮反亂以後，疑從領民酋長制度中化來，專統地方胡族。

七一　元洪敬墓誌

【誌蓋】

齊太尉/中郎元/君墓銘

【誌文】

齊太尉中郎元府君墓誌梁尚書比部郎譙國桓柚製序/

君諱洪敬，魏太祖道武皇帝五世孫也。高祖日連，廣平王。曾祖吐/谷渾，改封南平，謚康王。祖龍，襲封，謚安王。父長生，通直散騎常侍。/大魏德被區宇，化周動植，瓊枝玉葉，可得略言。君幼則聰穎，聞孝/悌於六親，長而敏識，著信讓於三友。出身宣武帝挽郎，除冀州長/史，行清河郡。屬梁師侵棱，奉敕專征，率馬步二萬，掃滌青光兩州/之梗，撲滅元顥、邢杲之寇。自茲厥後，處處勤王。歷拜鎮遠、龍驤、征/虜、中軍、翊軍將軍，及金墉等城大都督。頻降朝旨，特加賞讚。凡除/清河、東萊、高陽、長廣、陽夏五郡太守。自剖符從政，樹門厝枉，吏曰/難欺，民嗟來暮。又累除洛州司馬、中散大夫、冀州別駕，平陽、上黨/及太尉府從事中郎。歷任諸難，功高譽顯，系言寵讚，備在方册。初/爲汾州長史，勤明廉直，刺史以下及州境豪族，編名薦舉，具陳盛/德。但騏驥之足未騁康衢，棟宇之材非施大夏，不終人爵，奄遺天/命。以大齊河清四年四月一日卒，春秋六十有八。其年八月廿二/日，葬于鄴郊野馬崗之朝陽。如玉如金，掩夜臺而長罷；若蘭若/桂，啓佳城其無日。梁侍中陳郡袁奭，愛君子之不朽，乃援筆爲銘曰：/

帝系傳緒，軒轅啓基，衣裳以治，兵甲興師，日月耀采，風雨調時。

禎/枝盛葉,流分派引,卿相連軫,公王係輇,夫君乃襲,芳徽弗殞。囲昔/仕,廊廟云趨,治邦讚岳,曳綬分符,既膺司武,仍從大夫。驥足是稱,/謀議斯職。能官善事,無貪不色,似鏡含明,猶松聳直。良敦梗正,寔/美談諧,義標鄉塾,信結朋儕,惟仁是操,惟孝在懷。器度弘深,容姿/都雅,式披書傳,乍欣弓馬,命藻花叢,傾杯月下。嗟乎人道,地久天/長,燭風殘焰,石火浮光,一隨終古,万事增傷。寂寂幽壙,冥冥泉路,/向密荆榛,漸遊狐兔,歲時云改,芳風永樹。/

改河清四年爲天統元年。

【疏證】

　　元洪敬墓誌,拓片圖版見河北正定縣定武山房供稿的《齊太尉中郎元府君墓誌》,《書法》2002 年第 1 期。此文稱墓誌 2000 年出土於河南洛陽,與墓誌所載葬於鄴城野馬崗不合。而且圖版把拓片重新裝裱,破壞了墓誌本來形制,並且裝裱中錯亂次序。今據《文化安豐》①所收誌蓋、誌石拓片圖版重新錄文。拓片圖版和參考錄文亦見《漢魏六朝碑刻校注》第 9 册頁200—203。

　　元洪敬死於北齊武成帝河清四年(565),六十八歲,則其生年當在北魏孝文帝太和二十二年(498)。

　　墓誌稱元洪敬爲北魏道武帝五世孫,"高祖日連",即《魏書》之廣平王連,連當是日連之省寫。"曾祖吐谷渾,改封南平,諡康王",當即《魏書》之南平王渾,渾亦吐谷渾之省寫。據《魏

---

① 賈振林:《文化安豐》,大象出版社,2011 年。

書》卷一六《道武七王傳》，廣平王連無子，太武帝“繼絶世，以陽平王熙之第二子渾爲南平王，以繼連後”。墓誌又稱元洪敬“祖龍，襲封，謚安王；父長生，通直散騎常侍”。龍即飛龍，賜名霄；長生不見於史，當是元纂之弟。《魏書》卷一六《道武七王傳》恰於廣平王連條下有缺頁，由元洪敬墓誌知道飛龍有子長生，長生有子洪敬。據元倪墓誌，元倪與元繼都是飛龍之子、元纂之弟①。

　　元洪敬墓誌分別由桓柚製序、袁奭製銘，這兩人都來自江左。梁陳之際，王琳在北齊支持下立蕭方等之子蕭莊爲梁之皇帝，與陳霸先對抗。後來王琳戰敗，蕭莊北奔入齊，追隨蕭莊的江左舊臣頗有其人，見於史籍的如劉仲威，見《陳書》卷一八《劉仲威傳》。袁奭、桓柚應當都是蕭莊逗留淮南時的臣僚，袁奭以蕭莊侍中的身份使齊，因而留在鄴城，見《北齊書》卷四五《文苑傳》。桓柚爲元洪敬寫作墓誌，當時也應當在鄴城。他們雖然身在鄴城，却保留着梁臣的身份，故各稱梁朝官銜。

---

① 　趙萬里：《漢魏南北朝墓誌集釋》，圖版七三。

七二　趙征興墓誌

【誌文】

齊故平南將軍太中大夫金鄉縣開國侯趙君墓誌銘序/

君姓趙，諱征興，字孟舉，秦州天水郡桑鄉人也。肇自玄鶣，族本嬴氏，大華啓德，卜咎/子繼興，登諸虞朝，美成堯事。爰泊隆周，因封改族，逮于炎漢，世濟英賢。於充國著功/先泠，臺卿馳譽於關右，自斯以降，可得而聞也。君世業秦壟，黑水豪家，大梁興運，/解巾入仕。調爲電威將軍，湘東王開府中兵參軍事，新昭縣開國伯，食邑一千戶。三/署之号，連曹記錄，文武所寄，僚采爲重。宋武天姿英挺，龍潛此職；劉牢少禀才雄，早/膺茲選。又出爲東海、齊二郡太守，境接淮肥，民惟楚夏，君□理政，僉曰惟良。尋遷假/節、雲旗將軍、新昭縣開國侯、食邑二千戶、成州刺史。地鄰番禺，壤接南海，鳥夷猾夏，/竹柏爲心。君下車稜威，建旟布政，逎豪向風，莫不草偃。同馬援之克清□□，等宗愨/之淪定林邑，績可紀，本号還朝，俄授持節、超武將軍、食邑如故、霍州刺史，岳牧所寄，/於斯爲重，但戎楚相半，俗有猜風，地惟險峭，難以情察。君緝御諧衷，民不言唯，帝/有嘉焉，仍擢爲使持節、雲勇將軍、始新縣開國侯、都督霍合豫諸軍事、豫州刺史，食/邑三千戶。君題車訪士，槃節知其利；襄帷求瘼，梦絲識其理。以梁太清二年，逆寇侯/景，侮乱國經，憑陵天邑，封豕荐食，長蛇肆害。君忠誠奉主，志雪朝怨，乃仰慕魏氏親/鄰之德，以武定七年，翻歸樂土。同陳平之去項，等黃權之入魏。除中散大夫。屬皇/齊興運，革命受終，改授平南將軍、太中大夫、金鄉縣開國侯。

南北錫珪,美河山之固,/東西紆組,富天人之爵。春秋六十二,
天不憖遺,以乙酉年六月壬子朔十六日丁卯,/卒於鄴都里舍。
以天統元年十月廿四日,葬于徐州彭城南十五里□山前里。一
息/不追,千秋長畢,將恐陵谷遷貿,薰蕕難辯,求諸不朽,莫如玄
石。迺爲銘曰:/

本源悠系,感雲夢帝,華胄聯縣,清瀾遥裔。禀儀扶始,傳芳伯
翳,自兹繼德,世襲高跡。/流聲唐晋,布政秦雍,推環鄭賈,識寶
岱峰。諮尔俊哲,孝友肅邕,廉財篤信,道邁言恭。/略俫七殄,
銳挺三鋒,文武繼迹,英謨弈世。篤生君子,高風無輟,富義富
仁,多才多藝。/如玉斯斲,如金在礪,積而不壅,淹而靡滯。牧
州典郡,政孝克宣,貪流不飲,去珠復放。/□驅雁幕,飲馬鷄田,
函谷可封,燕石迺鐫。交臂何速,奄謝終天,宿草團露,秋櫃生
□。/林飛鼫鼠,壟嘯愁鳶,一同長夜,誰後誰先?

【疏證】

　　趙征興墓誌,出土時間及地點不詳,其拓片收藏於江蘇省南
京市文物研究所,拓片圖版及參考録文,見於賀雲翺《〈齊故平
南將軍太中大夫金鄉縣開國侯趙君墓誌銘序〉及其考釋》,《南
方文物》1999 年第 2 期。更加清晰的剪裱本圖版,見《漢魏六朝
碑刻校注》第 9 冊頁 230—234。

　　趙征興死於北齊後主天統元年(乙酉,565),六十二歲,則其
生年當在蕭梁武帝天監三年(504)。侯景亂梁,趙征興任豫州刺
史,正在江北,遂投奔東魏,時在東魏孝靜帝武定七年(549),他
已經四十六歲。入魏以後,又經歷了魏齊禪代,所以他共歷梁、
魏、齊三代。趙征興在蕭梁所封新昭伯、新昭侯,新昭疑是新招

之誤。"於充國著功先泠"，疑本當作"充國著功於先泠"，先泠即先零羌，以西漢趙充國平羌之功，對東漢趙岐在漢末輔佐長安獻帝的業績。

趙征興先爲湘東王蕭繹開府中兵參軍事，墓誌爲了夸張這一官職的重要，先後舉出劉裕和劉牢之曾任此職以壯聲勢："宋武天姿英挺，龍潛此職；劉牢少禀才雄，早膺兹選。"劉裕曾任桓修中兵參軍，見《宋書》卷一《武帝紀上》。而劉牢之曾任中兵參軍，不見於史。案《晋書》卷八一《劉牢之傳》："〔謝〕玄以牢之爲參軍，領精銳爲前鋒，百戰百勝，號爲'北府兵'，敵人畏之。"疑此參軍，即中兵參軍，當時南北史料猶存，故見於墓誌文字。

趙征興死於鄴城，却葬於彭城，疑彭城實爲趙氏世居之地。墓誌稱趙征興爲天水郡桑鄉人。案桑鄉縣不見於史，兩晋之際桑城作爲隴上戰略據點一度重要，不知是否即桑鄉。蕭梁之時趙征興先後任職過的霍州、合州，都有天水縣，顯然是爲安頓秦州流民而僑置。趙征興本人作爲秦州流民後裔，其家族僑居之地，很可能就在淮南一帶。也許正是因此，他死後要歸葬彭城。

七三　張海翼墓誌

【誌蓋】

齊故司/馬萇安/侯張君/墓誌銘

【誌文】

君諱海翼,代郡平城人也。昔漢宅天下,大裂封疆,攀龍者非/直一人,附鳳者盖以百數。豈若文成佐命,克固皇猷,樹緒博/狼之沙,運籌汜水之上,旌麾滕灌,籠網韓彭。貽厥孫謀,鬱爲/不墜。祖諫議大夫,考豫州刺史,並龍光相即,見重人倫。君天/骨不恒,神機邁俗,方珠耀魏,狀璧光秦。大名大節,綴緘於度/內,小利小道,捐捨於匈中。苞括卿相之才,蘊蓄公侯之氣,譽/高河北,聲振山東。自玉關納款,金方入録,開其疆社,錫以珪/璋,繼世象賢,道存爲貴。乃應先封,授長安侯,起家相府參軍,/後除中書舍人,加冠軍將軍,轉員外常侍。陪遊鑠閫,進謁彤/闈,簡在帝心,聿迴天睞。既而鶴鳴九澤,雷震百里,乘此/翻飛,期於高大。除徐州司馬,華實無愆,進退有度。惟君家傳/禮讓,代習中庸,城府鉤深,壇墻嚴峻。待抱匹之衢酒,迎和况/以宮鍾。梁楚之諾已馳,周秦之書可問,及編名臣職,直道事/人,非義若浮,不貪爲玉。每春花灼灼,泫露聚輝,秋月亭亭,浮/霜孤照。傳清舉白,奏瑟調簧,符林竹之遊,契濠梁之宴。方當/變諧天爵,毗正地官,何悟夢逼瓊瑰,歲臨辰巳,以天統元年/六月二日,卒於汾晋,春秋卌二。其年十月十一日,葬於并城/西北。式刊翠石,用表玄宮。其銘曰:/

秦正淫役,虐盡屠炭,矯矯留侯,杖策歸漢,決勝帷幄,任總楨/

檘。日月重光,烟雲增爛,積善餘慶,介以繁祉,抑揚七葉,超騰/
十紀。激水鵬飛,追風驥起,蘭董久映,玉山逾峙,緯武經文,升/
堂入室。響曝都鞏,價傾儔匹,銜絲展誥,垂嬰珥筆,藻思翩翩,/
徽猷袂袂。浮光西落,沸水東煎,忽辭華館,遽掩重泉。山門度/
□,壟樹含煙,觸事今古,徒聞管弦。

【疏證】

張海翼墓誌,1991 年出土於太原市晉源區寺底村。墓誌拓
片圖版及參考録文,均見李愛國《太原北齊張海翼墓》,《文物》
2003 年第 10 期。其録文中以"挹匹"爲"挹退",以"儔匹"爲
"儔退",兹並改正。

張海翼死於北齊後主天統元年(565),年四十二,則其生年
當在北魏孝明帝正光五年(524)。

在張海翼墓地附近不遠,有 1955 年出土的張肅俗墓。張肅
俗墓誌亦收入本書。李愛國疑張肅俗(534—559)與張海翼有親
屬關係,甚是。張肅俗的父親是"魏故龍驤將軍、中散大夫、豫州
長史、鎮城大都督、萇安侯張子霞",肅俗爲第四子,比張海翼小
八歲,而張海翼嗣長安侯,可見張海翼很可能是張肅俗的長兄或
嫡長兄,即張子霞的嫡長子。張海翼墓誌稱其父爲豫州刺史,與
張肅俗墓誌不同。疑豫州刺史爲贈官。

七四　張忻墓誌

【誌蓋】

齊故撫/夷開國/張君墓/誌之銘

【誌文】

齊故安南將軍撫夷縣開國伯張君墓誌銘/

君諱忻,字興樂,河内軹縣南鄉濟澗里人也。源流浩蕩,馨風浚逸,昭彰/錦竹,焕爛天經。曾祖岐州史君,祖河南府君,考蔚州史君,弟和州史君,/並堅帛當時,含華盖世,謙簡之風,於今尤甚。君禀奇標,長追涤潔,芳/筍斑然,獨秀硜節,卓矣恒春。方以壯氣憑霄,雄心切漢,飛旌北洛,獲凶醜/於河梁,兩騎成陽,碎北海於金闕。魏永安三年,有勲,積封撫夷縣開國伯。囑/永熙西邁,從偽入關,宇文氏大統九年,加安南將軍,開國如故。君誕控雲間,鳳/飛西颺,敏懷家國,鵠起東歸,鬱磐舊里,寵餘崇握。但落景難追,星迴/易渡,以天保十年九月十三日,遇疾薨於家,春秋七十三,即以天統三年十一月窆/於黄河之陽,濟澗之右。恐山河難固,桑田有徙,勒石泉户,千載猷烈。/其銘曰:/

雅志長辞,芳蘭徒設,文扃莫啓,雄才何戾。危峰偃蹇,途風/颯颯,踐軌交渠,送車盈軜。於是荒芒,相看無悦,思音夜響,哀聲/曉切。問此何爲,由君長别。濟河漫漫,盟水湯湯,君方越此,會/面何央?愁聞鼓發,忍見航楊,嗚呼痛矣,送此貞良。/

長子仁,字元貴。第二子名舍,第三子名通。/第四子名子貴,長孫字思義。

【疏證】

張忻墓誌,1993 年出土於河南省孟津縣送莊鄉南 310 國道工地,現由孟津縣文管會收藏。誌蓋、誌石的拓片圖版與録文,均見《洛陽新獲墓誌》(圖版見頁 10,録文見頁 202)。誌蓋文字爲剔地陽刻。

張忻死於北齊文宣帝天保十年(559),年七十三,則其生年當在北魏孝文帝太和十一年(487)。墓誌叙張忻本人事迹,始於北魏孝莊帝永安二年(529)的元顥入洛之變,即所謂“飛旌北洛,獲凶醜於河梁,兩騎成陽,碎北海於金闕”。元顥入洛,孝莊渡河至河内,北入上黨,與尒朱榮匯合後①,再返河内,反擊元顥。“飛旌北洛,獲凶醜於河梁”,就是指永安二年六月尒朱榮軍奪回河内、乘勝渡河的戰役。《魏書》卷二一上《元顥傳》:“自於河梁拒戰,王師渡於馬渚,冠受戰敗被擒,因相繼而敗。”而“兩騎成陽,碎北海於金闕”一句,則是指元顥敗走、孝莊帝返斾洛都。“成陽”指黄河南岸的邙山一帶,“北海”指元顥,元顥嗣北海王。這一年張忻已四十三歲,而此前竟無事迹可以稱述,可見他直到這一年纔有機會突破此前局促於家鄉的局面。張忻是河内軹縣人,墓誌所稱其曾祖、祖父及父親都歷州郡官職,應當都是贈官,而且可能還是在張忻建功以後所贈。比如,其父爲蔚州刺史,而蔚州是在尒朱榮掌權以後,也就是孝莊帝時期纔設置的,以年紀、地位和資望論,張忻的父親斷無機會任此職務,所以應當是張忻立功以後追贈的。張忻家族可能是地方大姓,縱然歷官不顯,在地方上必有一些實力。孝莊帝北逃及回師洛陽的

---

① 關於孝莊帝與尒朱榮會師之地,《魏書》作“上黨長子”,趙萬里《漢魏南北朝墓誌集釋》卷三之《元鷙墓誌》作“建州”。

過程中,在河內停留最久,黃河北岸的戰事尤其具有決定意義,而張忻作爲河內軹縣的地方人士,得以參與這一重要歷史事件。從此張忻追隨孝莊帝,進入洛陽,加入到皇室所依賴的社會集團之中。墓誌云:"魏永安三年,有勳,積封撫夷縣開國伯。"永安三年即長廣王曄建明元年(530),這一年九月,孝莊帝殺尒朱榮,十月尒朱兆與尒朱世隆立長廣王曄,改元建明。張忻於此時進爵,或與孝莊帝誅尒朱榮之後"文武百僚汎二級"有關。

墓誌云:"囑永熙西邁,從僞入關。""囑"當作"屬"。這是指張忻追隨北魏孝武帝西奔關中,時在永熙三年(534)七月,張忻已經四十八歲。墓誌稱"宇文氏大統九年,加安南將軍,開國如故"。把西魏文帝大統九年(543)徑稱爲"宇文氏大統九年",反映了東魏的政治觀點。大統九年,張忻已五十七歲,不太可能參與征伐了。此後,他居然離開關西,回到河內老家,即墓誌所謂"敏懷家國,鵠起東歸,鬱磐舊里,寵餘崇握(渥)"。張忻東歸之後,不見有來自鄴城政權的表彰鼓勵,大概談不上"自拔歸義"之類,而張忻已經衰邁,也不大可能是戰場被俘,所以其東歸極有可能是毫無政治色彩的個人行爲。張忻墓誌首題稱其官爵爲"齊故安南將軍、撫夷縣開國伯",事實上這些官爵並不受自北齊,而是來自元魏,安南將軍之號更是來自敵對的關西政權。看來張忻在北齊受到冷落,其家族只好援用他過去獲得的榮譽。死後長達八年始得安葬,或與此有關。

墓誌出土於孟津縣送莊鄉南 310 國道工地,而墓誌稱"窆於黃河之陽、濟澗之右",顯然是不相合的。張忻是軹縣南鄉濟澗里人,位置應當在軹城東南、濟水西岸,其葬地也當相去不遠,絕不會在黃河以南的孟津縣境內。這個問題還有待研究。

七五　庫狄業墓誌

【誌蓋】

齊故儀/同庫狄/公墓銘

【誌文】

君諱業,字倉都,陰山人也。麗同夜月,暉等朝景,不憑吞/鷈之感,豈述巨迹之徵。君夏啓之胤,世居莫北,家傳酋/長之官,人富英賢之業,洪源共弱水爭深,崇基与恒山/比峻。祖庫狄去臣,羔羊素絲,摛掞天庭,爰褰幰作牧,着/逐雨之餘。釋褐領民軍主都。至於和鸞楊軨,窮容握之/藝,彎孤引矢,盡叄連之妙。解褐使持節、都督涇州諸軍/事、涇州刺史、金紫光禄大夫。佩授來朝,車聲可以夜辨,/垂旒退食,山河於此爲喻。俄遷驃騎大將軍、領民都督、/咸陽縣開國侯、高平縣開國子、彭城縣開國伯、石安縣/開國公。武堪捍城,申拓國之良規,文能理物,迹王言之/要用。別封高平縣開國子。庫洛拔、儀同三司、北尉少卿。/密勿如倫之辞,光揚纖介之善。往還隣閣,行模楷之軌/式,去來鳳闕,出連珠之例。而逝川流疾,雷電難追,良木/奄摧,薤路。以天統三年七月乙日,薨在庫洛拔。至其年/十乙月十二日,葬在看山之陽,册贈儀同三司、太/僕卿、兖州刺史。故刊石玄宫,望存不朽,乃作銘曰:/

猗猗揚烈,巖巖是囑,家出随珠,人傳楚玉。酋牧相承,冠/軒迭續,昔榮魏鼎,今華齊禄。唯兹哲士,世富風猷,伎/兼文武,性雜剛柔。心無釋禮,口誦春秋,背惡同遺,逐善/如流。九旒徒設,六翣虛陳,非宅伊卜,誰与爲鄰? 簫韶/萬故,松檟從新,墳塋孤兔，舉目栖人。食永洛縣幹。

【疏證】

　　庫狄業墓誌，1984 年出土於山西省太原市小店區南坪頭村。墓誌拓片圖版及録文，見太原市文物考古研究所《太原北齊庫狄業墓》，載《文物》2003 年第 3 期。原録文有些誤釋，如"爰"誤作"愛"、"規"誤作"頑"、"兔"誤作"鬼"等，兹並改正。墓誌本來的錯、别字，一仍其舊。正如發掘簡報所指出的，庫狄業墓誌鐫刻粗陋，文句潦草，父祖事迹也相當混亂。一些句子有缺字，不完整，等等。

　　墓誌稱庫狄業爲蔭山人，不著州郡籍貫。《魏書》多處提到高車種庫狄部，可見庫狄部是高車人，其部落首領以庫狄爲姓。北魏中前期，高車族主要分佈於陰山中西部，保留部落組織。孝文遷洛以後，高車人也未南遷，而是留在北邊諸鎮。庫狄業墓誌所稱"蔭山人"，不著州郡籍貫，就反映這個史實。

　　墓誌中的"庫洛拔"，是地名。《北齊書》卷四《文宣帝紀》天保八年（557）："是年，於長城内築重城，自庫洛拔而東至於塢紇戍，凡四百餘里。"庫洛拔的確切位置已無可考，應當是北邊諸戍中的一個。墓誌述庫狄業歷官中有"庫洛拔、儀同三司、北尉少卿"。"庫洛拔"後可能有奪字。"北尉"的"北"字不够明晰，疑本當作"廷尉"或"衛尉"。

七六 薛懷儁墓誌

【誌文】

齊故使持節都督北徐州諸軍事北徐州刺史薛公墓誌銘/

公諱 ，字懷儁，出於河東之汾陰縣。昔黃軒廿五子，得姓十有二人，/散惠葉以茯疏，樹靈根而不絕。造車贊夏，功濟於生民；作誥輔商，業/光於帝典。令尹名高楚國，丞相位重漢朝，貽訓垂範，飛聲騰實。曾祖/俊，右光禄大夫、汾陰侯。祖弘敞，秦州刺史、安邑侯。並攄首奮翼，立功/處事，既垂名竹素，亦圖像丹青。父真度，東西二荆豫華陽五州刺史、/金紫光禄大夫、陽平公，贈征西將軍、并雍二州刺史，謚曰莊公。正氣/陵人，雄才盖世。若公孫之号大樹，似子顏之方敵國。公高志勝情，殆/關天縱；英規武概，匪因積習。苞總儒業，歷落兵書，彎弧盡屈申之妙，/擊劍窮長短之術。遨遊長者，交結群公，汝南之評日高，許下之論逾/重。起家爲奉朝請。魏北海王顥作牧楚都，引爲長史。及受委天淵，推/轂闈外，恒爲次將，常居麾下。攘地恢宇，預有誠力，賜爵汾陰男，除持/節、冠軍將軍，再臨蒲津鎮將，遷撫軍將軍、銀青光禄大夫。永熙二年，/除使持節、散騎常侍、都督益州諸軍事、益州刺史，威惠並加，寬猛相/濟，遠懷迩肅，吏静民安。代下方還，國步斯阻，遂浮玉輪之水，而往金/陵之地。雅爲異域所欽，尋蒙以禮發遣，同士會之歸晋，若孟明之反/秦。春秋六十，以魏興和四年，遇患，終於京宅。齊天統四年，詔贈驃騎/大將軍、北徐州刺史，仍以其年十二月廿三日，厝於鄴城西南廿里。/惟公氣調恢遠，理識精悟，略俗士之恒規，得通人之大節。立身行己,/非局一塗;治武脩文,事唯兼濟。方陪興運,且蹕台階,忽閟九京,奄成/萬古。日來月往,天轉地遊,勒茲貞石,用表崇丘。其詞曰:/

發系高陽,才子克昌,奚既贊夏,虺實翼商。公侯襲映,將相重光,擊鍾/羅鼎,曳組垂璜。舊業日隆,前基逾峻,誕茲盛德,是稱英胤。崖岸萬頃,/宮墻千仞,文類龍雕,武同麟振。勳庸既茂,榮數斯繁,建旗奧壤,仗節/名蕃。百城感化,万里承恩,駿足時阻,逸翩終翻。大夢易窮,小年難久,/忽捐華館,奄歸荒皐。魚燈且滅,桐闔方朽,年代空移,春秋非有。

【疏證】

薛懷儁墓誌,與其妻皇甫艶墓誌一同出土於河北臨漳境內,出土時間不詳,墓誌拓片圖版見劉恒《新出土石刻題跋二則》,《書法叢刊》2000 年第 3 期。拓片圖版和參考錄文又見《漢魏六朝碑刻校注》第 9 册頁 291—292。

薛懷儁死於東魏孝靜帝興和四年(542),年六十,則其生年當在北魏孝文帝太和七年(483)。宋明帝泰始元年(465)薛安都北降之時,懷儁尚未出生。

薛懷儁及其父薛真度事迹,附見《魏書》卷六一《薛安都傳》。薛真度是薛安都的從祖弟,宋文帝時先隨薛安都入宋,宋明帝初又隨薛安都降魏。《周書》卷三八《薛憕傳》:"曾祖弘敞,值赫連之亂,率宗人避地襄陽。"薛弘敞即薛真度之父,薛憕爲真度從孫。薛弘敞"率宗人"南奔襄陽,不知發生於何時,亦不知與薛安都之南奔是否同爲一事。所謂"值赫連之亂",顯然是一種托辭。墓誌稱薛真度爲"東西二荆豫華陽五州刺史",而史書所載薛真度歷刺諸州，有東荆州、荆州、豫州、華州、揚州。據墓誌知荆州當作西荆州，而墓誌之"陽"當作"揚"。

墓誌記薛懷儁爲益州刺史，"代下方還，國步斯阻，遂浮玉輪之水，而往金陵之地。雅爲異域所欽，尋蒙以禮發遣，同士會之歸晉，若孟明之反秦"，所指即被俘入梁一事。《梁書》卷三《武帝紀下》大同元年（535）十一月："壬戌，北梁州刺史蘭欽攻漢中，克之，魏梁州刺史元羅降。"這一年正是東魏孝静帝天平二年，薛懷儁卸益州刺史之任（北魏益州治漢中以南的晋壽），值蘭欽攻克漢中，在漢中的魏將悉數被俘入梁。《梁書》卷三二《蘭欽傳》："破通生，擒行臺元子禮、大將薛儁、張菩薩，魏梁州刺史元羅遂降，梁、漢底定。"薛儁即薛懷儁。《魏書》記薛懷儁被送至建康後，受到梁武帝禮遇，隨其居留或北歸，懷儁因而北歸。從墓誌記載看，薛懷儁回到東魏以後，六、七年間再無仕履，直至死亡。看來他戰敗被俘使他失去了資格。

《魏書》："真度諸子既多，其母非一，同産相朋，因有憎愛。興和中，遂致訴列，云以毒藥相害，顯在公府，發揚疵釁。時人恥焉。"不知道薛懷儁之死於興和四年，是否與這場嚴重的家庭糾紛有關。

墓誌刻寫於北齊天統四年（568）與其妻皇甫艷合葬之時。據墓誌，其家庭還爲他請求了齊朝追贈。

七七　薛懷儁妻皇甫艷墓誌

【誌文】

齊故使持節驃騎大將軍北徐州諸軍事北徐州刺/史薛使君妻皇甫夫人墓誌/

夫人諱艷,本安定朝那人。曾祖避赫連之乱,徙居漢/中。涇川黑水,並爲冠族。大父秦州使君澄,蹈仁履義,/名垂身後。父略陽府君徽,體道含弘,器重當世。夫人/少禀幽閑,長資恭肅。體酗品數,不待習而生知;纖紝/婦工,未留心而自曉。汾州使君,作牧華陽,爲弟納娉。/亦既有行,中饋斯主,恪懃朝夕,率禮無違。而家累千/金,位皆四岳,昆季不少,娣姒實多。夫人躬服浣衣,取/勞推逸,閨門之内,人無閒言。武定中,遭母夏侯夫人/憂,每至感慕,殆便絶殞,眼淚所沾,衣服變赤。故知高/柴泣血,非曰虚言。子茂之等,幼丁荼蓼,親加撫鞠,斷/機誡學,截髮俟賓,故得並号良其,皆稱剋荷。弓車頻/降,玉帛屢臻,朝廷貴其公平,士友欽其長者。非唯天/性而然,抑亦三徙所致。兼以垂愛本宗,流恩夫族,共/少分多,貴賤夷等,歲時伏臘,長幼來趨。縱叔母之敕/士安,義姑之念猶子,以古方今,彼有慚德。而流謙/寡驗,与善徒言,大齊天統二年十二月六日,薨於　　/里宅,春秋七十。四年十二月廿三日,合葬於野馬崗/東。天地長久,陵谷或渝,式刊玄石,寄之泉壤。

【疏證】

　　薛懷儁妻皇甫艷墓誌,與其夫薛懷儁墓誌一同出土於河北臨漳境内,出土時間不詳,墓誌拓片圖版見劉恒《新出土石刻題跋二則》,《書法叢刊》2000 年第 3 期。拓片圖版和參考録文又見《漢魏六朝碑刻校注》第 9 册頁 294—295。

皇甫艷死於北齊後主天統二年(566),七十歲,則其生年當在北魏孝文帝太和二十一年(497)。皇甫艷比其夫薛懷儁小十四歲。

墓誌稱:"曾祖避赫連之乱,徙居漢中。涇川黑水,並爲冠族。"安定皇甫氏居住漢中的這一支,晋宋之際自關中南徙。據墓誌,皇甫艷的祖父皇甫澄、父皇甫徽,分別在南朝仕至秦州刺史、略陽太守。皇甫澄不見於史,皇甫徽後隨夏侯道遷降魏,見《魏書》卷七一《夏侯道遷傳》:"時有皇甫徽,字子玄,安定朝那人。仕蕭衍,歷諸王參軍、郡守。及道遷之入國也,徽亦因地内屬。徽妻即道遷之兄女。"夏侯道遷之兄女嫁皇甫徽,可見這一支在漢中的皇甫氏,位望並不低。皇甫艷之母爲夏侯氏,與墓誌"武定中,遭母夏侯夫人憂"正相合。

墓誌云:"汾州使君,作牧華陽,爲弟納娉。"皇甫艷得嫁薛懷儁,是由於懷儁之兄"作牧華陽",即擔任益州或梁州刺史,而且他後來還擔任了汾州刺史。可見漢中入魏以後,這一支皇甫氏並沒有北遷回歸安定,而是繼續居留漢中。據《魏書》卷六一《薛安都傳》所附薛真度諸子事迹,只有薛懷吉曾經任益州刺史和梁州刺史,後任汾州刺史。因此可以肯定,爲薛懷儁作主迎娶皇甫艷的,一定是薛懷吉。

薛懷儁晚年在鄴城政權中並無官職,而皇甫艷在北齊天統四年(568)與薛懷儁合葬於鄴城,可見其子有在北齊爲官者,皇甫艷隨子在鄴,死於鄴城。而故鄉汾陰此時在北周境内,故葬鄴城。皇甫艷死於天統二年，兩年後纔與其死於二十四年前的丈夫合葬，很可能是因爲遷薛懷儁之墓而耽誤了很長時間。

七八　高殷妻李難勝墓誌

【誌蓋】

齊故濟/南愍悼/王妃李/尼墓銘

【誌文】

濟南愍悼王妃李尼墓誌銘/

尼俗諱難勝,法名等行,趙郡栢仁永寧鄉陰灌里人也。昔賢哲並作,謨/明有虞,稷契以道教顯,咎繇以刑辟用。道教作陽德,故男祉斯流,其迹/之驗,則商周之王是已。刑辟作陰德,則女禎宜效,而往志前紀,未之有/聞。故/大齊膺籙受圖,牢籠宇宙,厚載之尊,始出於我。尼則威宗后之姪焉。/祖司空文簡公希宗,中庸上性,作範真俗。父儀同三司祖勳,義氣德光,/動寂俱奮。尼乃沙鹿分精,重輪旁祉,承剪髮之慈,受顧復之訓。敦詩悅/禮,好善親仁,畏慎女典,尊明柔剋,温和表其中潤,淑理發其外朗。及事/格文祖,禮極神宗,三善所期,孟侯是屬。作配之重,物議爲難,穀圭所臨,/無忘甥舅。以天保十年册拜皇太子妃。入奉嚴禁,内訓唯穆。至愍悼王/遜居别館,降爲濟南王,妃蓋亦恬然,無驚得喪。俄而悼王即世,宛頸爲/苦,哥黄鵠以告哀,詠柏舟而下泣。乃悟是法非法,如幻如夢,厭離纏染,/託情妙極,遂落兹紺髮,歸心上道。三乘並運,六度俱修,慧解日深,法性/增益。以毗尼藏,攝彼威儀,用修多羅,開其方便,精行樂説,衆所推重。方/當住持我玄虚,棟隆我净法,而衆生福盡,乃失導師。以武平元年五月/十四日,遷神於大妙勝寺舍,時年二十二焉。知與不知,無言而感。惟尼/氣韻調序,識悟開明,造次不失其

夷,進退無與其節。積而不滯,緼更能/通,出世間道,求常樂法,
非天下之至高,其孰能與於此? 粵以其月三十/日壬午,永窆於
鄴城之西北一十里處。不有所撰,何示將來? 敬銘勝事,/置之
幽壤。詞曰:/

天有六氣,降生五行,地載川岳,含緼精靈。瑤光敷祉,真氣效
禎,時宗民/望,弈世挺生。誕兹婉淑,柔明慧理,訪則審儀,觀圖
問史。德聲之發,上聞/天子,有匹元良,事歸齊紀。時或申否,
義兼忻惕,晦情慎行,莫覿其迹。奄/喪所天,銜悲茹感,毒兹煩
惱,邀心利益。一捨榮好,法服在身,勤爲善業,/大樹明因。潛
悟洞觀,理會天人,宜振法鼓,窮此萬春。如何不弔,忽爲徂/落,
事迫小生,空傳上藥。風辛秋起,花香春作,唯有朱華,時鳴
白鶴。

【疏證】

　　高殷妻李難勝墓誌,1978 年出土於河北省磁縣申莊鄉,墓
誌參考錄文見張利亞《磁縣出土濟南愍悼王妃李尼墓誌述略》,
載《北朝研究》1996 年第 3 期,墓誌蓋及誌石的拓片圖版,分別
見該期雜誌的封二、封三,同期還刊登有殷憲《濟南愍悼王妃李
尼墓誌的書法價值》。

　　北齊濟南愍悼王,即廢帝高殷,文宣帝高洋長子。天保十年
(559)十月高洋死,太子高殷繼立,第二年(廢帝乾明元年,亦即
孝昭帝皇建元年,560)八月被叔父高演廢黜爲濟南王,再過一年
多,到孝昭帝皇建二年九月,被害於晋陽,死時十七歲。李難勝
死於後主武平元年(570),二十二歲,則其生年當在東魏孝静帝
武定七年(549)。高殷比李難勝大四歲。墓誌稱“以天保十年

册拜皇太子妃"，則李難勝嫁給高殷時，高殷十五歲，李難勝纔十一歲。高殷被害時，她纔十三歲，被迫出家爲尼，度過了悲劇人生所剩的十年。

墓誌説李難勝是"威宗后之姪"，威宗即文宣帝，文宣帝的皇后，就是李難勝的姑母李祖娥。《北史》卷一四《后妃傳下》："文宣皇后李氏諱祖娥，趙郡李希宗女也。"由於天保年間李皇后的特殊地位，趙郡李氏的李憲這一支，與北齊皇室有複雜的聯姻關係。《北史》卷三三《李順傳》："〔李希禮子〕孝貞從姊則昭信皇后，從兄祖勳女爲廢帝濟南王妃，祖欽女一爲後主娥英，一爲琅邪王儼妃，祖勳叔騫女爲安德王延宗妃。諸房子女，多有才貌，又因昭信后，所以與帝室姻媾重疊。""祖勳叔騫"當作祖牧。此外，根據李君穎墓誌，李君策之女嫁永安王高準。請參看李君穎墓誌疏證。李難勝被選作太子妃，當然她的姑母李皇后起了決定性作用，墓誌所謂"作配之重，物議爲難，穀圭所臨，無忘甥舅"。李皇后爲兒子娶自己的侄女，本欲强化李氏家族的社會和政治地位，但隨着高殷被廢殺，年幼的李難勝進入暗無天日的後半生，而李皇后本人，更是受盡凌辱，最終也被迫出家爲尼。

據《北史》卷一四《后妃傳下》，李皇后慘遭凌辱之後，"犢車載送妙勝尼寺"，李后因此出家。這個妙勝尼寺，就是李難勝出家的大妙勝寺。妙勝寺很可能是專屬皇室的尼寺。李難勝在妙勝寺的最後十年，也許是有機會與她的姑母李皇后爲伴的，那樣的話，也算是相依爲命。

七九　裴良墓誌

【誌蓋】

裴使君/墓誌銘

【誌蓋盝頂右側】

故魏雍州刺史尚書僕射裴憲公,以天平年薨於鄴城,屬世路艱危,權殯絳邑,以大/齊武平二年歲次辛卯二月六日,改葬臨汾城東北五里汾絪堆之陽。夫人趙氏,年七十九,/以天保七年四月薨於鄴城,今以武平二年二月六日祔合憲公之墓。

【誌蓋右側刹面】

長子懇,字建扶,少徵本郡功曹,孝明皇帝直後,以建義中亡,年廿五。妻天水姜氏。/第二子誕,字仲叡,釋褐太尉丹陽王行參軍,太保南陽王主簿,征虜將軍,中散大夫,年廿九。妻滎陽鄭氏。

【誌蓋下側刹面】

第三子子昇,字仲仙,奉朝請,荆州衛軍府外兵參軍,以去永安三年在州亡,年廿四。妻隴西李氏。/第四子子通,字叔靈,釋褐員外郎,大司馬記室參軍,輔國將軍,諫議大夫,年廿六。後爲驃騎大將軍,

【誌蓋盝頂下側】

正平太守,趙州長史,中散大夫,年六十二。

【誌蓋左側刹面】

第五子子祥,字叔祉,釋褐員外郎,廣平王開府錄事參軍,諫議大夫,典儀注,年廿五。第六子子休,字季祥,/釋褐太傅行參軍,年

廿二。第七子子闡，字季猷，釋褐太師行參軍，年廿。第八子輔
翼，年九。

【誌蓋盝頂下側】

第五子後爲尚書郎，太子中舍，驃騎大將軍，鉅鹿、浮陽、長樂三
郡太守，冀/州長史，司空長史，太府卿，使持節都督南光州諸軍
事，南光州刺史。年六十一。

【誌蓋盝頂左側】

第六子後爲車騎大將軍，廣州、東雍二州長史，岐州刺史，年五十
八。/第七子後爲鎮西將軍，徐州道行臺郎中，郢州別駕，年五十
六。/第八子釋褐開府參軍事，年卅五。

【誌蓋上側刹面】

長女絳輝，年卅六，適滎陽鄭氏，夫長休，鎮遠將軍，步兵校尉。
第二女玉輝，年卅一，適京兆杜氏，夫穆，衛將軍，右光禄大夫。/
第三女琰輝，年十八，適趙郡李氏，夫慎，散騎侍郎，平南將軍。

【誌文】

□故使持節、散騎常侍、都督雍華陝三州諸軍事、衛大將軍、雍州
刺史、吏部尚書裴君墓誌銘。

祖諱虎，河北太守。父諱保歡，少舉秀才，早卒。

君諱良，字元賓，河東聞憙桐鄉高陽里人也。祖，河北府君，器懷
沉隱；考，秀才君，風體弘峻。或聲高河輔，或譽滿丘園，清塵素
論，鬱爲不朽。君資靈上善，禀氣中和，孝義因心，恭敏率性，學
惟金羽，文窮雕刻。至於芬芳郁烈之奇，八桂慚其彩；鏗鏘昭晰
之華，三珠謝其色。弱年有志，拂衣從仕，太和十五年，解褐奉朝
請，歷北中郎府功曹參軍。以母老家貧，固求外禄，出宰南絳縣，
治有異績。大使故僕射游肇，循行風化，考爲第一。遷宰龍門，

非其好也。轉佐正平府丞，毗風千里，號稱明哲。入除羽林監，出補并州安北府長史，晉陽控據山河，華戎胥萃，作貳蕃麾，唯才是屬。還除尚書考功郎中，加中散大夫，含芳臥錦，峨然禮闥。既而北塞蜂飛，南胡蝟起，以本官充慰勞使，奉旨宣諭。于時西屆玉門，東窮滄海，青犢銅馬之目，赤眉黃巾之号，莫不□金龜而爭鶩，懷玉鵠以競馳，傾六合之衆而不能禦，單四海之材而莫之抗。於是屍橫草莽，胄生蟣蝨，万里蕭然，京師搖動。仍命君以本職爲行臺，行汾州事，尋除汾州刺史，兼尚書左丞，行臺如故。固城三年，終以拔難摧敵。暨王畿內蹙，烽照甘泉，兒戲崩於細柳，鳴鏑馳於近甸。既干戈失律，欲以文義懷之。君昔宰絳邑，弦歌遠被，馴雉飛蝗，沛然在口。詔旨深相褒歎，聽得便道還家，仍宣王澤。賊魁十餘人，感斯遺愛，相率稽顙，頃巢盡落，請罪軍門。二郡剋平，君之力也。入除前將軍，太中大夫。司隸踐境，民物殷湊，彝倫品藻，允寄其人，召充正平邑中正。永安中，天下空虛，國儲磬竭，九年莫畜，有結宸情。乃詔君以本職兼散騎常侍，與故尚書辛雄並充大使，循行徵發。以常侍任輕，轉兼尚書。自輶軒在野，歌頌載路，委積溢於都內，紅粟流於常滿，富國寧民，於斯爲盛。尋轉除平東將軍，銀青光祿大夫。潼關襟帶大川，跨據百二，神皐陸海，是則攸居，總督所委，寔歸僉望，以本職假安西將軍，爲潼關都督。永安之末，奸回內贔，王赫載臨，罪人斯得，而餘妖在遠，潛懷異圖，戎會之任，比此爲重。仍詔君以本官兼尚書爲行臺，解都督。及封豕荐食，長蛇千里，兵交帝輦，矢集皇屋。金湯已爲彼有，關河與我共之，守捍物情，莫不惶懼。君處嶮如夷，深相屬率，繕甲治兵，仍遵先旨。賊帥尒朱天光至，便大相嘉賞，有欽重之色。還除征東將軍，金紫光祿大夫，又遷衛將軍，大夫如故，復爲正平邑中正。尋轉車騎將軍，右光禄大夫，又加散騎常侍，在通直。進加驃騎將軍，左光禄大夫，以未盡物望，復加散騎常侍。永熙二年，天子宸居爲政，思弘治道，眷言民瘼，夢想其人。出除汲郡太守，常侍、將軍如故。化行期月，民用知方。既而釁起蕭墙，交喪云及。此郡南面長河，北連漳澄，大兵所衝，必爭之勢。乃授君使持節、假驃騎大將軍、都督汲郡諸軍事，餘如故。暨天方棄我，一椽弗維，九州百郡，望風淪没。君奉己以忠，義在授命，本圖既爽，遂縲紲赴徵。相國勃海王，一面相歡，便以禮見遇。天平元年，主上援立，爲御史中丞，十月，除太府卿，餘如舊。於時遷殷甫邇，百度權輿，少府之任，寔難恒日。商通難得之貨，此焉必聚；河宗未覿之寶，於斯攸出。且文昌肅以重威，玄武峨而高抗，自非思若天成，功均神造，可以仰範辰度，俯創帝居。瞻星揆日，事切於經始，朝露溘盡，理迫於彌留。以天平二年七月□四日薨於位，春秋六十有一。云亡之歎，實結朝野。君美容止，善位置，造次必仁，斯須由禮。千刃莫窺，万頃難測。撿裁清峻，風器淹和，言爲表綴，行成規矩。弱歲而孤，貞苦特立，既上無强蔭，旁闕昆弟，昇堂膝下，盡愛敬之誠，奉笰門上，磬忠義之節。及中年不待，風樹攸纏，毀極則扶之以杖，淚盡則繼之以血，三載之中，僅不滅性，雖高柴骨立，睿仲稱死，論名校實，固無與讓。君嘗以季葉澆替，骨肉世疏，九族斯穆，事光聖典，實欲驅末反本，化薄還淳。乃於五服之内，著宗制十卷，使夫後生稚識，知在宗之爲重，少長晚輩，悟收族之有歸。散花萼於棠棣，飛鶺鴒於原野，規模弘遠，有可觀焉。今則行於宗族，以爲不刊之訓。方將享此終吉，保茲元老，調金鼎於槐路，侍玉軹於紫壇，而道攸世促，嗚呼悲矣。有詔，贈使持節、散騎常侍、都督雍華陝三州諸軍事、衛大將軍、雍州刺史、吏部尚書，諡曰憲，禮也。以其年十一月六日遷祔秀才君神塋之右。若夫陵谷貿徙，金石難弊，式刊德範，貽諸長世。其銘曰：

龍門濬決，長河載清。惟神所相，實富精靈。一王二帝，休有餘貞。遺風舊俗，世挺民英。于穆夫子，時惟秀出。樹桂傳芳，琢玉成質。內含金水，外照火日。遠氣煙華，義心泉溢。撫翼將飛，言事冠衣。春期秋請，薄職瑣闈。北梁襟帶，實曰關畿。天子命伐，參彼軍機。千鍾思養，一朝不待。禄以代耕，其義攸在？遂屈高足，曰來作宰。乳雉載馴，飛蝗入海。亦有後命，班功進等。遂作府丞，用毗邦采。入奉鈎陳，出遊蕃幕。憬彼夷陬，暫申遐略。用輟麾陰，載朝雲閣。寔惟天斗，萬物攸酌。皇華照路，□彼原野。褰帷作牧，實兼夷夏。方馳六轡，暫屯四馬。亦既踰梁，義均岐下。言旋舊里，粵銜帝命。二邦即序，一人有慶。三事乃穆，千里攸正。軒指東隅，輦馳西鄭。既畜萬箱，兼申五令。爰峻戎秩，仍掌軍政。寶珮要垂，豐貂首映。忠爲令德，鑒稱水鏡。是曰得才，於斯爲盛。河水滂流，淇園庵澳。帝思共治，聿來分竹。枳棘既除，豺狼斯逐。曾未期始，風行草肅。黍稷匪馨，明德惟馥。周惟洛卜，漢稱許徙。豈曰不懷，人謀至此。百度爰創，締構伊邇。洞房詰屈，漸臺屈詭。木衣文繡，土被朱紫。是號天居，華而不侈。方恃諏度，忽同華萎。非疏魚鱉，豈親螻蟻。人理晦昧，天道荒芒。若塵栖葉，如露待光。一生到此，爲恨難量。龜謀襲吉，終然允臧。魚龍曉列，箚挽晨鏘。霧昏隴首，風急長楊。乎嗟此室，攸攸未央。藏舟易遠，浸石難亡。

夫人河東柳氏，少亡，無子。父仲起，秦州主簿。夫人天水趙氏，父賓育，寧遠將軍，秦州別駕，隴西、天水二郡太守。

【疏證】

裴良墓誌,1986 年冬出土於山西省襄汾縣永固鄉家村,現藏襄汾縣博物館。墓誌録文見李學文《山西襄汾出土東魏天平二年裴良墓誌》,載《文物》1990 年第 12 期。研究文章還有周錚《裴良墓誌考》,載《北朝研究》1994 年第 1 期。由於墓誌較大,拓片圖版只發表了三分之一。《漢魏六朝碑刻校注》第 9 册頁 363 有拓片圖版,也只是局部。因不能確切知道原墓誌文字排列格式,故録文依李學文、毛遠明之參考録文,並且没有加上行列標誌。裴良的兒子裴子誕、裴子通、裴子休三人墓誌,也由山西省運城地區河東博物館,於 1992 年 9 月從民間徵集而得,亦收入本書,請參看。

裴良墓誌的誌蓋盝頂上,刻有裴良家庭成員情況。這些文字是分兩次刻上去的,第一次是在東魏孝静帝天平二年(535),裴良初次安葬於絳縣其父裴保歡墓附近時,墓誌誌石文字亦刻於此時。可能誌石文字太多,家庭成員的情況只好寫在誌蓋盝頂的各個刹面上。到北齊後主武平二年(571)進行第二次安葬,把裴良的妻子趙氏與裴良合葬於臨汾的汾絪堆,這時距墓誌最初寫刻已經三十六年,其家庭成員的情況已經有了很多變化,需要有所交待,於是補刻在誌蓋盝頂各個可以寫字的地方。兹依照家庭成員情況記録的前後順序,區别舊刻與補刻於下:

1)**【補刻】**故魏雍州刺史尚書僕射裴憲公,以天平年薨於鄴城,屬世路艱危,權殯絳邑,以大齊武平二年歲次辛卯二月六日,改葬臨汾城東北五里汾絪堆之陽。夫人趙氏,年七十九,以天保七年四月薨於鄴城,今以武平二年二月六日祔合憲公之墓。

2)【舊刻】長子懇,字建扶,少徵本郡功曹,孝明皇帝直後,以建義中亡,年廿五。妻天水姜氏。第二子誕,字仲叡,釋褐太尉丹陽王行參軍,太保南陽王主簿,征虜將軍,中散大夫,年廿九。妻滎陽鄭氏。

3)【舊刻】第三子子昇,字仲仙,奉朝請,荆州衛軍府外兵參軍,以去永安三年在州亡,年廿四。妻隴西李氏。第四子子通,字叔靈,釋褐員外郎,大司馬記室參軍,輔國將軍,諫議大夫,年廿六。【補刻】後爲驃騎大將軍,正平太守,趙州刺史,中散大夫,年六十二。

4)【舊刻】第五子子祥,字叔祉,釋褐員外郎,廣平王開府録事參軍,諫議大夫,典儀注,年廿五。第六子子休,字季祥,釋褐太傅行參軍,年廿二。第七子子闡,字季猷,釋褐太師行參軍,年廿。第八子輔翼,年九。

5)【補刻】第五子後爲尚書郎,太子中舍,驃騎大將軍,鉅鹿、浮陽、長樂三郡太守,冀州長史,司空長史,太府卿,使持節都督南光州諸軍事,南光州刺史。年六十一。第六子後爲車騎大將軍,廣州、東雍二州長史,岐州刺史,年五十八。第七子後爲鎮西將軍,徐州道行臺郎中,郢州別駕,年五十六。第八子釋褐開府參軍事,年卅五。

6)【舊刻】長女絳輝,年卅六,適滎陽鄭氏,夫長休,鎮遠將軍,步兵校尉。第二女玉輝,年卅一,適京兆杜氏,夫穆,衛將軍,右光禄大夫。第三女琰輝,年十八,適趙郡李氏,夫慎,散騎侍郎,平南將軍。

裴良死於東魏孝静帝天平二年(535),六十一歲,則其生年當在北魏孝文帝延興五年(475)。根據誌蓋補刻文字,裴良的妻子趙氏,死於北齊文宣帝天保七年(556),七十九歲,則其生年當在北魏孝文帝太和二年(478)。裴良長子裴懇,以魏孝明帝直後的身份,死於"建義中",也就是死於河陰之變(528)。可見裴懇生於北魏宣武帝正始元年(504),時裴良三十歲,趙氏二十七歲。第二子裴子誕,天平二年時二十九歲,則當生於宣武帝正始四年(507)。可是據裴子誕墓誌,裴子誕死於北齊文宣帝高洋天保三年(552),四十五歲,生年當在永平元年(508)。補刻文字中沒有提到裴子誕的情況,因爲武平二年時他已經不在。而裴良的第三子裴子昇,已經於孝莊帝永安三年(530)死去,死時二十四歲,可知亦生於宣武帝正始四年(507)。因此知道裴子誕出生不可能晚於、而應當就在正始四年。裴子誕與裴子昇生在同年,若非異母,則必是孿生兄弟。裴良第四子裴子通(生於宣武帝永平二年,509),第五子裴子祥(生於宣武帝永平三年,510)、第六子裴子休(生於宣武帝延昌二年,513)、第七子裴子闡(生於孝明帝熙平元年,516)、第八子裴輔翼(生於孝明帝孝昌三年,527),在武平二年時都還健在,故誌蓋補刻文字中,補寫了他們當時的官位和年齡。誌蓋記裴良長子名懇,次子名誕。而根據裴子誕墓誌,裴良次子應名子誕,誌蓋顯然省略或誤寫爲誕。依照這種情況,長子裴懇,有可能應當名爲子懇。而第八子裴輔翼,制名與其七位兄長明顯不同。按裴輔翼出生時,裴良已五十三歲,其妻趙氏已五十歲。很可能裴輔翼並非趙氏所生,故命名方式有所不同。裴良有三個女兒,長女裴絳輝生於宣武帝景明元年(500),次女裴玉輝生於宣武帝正始二年(505),三女裴琰輝生於孝明帝神龜元年(518)。

　　裴良的傳記,附於《魏書》卷六九與《北史》卷三八之《裴延俊傳》,記事亦詳。裴良諸子,只有裴子祥見於該傳,但《魏書》與《北史》不同。《魏書》記事限斷於東魏,故云:"子叔祉,武定末,太子洗馬。"而《北史》得記其最終職位,云:"子叔祉,粗涉文學,居官甚著聲績,位終司空右長史。"可見裴子祥在裴良諸子中聲譽最隆,故得附見於裴良傳。裴良墓誌誌蓋補刻文字稱裴子祥"爲尚書郎,太子中舍,驃騎大將軍,鉅鹿、浮陽、長樂三郡太守,冀州長史,司空長史,太府卿,使持節都督南光州諸軍事,南光州刺史"。據《北史》,知"太府卿,使持節都督南光州諸軍事,南光州刺史"爲贈官。

　　墓誌説裴良"遷祔秀才君神塋之右",而誌蓋説"以天平年薨於鄴城,屬世路艱危,權殯絳邑,以大齊武平二年歲次辛卯二月六日,改葬臨汾城東北五里汾絪堆之陽"。絳邑,當是南絳。《嘉慶重修大清一統志》絳州山川門鳳凰原條:"在聞喜縣,東接絳縣界,其西爲鷄鳴山,多裴氏墓。"可見這一地區爲裴氏家族墓地。裴良既葬於裴氏家族墓地其父裴保歡墓之右,爲什麼還要在三十年之後改葬呢? 其妻趙氏死於天保七年,如果需要合葬,爲什麼不祔葬於南絳裴氏家族墓地,却要在趙氏死後十五年之後,把裴良遷出其家族墓地,來到"臨汾城東北五里汾絪堆之陽"合葬呢?

　　裴良遷葬,原因在於北周與北齊之間的對峙。東西魏分裂,裴氏家族支持高歡。裴良死時,河東地區尚未被宇文泰奪取,故裴良得歸葬家族墓地(時屬絳州正平郡)。其妻趙氏死時,河東地區已經被北周佔領,趙氏無法歸葬,過了十五年,纔得與其父合葬於北齊境内之臨汾城附近。很可能這十五年間,裴良諸子一直設法進入河東境內遷移裴良棺柩，終於到武平二年纔得成功。死於天保三年的裴子誕，也得以與父母一起，同日下葬。裴子通、裴子休雖然死於隋時，已經可以歸葬南絳，但以父母墓在北已久，所以也都葬於臨汾了。在裴子通墓誌裏，稱爲“汾亙舊塋”。

八〇　裴子誕墓誌

【誌文】

侍御裴府君墓誌銘/

君諱子誕，字仲叡，河東聞憙人也。自翼周命氏，佐漢分珪，根萼扶疏，源流/淼漫，彰於史策，可得稱焉。十世祖徽，魏冀州刺史。九葉祖黎，祕書監。自兹/而後，冠冕相承。祖保歡，舉秀才，遊志墳典，蕩心藝術。父良，侍中、尚書僕射，/位居端右，儀表縉紳。公稟以過庭，承斯訓則，李公更起，鄭泰不亡。至如雍/容風岸之規，優遊禮讓之操，蓋亦終始無違，顛沛更甚。雖復陂稱万頃，檣/高數刃，不足談其清濁，議此窺窬者也。魏太尉公、丹陽王，分光三耀，家本/乾餘，人物仰其風標，士庶歸其水鏡，妙求僚采，乃引君爲行參軍。略孫楚/之倨傲，踵魏舒之堂堂，雖髯短殊形，喜怒不二。屬關右妖氛，侵我疆場，乃/命偏師，龔行問罪。公文武兼備，便預戎軒，面縛堙關，頗有其力。乃除征虜/將軍，加中散大夫。昔周泰以武藝爲之，牟生因負杖蒙授，今古相望，遂兼/二子。以武定年中丁艱解職，溢米不充，毀瘠過禮。服闋未幾，除東雍州別/駕，毗讚六條，助理群務，邦國不空，實所攸屬。轉除武德太守，下車布政，威/惠兼宣。導之以禮，不拘以法。暨文襄皇帝龍潛作相，經始魏朝，冀此蘭/臺，人無累職，乃啓除君爲殿中侍御史，非班次也。君器量弘深，體局方正，/豺狼自息，不假埋輪，驄馬一馳，行人屏路。及巡風察俗，整轡海隅，遘疾未/奄，身名溢盡，以天保三年十月卒於海州公館，春秋卅五。惟公行藏若一，/慍憙不形，勇實資仁，忠本移孝，雖劉寬之容物,叔慈之内潤,兼而兩焉。誠/可懋茲天爵,弘斯人寶,而未及搏風,墜我雲翮。粵以武平二年歲次辛卯/二月六日,窆於臨汾城東北五里汾綑堆之陽。嗟夫,丹青易滅,白楸非固,/九原三徙,盛德何言。乃勒銘曰:/

五行垂氣,山川降靈。世載其美,不殞嘉聲。蟬冕相繼,官盖儀形。乃爲世匠,/寔曰民英。解褐登朝,参議台府。千石是秩,六條斯輔。繡衣表德,解冠示武。/矯翼未搏,翻嗟鎩羽。西園上月,東閣延賓。飛觴舉白,文翰紛綸。琴笙在耳,/几席猶陳。恍焉如昨,亟謝芳春。俄淪壯志,奄作邊魂。薤哥酸路,思馬悲轅。/新松日拱,長夜方昏。不鐫玄石,此外何論? /

夫人滎陽鄭氏,無子,父令仲,滎陽太守。養第四弟子虔道,辟州主簿,/解褐開府參軍事,年廿。養第八子思道,年廿一。

【疏證】

　　裴子誕墓誌,與其弟裴子通、裴子休三人墓誌,由山西省運城地區河東博物館,於 1992 年 9 月從民間徵集而得,現藏河東博物館。墓誌拓片圖版見運城地區河東博物館《晉南發現北齊裴子誕兄弟墓誌》,載《考古》1994 年第 4 期;墓誌録文及相關研究見楊明珠、楊高雲《北齊裴子誕兄弟三人墓誌略探》,載《北朝研究》1993 年第 3 期,此文又題爲《晉南發現北齊裴子誕兄弟墓誌》,收入《山西省考古學會論文集》(二)①。凡圖版不够清晰的地方,録文全據楊明珠、楊高雲文中録文,其録文中有明顯誤釋的,參考圖版更正,並重新標點。裴子誕之父裴良墓誌,1986

---

① 山西省考古學會、山西省考古研究所:《山西省考古學會論文集》(二),山西人民出版社,1994 年。

年冬出土於山西省襄汾縣永固鄉家村，請參看本書裴良墓誌疏證。並請參看裴子通、裴子休墓誌疏證。

裴子誕之父裴良，死於東魏孝静帝天平二年（535），時裴子誕年廿九，見於裴良墓誌誌蓋右側剎面題刻，名作“誕”，裴子通墓誌亦稱其名爲誕。裴良於北齊後主武平二年（571）改葬時，誌蓋補刻文字中，没有介紹裴子誕的情況。從裴子誕墓誌可知，裴子誕早在北齊文宣帝高洋天保三年（552）十月已經死去。而裴良改葬時其墓誌中之所以没有介紹這一情況，是因爲事實上直到武平二年二月六日，裴子誕纔得與其父母同一天正式安葬。可能由於同時安葬，子誕事迹另有墓誌叙述，裴良誌蓋上纔没有關於子誕的補刻文字。

裴子誕死於天保三年（552），年卌五，則其生年當在北魏宣武帝永平元年（正始五年，508）。據裴良墓誌，裴子誕天平二年十一月時，年廿九，則其生年當在正始四年（507）。據裴良墓誌誌蓋，裴子誕的第三弟裴子昇，死於孝莊帝永安三年（530），二十四歲，可知生於宣武帝正始四年（507）。可知裴子誕出生不可能晚於、而應當就在正始四年。裴子誕與裴子昇生在同年，若非異母，則必是孿生兄弟。

墓誌説裴子誕“以武定年中丁艱解職”，可是據裴良墓誌，裴子誕之父裴良死於東魏孝静帝天平二年（535），其母趙氏死於北齊文宣帝天保七年（556），裴子誕武定年間所丁之艱，未知是家中何人。墓誌稱“養第四弟子虔道，辟州主簿，解褐開府參軍事，年廿”，又可參見裴子通墓誌：“次子儆，字虔道，洛州司户參軍事，外嗣第二兄誕後。”墓誌最後“養第八子思道”句，疑當作“養第八弟子思道”。

裴子誕死後十八年，纔得與其父母同日葬於"臨汾城東北五里汾絪堆之陽"，原因可參看裴良墓誌疏證。

八一　徐顯秀墓誌

【誌蓋】

齊故太尉/公太保尚/書令徐武/安王墓誌

【誌文】

王諱穎，字顯秀，忠義人也。昔啓宗淮沂，或王或子，致唅矢於魯邦，留寶劍於墳/樹。亦有美貌盛顏，擅高名於齊北，潔心苦志，標絕操於海隅。自兹以降，分源弥/廣，揚聲朔野，繁如椒實。祖安，懷戎鎮將，溫良簡素，行在言先。考珍，司徒，蘊異韜/奇，禮申運後。王上禀雷精，旁承金氣，闞如貙虎，烈似冰霜，宏量恢然，獨恣心賞。/闞下豪傑，盡慕俠風，邊地少年，同歸壯概。既而北服塵飛，中原雲擾，尒朱天柱，/始輯勤王，宿把英異，厚相招結，簞糧杖劍，遂參麾鼓。顏行別將，咸必冠軍，搏戰/致師，無不陷敵。授前鋒都督，馬邑縣開國伯、太中大夫。高祖定業，除撫軍將/軍、銀青光禄大夫、直閤將軍、帳内正都督、涼州刺史、新城大都督，復除使持節、/都督朔州諸軍事、朔州刺史。一從真主，馳展英規，常衝死地，屢入虎口。體兼傷/以方屬，衣浴血而逾猛，多陵始陣，每殿還師。是曰九軍之雄，實唯萬夫之特，盟/府已盈，賞典斯茂。除儀同三司、桑乾縣開國子。天保初，加開府，仍除驃騎大將/軍、汾州刺史，轉肆州刺史，清惠爲資，高明成用，兩部均詠，二番同偃，賜食平原/郡幹，加特進，除成州刺史，封金門郡開國公。大寧初，別封武鄉縣開國伯，除宜州/刺史。偽隣不逞，連禍作寇，南傾巴濮，西盡牢燒，士若渭沙，戈猶林木，盛頓櫓/於金埔，舒旌旆於芒阜。救兵未會，元戎始交，多少相懸，車徒異勢。王躍馬抽劍,/獨奮孤挺,遂破百万之師,仍解危城之急。功大禮殊,業隆袟茂,乃封武安王,除/徐州刺史、大行臺尚書右僕射,閫民多術,宣威有庸。驛傳不停,除南朔州刺史,/食趙郡幹,俄轉食南兖州幹,拜司空公。冬官崇邈,懿德是推,我膺逾往,下台增/耀。遷太尉公。西鼎隆絶,非賢莫允,式從休命,陰陽以調。惟王靈府凝深,天機/俊發,慷慨表於顧眄,義列形于音旨,難不愛身,勝無伐善,故能立此元功,開兹/榮業,轢天衢以長邁,騰太階而上馳。宜其整遺,永錫斯保。樹風不静,奄以武平/二年正月七日,遘疾薨于晉陽之里第,時年七十。詔贈使持節、都督冀瀛滄/趙齊濟汾七州諸軍事、冀州刺史、太保、尚書令,祭以太牢。太常謚曰　,/禮也。以其年十一月乙巳朔十七日辛酉,葬於晉陽城東北卅餘里。敬勒徽猷,/寄之泉路。其銘曰:/峻嶽播祉,賢宿降精,應時爲世,粹在人英。公表王骨,將氣雄名,耳垂吳坂,鍔藴/豐城。世道威夷,天方長亂,聿爲心膂,/兼稱貞幹。匈奴合騎,黠羌連黨,奮身迥入,提卒孤往。平城解圍,嶮函復象,懿勳/光績,大賚超賞。四衣公袞,八振蕃麾,絳灌等烈,黥彭並馳。申酉易没,舟豁俄移,/始類辭家,終同成郢。國傷舊齒,朝追後命,典册並褒,□物俱盛。一棺永往,九泉無竟。

【疏證】

徐顯秀墓誌,2002 年出土於山西太原市迎澤區郝莊鄉王家峰村,與墓誌同出的還有保存完好的大型壁畫,受到學界關注。墓誌拓片圖版及參考録文,見山西省考古研究所、太原市文物考古研究所《太原北齊徐顯秀墓發掘簡報》,《文物》2003 年第

10 期。

　　據墓誌，墓主徐穎，字顯秀。徐顯秀之名，見於《北齊書》與《北史》，僅具官銜，別無事迹。依靠墓誌，知道他以字行，出自北鎮，先入尒朱榮軍中，後追隨高歡，以武功至高位。

　　徐顯秀死於齊後主武平二年（571），年七十，則其生年當在北魏宣武帝景明三年（502）。尒朱榮起兵入洛時，出自懷荒鎮的徐顯秀二十七歲，正當壯年。

　　《魏書》卷一〇六上《地形志上》蔚州條，領二郡：忠義郡、始昌郡，俱永安中置，忠義郡領縣二：葦池、楊柳。又云，蔚州，“永安中改懷荒、禦夷二鎮置，寄治并州鄔縣界”。案蔚州之置，當早於永安。《魏書》卷八九《酈道元傳》：“肅宗以沃野、懷朔、薄骨律、武川、撫冥、柔玄、懷荒、禦夷諸鎮並改爲州，其郡縣戍名令準古城邑。詔道元持節兼黄門侍郎，與都督李崇籌宜置立，裁減去留，儲兵積粟，以爲邊備。”徐顯秀墓誌稱：“祖安，懷戎鎮將。”案史無懷戎鎮，應當是懷荒鎮之訛。懷荒與禦夷兩鎮合爲蔚州，故蔚州所領二郡，分別是兩鎮舊民。既然徐顯秀一家爲忠義郡人，那麼，很有可能，原懷荒鎮民屬忠義郡，而原禦夷鎮民屬始昌郡。

　　墓誌於徐顯秀謚號之下空格，一個可能是下葬之時尚未得謚，另一個可能，則是墓誌撰作者不知謚號，空其地以待誌主家人填補，而家人直接付工刻寫，竟未填寫。這種情況在中古墓誌中比較常見。傳世文獻所見中古文人爲人所撰墓誌碑銘，多於年月名諱處脱略不書，應當都是故意空闕以待誌主家人完成的。亦可見墓誌的撰寫者，未必瞭解誌主的生平事迹。

八二　和紹隆妻元華墓誌

【誌蓋】

齊故元/夫人墓/誌之銘

【誌文】

齊故使持節都督東徐州諸軍事驃騎大將軍東徐/州使君和紹隆
妻元夫人墓誌銘/

夫人諱華,河南洛陽人也。七世祖魏昭成皇帝;曾祖/步大迴,魏
尚書左僕射、青冀瀛定四州諸軍事、四州/刺史、録尚書、司徒公;
祖昭顯,魏侍中、吏部尚書、護軍/將軍、儀同三司、并恒二州刺
史;父堅,魏散騎常侍、征/東將軍、金紫光禄大夫、太子太傅。水
行受命,積德會/昌,本枝極於公侯,餘祉播於内外。夫人承風帝
緒,挺/質卿門,雖國曰虞賓,而家猶宋子。學求爲戒,善且弗/
爲,及百兩有行,一禮無闕。故以樊英答拜,冀缺如賓,/夢兆熊
羆,庭羅芝玉。訓踰捕豕,教比埋羊,邑里仰其/英聲,姬姜重其
盛烈。武平四年六月廿五日,終於鄴/城宣風行廣寧里,春秋六
十有四。其年八月廿八日,/合葬於鄴城西南十五里。其詞曰:/
帝王積善,河洛有神,降靈分氣,仍挺異人。始華桃李,/終勁松
筠,齊偶非鄭,晉匹者秦。女師婦德,其芳日新,/功唯纖紝,薦亦
蘩蘋。所天既没,教義在辰,閉門爲訓,/徙宅歸仁。山稱浮水,
海實揚塵,于嗟此室,春非我春。

【疏證】

元華墓誌,1975 年 9 月出土於河南省安陽縣安豐公社張家

村,同墓出土的還有其夫和紹隆墓誌,現藏河南省文物研究所。墓誌的出土情況、墓誌拓片圖版及録文,見河南省文物研究所、安陽縣文管會《安陽北齊和紹隆夫婦合葬墓清理簡報》,《中原文物》1987年第1期。《新中國出土墓誌》河南卷(壹)收有圖版和録文(圖版見上册頁430,録文見下册頁399—400)。

元華死於北齊後主武平四年(573),年六十四,則其生年當在北魏宣武帝永平三年(510)。元華比其丈夫和紹隆小十七歲。元華之死晚於和紹隆五年,此時和士開已經被殺,而和氏家族地位依然顯赫,故得與和紹隆合葬,墓誌文字滿篇盛譽。

墓誌追述家世,七世祖爲北魏昭成帝(拓跋什翼犍),其下缺六世祖及高祖,曾祖拓跋步大迴、祖元昭顯、父元堅,均不見於史。

誌文用典繁密,反映了當時的文風。如“雖國曰虞賓,而家猶宋子”句,虞賓,指堯子丹朱,喻元華由魏入齊,“宋子”典亦同義。“百兩有行”,指元華出嫁而有婦德。《詩·召南·鵲巢》:“之子於歸,百兩御之。”在這些用典中,特別值得注意的是,有些典故似乎來自東晉南朝。比如“庭羅芝玉”,典出東晉謝安與謝玄的對話,見《世説新語》卷上言語門,又見《藝文類聚》卷八一“蘭”字條引《語林》。而“虞賓”一典,很可能與范曄《後漢書》卷九《孝獻帝紀》贊語(“終我四百,永作虞賓”)有關。據《魏書》卷一二《孝静帝紀》,孝静帝遜位後就口吟范曄此言,元華墓誌的作者極可能用此近典。這就是説,北魏後期至北齊,南朝文獻在北方是流行的,並且成爲北方文化的組成部分。

八三　□忝墓誌

【誌文】

唯大齊武平五年歲次甲午十月戊子朔廿/二日己酉銘記/

君諱忝,字伏保,廣平人。曾祖父涣,字敬洋,魏/伏波將軍,桑乾令。父府天,見犧牛致飾,文豹/由皮,遂懷道養身,優遊終世。君少懷四海之/風,壯挺千里之志,以憁遊不必故鄉,乃爰居/陽信,子孫因家焉。悲夫,人生感化,世去如流,/忽以風燭之期,奄從物改。但福報有存,慶鍾/莫盡,繼襲相傳,誕膺良嗣。其子楷,字難,風流/冠輩,瓌貌超倫,邑号雕龍,鄉名怒虎,忽於大/齊武平五年正月崩於家,年五十四。父子並/葬於無棣溝北。其詞曰:/

光成則滅,物莫常盈,形神空現,影響無名。好/生必去,惡死會來,號天莫補,鐫石留哀。

【疏證】

　　□忝墓誌,1974 年出土於河北省鹽山縣劉范鄉蔡八里村,現藏鹽山縣文保所。出土時誌蓋已佚,而誌文又不書姓氏。墓誌拓片的圖版及相關情況,見王志斌、張長發《河北鹽山出土北齊□忝墓誌》,《文物》1997 年第 7 期。拓片圖版和參考録文見《漢魏六朝碑刻校注》第 10 册頁 51—52。

　　□忝及其子同葬於北齊後主武平五年(574)。□忝死亡時間不詳,其子楷,死於武平五年正月,年五十四,則其生年當在北魏孝明帝正光二年(521)。墓誌贊美□楷文武全才,"邑号雕

龍,鄉名怒虎”,都是誇飾之詞,而前舉王志斌、張長發文誤以爲
“閒居雕龍鄉里”。雖然墓誌稱曾祖父曾經仕於北魏,但是□忝
一家從祖父起,再無仕宦經歷,甚至子孫輩也無官歷可稱。然而
這樣一個全然没有政治背景的家庭,在遷居陽信後,在地方上似
乎還存在一定影響力。這是個值得注意的社會現象。

　　北魏有兩個陽信縣,一屬滄州之樂陵郡,一屬青州之樂陵
郡,後者是劉宋控制青齊時僑置的。本墓誌所提到的陽信,指滄
州樂陵郡的陽信縣。《魏書》卷一〇六上《地理志上》:“陽信,二
漢屬渤海,晋屬〔樂陵〕。治陽信城,有鹽山神祠。”《水經注》卷
九清水條有無棣溝:“無棣溝又東,逕樂陵郡北,又東屈而北
出,……又東南逕高城縣故城南。”□忝父子葬無棣溝北,説明無
棣溝不是樂陵郡和浮陽郡的分界綫,陽信縣境跨至無棣溝以北。
墓誌出土的劉范鄉蔡八里村,東南距劉范鄉駐地范堂鎮 2.6 公
里,古無棣溝自西南向東北從村西通過。

八四　李祖牧妻宋靈媛墓誌

【誌蓋】

齊故李/公宋夫/人墓銘

【誌文】

齊故使持節都督趙州諸軍事衛大將軍趙州刺史大鴻臚卿始平子李公宋/夫人墓誌銘/

夫人諱靈媛,廣平列人人也。昔祉潛玄乙,契受商丘之封;既闡素鳩,湯申景/亳之會。其後疎峰神嶽,導源靈水,銅池九筮之美,玉田五德之珍,杞梓琅玕,/內輔外相,莫不聲存東觀,續著南史。祖弁,吏部尚書,業冠四科,民資嗜慾,身/應十亂,帝藉風水。父維,洛州刺史,服佩仁義,挺握珪璋,時挹椒蘭,俗仰鱗鳳。/夫人遠稟慶靈,近鍾世德,芬芳襲物,光彩映人。縱使朝霞暮雨,比方南國,蓮/灼苕華,弗能加美。兼以窺案圖史,規模保傅,六行四德,不肅而成。織紝綺繪之/巧,組紃絺綌之妙,自擅婉娩之功,無愧葛覃之旨。卒能牢籠衆媛,儀範庶姜,/秦晉匹也,欽我令淑。良人言求宋子,乃疲十駕,夫人爰適華庭,卒登百兩。及/結褵成礼,齊眉展敬,閨壼之內,風教穆如,上下悌恭,中外彝序,共沐仁恩,俱/仰慈則。房中牖下之奠,蘋藻荇菜之虔,肅展清祠,祇奉贊祼。至於比興鸚鵡,/緣情芍藥,皆能掩映左嬪,吞含蔡琰。故柔閑用顯,貞順克脩,初爲梁鴻之妻,/終成文伯之母。宜當上應景福,保此遐齡,而天道芒芒,遽随蘭敗。春秋卅九,/以皇建二年歲次辛巳六月十七日,終於鄴城宣化里。以武平五年歲次甲/午十二月十日,嗚呼,深谷爲阜,巨海成田,

聊鐫翠石,傳諸永/年。其詞曰:/

大功無替,至業方脩,亦白其馬,來客於周。地參魯衛,爵盡公
侯,子孫繁祉,剋/盛箕裘。烈祖特達,朝仰謀猷,顯考英秀,世擅
風流。爰鍾淑女,果号貞柔,德盈/閨闥,譽動河洲。咸恒既著,
魴鯉行求,弊陳五兩,橋設方舟。弟兄是遠,君子爲/仇,何亡何
有,儜俀綢繆。冀憑遐算,金石同侔,交臂俄失,零落先秋。一辭
邑里,/言往山丘,悲風烈烈,素旐攸攸。花開壠樹,水積陰溝,壘
壘孤冢,氣像城樓。/

長子君策,字長謀,司空府刑獄參軍。第二子君明,字仲爽,齊符
璽郎中,卅/九亡,同日祔葬於塋西北。第三子君穎,字叔叡,安
德王開府長史,年卅四/亡,同日祔葬於塋東北。第四子君弘,字
季寬,太尉府行參軍。長女魏穎/川王元斌之世子世鐸。第二女
適博陵崔子信,信太子舍人。第三女適/博陵崔伯友,友梁州騎
兵參軍。第四女齊世宗文襄皇帝第五子太尉公/安德王延宗妃。

【疏證】

　　李祖牧妻宋靈媛墓誌,1975 年出土於河北省臨城縣西鎮
村,墓誌拓片圖版及參考録文,見李建麗、李振奇《臨城李氏墓誌
考》,《文物》1991 年第 8 期。同墓出土的,還有李祖牧墓誌,相
鄰的北齊墓還出土了宋靈媛第三子李君穎的墓誌。請參看李祖
牧墓誌疏證。

　　宋靈媛的祖父宋弁、父親宋維,見《魏書》卷六三《宋弁傳》。
李祖牧墓誌云:"外祖廣平宋弁,魏吏部尚書。"李憲墓誌亦云:
"希遠妻廣平宋氏。"可見李希遠之妻,即宋弁之女,也即宋靈媛
之姑母。故宋靈媛與李祖牧的母親宋氏,既是婆媳,又是姑侄。

宋弁與李憲兩個家族之間的姻親關係相當久遠。《宋弁傳》：
"弁父叔珍，李敷妹夫，因敷事而死。"李敷是李憲的伯父。也就
是説，李憲的姑母嫁宋弁之父（還不知道宋弁是否李氏所生），
宋弁的女兒嫁李憲之子，而宋弁的孫女又嫁李憲的孫子。可謂
世爲婚姻。

　　宋靈媛死於北齊孝昭帝皇建二年（即武成帝大寧元年，
561），四十九歲，則其生年當在北魏宣武帝延昌二年（513），比
李祖牧小兩歲。《北史》卷五六《魏收傳》："安德王延宗納趙郡
李祖收女爲妃，後帝幸李宅宴，而妃母宋氏薦二石榴於帝前。問
諸人莫知其意，帝投之。收曰：'石榴房中多子，王新婚，妃母欲
子孫衆多。'帝大喜，詔收：'卿還將來。'"李祖收乃李祖牧之誤。
史繫此事於北齊文宣帝天保八年（557）與十年（559）之間，宋靈
媛年在四十五歲左右。

　　李祖牧墓誌記其子女，凡有八子，第四子以後皆爲庶子。李
君穎墓誌記其諸弟，亦有第五至第八弟。而宋靈媛墓誌只記四
子四女，第五至第八子闕如。庶出的四個兒子，都没有進入宋靈
媛墓誌。

八五　李祖牧墓誌

【誌蓋】

齊故趙/州李史/君墓銘

【誌文】

齊故大鴻臚卿趙州刺史李君墓誌銘/

君諱祖牧，字翁伯，趙郡平棘人也。昔庭堅邁種，梗概著於虞謨；伯陽執玄，糟粕/存乎關尹。先民陶其真範，後昆景其遺迹，繁祉餘慶，剋萃本枝。揰鍾迥鼎，人物/世濟，東都愧夫五公，西京謝其七葉。祖尚書令、儀同、文靖公，大言大德，提衡一/時，事蘊丘山，聲溢絃管。父主簿君，雅實清徽，激揚流俗，命均回鯉，有志無時。君/資神川寶，擢秀門户，幼而不群，異乎公族。夙遭不造，早闕過庭，夫人黃鵠成歌，/柏舟在詠，倚門徙宅，慈勖具舉。君亦蔽蚊嘗吐，理極溫清，閨幃肅雍，人無閒議。/加以耕耨情性，砥礪衿抱，丹膌糅而爲質，繡藻會以成文。公府欽風，屢加旌帛。/釋褐開府參軍事，轉司徒府墨曹參軍，除襄威將軍，轉太尉府外兵參軍，襲爵/濮陽伯，加宣威將軍，又遷司徒府中兵參軍事。君雅懷高尚，志恬纓冕，進取之/間，特非其好，每所遷歷，久不移班，自我得之，亦無悶也。晚除太子洗馬，尋遷彭/城太守。方事推請，竟不述職，議者多之，以爲稱首。依例降伯，爲始平子，除冠軍/將軍，又除衛將軍，皆常級也。後授太尉府諮議參軍事。君氣調清夷，風猷允塞，/剛亦不吐，直而能遂，約言顧行，崇仁篤禮，門訓家誥，率由義方，輕財重士，好賙/能散，鄰里待以自資，姻族望而舉火。逮索魚興感，風樹成悲，瘡巨愈遲，殆至於/

盡,絕水泣血,比禮更輕,馴兔栖鳩,爲徵已薄。冀脣眉壽,永弘規鑒,天道不弔,奄/随化遠。以天統五年歲次己丑七月五日,薨於鄴城宣化之里舍,時年五十九。/詔贈使持節、都督趙州諸軍事、衛大將軍、趙州刺史、大鴻臚卿,禮也。以武平五/年歲次甲午十二月十日,歸窆於先夫人舊兆北六十步。恐山移谷徙,豁和見/日,聊銘貞石,志此窮泉。其詞曰:/

毛羽由穴,德業有門,必復其始,實在公孫。如蘭是馥,似玉斯溫,藝脩行舉,實厚/名尊。一捐野服,屢降王言,志全恬淡,情喪簪軒。驚飈不息,隙駟常奔,小年未暮,/大夜俄昏。叡情悼軫,加葬崇恩,哀哥夕引,榮衛晨屯。疎燕寒壟,蕭瑟窮原,未聞/可作,空歎埋魂。外祖廣平宋弁,魏吏部尚書。夫人廣平宋,父維,魏洛/州刺史。長子君策,字長謀,司空府刑獄參軍。第二子君明,字仲爽,齊符璽/郎中,卅九亡,同日祔葬於塋西北。第三子君穎,字叔叡,安德王開府長史,年/卅四亡,同日祔葬於塋東北。第四子君弘,字季寬,太尉府行參軍。庶第五子/君亮。庶子君華,染道。庶子君盛。庶子君褒。長女魏穎川王元/斌之世子世鐸。第二女適博陵崔子信,信太子舍人。第三女適博陵崔伯友,友/梁州騎兵參軍。第四女齊世宗文襄皇帝第五子太尉公安德王延宗妃。

【疏證】

李祖牧墓誌,1975 年出土於河北省臨城縣西鎮村,墓誌拓片圖版及參考錄文,見李建麗、李振奇《臨城李氏墓誌考》,《文物》1991 年第 8 期。與李祖牧墓誌同墓出土的,還有李祖牧妻宋靈媛墓誌,相鄰的北齊墓還出土了李祖牧的第三子李君穎的墓誌。據《臨城李氏墓誌考》，這片北齊墓地有墓四座，其中2號墓是李祖牧夫婦合葬墓，4號墓是李君穎墓。據李祖牧夫婦墓誌，李祖牧夫婦合葬墓，位於"先夫人舊兆北六十步"，而李君穎墓位於李祖牧夫婦合葬墓"塋東北"，李君明墓則位於李祖牧夫婦合葬墓"塋西北"。因此可以肯定，1號墓是李祖牧的母親宋氏之墓，而3號墓就是李君明之墓。李君明與父母及弟李君穎同日營葬，3號墓理應也有墓誌，清理中似尚未見到。李祖牧的母親宋氏下葬較早，不知是否有墓誌。

李祖牧的祖父李憲的墓誌，於清代同治九年（1870）、十年（1871）間出土於趙州，拓片圖版收入趙萬里《漢魏南北朝墓誌集釋》（圖版二九二），録文見趙超《漢魏南北朝墓誌彙編》（頁328—332）。據李憲墓誌，李祖牧的父親李希遠是李憲的嫡長子（李長鈞雖爲長子，但庶出），"字景沖，州主簿，少喪"。《魏書》卷三六《李順傳》，李憲爲李順孫，襲父爵濮陽侯，降爲伯，"〔孝昌〕三年秋，憲女婿安樂王鑒據相州反。靈太后謂鑒心懷劫脅，遂詔賜憲死，時年五十八。永熙中，贈使持節、侍中、都督定冀相殷四州諸軍事、驃騎大將軍、儀同三司、尚書令、定州刺史，謚曰文静"。李憲墓誌亦稱"乃贈使持節、侍中、都督定冀相殷四州諸軍事、驃騎大將軍、定州刺史、尚書令、儀同三司，謚曰文静"，與李祖牧墓誌所謂"祖尚書令、儀同、文靖公"，完全相合。

李祖牧墓誌稱："襲爵濮陽伯，……依例降伯，爲始平子。"而《魏書》稱"〔希遠〕子祖悛，襲祖爵，齊受禪，例降"，顯然"祖悛"爲"祖牧"之誤。墓誌記祖牧"第四女齊世宗文襄皇帝第五子太尉公安德王延宗妃"，而《北齊書》卷三七及《北史》卷五六之《魏收傳》，皆云"安德王延宗納趙郡李祖收女爲妃"。李祖收亦爲李祖牧之誤。這兩點趙萬里先生據李憲墓誌已有考辨，今李祖牧墓誌既出，遂爲確論。《北史》卷三三《李順傳》云："〔李祖牧從弟〕祖勳叔騫女爲安德王延宗妃。"今據李祖牧墓誌，知《北史》誤。

李祖牧死於北齊後主天統五年（569），年五十九歲，則其生年當在北魏宣武帝永平四年（511）。李憲死於孝明帝孝昌三年（527），墓誌寫刻於東魏孝靜帝元象元年（538），李憲墓誌説李希遠"少喪"，照理李希遠之死，應當是在李憲死前。李祖牧墓誌稱"夙遭不造，早闕過庭"，可見李祖牧幼年時其父希遠已死。

李祖牧墓誌稱其郡望"趙郡平棘"，而李憲墓誌稱"趙國柏仁"。"柏仁"或作"柏人"。平棘屬趙郡，柏仁屬南趙郡。北朝之趙郡李氏，或云出自柏人，或云出自平棘。李祖牧墓誌雖稱平棘，但其葬地却在柏人縣境内，故李憲的家族居住地很可能本來就在柏人，而不在平棘。

李祖牧夫婦及其兩子，同日下葬。而李祖牧、宋靈媛、李君穎三人，雖死亡時間前後不同，但都死於鄴城宣化里。可見遷鄴以後，李祖牧一家居住宣化里，死後也没有急於歸葬家鄉，而是隔了很多年，纔一次性歸葬於柏人縣。

八六 李君穎墓誌

【誌文】

齊故開府長史李君墓誌銘／

君諱君穎，字叔叡，趙郡平棘人。自潛功柱下，尼父比其龍德；論兵泜上，／韓信推曰人師。靈貺逴長，風流緬邈，英賢踵武，世德無窮。祖主簿，踐蹈／規矩，組織仁義，陶冶縉紳，鼓動流俗。父趙州史君，志侔金石，操擬冰霜，／匡政庇民，所莅稱美。君擢質藍田，少蘊十城之價；生於丹穴，自有五色／之毛。崖岸孤竦，神衿儁秀，重然諾於百金，輕杖策於千里。曾倒蔡邕之／屍，屢載傅玄之車。先達許其致遠，後生以爲領袖。於是盛名歆介，不速／而達。戔戔玉帛，賁我丘園。釋褐開府主簿，轉從事中郎，仍轉長史。雖董／幼宰之懇懃，張子綱之清直，以我方之，軌躅非遠。宜應上善，以窮人爵，／未移亭午，奄墜虞淵。以大齊武平四年歲次癸巳六月五日，終於宣化／里，春秋卅四。以武平五年歲次甲午十二月十日，歸祔於先君趙州使／君塋東北。將恐佳城見日，陵谷貿遷，用鐫芳烈，置彼幽埏。銘曰：／

漳水東注，恒山北跱，川岳昞靈，世出奇士。鳳雛龍胤，雲興颺起，如珪如／璋，光映圖史。爰挺英哲，夙標奇度，志識開通，風神警悟。文輕百上，學精／五蠹，朝野所瞻，交遊取慕。一投幕府，三降絲綸，齊蹤機伯，比迹仙民。以／茲淑美，方作謀臣，忽隨晨露，誰論輔仁？卜云其吉，將歸山阜，風翻旌旆，／霧昏墻柳。哀結宗姻，悲深故友，春蘭秋菊，傳芳不朽。／

先夫人廣平宋，父維，魏洛州刺史。兄君策，字長謀，司空府刑獄參軍。/第二兄君明,字仲爽,齊符璽郎中,同日葬於塋西。第四弟君弘,字季/寬,太尉府行參軍。第五弟君亮,字幼德。第六弟君華,出家染道。/第七弟君盛,字稚昌。第八弟君褒,字季□。姊適魏潁川王元斌之/世子世鐸。第二姊適博陵崔子信,信太子舍人。第三姊適博陵崔/伯友,友梁州騎兵參軍。第四妹齊世宗文襄皇帝第五子太尉公安/德王延宗妃。第二兄子胤叔。長兄女適齊神武皇帝孫/永安王茂則妃。第四弟子胤伯繼後。

【疏證】

李君穎墓誌,1975 年出土於河北省臨城縣西鎮村,墓誌拓片圖版及參考録文,見李建麗、李振奇《臨城李氏墓誌考》,《文物》1991 年第 8 期。與李君穎墓相鄰的北齊墓,有李君穎的父母合葬墓,出土了其父李祖牧和其母宋靈媛的墓誌各一合。請參看李祖牧墓誌、宋靈媛墓誌疏證。

李君穎死於北齊後主武平四年(573),年三十四,則其生年當在東魏孝靜帝興和二年(540)。墓誌没有説他是否婚娶,但他以"第四弟子胤伯繼後",看來本無子息。

李君穎"長兄女適齊神武皇帝孫永安王茂則妃",其長兄即李君策。永安王茂則,即高準。《北史》卷五一《齊諸宗室王上・神武諸子》:"永安簡平王浚字定樂,神武第三子也。……無子,詔以彭城王浟第二子準字茂則嗣。……彭城景思王浟字子深,神武第五子也。"可見高準是高浟之子,出繼高浚,故襲爵永安王。李君穎的家族與北齊帝室聯姻密切。《北史》卷三三《李順傳》:"〔李祖牧從弟〕孝貞從姊則昭信皇后,從兄祖勳女爲廢帝濟南王妃,祖欽女一爲後主娥英,一爲琅邪王儼妃,祖勳叔

騫女爲安德王延宗妃。諸房子女，多有才貌，又因昭信后，所以
與帝室姻媾重疊。”“祖勳叔騫”當作祖牧。《北史》漏列了李君
策女嫁高準。

八七 可朱渾孝裕墓誌

【誌蓋】

齊故僕射/司空公扶/風王可朱/渾墓誌銘

【誌文】

齊故尚書右僕射司空公可朱渾扶風王墓誌銘/

王諱字孝裕，太安郡狄那縣人也。昔夏后御天，大啓磐石，本/枝旁秀，遂雄朔野。周圖漢策，韞耀騰華；魏鍾晋鼎，重金累緩；克/復大風，古今一也。祖買奴，魏儀同三司，朔夏二州諸軍事，朔州/刺史。父道元，假黄鉞、太宰、太師、司空公、司徒公、并州刺史、扶風/王。王龍種鳳毛，幼而表異，雄姿雅略，直置高遠。物議所歸，時無/二論。以勳門之胤，釋褐員外散騎侍郎。雍容省闥，獨標俊美。尋/除若曷直蕩第二副都督、直齋，食南營州新昌縣幹。河清元年/十二月中，襲扶風郡王。振曜羽儀，實光朝望。又除直閤將軍。/天統四年二月中，除儀同三司。其年五月，進位開府。既偕槐棘，/賓衛盈門，鄧騭之榮，我爲嗣美。尋別封膠州東武縣開國侯，食/邑八百戶。茅社之錫，朝野榮之。五年，除武衛大將軍，食晋州南/絳郡幹。武平四年正月中，除右衛大將軍。爰處禁戎，兼督驍武，/英杰之氣，足冠時雄。俄而江湖不静，僣楚放命。爰召虎臣，揚旌/討撲。王披堅執鋭，親率旗鼓，箕張翼舒，左嬰右拂，思欲顧盼而/平隴蜀，欻唾而蕩荆揚。時不利兮，奄同遂古。以大齊武平五年/五月十一日薨於揚州之地，春秋年卅八。神骸不反，魂氣空歸。/群帥懷温明之德，一人愍勤王之效，詔贈使持節、都督常安/平南北二營五州諸軍事，尚書

右僕射,司空公,常州刺史,開國、/王如故。以武平七年五月戊
寅朔七日甲申,葬於鄴城西廿里/野馬崗。恐陵谷易遷,市朝遞
變,刊勒貞堅,以彰不朽。其詞曰:/
自天生德,爰挺英賢。風聲鬱起,珪綬蟬聯。高門厚地,踵武光
先。/荆吳背誕,歿彼遐邊。皇情悼惜,贈鉉加焉。轜行原野,旐
揚荒/田。長松照月,高壠凝煙。從今一往,動歷千年。

【疏證】

　　可朱渾孝裕墓誌,出土時間地點不詳,現藏河南省許昌市民
間,墓誌録文見羅新《跋北齊〈可朱渾孝裕墓誌〉》,《北大史學》
第八輯①頁 135—151。拓片圖版見《文化安豐》頁 369。

　　可朱渾孝裕,兩見正史,而誌文僅存其字,可見當日以字行。
其父道元,《北齊書》與《北史》都有傳,舊《北齊書》各本“道元”
多有誤作“通元”者②,今得此墓誌,足爲鐵證。可朱渾氏首先見
於史籍,是在十六國時期的慕容諸燕。慕容儁、慕容暐皆以可朱
渾氏爲后,可見可朱渾氏是慕容氏的姻族,在慕容集團中居於重
要地位。《元和姓纂》引《前燕録》,謂前燕有散騎常侍可足渾
恒,後燕有城陽太守新汲侯可足渾健,健子譚,新平公③;宋王應
麟《姓氏急就篇》卷下,亦舉燕有可足渾譚;《魏書》提到北燕有
大將渴燭通,即“渴燭渾通”之省。可朱渾氏在慕容集團的這種
地位,説明其與慕容氏一樣,本屬於遼東鮮卑集團。

<hr />

① 《北大史學》第八輯,北京大學出版社,2001 年。
② 《北齊書》卷九《可朱渾元傳》,中華書局,1972 年,頁 376、頁 380 校勘記[2]。
③ 《元和姓纂》卷六,頁 965。案鄭樵《通志·氏族略》謂前燕有散騎常侍可足渾常,
　　此可朱渾常與可足渾恒,應當是同一個人。

可朱渾氏起自東部鮮卑的慕容集團，入魏以後至少有一支因戍六鎮而家於懷朔，可朱渾道元便出於這一支。可朱渾道元的父親是可朱渾昌，字買奴。可朱渾道元的兒子有長畢、長威，長畢即墓誌中的可朱渾孝裕。這一家在北齊的六州（或曰九州）勳人僑州郡的體系中，被編入朔州太安郡狄那縣。

墓誌叙可朱渾孝裕歷官，起家員外散騎侍郎，爲集書省散官，此後全都是在禁軍供職。從若曷直蕩第二副都督、直齋之禁軍中級軍官，歷經直閣將軍、武衛大將軍這樣的禁軍高級將領，最後做到右衛大將軍，已經是僅次於領軍的禁軍統帥了。東魏北齊特重禁軍，禁軍兵源依靠所謂"九州勳人"，即六鎮内遷的鎮民。墓誌説可朱渾孝裕"爰處禁戎，兼督驍武，英杰之氣，足冠時雄"，這其實是多數六鎮後裔共同的人生之旅。而可朱渾孝裕本人，就以禁軍將領的身份，參加了對陳的戰爭，壽陽之役兵敗被俘，死於建康。

墓誌云："俄而江湖不静，儈楚放命。爰召虎臣，揚旌討撲。"這是指陳將吳明徹所領導的對北齊淮南地區的北伐，時間是陳宣帝太建五年、北齊後主武平四年（573）。

根據墓誌，可朱渾孝裕爲右衛大將軍，在武平四年"五月中"。這一年五月朔丙寅，而五月上旬，瓦梁城（己巳）、廬江郡城（甲戌）都已經爲陳軍所克，隨後，沿江重鎮歷陽（丙子）、齊昌（乙酉）也先後失落，戰局一邊倒。這個時候孝裕昇遷，其背景應當是北齊的一次援救行動。墓誌説："王披堅執鋭，親率旗鼓，箕張翼舒，左嬰右拂，思欲顧盼而平隴蜀，欬唾而蕩荆揚。"可朱渾孝裕大概屬於較早的援軍，故得入壽陽城。墓誌文字顯示，孝裕及其所部還没有投入到淮南戰場上，就被圍困在壽陽城内。

吳明徹大軍於七月攻克壽陽外城，此後，圍困壽陽城兩個半月，十月乙巳日，城潰，"生禽王琳、王貴顯、扶風王可朱渾孝裕、尚書盧潛、左丞李騊駼，送京師"①。墓誌説"時不利兮，奄同遂古"，就是指孝裕做了俘虜、未能生還的事實。

壽陽俘虜中，王琳被殺於淮南，後梟其首於朱雀航。其餘諸人，命運各不相同。關於壽陽被俘的北齊文武官員，以《北史·盧潛傳》記載最爲清楚："壽陽城中青黑龍升天，城尋陷。潛及行臺僕射王貴顯、特進巴陵王王琳、扶風王可朱渾孝裕、武衞將軍奚永樂、儀同索景和、仁州刺史酈伯偉、霍州刺史封子繡、秦州刺史高子植、行臺左丞李騊駼等督將五十八，軍士一萬皆没焉。陳人殺王琳，餘皆囚於東冶。"②與《陳書·吳明徹傳》比較，多出了很多，這是因爲《北史》所記，包括了淮南戰役中各個戰場的被俘人員，如仁州刺史酈伯偉、霍州刺史封子繡、秦州刺史高子植，都是在各自的州城陷落時被俘的。這些俘虜到了建康之後，都被關押在東冶。

墓誌説可朱渾孝裕"神骸不反，魂氣空歸"，是指孝裕的屍體未能北返，這個墓只是個衣冠冢。據《北史·盧潛傳》，盧潛"於是閉氣而絶，其家購屍歸葬"，其屍體是回到北方了的。可朱渾孝裕身爲貴族，可朱渾氏必定也出力"購屍"，未能成功的原因，大概是由於死亡方式不同。這裏也可以看出，南朝政權對待華夏舊門和對待鮮卑人，是有區別的。

墓誌云："詔贈使持節、都督常安平南北二營州五州諸軍事、尚書右僕射、司空公、常州刺史。"齊置常州不見於史，疑其爲齊

①　《陳書》卷九《吳明徹傳》，中華書局，1972年，頁162。
②　《北史》卷三〇《盧潛傳》，中華書局，1974年，頁1085—1086。

末所置，升常山郡而爲常州。常山郡本屬定州。由於六鎮内遷鎮民進入華北後，最先屯聚於定州，其後定州英雄城更成爲鎮民世居之地，東魏、北齊有六鎮背景者視定州刺史爲佳選，生前樂爲其職，死後願得榮贈。在這種情況下，從定州中分出常州，可能也是爲了要適應這一需要。

　　根據墓誌，可朱渾孝裕"葬於鄴城西廿里野馬崗"。野馬崗的位置，在鄴城以西偏南的高壠上。《北史》記載魏廢帝（安定王）元朗死後，"葬於鄴西南野馬崗"①。北齊墓誌中以野馬崗一帶爲葬地者，例證甚多。孝裕衣冠冢營葬的時間，是"武平七年五月戊寅"，距孝裕之死已有兩年。這兩年間，可朱渾家可能期望能得到他的屍體。可是"神骸不反，魂氣空歸"，只好以衣冠下葬。野馬崗這一帶，也許是可朱渾家族墓地所在。

　　武平七年（576），也就是隆化元年。這一年十月，周武帝發動了滅齊的戰爭。到年底，齊後主禪位皇太子，改元隆化。改元後不到一個月，周師入鄴，北齊滅亡了。可朱渾孝裕衣冠冢營葬的時候，去北齊崩潰只有半年了。

―――――――

① 《北史》卷五《魏本紀》，頁169。

西魏北周

八八　侯義墓誌

【誌文】

魏故侍中司徒武陽公之孫燕州/刺史之子太師開府參軍事墓誌/
君諱義,字僧迦,燕州上谷郡居庸/縣人也。侍中、司徒、武陽公
之孫,燕/州使君淵之子。孝友爲性,明敏自/天,幼而喪父,事母
盡養。解褐太師/開府參軍事。年十有五,遘疾而夭。/以大統
十年歲次甲子五月甲申/朔廿六日己酉,葬於石安縣孝義/鄉崇
仁里。有苗不秀,未芳而息,悲/夫,鑴石銘記。/
侯僧迦墓誌

【疏證】

侯義墓誌,或名侯僧迦墓誌,1984 年出土於陝西省咸陽市
渭城區窯店鄉胡家溝村北。墓誌拓片圖版見咸陽市文管會、咸
陽博物館《咸陽市胡家溝西魏侯義墓清理簡報》,《文物》1987 年
第 12 期。圖版及錄文,又可見《咸陽碑石》頁 1—2 以及《新中國
出土墓誌》陝西卷(壹)上冊頁 19、下冊頁 16。原誌石上,誌主
名、字似被改刻過,今作"君諱義,字僧迦",而原作"君諱剛,字
乾之"。看來墓誌撰作者只知侯剛,不了解誌主,刻寫者一仍其
誤,到後來纔發現錯誤,改刻成墓主名、字。

侯義是侯剛的孫子,侯淵的兒子。《魏書》卷九三《恩倖
傳・侯剛傳》:"侯剛,字乾之,河南洛陽人,其先代人也。……
剛寵任既隆,江陽王繼、尚書長孫稚皆以女妻其子。……永安
中,贈司徒公。"侯剛以善於烹飪而發迹富貴,典掌北魏宮廷膳食

長達三十年。侯義的兩個兒子，侯詳娶江陽王繼女，即元叉之妹，另一個兒子侯淵，則娶長孫稚女。《魏書》卷二五《長孫嵩傳》附《長孫稚傳》："世宗時，侯剛子淵，稚之女婿。"侯義的母親，應當就是長孫稚之女。

《魏書》卷一一三《官氏志》："胡古口引氏，後改爲侯氏。"獻文帝第一品嬪侯夫人墓誌①："夫人本姓侯骨，其先朔州人，世酋部落。其遠祖之在幽都，常從聖朝，立功累葉。祖侯萬斤，第一品大酋長。考伊莫汗，世祖之世，爲散騎常侍，封安平侯，又遷侍中尚書，尋出鎮臨濟，封日南郡公。孝文皇帝徙縣伊京，夫人始賜爲侯氏焉。"侯骨，即胡古口引之異譯。文成帝南巡碑碑陰題名有不少姓斛骨的，疑亦是侯骨之異譯。侯剛既爲代人，與侯夫人應屬同族。其姓氏定於孝文，名、字則定於宣武。據《侯剛傳》，侯剛富貴以後，曾努力改變自己代人的身份，攀附上谷侯氏，改變郡望和籍貫："剛以上谷先有侯氏，於是始家焉。"侯剛墓誌云："上谷居庸人也。其先大司徒霸，出屏桐川，入釐百揆，開謀世祖，道被東漢。"②這已經是全面改造家族世系了。侯義墓誌自稱"燕州上谷郡居庸縣人"，便是這一努力的成果。

侯義營葬之年，應即其夭死之年，即西魏文帝大統十年（544），十五歲，則其生年當在北魏孝莊帝永安三年（長廣王曄建明元年，530）。墓誌説侯義"幼而喪父"，不知何時，很可能在孝武帝西遷之前（侯義五歲以前）。侯義的外祖父長孫稚在孝武出逃之後，也"攜持妻子"③西逃。侯義的母親這時應當依隨

① 趙超：《漢魏南北朝墓誌彙編》，頁42。
② 同上，頁188—190。
③ 《周書》卷四三《李延孫傳》，中華書局，1971年，頁774。

父親,侯義從而進入西魏。長孫稚是西魏第一任太師,而侯義以幼兒而"解褐太師開府參軍事",恐怕也是在這個時候。

關於"解褐太師開府參軍事",據北魏孝文帝太和二十三年(499)《職令》,"二大、二公參軍事"爲第七品上階①。其中,二大是指"大司馬、大將軍",什麼是"二公"呢? 一般説來,"太師、太傅、太保"爲三師,"太尉、司徒、司空"爲三公。北魏的三師又被稱爲"上公"②。參考繼承北魏制度的北齊制度,其三師、二大、三公府僚佐的設置及其品階都是相同的③。在這樣的情況下,我們推測北魏所謂"二公"可能是指被稱爲"上公"的三師以及三公中太尉和司徒的合稱。若此,侯義所任太師開府參軍事爲第七品上階。

侯義於西魏大統十年"葬於石安縣孝義鄉崇仁里"。石安縣,後趙"石勒置"④,由墓誌出土地可以確知孝義鄉崇仁里之位置。王仲犖《北周地理志》卷一《關中》雍州咸陽郡石安縣條稱其地在今陝西涇陽縣城關。

---

① 《魏書》卷一一三《官氏志》,頁 3000。
② 《魏書》卷一一三《官氏志》,頁 2993。
③ 《隋書》卷二七《百官志中》,中華書局,1973 年,頁 751,僅司徒府"加有左右長史"。
④ 《魏書》卷一〇六下《地形志下》,頁 2608。

八九　韋彧妻柳敬憐墓誌

【誌文】

魏故使持節撫軍將軍豫雍二州刺史陰槃縣開國文烈公/韋彧妻
澄城郡君柳墓銘/

君諱敬憐,河東南解人也。祖諱師子,鷹揚將軍、襄陽男,父諱/
文明,州主簿。玄流復古,大寶今月,情鑒資愛,難与爲儔。心
同/清敬,非遠如近,肅邕禮盡,鏘鏘之吉。不潔錡宮,怒焉之灑,
言/容琬琰,瀍中垂則。楚韻珪璋,飈飈辣翰,負璧衣而臨玉炫,
葛/葦之要,珠不無光,有因心孝第,義然迺爲,思姑後事,芳熏
旦/滅,青蘋夕彤,白雲之森漫,含天山之江川,及水積桐源,淮
海/連淖。外政不入,憙愠無形,内工宣理,嘉幃清婉。垂琮璀
粲,綠/緓綢繆,纖紝組釗,習而能駃。膺攝雲埠,會同歸闕,訓出
乾坤,/母儀範宸。方聯光于玉帛,齊簪蟬於萬國,大統十五年己
巳/冬十一月十九日癸酉,春秋七十三,薨。庚午歲春正月,封
澄/城郡君。二月四日甲申,合葬杜陵舊兆洪固鄉疇貴里。/

長子車騎將軍、廷尉卿、陰槃縣開國男、頻陽縣開國侯彪,字
道亮。/

亡第二子郡功曹、撫軍府記室參軍、兼別駕曄,字道夏。/

亡第三子安西將軍、通直散騎常侍、葰安伯融,字道昶。/

亡第四子持節、車騎將軍、晉雍二州刺史、元壽縣開國男熙,字
道昇。/

第五子持節、征西將軍、帥都督、山北縣開國男兔,字道泰。/

亡第六子本州主簿、冠軍將軍、中散大夫曅,字道颺。/

第七子大丞相府參軍都督龠，字道諧。/

亡長女伯英，適隴西辛粲，州主簿、別駕、北地太守、秦州刺史。/

第二女仲英，適清河崔彥道，大鴻臚卿、行淅州刺史。/

亡第三女季英，適河東柳皓，鎮遠將軍、相府參軍。

【疏證】

　　韋彧妻柳敬憐墓誌，1998 年出土於陝西省西安市長安縣韋曲北原，墓誌録文附見周偉洲、賈麥明、穆小軍《新出土的四方北朝韋氏墓誌考釋》，《文博》2000 年第 2 期。墓誌拓片圖版和録文又見《漢魏六朝碑刻校注》第 8 册頁 213—214。與柳敬憐墓誌同墓出土的還有其夫韋彧墓誌，鄰近一墓則出土了其子韋彪夫婦墓誌，皆收入本書，請參看。

　　柳敬憐死於西魏文帝大統十五年（549），七十三歲，其生年當在北魏孝文帝太和元年（477）。

　　柳敬憐比韋彧小兩歲，韋彧於北魏孝明帝孝昌元年（525）死後，她又生活了二十四年。兩人的下葬也相隔二十四年。韋彧夫妻墓誌都於誌末詳載子女情況，但除了次子韋曄以外，都不相同，反映二十四年之後子女情況已有了很大變化。據韋彧墓誌，次子韋曄，"字道夏，本郡功曹、州撫軍府記室參軍、州別駕"，"其年十二月四日亡，即以十二日在使君玄宮之左掖"。韋曄可能死在韋彧之前，故下葬也早於韋彧。韋彧墓誌中，第三子以下，都没有官位，説明韋彧死時，第三子以下，都還没有出仕。到柳敬憐墓誌中，除韋彪之外的五個兒子都已出仕，具有官稱和爵位。韋彧墓誌不提女兒，可能都還年幼。柳敬憐墓誌中，三個女兒也已嫁人，故詳記其夫家情況。

柳敬憐死後得封澄城郡君，應當與其長子韋彪身居高位有關。

九〇　謝婆仁墓誌

【誌文】

大統十六年七月九日/謝婆仁銘住在謝/營中

【疏證】

　　謝婆仁磚質墓誌,1991 年出土於陝西省咸陽市陝西省郵電學校内。拓片圖版及參考録文見劉衛鵬《咸陽西魏謝婆仁墓清理簡報》,《考古與文物》2003 年第 1 期。

九一　韋彪妻柳遺蘭墓誌

【誌文】

車騎大將軍、廷尉卿、儀同三司、頻陽/縣開國侯京兆韋彪妻河東郡南解/縣柳遺蘭之墓銘。銘曰：

閉山原隱，皇夾將爲，風烟如閼，萬禄灰塵。何□/飛止，遊之蒼梧，豈會分古爲今，合骨/不遠也。雲霞卷舒，蔡滅空然，非欲人/之聞見。何求貫見，合於禮哉！搔骨痛/之，不知瘓非栖神含房也。尋天只尺，/動容虔力，何事流仁，湊惻而爲也。無/迺彪誌焉，二年二月廿日甲申。/妻父璨，元璋，雍州長史、行州事、相/州中山王長史、行州事、征虜將軍、正/平太守、安陽伯。息女輝親，年卅八，適/魏氏，使持節、車騎大將軍、儀同三司、/大都督、盧鄉縣開國侯魏景昌。

【疏證】

　　韋彪妻柳遺蘭墓誌，1998 年出土於陝西省西安市長安縣韋曲北原，墓誌録文附見周偉洲、賈麥明、穆小軍《新出土的四方北朝韋氏墓誌考釋》，《文博》2000 年第 2 期。墓誌拓片圖版和録文又見《漢魏六朝碑刻校注》第 8 册頁 224—225。與柳遺蘭墓誌同墓出土的還有柳遺蘭之夫韋彪墓誌，鄰近一墓則出土了韋彪父母韋彧及妻柳敬憐墓誌。請參看韋彪、韋彧、柳敬憐墓誌疏證。

　　柳遺蘭死亡時間不詳，其營葬事務由其夫韋彪主持，而韋彪墓誌記韋彪死於北周明帝武成二年（560），故可以肯定，柳遺蘭

死在北周明帝武成二年之前。據韋彪母柳敬憐墓誌，柳敬憐下
葬之年，韋彪官爵爲“車騎將軍、廷尉卿、陰槃縣開國男、頻陽縣
開國侯”。柳遺蘭墓誌中，韋彪的官爵爲“車騎大將軍、廷尉卿、
儀同三司、頻陽縣開國侯”，顯然時間在柳敬憐死後。故柳遺蘭
之死，必在西魏文帝大統十六年（550）之後。柳遺蘭墓誌云下葬
時間爲“二年二月廿日甲申”，二十日爲甲申，則月朔爲乙丑朔。
據陳垣《二十史朔閏表》，大統十六年（550）之後，北周明帝武成
二年（560）之前，没有一個二月朔乙丑。案大統十七年，即西魏
廢帝元年（552），十一月乙丑朔。因此，懷疑二月當作十一月。
這一年歷史上稱爲廢帝元年，而實際上前一年三月廢帝即位，不
建年號，當時人以次年爲廢帝二年，也可以理解。

九二　拓跋育墓誌

【誌文】

周故淮安公拓跋育墓誌/

公諱育，字僧會，文成皇/帝之曾孫，獻文皇帝之/孫，高陽文穆王雍之第十/子。魏後二年，改封淮安公。/二年二月十七日薨。謚曰/思。二年十月十二日葬於/小陵原。/

周二年十月十二日

【疏證】

　　拓跋育墓誌，據説 1982 年出土於陝西省長安縣大兆鄉小兆寨與西曹村之間的土壕，首見祥生《長安發現北魏獻文皇帝之孫墓誌》，《碑林集刊》第四輯①。該文附有拓片圖版和録文，並對墓誌内容、拓跋育身世作了研究探討。

　　《魏書》卷二一上《獻文六王上·高陽王雍傳附雍諸子》，謂"彌陀弟僧育，僧育弟居羅。出帝初，……僧育封頓丘縣……僧育走關西，國除"。前舉祥生文據墓誌拓跋育爲元雍第十子，名育字僧會，疑《魏書》誤，甚是。

　　其實拓跋育就是元育。元育是宇文泰建立的八柱國十二大將軍體制中的大將軍之一，見《周書》卷一六卷末、《北史》卷六〇卷末，所謂"使持節、大將軍、大都督、淮安王元育"是也。元育在孝武帝時爵止頓丘縣開國伯，隨孝武帝入關，乃得晉爵爲

---

① 《碑林集刊》第四輯，陝西人民美術出版社，1996 年。

淮安王。《周書》卷二《文帝紀下》："自元烈誅,魏帝有怨言,魏淮安王育、廣平王贊等垂泣諫之,帝不聽。於是太祖與公卿定議,廢帝,尊立齊王廓,是爲恭帝。"元育、元贊名爲大將軍,實際上主要在宮廷活動。元育死於西魏恭帝二年(555),墓誌作於周明帝二年(558)。元育是否正常死亡,史書無可考,墓誌也没有提供任何綫索。

宇文泰於魏恭帝元年復興鮮卑姓氏,元氏復爲拓跋氏,元育遂更爲拓跋育。墓誌稱"魏後二年改封淮安公",其歷史背景可能是宇文泰改革官職的一個環節。次年,即魏恭帝三年(556),仿《周禮》建六官,這和兩年前的復興鮮卑姓氏一起,構成宇文泰晚年整頓政治構造的重要組成部分。宗王降封爲公,應當是服務於這一改革的,但也不排除元育降封作爲孤立事件的可能,因爲他在降封的同年去世,而且其墓誌規格較小、文字簡略,與他的貴族身份很不相稱。

拓跋育葬地之小陵原,即少陵原,位於長安城東南方向、終南山北麓,自古便是灌溉便利的黄土臺原,其地今屬陝西省長安縣。墓誌發現的大兆鄉,便在少陵原上。

九三 獨孤渾貞墓誌

【誌石】

周故使持節柱國大將軍晉原郡開國公獨孤渾貞墓誌銘/

公諱貞,字歡憙。桑干郡桑干縣侯頭鄉隨厥里人。發長源於/二

周,著大功於三晋。茂實世顯於丹書,美聲代揚於鐘鼎。公/稟

玄黄之休祉,苞清白之至性。林宗知其無簡,子將許其有/名。

魏永安二年,從故隴西王尒朱天光西征,時爲別將,出身/楊烈將

軍,轉寧朔,俄授赤逢鄉男。除安康郡守,帶宣城戍主。/來晚繼

音,窺覦止望。加輔國將軍,諫議大夫。乃補都督,封平/氏伯,

邑五百户。大統元年,除咸陽郡守,加平西將軍,改伯爲/公,增

邑五百户。於時關河分岨,戎馬交馳,裹糧坐鉀,無年不/陣。公

每建旗而登高埤,靡旌而摩堅壘。盡殺非止三人,皆獲/豈唯七

戰。大統三年,除持節東秦州刺史,增邑八百户,通前/一千八百

户。入爲武衛將軍,拜衛將軍、右光禄大夫,加散騎/常侍。俄爲

大都督,除洛州刺史,加侍中。大統十三年,除使持/節、車騎大

將軍、儀同三司,增邑三百户,通前二千一百户。十/五年,除驃

騎大將軍,加開府。十七年,除燕州諸軍事、侍中、燕/州刺史。

後封晋原郡公。元年,遷大將軍,除小司空。武成二年/四月十

五日薨於長安,春秋六十一。天子念往績而傷悲,/百僚思遺愛

而掩泣。贈柱國大將軍,謚曰毅公,禮也。公字民/惠信,撫衆均

和,事每令終,交必慎始,故能美譽有聞,大功無/墜。粤以其年

八月五日葬於杜原。恐川阜變革,是用銘之。其/詞曰:

叶兹靈洛,藉此家休,位因功著,名隨行修。光不恒昭,/形無久

留,忽同迅影,翻如駛舟。熒熒易掩,汎汎難收,刊斯泉/石,以誌
風猷。息長威,車騎大將軍,儀同三司,槃川縣開國子。

【誌石左側】

息菩提,應縣開國伯。息祇陁。/息世忠。

【疏證】

　　獨孤渾貞墓誌,1993 年出土於陝西省咸陽市渭城區北杜鎮
成仁村南。墓誌有蓋,但誌蓋無銘文。拓片圖版及參考錄文見
李朝陽《咸陽市郊北周獨孤渾貞墓誌考述》,《文物》1997 年第 5
期。又見《咸陽碑刻》圖 8、頁 385—386。原錄文有誤錄處,今據
圖版補正。

　　獨孤渾貞,不見於史傳,其名見於本書賀蘭祥墓誌。獨孤渾
貞卒於北周明帝武成二年(560),終年六十一歲,則獨孤渾貞生
於北魏宣武帝景明元年(500)。

　　誌文"桑干郡桑干縣侯頭鄉隨厥里人"。桑干郡、桑干縣都
是北魏設置,在北魏後期被廢①。

　　誌文"魏永安二年(529),從故隴西王尒朱天光西征,時爲
別將,出身楊烈將軍,轉寧朔"。"楊烈將軍"即"揚烈將軍","寧
朔"指"寧朔將軍",在北魏太和二十三年(499)《職令》中,二者
分別是正五品上階和從四品下階。而從他在任別將之後又"出
身揚烈將軍"可知,北魏的別將是一種臨時差遣,不是正式的國
家官職,沒有品級,因此不能算獲得出身。這與隋唐作爲國家正
式官職、有品級的別將不同。

---

① 　參王仲犖《北周地理志》北魏延昌地形志北邊州鎮考證,中華書局,1980 年,頁 1060。

誌文"俄授赤逢鄉男"。"鄉男"是北魏爵位之一,但其品級不見於《魏書·官氏志》。《魏書》卷一一一《刑罰志》記載的宣武帝延昌二年(513)的一次討論可以幫助我們理解鄉男在北魏爵制中的位置:"自王公以下,有封邑,罪除名,三年之後,宜各降本爵一等,王及郡公降爲縣公,公爲侯,侯爲伯,伯爲子,子爲男,至于縣男,則降爲鄉男。五等爵者,亦依此而降,至於散男。其鄉男無可降授者,三年之後,聽依其本品之資出身。"由此段可知,鄉男是北魏最低的一等爵位,在縣男與散男之下,是"無可降授者"。太和二十三年《職令》爵位及品級如下表:

郡公	縣公	散公	縣侯	散侯	縣伯	散伯	縣子	散子	縣男	鄉男	散男
一	從一	從一	二	從二	三	從三	四	從四	五	？	從五

從鄉男所處開國五等爵最低一級位置以及上表的遞減規則看,北魏之鄉男有可能位於縣男之下①。

誌文"元年,遷大將軍,除小司空"。這是指北周武成元年(559)三月,"吐谷渾寇邊,庚戌,遣大司馬、博陵公賀蘭祥率衆討之"②。賀蘭祥墓誌:"吐谷渾乘涼州不備,入寇,……武成元年,公受命率大將軍俟呂陵□、大將軍宇文盛、大將軍越勤寬、大將軍宇文廣、大將軍庫狄昌、大將軍獨孤渾貞等討焉",可見獨孤渾貞參與了此次戰役。

墓誌記獨孤渾貞葬於杜原,杜原在北周屬萬年縣③。

---

① 楊光輝:《漢唐封爵制度》,學苑出版社,1999年,頁6,將北魏鄉男列於散男之前,且定爲從五品,當據北齊制度。

② 《周書》卷四《明帝本紀》,頁56。

③ 《庾子山集注》卷一六《周大將軍隴東郡公侯莫陳君夫人竇氏墓誌銘》,北周天和六年(571)"遷葬於咸陽萬年縣之杜原"。中華書局,1980年,頁1048。

九四　賀蘭祥墓誌

【誌蓋】

周故太師/柱國大司/馬涼國景/公之墓誌

【誌文】

□□□持節太師柱國大將軍大都督大司馬十二州諸軍事同州刺史涼國景公賀蘭祥墓誌/

祖諱烏多侯，/

夫人庫狄氏。/

考諱初真，使持節太傅柱國大將軍常山郡開國公。/

涼國太夫人宇文氏，建安郡大長公主。/

公諱祥，字盛樂，河南洛陽人。魏氏南徙，有卅六國，賀蘭國第四焉。肺腑之功，備列□史。公即太祖之甥，/幼遭世亂，長于舅氏。太祖特加慈愛，篤訓倍常。東西王役，未曾暫離。故清水公賀拔岳，方伯關右。于時/太祖龍德在田，攜公以從，岳覩公奇異，引侍左右，即納甥女叱何羅氏，爲公夫人。太祖自夏來赴岳難，/公時在平涼，中路奔逆，具述時事安危大機。太祖了然，曰：“吾意決矣。”因以都督從平侯莫陳悅。魏孝武/入關，以迎駕功，封撫夷縣開國伯，即侍孝武。魏文帝登位，進爵爲侯，除征虜將軍，主衣都統，尋遷領左右，/進爵爲公。大統三年，拜武衛將軍，仍遷右衛將軍。河橋之役，太祖率大軍前行，公翊衛魏帝繼進。戰日，/公力戰先登，大破賊軍。還拜大都督，加散騎常侍，拜使持節、車騎大將軍、儀同三司。從解玉壁圍，邙山之/役，實有力焉。衆軍淪湑，公亦分謗。侯景據潁川告款，公又率騎衆□

圍。還拜驃騎大將軍、開府儀同三司,/改封博陵郡開國公,加侍
中,除三荊襄雍平信江隋二郢淅十二州諸軍事、荊州刺史,拜大
將軍行華州,/又除同州諸軍事、同州刺史,入拜尚書左僕射。六
官建,冊小司馬。周有天下,元年,拜柱國大將軍、大司馬。/吐
谷渾乘涼州不備,入寇,害涼州刺史洞城公是云寶,遂爲邊患。
武成元年,公受命率大將軍俟呂陵□、/大將軍宇文盛、大將軍越
勤寬、大將軍宇文廣、大將軍庫狄昌、大將軍獨孤渾貞等討焉。
路出左南,取其/洪和、洮陽二大鎮,戶將十萬,是渾之沃壤,穀畜
所資,留兵據守而還。渾人併□□逃,不敢彎弓報復,因舉/國告
降,請除前惡,乞尋舊好,使驛相屬,朝廷然後許焉。西境大寧,
寔公之力。軍還,論功封涼國公,邑萬戶。/公稟性溫和、器度弘
廣,自少及長,儼然方正。一生之內,未見以大聲厲色,造次加
人。謙恭謹慎,小心翼翼,/不以寒暑變容,不以疏賤改意。周室
之始,艱難薦及。公左提右契,盡力毗贊,發蹤指授,實居其首。
是以內/外謀謨,軍國兩政,公之所發,每得厥衷,主相憑倚,百寮
屬望。公常歎不能自勤,不能下物。日旰忘食,夜/分忘寢,專以
公事爲任,不以家事經懷。詮授文品,量叙戎將,得者無言荷恩,
□者亦無怨色。孳孳率下,官/屬相化,恥有不及,人人自修。無
問貴賤,爰及蠻貊,聞公言者,未嘗稱厭,覯公行者,未嘗見惡。
信是萬頃之/陂,千仞之宇,方□□九伐,翊平海內。而天道茫
昧,与善無徵。以保定二年歲次壬午二月壬申朔廿七日/戊戌甲
夜,忽遇暴風疾。越人無驗,秦醫駐手。翌日己亥,薨于長安里
第,春秋冊有八。主相震慟,百司出/涕。當薨之日,間巷庶士,
爰及童僕,聞者莫不行哭失聲,咸稱殄悴。古之遺愛,孰曰能加。
庚子,皇上大臨/東堂,文武畢集,禮也。公以懿親當佐命之任,

窮榮極寵卅餘年。臨薨之日，家業疎迥。季文之節，於此方見。/上下同酸，久而不息。詔命有司，監營喪事，凡所資給，加乎恒典。易名既請，降詔曰：故使持節、柱國大/將軍、大都督、大司馬、涼國公祥，雅量沖邃，風猷峻傑，載德如毛，從善猶水。弘仁仗義，非禮不行，故以道著/寰中，譽流海外。方賴親賢，光贊袞職，奄焉不永，朕用傷悼於厥心。即遠戒期，考終有典，宜崇□器，□旌徽/烈。可贈使持節、太師、柱國大將軍、大都督、同岐涇華宜敷寧隴夏靈恒朔十二州諸軍事、同州刺史。封依/舊，諡曰景公。以其年三月辛丑朔廿日辛酉，窆乎洪突原。高岸爲谷，深谷爲陵。爰誌公績，幽顯斯恒。/

夫人叱何羅氏。/

世子敬，字撗折羅，使持節、驃騎大將軍、開府儀同三司、大都督、化隆縣開國侯。/次子讓，字庫莫奚，使持節、車騎大將軍、儀同三司、大都督、西華縣開國侯。/次子粲，字吳提，宣陽縣開國侯。次子師，字契單大，博陵郡開國公。/次子字吐蕃提，次子字厭帶提，次子字丘□提。/

長女嫡拓拔氏，次女嫡達奚氏，次女嫡撿拔氏，次女嫡乙弗氏，/次女嫡拓拔氏，次女嫡豆盧氏，次女嫡大野氏。

【疏證】

　　賀蘭祥墓誌，1965 年出土於陝西省咸陽市周陵鄉賀家村，與其妻劉氏墓誌同地出土，現藏咸陽博物館。拓片圖版及參考錄文見《咸陽碑石》頁 5—8 以及《新中國出土墓誌》陝西卷（壹）上冊頁 21、下冊頁 17—18。劉曉華《北周賀蘭祥墓誌及其相關問題》①也有録文和考釋,請參看。賀蘭祥妻劉氏墓誌,本書收。

　　據誌文,賀蘭祥的祖母是"庫狄氏"。庫狄爲高車一支,本部落之名,因以爲氏。他們歸北魏後,被徙於北鎮,未隨遷河南②,與《周書·賀蘭祥傳》所記其先祖"與魏俱起……其後有以良家子鎮武川者,遂家焉"類似。

　　賀蘭祥的父親賀蘭初真是在"保定二年,追贈太傅、柱國、常山郡公",其母宇文氏是太祖宇文泰的姐姐,爲"建安長公主"③,誌文所謂"建安郡大長公主",當是孝閔帝、明帝或武帝即位後的加封或追封。

　　賀蘭祥的夫人是賀拔岳的外甥女。誌文"即納甥女叱何羅氏"。"叱何羅氏",不見於記載,待考。

　　賀蘭祥卒於北周武帝保定二年(562),終年四十八歲,則其生年是北魏孝明帝延昌四年(515)。賀蘭祥在《周書》卷二○、《北史》卷六一有傳,可與墓誌互補。墓誌與本傳對賀蘭祥的遷轉過程記述基本一致,本傳對時間的記載更爲明確。

　　誌文提及大將軍獨孤渾貞,其墓誌也已發現,見本書所收獨孤渾貞墓誌。

　　賀蘭祥死亡的確切日期,諸記載有異。《周書》卷五《武帝本紀上》:保定二年閏正月"己亥,柱國、大司馬、涼國公賀蘭祥薨"④。而《資治通鑑》卷一六八《陳紀二》則記爲保定二年正月"周涼景公賀蘭祥卒"。墓誌則提供了第三種説法,即"保定二

---

① 《咸陽師範學院學報》第 16 卷第 5 期,2001 年 10 月。
② 姚薇元:《北朝胡姓考》,頁 182—186。
③ 《周書》卷二○《賀蘭祥傳》,頁 336。
④ 《北史》卷一○《周本紀下》,頁 349 同。

年歲次壬午二月壬申朔廿七日戊戌甲夜,忽遇暴風疾。……翌日己亥,薨于長安里第"。

按照史料年代,墓誌"保定二年歲次壬午二月壬申朔廿七日戊戌"的說法有問題,首先,保定二年無壬申朔,既非壬申朔,則"廿七日戊戌"就不能成立。再看《周書》之"閏月己亥",保定二年爲閏正月辛未朔,己亥是二十九日。《周書》與墓誌的共同點就是賀蘭祥卒於己亥日。不過,墓誌稱"廿七日戊戌"的"翌日己亥",二者也難以吻合。《資治通鑑》只是籠統地稱正月,但保定二年正月是壬寅朔,此月無"己亥"日,而賀蘭祥卒於己亥日正是墓誌和《周書》一致之處,因此《資治通鑑》也有問題①。

據《隋書》卷一七《律曆志中》,北周當時仍舊沿用北魏《正光曆》。保定二年正月壬寅朔、閏正月辛未朔、二月辛丑朔,那麼誌文"其年三月辛丑朔"的說法就意味着墓誌撰寫者使用的曆法並沒有將閏月置於正月。如下表所示,墓誌所用曆法,與當時各國使用的曆法都有差別。

561—562 年	壬申朔	壬寅朔	辛未朔	辛丑朔	庚午朔
陳《大明曆》	十二月	正月	二月	閏二月	三月
齊《興和曆》	十二月	閏十二月	正月	二月	三月
周《正光曆》	十二月	正月	閏正月	二月	三月
賀蘭祥墓誌	十二月	正月	二月	三月	

誌文"其年三月辛丑朔廿日辛酉,窆乎洪突原"。若辛丑朔,二十日是庚申、二十一日爲辛酉。與墓誌有一日之差。又保

---

① 《資治通鑑》此條時間記載混亂。參吳玉貴《資治通鑑疑年録》,中國社會科學出版社,1994 年,頁 171。

定四年（564）賀屯植墓誌，葬於“保定四年歲次甲申四月己丑朔廿一日戊申”①，按此年四月廿日爲戊申、廿一日爲己酉，墓誌亦差一日。

誌文“庚子，皇上大臨東堂，文武畢集，禮也”。在北朝，重要的皇族或外戚去世時，皇帝常常舉哀於東堂。《通典》卷八一《禮四一》“天子爲大臣及諸親舉哀議”條：“摯虞《決疑注》云：國家爲同姓王、公、妃、主發哀於東堂，爲異姓公、侯、都督發哀於朝堂。”又《魏書》卷二〇《廣川王略傳》：“魏晉已來，親臨多闕，至於戚臣，必於東堂哭之。”

誌文“贈……同岐涇華宜敷寧隴夏靈恒朔十二州諸軍事”。《周書》本傳作“十二州諸軍事”，而《北史》本傳則作“十三州諸軍事”，由墓誌可知《北史》爲誤。

本傳記賀蘭祥有七子，但僅記其中“敬、讓、璨、師、寬”五人，墓誌可以補齊。誌文“世子敬，字撛折羅；……次子讓，字庫莫奚；……次子璨，字吳提；……次子師，字契單大”。本傳對諸子的記載中，有名無字，周一良先生指出，北朝人往往先取胡名，其後更取漢名，則以胡名爲小字②。此特點在賀蘭祥諸子中十分明顯。而賀蘭祥其他三個兒子“次子字吐蕃提，次子字厭帶提，次子字丘□提”沒有記載漢名。本傳記賀蘭祥有一子名“寬，開府儀同大將軍、武始郡公”，當爲此三子之一。

---

① 趙超：《漢魏南北朝墓誌彙編》，頁 480。

② 周一良：《論宇文周之種族》，《魏晉南北朝史論集》，中華書局，1963 年，頁 233。

九五　拓跋虎墓誌

【誌文】

周使持驃騎大將軍開府儀同三司大都督雲寧縣開國公故拓跋氏墓/誌銘

君諱虎，字山虎，河南洛陽人也。魏太武以盖世天姿，雄圖/宏略，揚旌朔幕，奄有關河，禮樂憲章，備乎魏史。曾祖嘉，太保、司徒、都督九/州諸軍事、司州牧、廣陽懿烈王。太和之末，受遺輔政，弼諧五教，彝倫九牧。/玉芗未掩，預奉託言；銅雀不封，參聞遺令。祖僧保，抽簪國嗣，脱屣王家，改/碣石爲香城，變睢陽爲奈苑。棄捐冠冕，來披鹿野之衣；寂絶哥鍾，獨響魚/山之梵。父仲顯，既承匡翊之功，兼席禪河之列。大業未嗣，年廿二□。君以/宗室，禮年即有大成之志。十一封瑯琊郡王，邑五百户。十五除太子洗馬、/諫議大夫。眉目疎朗，雄姿旅力，腰帶兩鞬，左右馳射。大統八年，從太祖/征洛陽。九年，解圍玉壁。城雉向背，風雲逆從，李廣恒飛，臧宫常□支並中，/七札俱穿。除使持節、車騎大將軍、儀同三司，增邑一千户。十三年，從蜀國/公圍宜陽。後元年，從晋國公平江陵。荒谷東臨，實舉夷陵之陣；吹臺南望，/即下宜陽之兵。及乎三統樂推，二儀禪受，以君令望公族，無關廢姓，改封/雲寧縣公，增邑合二千户。保定三年，除驃騎大將軍、開府，持節、都督如故。/四年二月構疾，三月一日薨于長安平定鄉永貴里，年卅有八，身經一十/四陣。其月廿六日，歸葬於石安北原。惜陵谷之貿遷，懼風煙之歇滅，方爲/長樂之觀，無復祁連之山。佳城儻開，乃見銘曰：/

世變風移,煙沈露滅,日輪先頓,天關早折。昔實邢茅,今爲滕薛,秦餘支庶,/更仕中陽。漢故公族,還臣許昌,和巒戾止,振鷺來翔。公子振振,生兹降神,/家爲孝友,國謂賢臣。子顏敵國,雲長絶倫,劍橫七尺,弧彎六均。金匱論兵,/玉堂臨陣,九宮開閉,三辰逆順。斑翟對壘,韓黥接刃,靈壁水驚,昆陽雷振。/飛狐北望,玄菟西臨,青羌内獵,白犬南侵。援桴送鼓,據轉橫琴,彈弦雁落,/調箭猨吟。居肓有疾,洒胃無徵,山傾細壤,月落長繩。嘶驂虚賵,奠酒空澄,/雖畫長樂,終陪茂陵。郊甸寂漠,丘陵枕席,山似吹樓,松如飛盖。凄愴九京,/方思隨會。

贈冀定嬴三州諸軍事、冀州刺史。/夫人尉遲氏,年卅二,使持節、驃騎大將軍、儀同三司、大都督、原朔宜三州/刺史、房子縣開國公尉遲伐之女。世子庫多汗,年十一。/

唯保定四年歲次庚申三月己未朔廿六日銘記。

【疏證】

拓跋虎墓誌,1990 年出土於陝西省咸陽市渭城區渭城鄉坡劉村西拓跋虎夫婦合葬墓。墓誌誌蓋素面無文字,拓片圖版和部分録文見咸陽市渭城區文管會《咸陽市渭城區北周拓跋虎夫婦墓清理記》,《文物》1993 年第 11 期。《中國北周珍貴文物》頁 5—8 收有此墓誌比較清晰的拓片圖版和參考録文。牟發松《〈拓跋虎墓誌〉釋考》①對録文多有匡正,對拓跋虎的生平也多有考證,請參看。拓跋虎妻尉遲將男墓誌,本書收。

拓跋虎卒於北周武帝保定四年(564),終年三十八歲,則拓

①　《魏晋南北朝隋唐史資料》第 18 輯,武漢大學出版社,2001 年。

跋虎生於北魏孝明帝孝昌三年（527）。其子庫多汗保定四年十一歲，則其生年是西魏恭帝元年（554）。

　　拓跋虎不見於史傳。拓跋虎曾祖元嘉，是北魏孝文帝遺詔輔佐宣武帝的輔政大臣之一，《魏書》卷一八、《北史》卷一六有傳。

　　誌文"十三年，從蜀國公圍宜陽"。"蜀國公"爲尉遲迥，他在武成元年（559）進封蜀國公，在大統十三年（547）時的官銜爲侍中、驃騎大將軍、開府儀同三司，魏安郡公①。有關尉遲迥的資料中，並未提及此事，現據其他資料補充説明。宜陽是東、西魏以及北齊、北周爭奪的"要衝"之一，雙方圍繞此地的戰爭很多，所謂"宜陽小城，久勞戰爭"②。大統十三年，東魏侯景叛，"西魏使其大都督李景和、若干寶領馬步數萬，欲從新城赴援侯景"。東魏斛律金"率衆停廣武以要之，景和等聞而退走。還爲肆州刺史，〔斛律金〕仍率所部於宜陽築楊志、百家、呼延三戍，置守備而還"③。可見此時宜陽控制在東魏手中。宜陽作爲軍事據點，需要物質保障，"時東魏每歲遣兵送米饋宜陽"，而西魏爲了爭奪此據點，當然要阻止東魏對宜陽兵力及物資的補給。也是在大統十三年，當"東魏將爾朱渾願率精騎三千來向宜陽"時，西魏將領陳忻將其擊退④。拓跋虎隨尉遲迥圍宜陽，就是發生在這樣的背景之下。

　　誌文"後元年，從晋國公平江陵"。此"元年"，當指魏恭帝

① 　《北史》卷六二《尉遲迥傳》，頁2211、2209。
② 　《北史》卷六四《韋孝寬傳》，頁2263。
③ 　《北齊書》卷一七《斛律金傳》，頁221。
④ 　《周書》卷四三《陳忻傳》，頁778。

元年。晋國公爲宇文護，他是在北周孝閔帝元年（557）獲封晋國公的，魏恭帝元年時，他是中山郡公①。平江陵之役的總指揮是于謹，因此在《周書》、《北史》的類似叙述中，多言跟隨于謹平江陵。

誌文“唯保定四年，歲次庚申，三月己未朔廿六日銘記”。保定四年爲甲申年，“庚”當爲“甲”之誤。

---

① 分見《周書》卷三《孝閔帝本紀》，頁 47；同書卷二《文帝本紀下》，頁 35。

九六　王士良妻董榮暉墓誌

【誌蓋】

周大將軍/廣昌公故/夫人董氏/之墓誌銘

【誌文】

周大將軍廣昌公故夫人董氏之墓誌銘/

夫人姓董,諱榮暉,隴西郡襄武縣人。昔飂叔安之裔,虞命擾龍。有功賜/姓,是曰董父。夫人即其後也。逮于良史垂迹,責在晉臣,開書著美,業傳/漢世。英雄成記則洮隴享牛,天人既辯而陳留荷擔。自茲以降,無竭前/聲。祖義,素論藉甚,接武名傑。魏太僕少卿、雲州刺史。父羨,清猷獨峻,嗣/響流風。南陽太守、新野鎮將。夫人幼而聰敏,早該文藝,聽莫留聲,眠不/遁色,箴規圖史,分在難言,流略子集,皆所涉練。至於潔齋醴齊,纖紝組/絍,率禮仍加,敦行靡慝。年一十四,歸於王氏。移愛娣姒,徙敬舅姑。下逮/表於詵詵,傍接至於穆穆。室家之內,人罕閒言矣。既而廣昌公佐命,出/入宣德,時曳鄭崇之履,亟登金敞之車。飛鳥旗舒,垂惠政於滄島;吟龍/吹動,揚英風於汝蔡。夫人才搖丹筆,智通白水,進賢爲任,有內助焉。但/夫尊妻貴,乃除昌樂郡君。禮峻弥恭,名高愈退,室多蒲皂,服無珠玉。加/以鞠養諸子,咸加典訓,俱得精稱,並擅才名。自公餝鼎歸殷,齋壇謁漢,/實得齊姜之酒,寧無二耻之言。凡所機鑒,類如此也。昔慈明之女,止聞/節行;道舒之妹,維工蟲篆。未有高才清藝、習禮明詩,投壺接僬女之驕,/彈棋盡書生之擊。言同懸水,思若轉規,倩盼可圖,窈窕成則,可謂母儀/之師表,女宗之憲章。不幸

遘疾,以周保定五年六月廿九日,薨於長安。/春秋卌有一。有/
詔贈本國夫人,賵贈悉加常禮。粤以其年十一月五日窆於石安
原。嫈/嫈諸子,履疾含荼,託鐫茂實,式傳不朽。其詞曰:/

釃川有封,洮水開源,分成儒職,散啓公門。祖條北振,考印南
翻,耳目相/接,盛德不諼。於穆夫人,寔膺前道,徽猷淵塞,婉嫕
情抱。翟祿非華,仁智/爲寶,器無潤玉,惟多舊皂。何以制名,
由人有德,外政聿宣,内功爰陟。共/踐堅隌,同升休極,餘慶莫
臨,翻同化息。先遠將至,兆策無違,晶晶丹翣,/赫赫朱旗。魂
依北路,痛結南歸,託銘埏石,萬祀聲飛。

【疏證】

王士良妻董榮暉墓誌,1988 年出土於陝西省咸陽市底張灣
飛機場候機樓基址王士良及妻、妾三人合葬墓,其夫王士良墓誌
同墓出土。拓片圖版及參考錄文見《中國北周珍貴文物》頁
123—125。原錄文之誤錄處,今據圖版改正。其夫王士良墓誌
以及同地出土其子王德衡(王鈞)墓誌,本書收。

董榮暉,北周武帝保定五年(565)卒,終年四十一歲,則其生
年爲北魏孝明帝正光六年(525),小於王士良十八歲。

《周書》卷三六《王士良傳》:"與紇豆陵步藩交戰,軍敗,爲
步藩所擒,遂居河右。僞行臺紇豆陵伊利欽其才,擢授右丞,妻
以孫女。士良既爲姻好,便得盡言,遂曉以禍福,伊利等並即歸
附。朝廷嘉之。太昌初,進爵晋陽縣子,邑四百户。"紇豆陵伊利
將孫女嫁給王士良,是否就是這位董榮暉呢?從本傳叙述看,嫁
娶是在北魏建明、太昌之間,即 530 至 532 年間,而誌文記董榮
暉"年一十四,歸於王氏",當爲 538 年,二者有差距。

　　據《周書·王士良傳》的叙述，紇豆陵伊利歸附也當在 530
至 532 年之間，但此事實際發生在 534 年，《魏書》卷一一《出帝
本紀》記是年“春正月壬辰，齊獻武王討費也頭於河西苦洩河，
大破之，獲其帥紇豆陵伊利，遷其部落於内地”①。而且紇豆陵
伊利部是被打敗後内遷的，也與本傳所述之在王士良勸説下歸
附有所不同。

　　因爲此段叙述存在時間混亂的現象，所以雖然傳文與墓誌
在結婚時間上存在差異，我們仍傾向於認爲董榮暉就是紇豆陵
伊利的孫女。誌文記其祖名“義”，也與“伊利”近似。紇豆陵氏
可能曾經獲賜董氏。

　　紇豆陵氏隨北魏孝文帝南遷者，改爲竇姓。而此部紇豆陵，
爲費也頭之一部，不會趕上孝文帝改漢姓，那麼此部紇豆陵氏是
何時賜姓董氏呢？ 西魏恢復鮮卑舊姓或賜漢人鮮卑姓，若董氏
即紇豆陵氏，爲什麼還繼續用董氏呢？ 這與叱羅協墓誌稱羅氏
是否爲一類現象？ 又如何解釋呢？

---

① 《北史》卷六《齊本紀上》頁 219 同。

九七　拓跋虎妻尉遲將男墓誌

【誌蓋】

大周鄧/城郡君/墓誌銘

【誌文】

大周故開府儀同三司雲寧公拓跋虎妻鄧城郡君/尉遲氏墓誌銘/

郡君諱將男,京兆長安人也。家門世禄,詳於國史。父/右伐儀同三司武涼公之女。郡君質性優柔,言容肅/穆,夫開府降年不永,早同長逝,少而守義,之死靡他,/養此孩孤,保兹媚獨。雖復梁寡高行,楚白貞姬,不能/過也。以天和四年大歲己丑十一月庚子卒於長安/第之内寢,春秋卅有七。仍以其月廿五日合葬於夫/開府之墓,石安縣北原之山。乃爲銘述德,其辭云尒:/

誕咨祖淑,來嬪君子,徽範凝映,華如桃李。及守媚閨,/庶同嘉祉,嘉祉伊何,聲譽蔥蒨。玉性自堅,丹色無變,/豈期與善,忽隨驚電。寒郊淒切,窮陰戒節,樹頂鳴風,/草根封雪。貞樓空在,清暉永滅。/

世子庫多汗,襲封雲寧縣開國公,食邑二千一百/户。/

長女須摩,出適越勤氏。

【疏證】

　　拓跋虎妻尉遲將男墓誌,1990 年出土於陝西省咸陽市渭城區渭城鄉坡劉村西拓跋虎夫婦合葬墓。拓片圖版見咸陽市渭城區文管會《咸陽市渭城區北周拓跋虎夫婦墓清理記》,《文物》1993 年第 11 期。拓片圖版及參考録文又見於《咸陽碑刻》圖 9、頁 387。其夫拓跋虎墓誌,本書收。

　　尉遲將男卒於北周武帝天和四年(569),終年三十七歲,則其生年爲北魏孝武帝永熙二年(533),比拓跋虎小六歲。

　　其父尉遲右伐,在拓跋虎墓誌中作"尉遲伐",不見於史傳。在保定四年(564)的拓跋虎墓誌中,尉遲伐的結銜是"使持節、驃騎大將軍、儀同三司、大都督、原朔宜三州刺史、房子縣開國公"。按北周制度,驃騎大將軍例加開府儀同三司①。因此,從其"驃騎大將軍、儀同三司"的結銜看,保定四年時,他可能已經去世多年了。

　　誌文"以天和四年大歲己丑十一月庚子卒於長安第之內寢"。按《天和曆》,天和四年十一月是丁亥朔,庚子爲十四日,在十一天後與其夫合葬。

　　誌文"世子庫多汗,襲封雲寧縣開國公,食邑二千一百户"。據拓跋虎墓誌,拓跋虎最終的爵位爲雲寧縣公,食邑"合二千户"。從其子的封户數看,北周的食邑數也是可以同爵位一起繼承的。但應注意的是,北周爵位的食邑數不是實封,"周之君臣受封爵者皆未給租賦"②,只有特別規定的,纔能收租税,即"各准別制,邑户聽寄食他縣"③。例如《周書》卷三〇《竇熾傳》記竇熾"保定元年,進封鄧國公,邑一萬户,別食資陽縣一千户,收其租賦"。而拓跋虎父子,當無實封。

　　尉遲將男"長女須摩,出適越勤氏"。越勤爲高車一部,以部爲氏,爲越勤氏。在傳世文獻中,"越勤"多誤爲"越勒"④。

① 《北史》卷三〇《盧辯傳》,頁 1104。
② 《資治通鑑》卷一六八《陳紀二》,頁 5223。
③ 《周書》卷五《武帝本紀上》,頁 66。
④ 姚薇元:《北朝胡姓考》,頁 224。陳連慶:《中國古代少數民族姓氏研究》,吉林文史出版社,1993 年,頁 186。

九八　鄭術墓誌

【誌蓋】
大周開府/清淵元公/鄭君墓誌
【誌文】
大周使持節驃騎大將軍開府儀同三司大都督始州刺史清淵侯鄭
君墓誌/

君諱術,字博道,滎陽開封人。其先周王屬宣之出,鄭伯桓武之
苗,因國命氏,本/枝長世,岷山濯錦,本謝源流。關右削成,豈云
高峻,司農置驛,推士馳名。太常驂/乘,忠貞見重,自兹已降,世
有其人,史諜詳之,可略言矣。祖寄,本州別駕。父熙,龍/驤將
軍、卷縣令。君道亞生知,識均殆庶,岳立淵渟,黃中通理。三墳
五典之説,莫/不原始要終;匡時濟俗之方,固亦同于指掌。是以
人倫之士,咸以緯許焉。時逢/逐鹿,世有戰龍,畫野鴻溝,屯兵
官渡。君舅氏高慎,牧偽豫州。君深知逆順,洞識/機萌,乃讚翼
謀謨,潛思去就。既而左提右契,舉衆西歸,同微子之辭殷,似陳
平/之來漢。魏大統九年,封清淵縣開國伯,邑五百户。大開土
宇,奄有山川,河岳誓/以永寧,茅社瑞其方色。仍授輕車將軍、
給事中兼太子洗馬。十五年,遷員外散/騎侍郎、持節大都督,又
授使持節、車騎大將軍、儀同三司。高飛六鷹,庭列三槐,/佩紫
垂金,鳴鍾鼎食。時庸蜀初附,邛筰未賓,盛選明賢,撫兹荒梗。
後三年,除益/州和仁郡守。勝殘去煞,易俗移風,載興五袴之
歌,遽動兩岐之頌。其年,進爵爲/侯,增邑通前一千户。周武成
元年,加開府、置佐吏。俄而再遷始、遂二州刺史。襄/帷萬里,

布政兩蕃，豪右畏其秋霜，輿民愛其冬日。時建忠畿地，密尔王城，豪族/近臣，号爲難牧。以君器稱瑚璉，獨步當時，乃徵還除建忠郡守。百姓來蘇，四民/樂業，比迹張王，連聲杜邵。然而東郡父老，猶望耿純；并部兒童，還思郭伋。故天/和三年復除始州諸軍事、始州刺史。未遑述職，遘疾弥留。以其年四月一日薨/於長安第。昔宣尼至聖，尚有摧木之歌；莊子通方，猶著歸真之論。生而有終，斯/言信矣。詔贈梁豫二州諸軍事、二州刺史，謚曰元，禮也。夫人聞憙裴氏，諱淑/暉，魏車騎將軍、晉州刺史淵之女。迴環倚伏，早落先秋。以四年歲次己丑十二/月丙辰朔十七日壬申，同窆于長安之阿傍晜陂里。盖以日居月諸，山移谷徙，/勒兹玄石，播此遺芳。銘曰：

隱軫高門，葳蕤華裔。疊映琳瑯，連聲松桂。赫矣君/侯，於屬誕世。質文兼武，睦孝敦仁。白珪無玷，黃金語珍。龍蟠東土，豹變西鄰。嗟/乎隟馬，傷哉間川。風枝遽動，總帳徒縣。皇哀失手，朋悲絕弦。冥冥蒿里，鬱鬱街/城。龍□□動，畫□□□。霜凋草色，風韻松聲，菊蘭方茂，池臺自平。/

長子綱，字仁宗，右侍上士。第二子維，字仁□。/第三子堅，字仁謀。長女適河内司馬選，帥都督。/第二女適皇宗宇文諧，帥都督。第三女適皇宗宇文談，宗師大夫。/第四女適范陽□□□公。第五女適皇宗宇文弘，中外府記室。

【疏證】

　　鄭術墓誌，2002 年出土於陝西省長安縣鎬京鄉豐鎬村。參考録文見任平、宋鎮《北周〈鄭術墓誌〉考略》，《文博》2003 年第 6 期。録文和拓片圖版又見《漢魏六朝碑刻校注》第 10 册頁

235—237。

鄭術及其祖寄、父熙並不見於史傳。鄭寄曾任本州別駕,鄭熙曾任卷縣令。《隋書》卷三〇《地理志中》滎陽郡滎陽縣條:北齊省卷、京二縣入滎陽縣。據此,鄭熙任卷縣令當在北齊或更早,而且,鄭術之祖、父任職俱在家鄉。

誌文"君舅氏高慎,牧傷豫州"。西魏文帝大統九年(543)春,東魏北豫州刺史高慎舉州投降西魏①。鄭術在這次事件中"贊翼謀謨,潛思去就。既而左提右挈,舉衆西歸",發揮了比較重要的作用,因此在大統九年"封清淵縣開國伯,邑五百户"。

誌文"十五年,……後三年,除益州和仁郡守"。大統十五年之後三年即西魏廢帝元年(552)。據《周書》卷二《文帝本紀下》,這一年三月,"太祖遣大將軍、魏安公尉遲迥率衆伐梁武陵王蕭紀於蜀",八月"克成都,劍南平"。鄭術即在此年擔任益州和仁郡守。《太平寰宇記》卷八五《劍南東道四》:"後魏恭帝二年(555),置和仁郡。"由此墓誌看,早在西魏廢帝二年平蜀之後,就已經存在和仁郡的設置了,《太平寰宇記》所記有誤。和仁郡下轄平井、貴平、可曇三縣②。北周以後鄭術任刺史之始、遂二州,都在劍南境內。

誌文"徵還除建忠郡守"。《隋書》卷二九《地理志中》京兆郡三原縣條:"後周置建忠郡,建德初郡廢。"建忠郡在京兆,故誌云"徵還",因建忠郡在建德(572—578)初廢,故鄭術任郡守當在此前。

鄭術長子綱,"右侍上士",這是北周的宿衛之官,掌御寢之

① 《周書》卷二《文帝本紀下》,頁27。《北齊書》卷二一《高慎傳》,頁293。
② 《舊唐書》卷四一《地理志四》,中華書局,1975年,頁1676。

禁,銀甲、左執鳳環、右執麟環長刀①。鄭術五個女兒中有三個
嫁與皇宗宇文氏,這反映了降西魏的山東士族與關隴集團核心
的迅速結合②。

---

① 《隋書》卷一二《禮儀志七》,頁 281。
② 參劉馳《山東士族入關房支與關隴集團的合流及其復歸》,載劉馳《六朝士族探
　 析》,中央廣播電視大學出版社,2000 年。

九九　大利稽冒頓墓誌

【誌文】

維建德元年歲次壬辰十二月己/□□廿三日辛酉，原州平高縣民、征東/將軍、左金紫光禄、都督、贈原州/刺史、帳□□縣開國子、大利稽/冒頓墓志銘/

大息/秦陽郡守

【疏證】

　　大利稽冒頓磚質墓誌，1994 年出土於寧夏省固原縣西郊鄉北十里村，現藏寧夏固原博物館。拓片圖版和參考録文見羅豐《北周大利稽氏墓磚》，《考古與文物》2003 年第 4 期。

　　上引文認爲大利稽可能是源於匈奴別種的步落稽，也許就是步落稽之一部。蔡祐在西魏大統年間獲賜大利稽氏，上引文認爲大利稽冒頓或與蔡祐同宗，或爲其部屬。

　　誌文“建德元年歲次壬辰十二月己□□廿三日辛酉”。北周武帝建德元年（572）是壬辰年，是年十二月爲己巳朔。中缺二字可補“巳朔”。又十二月二十三日爲“辛卯”，磚文“辛酉”之“酉”當爲“卯”之誤。

　　“秦陽郡”之名，不見於史傳。

一〇〇　徒何綸墓誌

【誌蓋】

周故河/陽公徒/何墓誌

【誌文】

周故使持節驃騎大將軍開府儀同三司大都督洛鳳興三州諸軍事三州/刺史河陽郡開國公徒何綸墓誌文/

君諱綸，字毗羅，梁城郡泉洪縣人。繫本高陽，祖于柱史，聲雄趙北，氣盖隴西。/提漢卒而上蘭山，驅燕丹而度易水，爲天下之模楷，流孝友於鄉閭，舊史綱/緼，於兹可略。曾祖貴，開府儀同三司，履道弘仁，秉心淵塞。祖永，鎮西將軍，涼/州刺史，河陽郡公，醖藉閒雅，磊落英奇。父弼，太師趙國武公，玉色金聲，公才/公望，文以附衆，武能威遠。君高門重地，逸氣沖天，且曰鳳毛，是稱龍種。初封/安寧縣開國侯，食邑一千户。除司門大夫，啓閉從時，鍵籥斯授，轉兼小吏部/遷正。雖叔仁連白，巨源密奏，海内傾心，未方兹日，除車騎大將軍、開府儀同/三司、工部、納言、司會、治計部、司宗。建德三年十二月十六日薨于私第，春秋/卅。初以魏大統十六年賜姓爲徒何氏。詔贈洛鳳興三州諸軍事、三州刺/史、使持節、驃騎大將軍，開府儀同三司、大都督、河陽郡開國公並如故，禮也。/君生榮死哀，備陳徽典，出忠入孝，道冠彝章。詳其年居誦日，早聞通理，歲在/星終，便稱穎脱，調高世表，韻拔常人。温潤韶弘，英標秀舉，顯仁藏用，博見洽/聞。片言可以折獄，半辭可以送遠，豈直三軍文武，纔瞻悉識，四方客刺，一閲/遍談。入典樞機，詳平慎密，歷狀清顯，遺美去思。

簡而易從,約而難犯,堅貞不/可干,峻厲無以奪。隱机省書,口占於百封;彎弧命中,妙窮於一葉。若乃帝王/之術,盤盂之記,俶儻之策,縱橫之辭。筆散春華,文飛秋藻,雖苞羅精習,著有/餘姿。成誦在心,非留思慮,可謂風流名士,恂美具臣者焉。四年歲在乙未正/月丁巳朔廿八日甲申,葬于三原縣濁谷原。九京遙望,空想謀身,一頃賜田,/長埋領袖。嗚呼哀哉,乃爲銘曰:/
繫自顓頊,源流伯陽,在秦則勇,居漢選良。蟬聯冠蓋,世挺珪璋,涼州推轂,留/惠芬芳。太師論道,中朝令望,淵哉君子,惟德爲基。擇言擇行,聞禮聞詩,智愉/懷橘,策邁推梨。學優就仕,儉讓以之,高門有閱,嚴開委積。王曰是禁,告予方/容,式掌銓衡,淄澠靡僻。六工改制,時瞻水澤,寔允龍作,兼茲會計。尔有肆師,/展犧序祭,美見後思,才稱多藝。載飛接手,麋興射麗,芒芒埈黷,滔滔閱流。福/兮已倚,生兮信浮,一從丹幕,長歸白楸。山臺行夜,泉館方幽,月踰既及,日遠/屆庶。旌麾空引,容衛虛陳,早風開凍,輕雲應春。閴寥原野,終悲哲人。/
□妻,廣業郡君宇文,世子元,次子善,次子敦,次子禮。

【疏證】

　　徒何綸墓誌,爲 2002 年初西安市公安局文物稽查二大隊查獲一盜賣文物案時收繳所得。參考録文及誌蓋拓片圖版,見劉合心、呼林貴《北周徒何綸誌史地考》,《文博》2002 年第 2 期。誌石拓片圖版見《漢魏六朝碑刻校注》第 10 冊頁 278。

　　徒何綸卒於北周武帝建德三年(574),終年四十歲,則其生年是西魏文帝大統元年(535)。

　　誌文云:"初以魏大統十六年(550)賜姓爲徒何氏。"《北史》

卷六〇《李弼傳》：“廢帝元年（552），賜姓徒何氏。”①賜姓時間與誌文所記相差二年，存疑。

　　李氏賜姓爲徒何，誌主徒何綸即李弼之子李綸，《周書》卷一五、《北史》卷六〇有傳。另李弼第七子李椿的墓誌也已出土，本書收。《周書·李綸傳》：“〔李〕衍弟綸，最知名，有文武才用。以功臣子，少居顯職，歷吏部、内史下大夫，竝獲當官之譽。位至司會中大夫、開府儀同三司，封河陽郡公。爲聘齊使主。早卒。子長雅嗣。”《隋書》卷五四《李長雅傳》：“〔李〕衍弟子長雅，尚高祖女襄國公主，襲父綸爵，爲河陽郡公。開皇初，拜將軍、散騎常侍，歷内史侍郎、河州刺史、檢校秦州總管。”

　　誌文“除司門大夫”。《通典》卷二三《職官五》：“《周禮·地官》有司門下大夫，掌授管鍵啓閉。歷代多缺。至後周，依周官。”又《通典》卷三九《職官二十一》北周秩品正四命有“司門下大夫”。因此，徒何綸所任當爲正四命司門下大夫。西魏北周依據《周禮》建六官是在恭帝三年（556）以後，徒何綸任司門下大夫一職也當在此後。

　　誌文“轉兼小吏部、遷正”。因爲徒何綸任正四命司門下大夫，所以其“兼小吏部”，當指兼同爲正四命的“小吏部下大夫”。而且不久從兼職“遷正”爲正式的小吏部下大夫。與本傳合。

　　誌文“除車騎大將軍、開府儀同三司、工部、納言”。其中車騎大將軍是軍號、開府儀同三司是散官，這相當於徒何綸的官銜，非實際職務，工部、納言纔是他的職務。参王仲犖《北周六典》卷七，在冬官大司空卿下設“工部中大夫，二人，正五命。工

①　《周書》卷一五《李弼傳》作“魏廢帝元年，賜姓徒河氏”，頁240。據校勘記，“徒何”或“徒河”，是當時譯音無定字的現象。

部上士,正三命。工部中士,正二命。工部旅下士,正一命"。從徒何綸的昇遷過程看,其任"工部",當爲正五命"工部中大夫"。北周"納言"一職,設置於武帝保定四年(564)六月,"改御伯爲納言"①。因此,徒何綸任納言當在此後,爲正五命之納言中大夫。

誌文"司會、治計部、司宗"。據其本傳,徒何綸任正五命司會中大夫,那麼此"司會"當指"司會中大夫"。《周書》卷五《武帝本紀上》記天和四年(569)正月"遣司會、河陽公李綸等會葬於齊,仍弔賻焉"。可見,徒何綸至此仍任司會中大夫一職。這也是本傳記載其任的最後一個職事官,可能擔任到他去世爲止。"治計部、司宗","治"有兼職之意,指其兼正五命計部中大夫和正五命司宗中大夫。《周書》卷五《武帝本紀上》記保定四年五月"改禮部爲司宗",其治司宗中大夫當在此後。

---

① 《周書》卷五《武帝本紀上》,頁70。

一〇一　叱羅協墓誌

【誌蓋】

大周開/府南陽/公墓誌

【誌文】

大周驃騎大將軍開府儀同三司大都督南陽郡開國公墓誌/

公諱協，字慶和，代郡太平縣人也。因國命氏，有自來矣。若春秋羅勇，有晉之大夫；漢史羅環，則作/梁之相。佗仁典基，衣冠世襲。胄胤禪聯，公其後也。祖興，爲西部護軍。父珍業，爲代郡太守。政事恪/勤，除梁州刺史，遷車騎大將軍、儀同三司、散騎常侍。公幼而標悟，長逾弘綽，神情散朗，見稱夙智，/聲發家庭，譽聞州部。年十九，爲恒州刺史楊鈞選補從事，明於職任，不畏豪强，尤精几案，弥閑薄/領，雖延思之當官，不能過也。自此名高鄉井，遠近有聲，尒朱天柱拔公爲司馬，除趙郡太守，尋爲/上郡、上郡、建州、懷州、烏蘇鎮大行臺檢校軍粮，雖復弘羊心計，公威籌度，戎粮節度，取辨須臾，以/公方此，無慚德也。除北肆州刺史。如羊之馬，故無入厩之期；似粟之金，素絕經懷之意。以大統三/年入關，夙傳令望，早籍風猷，仍爲丞相府東閣祭酒。英聲自遠，豈獨幼安。尋遷主簿。得人之選，不/減陳琳；留書待問，無慚德祖。蒙封莎泉縣開國伯。四年，有河橋之勳，改封冠軍縣開國公。漂姚校/尉，傳英聲於曩代；去病移封，乃見之于兹日。轉從事中郎。自簪裾盛府，十有五載，太祖以公盡/心王事，剋修濟舉，三考黜陟，恒居上第；五蒙行賞，粟帛有差。十五年，魏文帝授車騎大將軍、儀同/三司、大都督、散騎常侍。十七年，太祖經略漢中,以公行南岐州刺史,委以西南道支度軍粮。尋/值興州刺史楊辟邪率民反叛,擁衆二萬,搖蕩壹隅。公時步騎不滿三千,運奇設策,指日平殄,兼/自奮勇,手斬三人,猛氣橫流,刃爲之折。太祖壯公膽決,驛騎送刀,賊徒奔散,死者萬計,遠近清/怗,公之力焉。因除開府。太師、蜀國公入蜀,爲行軍長史,守備涪川。後以平蜀之勳,曲蒙賜姓,預班/天族。分封別子金剛爲顯武縣開國侯,邑壹千二百户。大周元年,除軍司馬,治御正、司會、總六府。/文武交凑,簿領密物,公應接隨方,曾無疑滯。積德累勞,加授少保,俄遷少傅。進爵南陽郡開國公,/前後增邑二千五百户。天和元年,詔以公舊望隆重,功績文宣,暫逢事限,忝參皇族,宜依太/祖遺旨,還復舊姓。六年,除柱國大將軍、治中外府長史、治司會、總六府。建德元年,從坐去職。公自/免黜罷歸,息心人事,退思引日,門無外賓,清静居身,廉平自守。主上有聞,尤所襃贊,棄瑕録用,/納其反悔之情。曲降聖衷,爰發明詔,昔王業初開,已參刀筆,暨帝圖既構,復預絲綸,遂位列三/階,爵標九等,翼兹宰輔,贊預軍民。但末路所難,能終者鮮,心附梁趙,迹渝何鄧。將而有誅,因之貶/黜,亦既失旦,寔思自新,宜加宥採,以收前過。是用命尔爲車騎大將軍、儀同三司、屯田總監。公下/學上達,信窮通於壹心;約己持操,榮悴交無二色。方當盡其筋力,悉心厥務,屬精畎畝,趨走農功,/誓竭丹誠,奉酬大造。不幸遘疾,奄然長逝。以建德三年十月十七日薨于私第,春秋七十有五。/以四年三月五日,卜兆於中原鄉。詔贈使持節、驃騎大將軍、開府儀同三司、大都督、淅洛豐三/州諸軍事、三州刺史、荆州南陽郡開國公,邑壹千户。謚曰恭。諸子悲號,哀深窮慟。奉侍几筵,非/復温清之日;雞鳴咸盥,永絶

晨昏之養。懼陵谷之相貿、徽猷之不傳,乃作銘曰:/

晋粤大夫,漢惟梁相,承基接緒,其風以亮。廣益稱賢,文宣武
暢,矧乃伊人,接斯民望。厥初州佐,名/重陳頵,功移邦部,化及
傍鄰。挂牀表政,懸魚有晨,爰兹刺舉,境域稱仁。氐夷滑夏,反
我畺域,豐馬/曉塵,單牛夜出。殲斯妖寇,曾匪旬日,應變若神,
寔資名實。曩時褰帷,枕威岐部,今遵狹斜,潛形廣/柳。青松界
術,白楸易朽,鬱此佳城,營魂永久。孺子故人,延陵信士,寶劍
方懸,單醪萃止。平生壯志,/今旋蒿里,空悲素車,從斯行矣。
迥稀賓騎,荒蹊罷通,宿草將蔓,幽明不同。羈栖獨鶴,飄颻雙
鴻,孤/墳夜月,寒松曉風。

世子金剛,次子山根,次子石柱,次子玉良,次子鐵柱。

【疏證】

　　叱羅協墓誌,1989 年出土於陝西省咸陽北斗鄉靳里村叱羅
協墓。拓片圖版及參考録文見《中國北周珍貴文物》頁 31—34。
《碑林集刊》第八輯①載瞿安全《〈叱羅協墓誌〉考釋》有參考録
文及相關研究,請參看。

　　叱羅協,北周武帝建德三年(574)卒,終年七十五歲②,則其
生年是北魏宣武帝景明元年(500)。叱羅協在《周書》卷一一、
《北史》卷五七有傳。其祖興、父珍業,史無記載。

　　此墓誌誌主爲北周叱羅協無疑,但從墓誌本身,我們無法看
出誌主姓叱羅,而從"若春秋羅勇,有晋之大夫;漢史羅瓛,則作
梁之相"云云,只能認爲誌主姓羅。又《文苑英華》卷九六三有

---

① 　《碑林集刊》第八輯,陝西人民美術出版社,2002 年。
② 　《周書》卷一一《叱羅協傳》,頁 180 記其終年七十六歲。

庾信撰叱羅協女兒的墓誌,亦稱"羅氏",不云"叱羅氏"。叱羅協墓誌製於建德四年,其女兒墓誌製於天和三年(568),均在北周行胡姓之時。叱羅協在當時究竟如何稱呼?墓誌稱羅氏與《周書》稱叱羅氏的差別值得注意。

誌文"尒朱天柱拔公爲司馬,除趙郡太守"。參本傳,此"尒朱天柱"指尒朱兆,尒朱兆爲天柱大將軍在北魏節閔帝普泰元年(531)。

誌文"除北肆州刺史"。"北肆州"不見於史傳,本傳作"肆州刺史"。

誌文"大統三年入關,夙傳令望,早籍風猷,仍爲丞相府東閤祭酒"。據本傳,尒朱兆死後,叱羅協成了東魏竇泰的部下,西魏大統二年(536)十二月,高歡兵分三路進攻西魏,大都督竇泰攻潼關,叱羅協爲監軍。537 年初,西魏宇文泰大破高歡軍,竇泰兵敗被殺,叱羅協被俘,由此纔做了宇文泰丞相府東閤祭酒。對這段經歷,墓誌就含糊其詞了。

關於叱羅協爵位的記載,墓誌與本傳差別較大。據墓誌,大統三年(537),莎泉縣伯;四年(538),冠軍縣公;周元年(557),南陽郡公。而據本傳,大統四年,冠軍縣男;九年(543),冠軍縣伯;魏恭帝三年(556),冠軍縣公;保定二年(562),南陽郡公。對二者的差異,難以解釋,這也許反映出撰寫墓誌和本傳所依據的材料是不同的。

誌文"後以平蜀之勳,曲蒙賜姓,預班天族。分封別子金剛爲顯武縣開國侯,邑壹千二百戶"。據本傳,賜姓與別封一子縣侯並非同時,賜姓在魏恭帝三年,別封一子縣侯則在保定二年。

誌文"大周元年,除軍司馬,治御正、司會,總六府"。魏恭帝三年以後,西魏實行六官制,御正、司會分別指天官府的御正中大夫和司會中大夫。據本傳,叱羅協是在北周世宗死後纔擔任司會中大夫的。當時正是宇文護權傾朝野之時,世宗死後,武帝即位,隨即"以大冢宰、晉國公護爲都督中外諸軍事,令五府總於天官"①,這樣宇文護控制的天官府地位驟然突出,司會中大夫是天官府的重要職位,號稱"副總六府事"②。作爲宇文護親信的叱羅協也就在此時擔任了天官府司會中大夫,故此墓誌云"總六府"。

　　誌文"天和元年,詔以公舊望隆重,功績文宣,暫逢事限,忝參皇族,宜依太祖遺旨,還復舊姓"。《周書・叱羅協傳》:叱羅協"受〔宇文〕護重委,冀得婚連帝室,乃求復舊姓叱羅氏。護爲奏請,高祖許之。"二説有一定差異。

　　關於叱羅協之世子,《周書》記爲"金",而《北史》作"金剛",今從墓誌記載看,《北史》爲確。叱羅金剛的妻子是太祖宇文泰的孫女、譙王宇文儉之女,見本書收宇文儉墓誌。

<hr>

① 《周書》卷五《武帝本紀上》,頁64。
② 《周書》卷三五《薛善傳》,頁624。

一〇二　田弘墓誌

【誌蓋】

大周少師/柱國大將/軍雁門襄/公墓誌銘

【誌文】

大周使持節少師柱國大將軍大都督襄州總管襄州刺史故雁門公墓誌/

公諱弘，字廣略，原州長城郡長城縣人也。本姓田氏，七族之貴，起於沙麓之崩；五世其昌，基於鳳皇/之緜。千秋陳父子之道，人主革心；延年議社稷之計，忠臣定策。公以星辰下降，更稟精靈，山岳上昇，/偏承秀氣。淮陰少年，既知習勇，穎川月旦，即許成名。永安中，從隴西王入征，即任都督。永熙中，奉迎/魏武帝遷都，封鄃陰縣開國子。轉帥都督，進爵爲公。太祖文皇帝始用勤王之師，將有兵車之會，/公於高平奉見，即陳當世之策。太祖憙云：“吾王陵來矣。”天水有大隴之功，華陽有小關之捷，襄城/則不傷噍類，高壁則不動居民。併讐援桴，飛鷄燧象，雖以決勝爲先，終取全軍爲上。大統十四年，授/持節、都督原州諸軍事、原州刺史。雖爲衣錦，實曰治兵。乞留將軍，非但南部將校；爭迎州牧，豈直西/河童子。又增封一千三百户。侍從太祖平竇軍、復恒農、破沙苑、戰河橋、經北芒，月暈星眉，看旗聽/鼓，是以決勝千里，無違節度。乃授使持節、車騎大將軍、儀同三司。尋而金墉阻兵，輒關須援，賜以白/虎之詔，馳以追鋒之車。武安君來，即勇三軍之氣；長平侯戰，果得壯士之心。魏前元年，遷驃騎大將/軍、開府。梁漢之南，岷江以北，西窮綿竹，東極夷陵，補置

官人,隨公處分。加侍中。魏祚樂推,周朝受/命,進爵雁門郡
公,食邑通前三千七百户。文昌左星,初開上將之府;陵雲複道,
始列功臣之封。保定/三年,都督岷、兆二州五防諸軍事,岷州刺
史。朝廷有晋陽之師,追公受賑。太原寒食之鄉,呼河守冰/之
路,無鍾遠襲,走馬凌城,奇決異謀,斯之謂矣。拜大將軍,增邑
千户,餘官如故。玉關西伐,獨拜於衛/青;函谷東歸,先登於韓
信。方之此授,異代同榮。江漢未寧,暫勞經略,更總四州五防
諸軍事。而龐德/待問,先言入蜀之功;羊祜來朝,即見平吳之
策。白帝加兵,足驚巴浦;荆門流斾,實動西陵。既而越舸/凌
江,咸中火箭,吳兵濟漢,並值膠船。尔後乘駟兆河,觀兵墨水,
白蘭拓境,甘松置陣,板載十城,蕃籬/千里。論龍涸之功,增封
千户,并前合六千户。蜀侯見義,求静西江,渾王畏威,請蕃南
國。月硤治兵,收/功霸楚,熊山積仗,克復全韓。天和六年,授
柱國大將軍。建德二年,拜大司空。楚之上相,以黄歇爲能/賢;
漢之宗卿,以王梁爲膚識。尋解司空,授少保,匡衡加答拜之禮,
張禹受絶席之恩,鬱爲帝師,得人/盛矣。三年授都督襄、鄖、昌、
豐、塘、蔡六州諸軍事,襄州刺史。下車布政,威風歘然,猾吏去
官,貪城解印。/樓船校戰,正論舟楫之兵;井賦均田,始下沮漳
之饟。既而南中障癘,不宜名士,長沙太傅,遂不生還,/伏波將
軍,終成永別。四年正月三日薨于州鎮,春秋六十有五。天子舉
哀,三日廢務,詔葬之儀,/並極功臣之禮。有詔贈少師、原交渭
河兆岷鄯七州諸軍事、原州刺史。謚曰襄公。其年四月廿/五
日,歸葬於原州高平之北山。公性恭慎,愛文武,無三或,畏四
知。儀表端莊,風神雅正,憘怒之間,不/形辞氣,頗觀史籍,略究
兵書。忠臣孝子之言,事君愛親之禮,莫不殷勤誦讀,奉以書紳。

至於羽檄交/馳，風塵四起，秘計奇謀，深沉內斷，故得戰勝攻取，算無遺策，有始有卒，哀榮可稱。在州疾甚，不許祈/禱，吏民悲慟，城市廢業。世子恭，攀號扶侍，途步千里，毀瘠淄塵，有傷行路。嗚呼哀哉，乃爲銘曰：/

有嬀之後，言育于姜，長陵上相，淄水賢王。榮歸歷下，單據聊陽，安平烈烈，京兆堂堂。乃祖乃父，重光/累德，驅傳揚旌，燕南趙北。白馬如電，玄旗如墨，箭下居延，泉驚疏勒。公之世載，幼志夙成，祥符歲德，/慶表山精。純深成性，廉節揚名，忠泉涌劍，孝水沾纓。勇氣沉深，雄圖超忽，削樹龜林，乘冰馬窟。義秉/高讓，仁彰去伐，屈體廉公，還疑無骨。水土須政，公實當官，兵戈須主，公乃登壇。長城遠襲，地盡邯鄲，/宜陽積仗，一舉全韓。作鎮南國，悠然下土，赤蟻玄蜂，含沙吹蠱。惜乏芝洞，嗟無菊浦，南郡不歸，長沙/遂古。黄腸反葬，玄甲西從，旌旐寂擁，帷蓋虛重。高平柏谷，山饒旅松，惟兹盛德，留銘景鍾。/

世子使持節、驃騎大將軍、開府儀同三司、大都督、司憲恭。次息大都督、貝丘縣開國侯備。

【疏證】

　　田弘墓誌，1996 年出土於寧夏省固原縣城郊田弘墓。拓片圖版及參考録文見原州聯合考古隊編《北周田弘墓》[①]頁 316、57—58。是書第十六章第二節“田弘墓誌疏證”對田弘事迹進行了詳細的研究，請參看。另田弘之孫田德元的墓誌也已出土，本書收。

① 原州聯合考古隊：《北周田弘墓》，勉誠出版，2000 年；《北周田弘墓》，文物出版社，2009 年。

　　田弘，卒於北周武帝建德四年（575），終年六十五歲，則其生年爲北魏宣武帝永平四年（511）。田弘是西魏北周的重要將領，《周書》卷二七、《北史》卷六五有傳，另《庾子山集注》卷一四有《周柱國大將軍紇干弘神道碑》，可與墓誌互補。

　　誌文“大統十四年（548），授持節、都督原州諸軍事、原州刺史”。神道碑作“使持節”，未知孰是。本傳在記授原州刺史前，“累蒙殊賞，賜姓紇干氏”。墓誌與神道碑俱言其“本姓田氏”，但都沒有明確記載其賜姓一事。

　　誌文“魏前元年，遷驃騎大將軍、開府”。神道碑作“前魏元年”，本傳作“魏廢帝元年（552）”。三者並無矛盾，因爲魏廢帝、魏恭帝没有年號，北周時就把魏廢帝某年稱爲前魏某年或魏前某年，而將魏恭帝某年稱後魏某年或魏後某年。

　　誌文“周朝受命，進爵雁門郡公，食邑通前三千七百户。……保定三年（563），都督岷、兆二州五防諸軍事，岷州刺史”。神道碑及本傳均記爲“食邑通前二千七百户”，又均記保定元年（561）任岷州刺史。若非傳抄錯誤，那麼神道碑文與墓誌文可能並非一人所作。

　　誌文“歸葬於原州高平之北山”。其中“北山”神道碑作“鎮山”，二者當同指。

　　田弘世子恭，《周書》卷二七、《北史》卷六五、《隋書》卷五四有傳，而次子備，不見於史傳。

一〇三　王鈞墓誌

【誌蓋】

太原王/使君墓/誌之銘

【誌文】

周使持節儀同大將軍新市縣開國侯王使君墓誌銘/

司徒設教，受邑稱氏，乃因驟諫，以爵姓焉。國紹周姬，人承子/晉，魏之太尉，晉之開府。君諱鈞，字德衡，太原人也。兖州刺史/延之之孫，大將軍、少司徒、廣昌公之世子。直幹已脩，澄源自/邈。侯年十二，解褐僞齊太尉彭城王府參軍，選稱榮俊，府曰/光僚。顧問相訓，速華黃琬，文戎是職，超步陸機。侯以孝穎，爲/家特愛，廣昌公辭漳河之闕，受溱汝之寄，幸隨温清，實踵黃/香。既而秦柝聞城，軍旗影墊，魚麗始布，月陣已周，鼓吹三鳴，/雲梯四起，魯連羽檄，未能却也。乃外設陳平之計，内縕劉禪/之謀，即款懃誠，便歸闕庭。/大周以秦留趙璧，晉用楚材，公子出身不齊郎品，保定五年，/除使持節、儀同大將軍、新市縣開國侯，封啓陽唐，邑資白水。/豈謂傳家之感，翻致恭伯之悲，何華先落，喆人其萎。春秋卅/一，薨於長安。蒙贈邵州刺史。嗚呼哀哉，建德五年十月廿七/日葬於石安原。前臨鄮侯之墳，後眺九嵕之崿，太史公葬也。/銘曰：/

安塋卜地，移輤筮日，邑始唐都，人承周室。金丹未煮，玉沉何/疾，梅酸甚痛，荼苦逾慄。令問早標，蘭薫蕃邸，門慟桑弧，阼悲/冠禮。枕辭涼扇，席離温體，帷中謀絕，策上留名。徒聞夜驚，無/復晨征，薤歌繞響，輤送佳城。稚子哀酷，順父傷情，滄茫壠

月,/蕭瑟松風。空高玄壤,神識何沖,嗟英毅於三晉,悼埋魂於
七/雄。

【疏證】

　　王鈞墓誌,1988 年出土於陝西省咸陽市底張灣飛機場候機
樓基址王鈞墓,與其父母王士良、董榮暉合葬墓處於同一墓區。
拓片圖版及參考録文見《中國北周珍貴文物》頁 57—59,又見於
《咸陽碑刻》圖 10、頁 388。原録文之誤録處,今據圖版改正。王
士良、董榮暉墓誌,本書收。

　　王鈞字德衡,《周書》卷三六、《北史》卷六七有傳,本傳僅
“〔王士良〕子德衡,大象末,儀同大將軍”一句,墓誌豐富了對他
的瞭解。王鈞字德衡,而本傳徑稱德衡,可見是以字行。墓誌未
記王鈞卒年,只記其死時三十一歲,北周武帝建德五年(576)葬,
這與本傳“大象(579—580)末儀同大將軍”的記載矛盾,當以墓
誌爲是。又其父王士良墓誌中也存在卒年與本傳不同的現象,
存疑。

　　誌文“兗州刺史延之之孫”。《周書》卷三六《王士良傳》:
“父延,蘭陵郡守。”王士良墓誌未記其父姓名,結銜是“蘭陵太
守、兗州刺史”。由此,王延可能名延字延之。

　　“年十二,解褐僞齊太尉彭城王府參軍”。北齊有兩位彭城
王,高浟及其子高寶德。據《北史》卷五一《高浟傳》,高浟在天
保(550—559)初封彭城王,河清三年(564)高浟去世後,高寶德
嗣位。因爲王鈞死時三十一歲,576 年葬,所以他十二歲時不可
能晚於 557 年。此彭城王當爲高浟。

　　誌文“保定五年,除使持節、儀同大將軍、新市縣開國侯”。

北周武帝保定四年（564），宇文護率兵攻打北齊，"十二月，權景宣攻齊豫州，刺史王士良以州降"①。王鈞隨其父投降北周，接受了北周的封授。《周書》卷六《武帝本紀》：建德四年十月，改"儀同三司爲儀同大將軍"②。因此，誌文所述王鈞官爵，並不一定是保定五年所授，而是從保定五年一直到他去世前的官爵。由此又可知其死亡時間不早於建德四年十月，很可能就是下葬的建德五年。若是，則其生年當爲東魏武定四年（546）。

① 《周書》卷五《武帝本紀上》，頁70。
② 《周書》卷二四《盧辯傳》，頁407同。

一〇四　韋彪墓誌

【誌文】

君諱彪,字道亮,京兆杜人也。帝顓頊之苗裔,陸終之胄,大彭之胤。十八世祖漢丞/相賢,積德好學,博通經史,贏金非寶,墳索爲珍。故少子玄成,復以明經作相焉。傳/芳累葉,芬馥萬載,顯顯雙珠,昂昂千里,緝熙魏晋,世多哲人。曾祖尚,雍州刺史、杜/縣侯。深體危亂,悟於有道,雌伏苻、姚,雄翻後魏。祖珍,荆郢青三州刺史、霸城侯。志/操貞遠,英風高邁,頻履大蕃,著績朝野。父彧,豫雍二州刺史、陰槃縣開國男。襄帷/作牧,民詠來晚,威恩並設,寬猛兼濟,宦通清顯,有魏名臣。君稟訓過庭,聞詩學禮,/幼稱令望,時号無雙。然争日之奇,比月之喻,智思天然,莫測淵奧。孝同曾閔,友過/巨尉,鄉黨歸德,朝廷嗟稱。琢磨内潤,善譽外揚,既爲孝子,復作忠臣。起家爲本州/主簿,始階尺木,使剖大邦,仍除藍田郡守、當郡都督,持節、帶防。扇以春風,沐之夏/雨,四民樂業,五袴興詠,析薪既荷,基堂乃構。襲爵陰槃縣開國男,位膺當璧,才任/國棟,帝度良臣,僉君攸寄,中詔衰獎,委之閫外,除征南將軍、銀青光禄大夫、東南/道行臺右丞,領太傅長史,副貳論道,軺轄戎省。屬魏政陵遲,禄去王室,權寵擅命,/窺覘神器。遂使鑾輿西幸,宗廟禾黍。君憂國忘家,志匡靖難,乃星言奔赴,奉衛途/中。魚水相見,君臣體合,烈封河山,用誄丹赤,賞頻陽縣開國侯,食邑八百户。值大/周龍潛,掃清寰寓,君上攀雲翼,下厠一毛,每從征戰,義勇俱發。慶位乃班,戎章轉/峻,除車騎將軍、廷尉卿。疑獄從寬,議無迴僻,季高秉法,文惠之能,用今況古,何以/加焉！禄以德崇,位昇鼎鉉,既列九棘,復樹三槐,除車騎大將軍、儀同三司。既躋台/階,方申遠大,而昊天不弔,奄從化往,春秋五十有九,以武成二年薨于家。天子嗟/悼,僚友慟泣。夫人河東柳氏,自相伉儷,止誕一女,如何彼蒼無知,終令此君無兒。/雖復猶子丞繼,嗚呼痛矣！粵以建德五年十有一月九日窆於先君塋域。君平常/志度,與物無競;情放虛舟,淡而寡欲。朋遊許郭,交必田蘇,容止有觀,進退有度,言/爲世則,行爲人範。至於良辰麗景,素暉朗夜,方丈盈前,琳琅滿席。若叔度之陂,淯/而難竭;仲舉之驥,駿逸方遠。如何永埋玉樹,厚夜長眠,銘之金石,以憑不朽。其詞/曰:/
厥初黑帝,建号高陽。蜺感女樞,誕載幽房。克伐共工,天下以康。才子八人,德至萬/方。仰推胤緒,或叡或聖。豢龍唐朝,太伯商政。世作丞相,在漢之盛。雙珠顯魏,熙明/照瑩。鄉稱孝悌,國号忠臣。竟無男息,有女一人。號咷惸獨,理極難陳。宗族痛恨,知/故酸辛。滔滔洪海,三爲桑田。崟崟五岳,再作塵煙。龜鶴千歲,人期百年。陵移谷徙,/金石聊鐫。大周建德五年,歲在涒灘,月次黃鍾,其朔丙子,其日甲申,奉遷銘記。/
夫人河東柳氏,父元章,正平太守。息女暉親,華陽郡君,適鉅鹿魏昌,任周使持/節、開府儀同大將軍、巴和盧三州刺史、盧鄉縣開國侯。繼後之子,字子衡。

【疏證】

　　韋彪墓誌,1998 年出土於陝西省西安市長安縣韋曲北原,墓誌録文附見周偉洲、賈麥明、穆小軍《新出土的四方北朝韋氏墓誌考釋》,《文博》2000 年第 2 期。録文和拓片圖版又見《漢魏六朝碑刻校注》第 10 册頁 294—296。與韋彪墓誌同墓出土的還有韋彪妻柳遺蘭墓誌，鄰近一墓則出土了韋彪父母韋彧及妻柳敬憐墓誌。請參看韋彧、柳敬憐墓誌疏證。

　　韋彪死於北周明帝武成二年（560），五十九歲，則其生年當在北魏宣武帝景明三年（502）。其時，韋彪的父母分别是二十八、二十六歲。

　　韋彧墓誌云：“長子彪，字道亮，州主簿、治中。”時在北魏孝明帝孝昌二年（526），韋彪年二十五歲。韋彪墓誌稱“起家爲本州主簿”，在孝昌二年之前。到韋彪的母親柳敬憐下葬時（550），韋彪的官爵是“車騎將軍、廷尉卿、陰槃縣開國男、頻陽縣開國侯”。據韋彪墓誌，此後韋彪“除車騎大將軍、儀同三司”。《北史》卷二六《韋閬傳》記韋彧子彪，“孝莊末，爲藍田太守，因仕關西”。韋彪墓誌云：“仍除藍田郡守、當郡都督，持節、帶防。……襲爵陰槃縣開國男。”正相合。

一○五　楊濟墓誌

【誌文】

周敷城郡守華□□□□□墓誌

君諱濟，字文立，弘農華陰人。本姓楊氏，/魏末諸高勳望族，擢而賜姓，君因而改/焉。十四世祖震，漢太尉公。九世祖瑤，晋/尚書令。高祖暉，魏懷州刺史。曾祖宥，魏/洛州刺史。祖鈞，魏司空公、臨貞文恭公。/父暄，魏華州刺史、臨貞忠公。惟君世襲/衣冠，家承風素，器居淹潤，才令清遒。弱/冠除給事中、華陰伯，拜敷城郡守，治有/聲績。平蜀之師，莫府任重，君以幹略兼/舉，爲行軍府掾。暨蜀土清蕩，邊遠俟才，/君以英髦，仍被策用。報施徒言，奄然遘/疾，以魏後元年在蜀徂逝，春秋卅三。以/建德六年歲次乙酉四月癸卯朔七日/己酉，葬於華陰東原舊塋之所。

【疏證】

　　楊濟墓誌，出土時、地不詳。參考録文見李獻奇、周錚《北周、隋五方楊氏家族墓誌綜考》，《碑林集刊》第七輯[①]頁 59。拓片圖版見《漢魏六朝碑刻校注》第 10 册頁 300。

　　楊濟卒於魏後元年，即西魏恭帝元年（554），終年三十三歲，則其生年是北魏孝明帝正光三年（522）。楊濟不見於史傳。

　　誌文"平蜀之師，莫府任重，君以幹略兼舉，爲行軍府掾"。平蜀在西魏廢帝元年（552），參《周書》卷二一《尉遲迥傳》。

---

① 《碑林集刊》第七輯，陝西人民美術出版社，2001 年。

一〇六　宇文儉墓誌

【誌蓋】

大周上柱/國大冢宰/故譙忠孝/王之墓誌

【誌文】

大周使持節上柱國大冢宰譙忠孝王墓誌/

王諱儉,字侯紐突。太祖文皇帝第八/子也。初封譙國公,歷位開府、使持節、大/將軍、寧州刺史、寧州總管,同州刺史、柱/國,益州總管、益州刺史,進爵爲王,拜大/冢宰。建德七年歲次戊戌二月五日癸/卯,寢疾薨於洛陽,春秋廿有八。詔贈/使持節、上柱國、大冢宰、并晋朔燕幽青/齊冀趙滄瀛恒潞洺貝十五州刺史、譙/王,謚曰忠孝。其年三月戊辰朔十七日/甲申,葬於雍州涇陽縣西鄉始義里。率/由古禮,不封不樹,恐年世綿遠,陵谷貿/遷,式刊玄石,置諸泉户。/

世子乾惲,第二子繟,第三子繢,/第四子。女適顯武公叱羅金剛。

【疏證】

　　宇文儉墓誌,1993 年出土於陝西省咸陽國際機塲新建停機坪西南部之宇文儉墓。拓片圖版及參考錄文見陝西省考古研究所《北周宇文儉墓清理發掘簡報》,《考古與文物》2001 年第 3 期。又見於《咸陽碑刻》圖 11、頁 388—389。宇文儉妻步六孤須蜜多的墓誌也已出土,錄文見趙超《漢魏南北朝墓誌彙編》頁 484—485。

宇文儉，《周書》卷一三、《北史》卷五八有傳，卒於北周武帝建德七年（578），終年二十八歲，則其生年爲西魏文帝大統十七年（551）。《周書》本傳記爲“宣政元年（578）二月，薨”，因爲此年三月方改元宣政，所以本傳記載不很準確。據步六孤須蜜多墓誌，她生於西魏廢帝元年（552），小宇文儉一歲，十四歲時嫁給宇文儉。

誌文“王諱儉，字侯紐突”，本傳作“字侯幼突”，這反映了當時譯音無定字的現象。墓誌記宇文儉是太祖宇文泰第八子，但在本書收宣政元年獨孤藏墓誌中，記爲“〔武〕帝第十弟譙王”。又《周書》卷一二《齊煬王憲傳》記宇文憲是“太祖第五子”，而獨孤藏墓誌則記爲“高祖孝武皇帝第七弟齊王”。與獨孤藏墓誌所記相比，兩人排行都差二，可見這是兩種不同的排行，是否在宇文憲之前還有二子，因爲早夭而在有時排行已不記入了呢？存疑。

在《周書》卷一三記“文帝十三子”中，第八子宇文儉正是位列第八，由此可知《周書》所列文帝十三子是以長幼爲序的。另長子世宗、第三子孝閔皇帝、第四子武帝的排列位置也與此判斷相符，只是第五子宇文憲被列於第六位。宇文儉的確切排行生年也可爲其他兄弟的生年提供參照。

《周書》對宇文儉的歷任時間有比較明確的記載，其“初封譙國公”是在明帝武成元年（559）九月，明帝即位不久，封諸兄弟爲國公①。這一年宇文儉九歲。此後，天和初任大將軍，天和二年（567）十七歲時任“柱國”，天和五年二十歲時任益州總管，

---

① 《周書》卷四《明帝本紀》，頁58。

建德三年二十四歲進爵爲王。建德六年二十七歲任大冢宰①。

　　墓誌記宇文儉建德七年"二月五日癸卯"卒,《周書》卷六《武帝本紀下》、《北史》卷一〇《周本紀下》均作"二月甲辰",即二月六日,當以墓誌爲是。誌文"葬於雍州涇陽縣西鄉始義里",由出土地可知北周"涇陽縣西鄉始義里"的確切位置。

　　宇文儉"女適顯武公叱羅金剛",叱羅金剛爲叱羅協之長子,曾在武帝保定二年(562)獲封顯武縣開國侯,見本書收叱羅協墓誌。

---

① 　分見《周書》卷五《武帝本紀上》,頁 74、77、83;同書卷六《武帝本紀下》,頁 102。

一〇七　若干雲墓誌

【誌蓋】

上開府儀/同三司任/成郡公若/干公墓誌

【誌文】

大周歲次戊戌宣政元年四月朔戊戌十二日己酉驃騎大將軍上開府儀/同大將軍任城郡公若干雲墓誌/

公諱雲，朔州人也。崇基盤峻，靈源攸遠，軒頊之餘，渙乎史册。家宗殷軫，五都/冠盖，祖世豪俠，六郡名家。涿郡王尊、平陵公仲，即公之先也。考諱興，使持節、/車騎大將軍、儀同三司、宣陽縣開國公，食邑二千四百户。冒陣蒙衝，望麾斬/將，名振關河，功盖區寓，太祖文皇帝賜姓若干氏。公稟靈華岱，含辰象之/精；銳氣標神，受秋方之烈。幼而雄勇，畫九宫之圖；弱不好弄，體三略之解。雙/戟手提，兩鞭馳射，秦之起、翦，蜀之關、張，無以過也。解褐爲周太祖文皇帝/親信直閤將軍。及周朝膺曆，任中侍上士、襄威將軍、給事中、都督。俄而襲父/爵，封宣陽縣開國公，領中侍上士。至天和五年，遷儀同三司。國家与突厥方/敦姻亞，前後四迴奉使出境，宣揚休命，奉述朝旨。密慎沉審，言無外泄，温/室之樹，方此非儔。公任右侍伯大夫，頻銜國命，王姬作配，以備坤德，母儀/天下，生民賴焉。寔資皇華之才、光國之用。建德五年，皇帝奮威河雒，親馭/六師，討僞齊高緯。公以四年先隨帝弟齊王將兵至洛，届武濟城，據山河/之險，運酈生之説，遂得連城皆下，相率歸降。其年，授上儀同，增邑三百户，田/十餘頃，珠貝繒綵稱焉。所謂堂構析薪，不隕門世。到五年，鑾駕親

率猲虎、/長轂百万,取晋陽城。公先領驍果守雀鼠谷,迴至晋陽
又戰,爲賊所傷。破敵/摧陣,勳爲上首,及屆高壁,次進并州。
旗鼓一臨,公必先當鋒鏑,叱咤之間,莫/不望風披靡。加賞及
賜,前後重沓。俄而掃定關河,鑾輿到鄴,於司州城下,/僞徒餘
燼,猶舉斧當轍。公忠誠奮勇,斬馘千數,僞主奔逃,俄而肉祖,
八表清/廓,九服來蘇。公爲上勳,加授上開府大將軍、任城郡開
國公,食邑二千二百/户。及凱樂還京,公受任梁州刺史,尋而下
席。人道惡盈,所以周廟崎器,居高/必危,少能持滿。思有所不
及,智有所不周。一匱未成,遽從朝露,薨于家万年/縣東鄉里,
時年卅一。窆于涇陽洪瀆川趙村東北。山飛海涸,陵遷谷徙,不
勒/不刊,何以存于万代。乃爲銘曰:/
金星降精,乃誕斯生,爲山未就,永矣泉扃。悲纏孺慕,慟感崩
城,不有鐫勒,何/以流聲。

【疏證】

　　若干雲墓誌,1988 年出土於陝西省咸陽市底張灣飛機場候
機樓基址若干雲墓。拓片圖版及參考錄文見《中國北周珍貴文
物》頁 72—75。原錄文之誤錄處,今據圖版改正。

　　若干雲,北周武帝宣政元年(578)卒,終年四十一歲,則其生
年是西魏文帝大統四年(538)。若干雲及其父興,以及“涿郡王
尊、平陵公仲”,並不見於史傳。上引文推測若干雲之父是王興,
並由此認爲若干雲本姓王。但王興在《周書》中僅一見,結銜是
“上大將軍安邑公王興”[1],與墓誌“使持節、車騎大將軍、儀同三

---

[1]　《周書》卷一二《齊煬王憲傳》,頁 195。

司、宣陽縣開國公"有較大差距,似難認定。

誌蓋題爲"上開府儀同三司",而首題則爲"上開府儀同大將軍"。北周武帝建德四年(575)十月,"改開府儀同三司爲開府儀同大將軍,儀同三司爲儀同大將軍,又置上開府、上儀同官"①,因此,"上開府儀同三司"即"上開府儀同大將軍"之舊稱,不知誌蓋爲何用舊名。又首題爲"任城郡公",誌蓋作"任成郡公"。北朝有任城郡而未見任成郡,且史傳中有封任城者而未見封任成者,因此首題是。

北周以後,若干雲任"中侍上士",這是皇帝的宿衛之官,隸屬天官府,"掌御寢之禁,皆金甲,左執龍環、右執獸環長刀,並飾以金"②。武帝天和(566—572)年間,他又任"右侍伯大夫"。

誌文比較詳細地叙述了若干雲參加的北周滅北齊的戰役,其間,他在建德五年"領驍果守雀鼠谷",當即《周書》卷六《武帝本紀下》記這年十月圍攻晉州時,"遣齊王憲率精騎二萬守雀鼠谷"事。誌文"迴至晉陽又戰"、"及屆高壁,次進并州"云云,據《周書》卷一二《齊煬王宇文憲傳》,這正是齊王憲的進軍路綫。再參考若干雲建德四年隨"齊王將兵至洛",若干雲爲齊王憲麾下戰將無疑。

從誌文"居高必危,少能持滿。思有所不及,智有所不周。一匱未成,遽從朝露"看,若干雲在宣政元年並非善終,時間在同年六月齊王憲被殺之事前。作爲齊王憲手下,不知與此是否有關。這或許也是若干雲没有在《周書》、《北史》中留下記載的原因之一。

---

① 《周書》卷六《武帝本紀下》,頁93。
② 《隋書》卷一二《禮儀志七》,頁281。

　　若干雲葬地爲"涇陽洪瀆川趙村東北"，由墓誌出土地點可以推知趙村的大致方位。

一〇八　宇文瓘墓誌

【誌蓋】

大周儀/同建安/子之銘

【誌文】

大周使持節儀同大將軍安州總管府長史治隋州刺史建安子宇文瓘墓誌/

公諱瓘，字世恭，京兆萬年人也。本姓韋氏，後魏末改焉。若乃電影含星，軒轅所以/誕聖；蜺光繞月，顓頊於是降靈。霸迹隆基，則詩歌朱紱；儒宗繼相，則德貴黃金。九/世卿族，必復其始；七葉珥貂，抑鍾餘慶。亡祖旭，司空、文惠公。德茂天爵，位崇公/器。亡考處士府君，高蹈絶俗，幽貞無悶，巢許不遠，禽尚何人。公即處士之第三/子也。季父孝固，吏部郎中、贈雍州刺史、安平恭子。同奉孝之早歿，類伯道之無兒，/以公傍繼小宗，義昭猶子。公幼而秀異，風神閑綽，資忠履孝，遊藝依仁。學窮書府，/則百遍留目；詞逸翰林，則千賦在手。比之曾子、張霸，恧其高蹤；譬以顏生、黃憲，慚/其實録。釋褐大將軍中山公府賓曹參軍，俄轉中外府記室曹。雖石苞位重，而孫/楚氣高。託意南山，遂紆東海。襲爵安平縣開國子，俄授帥都督、御伯下大夫，又轉/小御正。職是絲綸，明其糾察。非藉俊異，疇能兩之。除大都督，又遷車騎大將軍、儀/同三司。韓增麾号，鄧騭台袞，輝映兩京，莫此爲盛。改封建安縣開國子，仍除安州/總管府長史。此州控隋、鄖之沃壤，揚沔、漢之清波，民半左夏，地鄰疆埸。僚端所寄，/才望是資。公斷決如流，提翊有序，鎮南聲績，盖有助云。

俄治隋州刺史。方秉德勵/精,該十部之使;襃帷承寵,佇三公之
服。而天流十日,悲谷之影無迴;地紀百川,焦/壑之波長瀉。建
德六年歲次丁酉十月十七日,遘疾薨于隋州,春秋卌三。宣政
元/年歲次戊戌四月戊戌朔廿四日辛酉,反葬於萬年縣洪固鄉壽
貴里。公言行兼/脩,榮辱罕累。好善無倦,奉九言而弗失;談何
容易,酬三語而見知。嘉以儀表蘊藉,/志情夷簡,素氣与風雲共
遠,雅趣与丘壑俱深。雖復才爲世出,學殊爲己,見維纓/紱,非
其好焉。前妻萬春縣君范陽盧氏,開府容城伯柔之女。靖恭閑
令,翫閱詩史,/當春早落,厚夜方同。將恐地毀成湖,桑沉作海,
式憑鎸勒,永播芳猷。乃爲銘曰:/

源導崏崍,基崇崐閬,商資兩伯,漢尊二相。胤緒斯分,風流可
尚,守衛作台,登箕有/讓。顯允君子,含章挺生,麗川含瑒,藍岫
開瓊。率由孝敬,藉甚聲名,徐榻屢下,蔡屍/頻迎。賤璧齊陰,
師逸功倍,談窮理窟,情摛筆海。訪獸辯牙,夢禽驚采,持滿慎
逸,知/足誡殆。爰初觀國,名超擇宮,記曹奮藻,糾正聞風。招
携江表,刺舉漢東,博宣風化,/載緝民戎。天道芒昧,人途飄忽,
一息長謝,百齡何卒。徒馭如歸,生靈已没,緦帳虛/網,書帷空
月。焚荆命兆,樹櫃開阡,哀鐸緩節,悲驂不前。風鳴隧草,雲没
山田,紀茲/令德,寄此貞堅。/

長子萬頃,世子勇力,次子惠尚。/長女適滎陽毛氏,宜君侯。次
女適安定梁氏,次女適隴西□氏。

【疏證】

　　宇文瓘墓誌,1987年出土於陝西省長安縣郭杜鎮岔道口村
北魚池。拓片圖版及參考録文見宋英、趙小寧《北周〈宇文瓘墓

誌〉考釋》,《碑林集刊》第八輯。

宇文瓘卒於北周武帝建德六年(577),終年四十三歲,則其生年是西魏文帝大統元年(535)。宇文瓘"本姓韋氏,後魏末改"姓宇文,因此上引文指出宇文瓘即《北史》卷六四、《周書》卷三一所記韋洸之弟韋瓘,甚是。

上引文對宇文瓘及其家族多有研究,請參看。在此僅略作補充。誌文"季父孝固,吏部郎中、贈雍州刺史、安平恭子"。上引文按語認爲安平恭子之"恭"當爲"縣",即爲安平縣子。其實,"恭"或許爲其諡號。北朝對去世之人以爵位和諡號連稱的情況很多,如《周書》卷二○《尉遲綱傳》記尉遲綱爲"吳國公",去世後"諡曰武",本書收其子尉遲運墓誌即稱其爲"吳武公"。又如北周于謹爲燕國公,死後諡曰文,後人便稱其爲"燕文公"①。又誌文"釋褐大將軍中山公府賓曹參軍",上引文按語認爲賓曹參軍之"賓"當爲"兵"。其實,北周有賓曹參軍一職,如崔君綽和柳肅在大象末都曾任丞相府賓曹參軍②。誌文所謂大將軍中山公是宇文護。

誌石首題包括誌文共四次涉及"隋州","隋"並未寫作"隨"。學界一般認爲楊堅建隋後改"隨"爲"隋",中華書局點校本《周書》也因同樣理由,將隋國公等改爲隨國公③。學者還據此認爲西魏、北周的所謂"隋州"當爲"隨州",《隋書》、《北史》所記楊忠任隋州刺史和隋國公等,其中"隋"當

① 《藝文類聚》卷四六《職官部二‧太傅》,王褒《太傅燕文公于謹碑銘》,上海古籍出版社,1999年,頁825。又本書所收羅達墓誌同。
② 分見《周書》卷三六《崔君綽傳》,頁641;《隋書》卷四七《柳肅傳》,頁1274。
③ 參中華書局點校本《周書》頁62校勘記[7]。

均作"隨"①。此説成立的前提是：楊忠封"隨國公"，隋文帝楊堅襲封"隨國公"、進封"隨王"，並以"隨王"身份登基。唯其如此，纔會發生此後改"隨"爲"隋"事。但是此墓誌製作於北周武帝宣政元年（578），值得注意的是，在楊堅建隋前夜的宣政元年，"隨州"就是被寫成"隋州"的。檢閲史料，本書收北周武帝保定二年（562）賀蘭祥墓誌也作"隋州"，又梁武帝普通元年（520）之蕭敷墓誌②中，稱蕭敷"出爲建威將軍、隋郡内史"，"隨郡"也被寫成"隋郡"。文獻中也有同樣的現象，在南朝宋劉敬叔撰《異苑》卷二記"隋縣永陽有山"③，宋本《太平御覽》卷九九五《百卉部二·藤》引《異苑》作"隋郡永陽縣有山"。内容雖有差異，但均作"隋"。梁武帝撰《金樓子》兩次涉及隋郡，卷一有"齊隋郡王苦留一宿不許"，卷三記"隋郡王子隆好文章"。而且，在這兩部書中，並没有稱"隨"州郡縣者，也就表明都用"隋"字。這些現象意味着直到南北朝後期，不論在金石還是文獻材料中，都存在將"隨郡"、"隨州"寫成"隋郡"或"隋州"的用法。而且傳統的改隨爲隋説出現甚晚，目前所見最早的記載是唐末李涪《刊誤》卷下"洛隨"條。因此提出一個假説，即楊忠所封以及楊堅襲封，就是隋國公，並不存在改隨爲隋之事④。隋文帝改國號的傳言，或許是唐朝建國後有意散佈的。

① 胡阿祥：《偉哉斯名——"中國"古今稱謂研究》，湖北教育出版社，2000 年，頁113。
② 趙超：《漢魏南北朝墓誌彙編》，頁 27—29。上海博物館藏拓本，拓片圖版見毛遠明《漢魏六朝碑刻校注》第 3 册頁 161—166。
③ 《異苑》卷二，中華書局，1996 年，頁 11。
④ 詳參葉煒：《隋國號小考》，《北大史學》第 11 輯，北京大學出版社，2005 年。

一〇九　獨孤藏墓誌

【誌蓋】

大周金州刺史/武平公獨孤使/君之墓誌

【誌文】

周大都督武平公金州刺史獨孤使君墓誌/

公諱藏,字達磨,朔州人也。周明皇帝敬后同母弟。本姓劉,漢景帝之裔,赤/眉之亂,流寓隴陰,因改爲獨孤氏。祖俟尼伐,魏室名臣,位登三吏,器量詳/深,識度雄舉。父信,太祖文皇帝造周之始,同心創業,高歡鴟據燕城,狐/鳴趙地,權火每逢,干戈日尋,乃張絳宮之術,設黃石之妙。戰劇阪泉,□踰丹/浦,剋定禍難,策勳第一。授柱國大將軍、大宗伯、大司馬、雍州牧、河內郡開國/公,食邑八千戶。名播八荒,威震四表,具諸簡策,可略而言。公即河內公之寵/子也。幼而秀異,神情穎脱。朝陽擢幹,即聞威鳳之聲;崐山孕寶,便散長虹之/色。爲孝爲慈,遵斯二樹;迺文迺武,洞此三端。年八歲,以父功封武平縣開國/公,食邑一千九百戶。高祖孝武皇帝第七弟齊王,初啓盛府,選擇名賢,辟/爲上佐。公風華獨俊,日下無雙。居帝戚之重,卑以自牧;處公子之豪,每存廉/讓。寄情文酒,留神風月。恒以優遊自退,不以州郡勞心。俄授都督,非心所願。/帝第十弟譙王,作牧庸蜀,崇重英賢,納諸益友,雅相欽敬。以公治大都督,出/爲隆山太守。山夫狠戾,野民倔强,一人不刑,九里增潤。蒲鞭止訟,麥穗興哥,/威而不猛,柔而且斷,清同水鏡,儼若神明。罷郡之日,吏民流涕。昔在母憂,居/喪過禮,遂感舊疾,昊天不弔,殲此良人。以宣政元年八月四日，薨于長安大／司馬坊第，春秋卅五。
皇情悼惜，屢發王言，榮哀之理，存没斯備。即以其年／十月廿
日，歲次戊戌窆於涇陽胡濱川。詔贈金州刺史，禮也。公美鬚
髯，好／容貌。平叔食餅，未足比倫；安仁擲果，猶爲慚德。善隸
書，銀鈎無以逾／好墳典，／石經莫不該。妙製文章，□長吟咏，便
騎射、愛朋友，兄弟緝熙，閨門嚴正，風格／樸尚，思理淵邈，光家
令德，善始令終，何取斯言，寄之君子。夫没而不朽，非謂／金石
其身；逝者如斯，在乎闡揚風烈。式鎸玄板，以旌素行，乃爲
銘曰：／
御龍在夏，斬蛇稱漢，帝王洪弈，珪璋璀璨。天傾地缺，枝分葉
散，避地改氏，本／枝無絶。輔魏天贊，匡周人傑，黼黻既糜，山河
亦裂。猗歟公子，積此餘慶，忠孝／兩極，禮儀雙映。兄弟既怡，
友交踰敬，帝戚之貴，高門之重。似川獨濬，如芥／自辣，金符後
佩，玉珪先捧。英王屢辟，俊僚咸慕，臨池巧畫，登高能賦。忽此
夢／山，奄同朝露，呂悲過隙，丘嗟逝川。人生何幾，徒論百年，白
楊斜日，青松亂煙。／孤墳一閉，空芳自傳。／
夫人賀蘭氏，有子三人。

【疏證】

　　獨孤藏墓誌，1988 年出土於陝西省咸陽底張灣獨孤藏墓。
拓片圖版及參考録文見《中國北周珍貴文物》頁 89—92。原録
文之誤録處，今據圖版改正。

　　獨孤藏一家，是北朝後期的重要家族，其父獨孤信，在《周
書》卷一六、《北史》卷六一有傳，且其墓誌也已發現，參考録文
見趙超《漢魏南北朝墓誌彙編》頁 480。更重要的是，獨孤信長

女爲"周明敬后",第四女爲唐"元貞皇后"、第七女爲"隋文獻后",史稱周、隋、唐"三代皆爲外戚,自古以來,未之有也"①。獨孤藏之長兄獨孤羅的墓誌也已發現,本書收。

獨孤藏卒於北周宣帝宣政元年(578)八月,終年三十五歲,則其生年是西魏文帝大統十年(544)。獨孤藏字達磨,其兄獨孤善字伏陁②,而在獨孤信墓誌中二人則分別作"字拔臣"、"字弩引"。"藏字達磨"、"善字伏陁",名字顯與佛教相關,而獨孤信墓誌所記當爲鮮卑語舊名。

獨孤羅是獨孤信的長子,《隋書》卷七九《獨孤羅傳》記獨孤信534年入關之後"復娶二妻,郭氏生子六人,善、穆、藏、順、陁、整,崔氏生獻皇后"。《周書·獨孤信傳》:"〔大統〕十四年,進位柱國大將軍。録剋下溠、守洛陽、破岷州、平涼州等功,增封,聽回授諸子。於是第二子善封魏寧縣公,第三子穆文侯縣侯,第四子藏義寧縣侯,邑各一千户;第五子順項城縣伯,第六子陁建忠縣伯,邑各五百户。"據此,獨孤順、獨孤陁的生年當在大統十至十四年之間,而獨孤整生於此後。因爲誌文云獨孤藏是"周明皇帝敬后同母弟",所以也可知北周明帝獨孤皇后的生母爲郭氏,獨孤皇后的生年當在534—544年之間。明帝生於永熙三年(534)③,而獨孤皇后又是獨孤信的長女,他們的年歲當差別不大。

誌文稱"祖俟尼伐"。《周書·獨孤信傳》記"祖俟尼……父庫者",《元和姓纂》卷一〇"獨孤"條、唐開元二十四年(736)獨

---

① 《周書》卷一六《獨孤信傳》,頁267。
② 《周書》卷一六《獨孤善傳》,頁267。
③ 《周書》卷四《明帝本紀》,頁53。

孤炫墓誌①同。但獨孤信墓誌則記祖名“初豆伐”、父名“者”。
“俟尼伐”與“俟尼”、“初豆伐”譯音相近，但如果是同一人，他當
是獨孤藏的曾祖。那麼，獨孤藏墓誌就缺了對其祖父的記載，與
通例不符，難道“俟尼伐”是指獨孤藏祖父“者”或“庫者”？存
疑。又因爲“俟力伐”、“俟利發”本柔然官名，歸魏後以官爲氏，
故北魏有俟力伐氏②。所以有學者認爲俟力伐、俟利發、俟尼、
俟尼伐都是同一鮮卑語，是一種貴族身份性的稱呼，因此會出現
在不同材料中出現把獨孤藏之祖和曾祖都稱爲俟尼或俟尼伐的
現象③。

　　誌文“帝第十弟譙王，作牧庸蜀，崇重英賢，納諸益友，雅相
欽敬。以公治大都督，出爲隆山太守”。《周書》卷五《武帝本
紀》：天和五年（570）七月“以柱國、譙國公儉爲益州總管”。這
一年宇文儉只有二十歲，獨孤藏二十七歲。隆山郡爲北周所置，
天和初年，武都太守楊文思曾擊破隆山生獠④。《周書》卷四九
《異域上·獠》稱獠爲南蠻之別種，是當時“諸夷之中，最難以道
義招懷者”。因而墓誌云“山夫狠戾，野民倔强”。

　　唐景龍二年（708）《大唐故朝散大夫東都苑總監元府君夫
人河南獨孤氏墓誌》：“曾祖藏，隋通議大夫、金州刺史、武平郡
開國公。祖機，皇朝滄州刺史、上柱國、滕國公。”⑤姓名以及金

①　周紹良、趙超：《唐代墓誌彙編》開元443，頁1461。

②　姚薇元：《北朝胡姓考》，頁94。

③　王興邦：《〈中國北周珍貴文物——北周墓葬發掘報告〉在墓誌考釋中的疏失》，
　　《貴州文史叢刊》1995年第1期。

④　分見《隋書》卷二九《地理志上》“隆山郡隆山縣”條注，頁828；同書卷四八《楊文
　　思傳》，頁1294。

⑤　吳鋼、王京陽：《全唐文補遺》第五輯，三秦出版社，1998年，頁294。

州刺史的結銜完全相同,顯示二者爲同一人。差異有三,一是獨孤藏被置於隋,二是多了一個通議大夫的官銜,三是從武平縣開國公升爲了武平郡開國公。北周並無通議大夫,通議大夫爲隋煬帝時新設散職①。因此,這裏獨孤藏的結銜要麼是隋煬帝時的追封,要麼是因時代久遠而誤。同時,獨孤藏"有子三人",獨孤機當爲其一。

———————

① 《隋書》卷二八《百官志下》,頁 794。《唐六典》卷二《尚書吏部》,中華書局,1992年,頁 30。

一一〇　崔宣靖墓誌

【誌蓋】

魏故秘書/郎中崔宣/靖墓誌銘

【誌文】

君姓崔,諱宣靖,博陵安平人也。幽州使君、/景侯挺之孫,儀同、僕射、太昌公孝芬之幼/子。世稱著姓,家實儒門,以名公子早有令/問。身在僮稚,頻爲公府徵召,年十五,釋褐/秘書郎中。大司馬、廣陵王元忻,親貴懿重,/幕府肇開,縉紳引領,辟爲記室參軍事。從/容東閤,去來秘省,宰朝有黃中之譽,郎署/稱僮子之美。桂馥筠貞,風霜奄及,時年十/七,永熙三年九月十七日卒於晉陽。無時/有志,感傷行路,粵以周大象元年龍集晢/陬十月己未朔廿六日甲申,窆於臨山之/陽。舟壑貿遷,人事俞□,□□鐫勒,以貽賢/象。其詞曰:

世冠趙魏,領袖河都,德音/長久,爰逮緒餘。若人誕載,少纂門儒,幼稱/通理,長協中孚。蘭芳桂馥,風霜夙逾,早彫/良哲,□/亡在諸。金石可刊,竹帛方書。

【疏證】

　　崔宣靖墓誌,1998 年出土於河北省平山縣上三汲鄉之上三汲村和其西北的中七汲村之間。拓片圖版見叢文俊《北魏崔宣默、崔宣靖墓誌考》,《中國書法》2001 年第 11 期。又見趙超《北朝墓誌題跋二則》,《書法叢刊》2002 年第□期,《漢魏六朝碑刻校注》第 10 册頁 331—332 有拓片圖版並參考録文。同時出土其弟崔宣默墓誌,本書收。近年來,在平山縣東南部的上三汲鄉和兩河鄉一帶,先後出土了博陵崔氏的崔昂墓誌和崔仲方、崔大善父子墓誌①,此地是北朝博陵崔氏的家族墓地。

崔宣靖,卒於北魏孝武帝永熙三年(534),終年十七歲,則其生年是北魏孝明帝神龜元年(518)。其祖挺、父孝芬,《魏書》卷五七、《北史》卷三二並有傳。

據《魏書·崔挺傳》,崔挺在宣武帝景明四年(503)死後贈輔國將軍、幽州刺史、諡曰景。因此墓誌稱爲"幽州使君、景侯",崔昂墓誌亦稱"幽州景侯"。在崔宣靖、宣默墓誌中,都稱崔孝芬爲"太昌公",但在崔孝芬之孫崔仲方墓誌中,則稱崔孝芬爲"太昌侯",存疑。

"大司馬、廣陵王元忻"。按北魏廣陵王沒有叫元忻者,上引叢文俊文認爲此元忻即爲元欣,甚是。元欣在孝武帝太昌元年(532)九月被封爲廣陵王②。據《魏書》卷二一上《元欣傳》,他在封廣陵王後,又任大司馬。

據《北史》卷六《齊本紀上》,北魏永熙三年七月,孝武帝入關,七月二十九日,高歡進入洛陽,八月四日,"收開府儀同三司叱列延慶、兼尚書左僕射辛雄、兼吏部尚書崔孝芬、都官尚書劉廞、兼度支尚書楊機、散騎常侍元士弼,並殺之"。《魏書·崔孝芬傳》:崔孝芬被殺後,"沒其家口"。在他的八個兒子中,除了長子宣祖和宣猷、宣度逃走以外,宣軌"與弟宣質、宣静、宣略,並

---

① 分見河北省博物館、河北省文物管理處《河北平山北齊崔昂墓調查報告》,《文物》1973 年第 11 期;河北省文物研究所、平山縣博物館《河北平山縣西嶽村隋唐崔氏墓》,《考古》2001 年第 2 期。

② 《魏書》卷一一《出帝本紀》,頁 285。

死於晋陽”。今由崔宣靖、宣默墓誌可知他們同被殺於九月十七日。即高歡九月十日從晋陽再次回到洛陽後不久。

誌文“周大象元年龍集訾陬”。北周静帝大象元年（579）爲己亥，古代利用十二星次紀年時，對應亥者當爲“諏訾”。上引劉恒文認爲“訾陬”爲“諏訾”之誤，是。

<h1 style="text-align: center;">一一一　崔宣默墓誌</h1>

【誌蓋】

魏故廣平/王開府祭/酒崔宣默/墓誌之銘

【誌文】

君姓崔，諱宣默，博陵安平人。自地分四履之後，/功高九合已還，珪璧相傳，簪纓世襲。備諸圖册，/詎假詳而載焉。祖挺，後魏光州刺史。父孝芬，後/魏儀同三司、吏部尚書、留守、僕射、太昌公。並德/重望隆，金聲玉振。君資神三合，誕質二離，爰始/弄璋，逮于齠齔，一遊庠序，載服青衿。神童之号/□揚，龍駒之響斯奮。開府、廣平王地連闉闍，位/躋大階，幕府初開，特難其選。以君幼擅摛藻，今/屬賢才，辟爲東閣祭酒。既毗鼎鉉，清塵仍播。方/謂奮振鳳毛，搏排霄漢，豈圖蘭菊，忽遘嚴霜，以/永熙三年九月十七日卒於晋陽，時年一十有/五。痛深臨穴，歎甚云亡，粤以周大象元年歲在/困敦之辰、月居應鍾之吕、廿六日甲申，窆於臨/山之陽。恐日往月來，陵谷或徙，寄之長久，刊斯/金石，其詞曰：

公侯之族，卿相之門，被服青/紫，如玉衣崑。若人誕質，薰邁蘭蓀，既明且恕，有/惠仍温。播德鳳沼，擅響槐庭，豈其不弔，奄促遐/齡。愁煙旦萃，悲霧霄征，春秋何有，貞石空銘。

【疏證】

　　崔宣默墓誌，1998 年出土於河北省平山縣上三汲鄉之上三汲村和其西北的中七汲村之間。拓片圖版見叢文俊《北魏崔宣

默、崔宣靖墓誌考》,《中國書法》2001 年第 11 期。又見劉恒《北
朝墓誌題跋二則》,《書法叢刊》2002 年第 2 期。《漢魏六朝碑刻
校注》第 10 册頁 334—335 有拓片圖版和參考録文。同時出土
其兄崔宣靖墓誌,本書收。

　　崔宣默卒於北魏孝武帝永熙三年(534),終年十五歲,則其
生年是北魏孝明帝神龜三年(520)。《魏書》卷五七《崔仲方傳》
記崔仲方有八子,但只記載了八子中七子之名,上引劉恒文認爲
宣靖即宣静,缺名者爲宣默,是。

　　墓誌記崔宣默曾任開府、廣平王之東閤祭酒。北魏封廣平
王者有多人,上引叢文俊文認爲從時間來看,此廣平王指元贊,
是。孝武帝太昌元年十二月,“侍中、廣平王贊爲驃騎大將軍、開
府儀同三司”①。除了王府以外,北魏至少在三師、三公府也都
設東、西閤祭酒。

　　誌文“周大象元年歲在困敦之辰、月居應鍾之吕”。“應鍾”
爲十二律之一,古代以十二律與十二月對應,應鍾對應十月。北
周静帝大象元年(579)爲己亥,而“困敦”對應爲子,劉恒文認爲
“歲在困敦”之説乖舛,是。若用歲星紀年,亥年對應當爲“大淵
獻”。此誌與崔宣靖墓誌以十二星次紀年均出現錯誤,可見此時
人們對這類紀年方式已經不很熟悉了。

---

① 《魏書》卷一一《出帝本紀》,頁 286。

一一二 尉遲運墓誌

【誌蓋】

大周上/柱國盧/國公誌

【誌文】

大周使持節上柱國盧國公墓誌/

公諱運,字烏戈拔,河南洛陽人。軒轅誕聖,則垂衣服冕;昌意秉德,則降居藏用。洪源泚渳,九河注/而不窮;深柢輪囷,十日栖而愈茂。始祖吐利,封尉遲國君。從魏聖武南遷,因以國命氏。祖俟兜,/贈使持節、太傅、柱國大將軍、長樂定公。器識詳遠,風度閑綽,常以優遊自許,不以仕進經懷。尚/太祖文皇帝姊昌樂長穆公主。亡考綱,使持節、太傅、柱國大將軍、大司空、吳武公。儀望雄傑,風/神迅邁。羊群入夢,力牧之佐有徵;虎宿澄輝,子房之符先表。太祖龍飛八水,情深九族,帝曰吾/甥,實膺任寵。公降峻極之神,稟中和之氣。緇衣載襲,實符四世五公;白眉最良,豈止二龍千里。波/瀾万頃,挹之者不知深;宮墻數仞,窺之者不測。資忠履孝,枕義藉仁,文武兼資,智勇俱蓄。大統十/六年,封安喜縣開國侯,食邑一千户。周室受命,並建親賢,授使持節、車騎大將軍、儀同三司、大/都督。時閔皇廢辱,世宗居外,奉迎鑾蹕,朝難其人,使公奉軨獵之車,赴鶯驚之鎮。遂得唐/侯入纘,代王當璧,義無宿善,治符夜拜。封周城縣開國公,增邑五百户。保定二年,授使持節、驃騎/大將軍、開府儀同三司、大都督。四年,除隴州諸軍事、隴州刺史。尅己爲治,潔身奉法,三欺既息,六/條備舉。秩滿言歸,華戎戀德,扶老携幼,詣闕稽顙,朝廷

抑其固請,方申重寄。五年,授右小武/伯。俄轉右大武伯。六
年,授軍司馬,餘官依舊。總八能而警衛,贊七德而治戎。出內
之宜,公私惟允,/僞齊逾越疆場,侵逼汾射,公隸齊王出師東討。
每陳傅堞之策,亦振摩壘之威。一日之中,數城俱/拔。封廣業
郡開國公,食邑八百戶,通前二千八百戶。建德元年,改授侍伯,
轉右司衛,又除司武。三/年,高祖幸于雲陽,衛刺公作難,矢及
軒庭,非因集隼,火流門闕,事異祥烏。時儲皇監國,公掌/禁旅,
躬自閉關,凶黨奔竄。有詔褒賞,授使持節、大將軍、大都督,餘
官依舊。爰錫第宅、車馬、金貝、/珠玉,谷量山積,胡可勝言。同
州陝區,埒于神牧,庫兵倉粟,國儲斯在。五年,除同州、蒲津、潼
關、楊氏/壁、龍門、湊頭六防諸軍事,同州刺史。奮髯抵几之威,
不行已肅;竹馬蒲鞭之化,有德斯感。考績之/科,冠于群岳。及
神麾東舉,席卷平陽。公總虎賁之眾,奮鷹揚之武,及鑾輿捷軫,
留爲殿師。旬/日之間,僞主遂至。公馳傳還京,面陳兵略。於
是戎車再駕,逕赴晉州。大懋既殄,元勳且著。授柱國、/盧國
公,食邑三千戶。舊封迴授一子。官崇楚号,深拒畫蛇之說;爵
隆漢典,更同刑馬之盟。宣政元/年,授司武上大夫。突厥越龍
堆而逾虎澤,掠邊民而煞漢使。高祖自將北討,崩于雲陽。公與
薛/國公覽同受顧命,不墜話言,遂光殊寵。授上柱國,餘官依
舊。俄授秦、渭、成、康、文、武六州諸軍事,/秦州總管。此州華
戎相半,風俗不一,雖異空桐之武,頗有強梁之氣。公濟寬持猛,
遠服迩安,開懷/納胡,舉袖化狄,千里聞風,百城解印。方當坐槐
論政,調梅和鼎,蕭然之禪未倍,岱宗之魂先歿。大/成元年二月
廿四日遘疾薨于秦州,春秋卌有一。鄭使不來,秦醫遂反,群胡劃
面,豈唯鄧訓之亡;/庶民巷哭,何獨溫嶠之殞。其年十月十四日,

反葬於咸陽郡涇陽縣洪瀆鄉永貴里。世子靖等,陟/岵興哀,視橋增慕。將恐古往今來,田移谷徙,或憑鐫勒,永播徽猷,乃爲銘曰:/綿綿瓜瓞,弈弈華宗,胙命惟德,車服以庸。武公翊贊,羽白弓彤,趙日慚夏,冥官媿冬。積善之徵,降/靈惟岳,孝備求忠,行餘方學。照車誰瑩,連城詎琢,筆動鸞飛,弦鳴鳥落。宿遞金馬,侍從承明,久勞/年月,亦樹風聲。時離管蔡,縈賴忠貞,銘祈紀績,坐樹標名。衆踐陑郊,師陳牧野,揚灰桀石,衝冠震/瓦。後雉前麋,右人左馬,韓彭裂地,山何建社。大君纂業,寵數載隆,台階升命,隴坂宣風。旗飛革鳥,/衣拂華蟲,德流羌尉,化洽獫戎。浴日難駐,逝川何促,洹水泣瓊,崐山焚玉。武劍藏花,雅歌緘曲,轍/遵歸道,悲箝滿谷。桃參龜筮,禮備榮哀,扶風碑立,京兆阡開。蓬含霜轉,松帶風來,千秋万歲,儻記/他灰。

【疏證】

　　尉遲運墓誌,二十世紀八十年代末出土於陝西省咸陽底張灣,與其妻賀拔毗沙墓誌同墓出土。拓片圖版及參考録文見《中國北周珍貴文物》頁 101—104。原録文誤録處,據圖版訂正。其妻賀拔毗沙墓誌,本書收。

　　尉遲運,《周書》卷四〇、《北史》卷六二有傳,内容與墓誌大同小異,可以互補。尉遲運北周大成元年(579)卒,終年四十一歲,則其生年爲西魏文帝大統五年(539)年。誌文"大成元年二月廿四日遘疾薨于秦州",這年二月是癸亥朔,十九日辛巳下詔傳位静帝並且改元"大象"[1],尉遲運卒於二十四日,所以確切的

① 《周書》卷七《宣帝本紀》,頁 119。

說應該是大象元年二月了。

　　尉遲運之祖尉遲俟兜、父尉遲綱在《周書》、《北史》亦有傳。據《周書》卷二〇《尉遲綱傳》，其死後，第三子安以嫡嗣，而尉遲運爲尉遲安之兄，當爲庶出。

　　誌文“五年，授右小武伯”。據本傳，這是在武帝天和五年（570）。

　　誌文“〔建德〕五年（576），除同州、蒲津、潼關、楊氏壁、龍門、湆頭六防諸軍事，同州刺史”。《周書》本傳作建德四年。諸防均在河曲，即黃河南行東轉一帶，這曾是東西魏多次交兵之地，特別楊氏壁是黃河西岸的險要，史料多有涉及。湆頭不見於記載，當亦在此一帶。這六防也是同州最重要的軍事據點。

　　宣帝時尉遲運任“秦、渭、成、康、文、武六州諸軍事，秦州總管”。此六州爲秦州總管所轄無疑，但似乎並非秦州總管所轄全部。因爲保定二年（562）宇文廣任秦州總管時，同授十三州諸軍事、秦州刺史①。《舊唐書》卷四〇《地理三·隴右道》記武德二年（619）立秦州總管府，管“秦、渭、岷、洮、疊、文、武、成、康、蘭、宕、扶等十二州”也可作爲旁證。

　　誌文“高祖自將北討，崩于雲陽。公与薛國公覽同受顧命”。薛國公覽是長孫覽，在高祖死後“受遺輔政”②。雖同受顧命，但二人也有所不同。長孫覽更得宣帝的信任，《北史》卷五八《齊煬王憲傳》：“宣帝嗣位，以憲屬尊望重，深忌之。時尚未葬，諸王在内居服。司衛長孫覽總兵輔政，恐諸王有異志，奏令開府于智察其動靜。”故長孫覽在宣帝時位至上柱國、大司徒。

---

① 《周書》卷一〇《宇文廣傳》，頁 156。
② 《北史》卷二二《長孫覽傳》，頁 828。

而尉遲運則遭到宣帝的"疎忌"、"愈更銜之",最後"憂薨於
州"①。

———————

① 《周書》卷四〇《尉遲運傳》,頁 710。

一一三　安伽墓誌

【誌蓋】

大周同州/薩保安君/之墓誌銘

【誌文】

大周大都督同州薩保安君墓誌銘/

君諱伽,字大伽,姑臧昌松人。其先黃帝之苗裔,分/族因居命氏,世濟門風,代增家慶。父突建,冠軍/將軍,眉州刺史,幼擅嘉聲,長標望實,履仁蹈義,忠/君信友。母杜氏,昌松縣君,婉茲四德,弘此三從,肅/睦閨闈,師儀鄉邑。君誕之宿祉,蔚其早令,不同流/俗,不雜囂塵,績宣朝野,見推里閈。遂除同州薩保。/君政撫閑合,遠迕祇恩,德盛位隆,於義斯在。俄除/大都督。董茲戎政,肅是軍容,志效雞鳴,身期馬革。/而芒芒天道,杳杳神祇,福善之言,一何無驗? 周大/象元年五月,遘疾終於家,春秋六十二。其年歲次/己亥十月己未朔,　　　　厝於長安之東,距/城七里。但陵谷易徙,居諸難息,佳城有斁,鐫勒□/無虧。其詞曰:/

基遥轉固,派久弥清,光踰照廉,價重連城。方鴻節/鷟,譬驥齊征,如何天道,奄墅泉扃。寒原寂寞,曠野/蕭條,岱山終礦,拱木俄樵。佳城鬱,隴月昭昭,縑□/易　　　,金石難銷。

【疏證】

　　安伽墓誌,2000 年 5 月—7 月出土於陝西省西安市未央區大明宮鄉炕底寨村西北安伽墓,同墓出土了具有鮮明祆教藝術特色的彩繪浮雕石棺床。墓誌拓片圖版及録文,見於陝西省考古研究所《西安發現的北周安伽墓》,《文物》2001 年第 1 期。又請參看陝西省考古研究所《西安北周安伽墓》①頁 59—63。原誌寫、刻頗有殘漏,如"其年歲次己亥十月己未朔"與"厝於長安之東"兩句之間,竟空五格無字;"佳城鬱"之後,遺漏一個"鬱"字,"縑□易"之後空一格無字,等等。

安伽爲昭武九姓之安國後裔,似可無疑。《元和姓纂》卷四安姓下,只列"姑臧涼州"一望,云:"出自安國,漢代遣子朝,國居涼土。後魏安難陀至孫盤娑羅,代居涼州,爲薩寶。"薩寶,北朝隋唐時期,或作薩甫、薩薄、薩保。學界關於祆教與薩保,已有大量研究,兹從略。並請參看本書虞弘墓誌疏證。

安伽死於北周静帝大象元年(579),六十二歲,則其生年當在北魏孝明帝神龜元年(518)。安伽籍貫姑臧昌松,可見姑臧昌松,應是涼州粟特人較集中的地方。

---

① 陝西省考古研究所:《西安北周安伽墓》,文物出版社,2003 年。

一一四　封孝琰墓誌

【誌文】

公諱孝琰，渤海蓚人也。世禄相承，風聲迴播，列鼎陳鍾，光朝燭野。祖司空孝宣公，道高/壹世，德被笙鏞。父雍州刺史、殿中尚書、文侯，仁洽万里，愛流歌詠，鈞册代秉，花萼相輝，/符剌周於華裔，佐吏遍於天下。公稟粹累仁，承靈積慶，標五色於珠野，抽九節於芝室，/皎皎與石泉並照，英英與秋雲共遠，思憤縱横，辭屬霜雪，應劉在於度内，莊老不異人/心，貴仕高才，向風俱靡。刺使魏襄城王，望冠右戚，按部冀方，曠官虚己，我求明德。年十/六，辟爲主簿，輕飛在翰，逸足非年，亦既來儀，牢籠先達。釋褐秘書郎中，轉太子舍人，典/文記。望麟閣以朝馳，出龍樓而夕返，即擅筆扎之華，且見朱紫之別。天保三年，丁憂去/職。絶漿五日，泣血三年，翔走聽而悲鳴，卉木感而變色。服闋還鄴，俄遷中書舍人，轉司/空掾。理笏玉階，曳裾金鉉，肅清風於玄武，兑玉猷於絳地。遷秘書丞。石渠徑復，天禄陰/嶺，寔道家之蓬萊，乃蘭台之内閣，脱簡復編，墜文必理，流略載叙，緗素唯新。天行不息，/六龍驤首，作鎮隱然，有符監國。丞相、博陵王，以母弟之貴，秉軸鄴中。殊途並會，事如交/午，密勿唯機，寔資人傑。以本官典密事。撥煩多暇，遊刃蕭然，稽陰河朔，冠蓋交通。兼散/騎常侍，聘陳使主。龍節浮江，軺軒去國，巨骨能辨，長纓可羈。雞樹嚴清，鳳池華要，便煩/禁扆，出内絲綸。公文掞雕龍，名非畫地，帝曰尒諧，我膚俞往。遷中書侍郎，後除太尉府/從事中郎、通直散騎常侍、南陽王友，判并省吏部郎中事，仍攝左丞，尋正吏部。参議台/閤,輔仁梁苑,執憲東輈,趨事南宮。揚清濁於九品,總綱維於百吏,歷事垂聲,所居遺範。/轉散騎常侍。自三光分景,四溟殊望,嚴城晝警,烽火宵通,戎車屢駕,歷茲永久,俱厭斥/候之勤,共敦弭恤之契。公乃張廬北闕,馳馬西京,敖遊二帝,去來三輔,使氣盖關中,聲馳/河外。還兼尚書左丞,待詔文林館,仍正左丞,奏門下事。公氣高調遠,德茂神清,角立不/群,含章特秀;波瀾靡際,崖岸峻迴,肅如大祭,懷若嚴君;辭韻鏗鏘,藻翰遒麗,言爲准的,/動成規矩。雖俯迹纓冕,而寄深丘壑,巨石前却,激水推移,竹柏交於簷霤,風雲入於窗/牖,上客盈門,雜賓罕至。伏奏武帳,珥筆文坊,灑源泉於緗牒,動光華於俯仰,寔朝淵藪,/唯國楨幹。朱丹不滅,玉質貞堅,窮通在運,遭隨非我,石田之喻徒往,金版之窓何及。以/齊武平三年十月卅日,終於鄴城,時年五十有一。否剥數終,車書一統,軾閭表墓,事切/皇衷,甫及下車,哀詔先發。大周建德六年正月廿六日,追贈使持節、儀同大將軍、廣/州刺史,瀛州平舒縣開國男,邑三百户。粵以大象元年歲次己亥十月己未朔廿七日/乙酉,即安於舊塋。其銘曰:

良守唯仁,帝師稱巨,海漸河潤,崇基茂緒。龜組重沓,冠/佩容與,允文允武,或出或處。鍾美淑靈,爰秀民英,克隆前構,載闡家聲。摩霄孤上,追風/遠征,書觀聖哲,劍賜推誠。禮則身興,謙爲德柄,優遊文雅,抑揚辭令。瑩玉比潔,練金均/映,逸軌難蹤,清瀾可泳。崇賢峻禮,閶闔洞開,垂纓曳組,旦侍宵陪。飛軒渭汭,飾幣江隈,/迹宣建禮,聲物贊合。業掩鴻都,論高白虎,善始令末,居今行古。直戀每縱,讜言亟吐,比/事逢干,連衡李杜。墓門寥闃,塋樹蕭森,寒煙夕引,濁霧晨侵。荒株隱菟,腐草流螢,春來/秋往,此夜方深。

【疏證】

封孝琰墓誌,1966 年出土於河北省景縣縣城東南的封氏古墓群,同時出土的還有封孝琰妻崔嬰訶墓誌,墓誌拓片圖版及參考錄文,見河北省文物研究所墓誌小組《封孝琰及其妻崔氏墓誌》,《文物春秋》1990 年第 4 期。

墓誌記封孝琰死於北齊後主武平三年(572)十月卅日,可是《北齊書》和《北史》,都記載封孝琰死於武平四年(573)十月九日。案封孝琰與崔季舒同案而死,時間應在武平四年。封孝琰墓誌寫刻於北周大象元年(579),追述往事或不免錯謬。孝琰終年五十一歲,故其生年當在北魏孝明帝正光四年(523)。

《北齊書》卷二一《封隆之傳》附有《封孝琰傳》。傳誌對勘,基本相合。《周書》卷六《武帝紀下》載北周滅齊,周武帝入鄴,旌表與崔季舒同日死難的七人,其中就有封孝琰,但追贈官爵略而不書。據封孝琰墓誌,周武帝追贈孝琰爲"使持節、儀同大將軍、廣州刺史,瀛州平舒縣開國男,邑三百戶"。

同樣出土於景縣封氏家族墓地的封孝琰從兄封子繪墓誌①,便是由封孝琰撰序、崔贍撰銘。雖然《北齊書》説封孝琰"文筆不高,但以風流自立,善於談謔",但祖珽推薦他進入文林館與撰《御覽》,可能他還算是以文學見長。

---

① 趙超:《漢魏南北朝墓誌彙編》,頁 423—425。

一一五　韋孝寬墓誌

【誌蓋】

周上柱/國鄖襄/公墓誌

【誌文】

大周使持節太傅上柱國雍州牧鄖襄公之墓誌/

公諱寬,字孝寬,本姓韋氏,京兆杜陵人。商丘盛玄帝之緒,相土隆肜弓之業,二相聲高,騰芬漢簡,三君德/懋,流曜綿圖,衣纓之盛,羽儀當世矣。祖真憙,清規雅量,見重縉紳,歷馮翊、扶風二郡守,贈涇州刺史。父旭,/道風素望,蔚爲世範,官至尚書右丞、豳州刺史,贈司空公,謚曰文惠。公兩儀降氣,五緯垂精,膺大德之期,/踐通人之會,峨然與崐閬同仁,浩乎与江河合智。風聲傑出,器望孤標,材兼將相,藝備文武。申韓富強之/術,存於度内;孫吳鉦鼓之教,得自胸中。屬魏歷初屯,中原方割,西夏肆逆,東王出討。公弱冠從戎,立功秦/地。建義初,拜國子博士,仍轉通直散騎侍郎,山北縣開國男。太祖龍飛百二,虎據三分,折勝藉帷幄之/謀,扞城資腹心之用,委質策名,順風縱豁,竭在三之節,懷靡二之誠,除大行臺左丞。自是東征西伐,必預/行間,契潤艱虞,櫛沐風雨。時兩河未静,三川大乱,公出軍陽城,亟摧惡黨,治兵陰地,屢折凶徒。授恒農郡/守,尋轉持節、鎮東將軍,帶宜陽郡事。俄遷車騎大將軍、南兗州刺史,進爵爲侯,又加通直散騎常侍。尋授/大都督、晉建汾三州正平郡諸軍事、晉州刺史。東秦放命,敢肆穿窬,驅率犬羊,攻圍城雉,儷梯衝於天上,/飛鋒鏑於地中。公外仗朝威,内揚神算,隨方捍禦,綿歷六旬,流血成

川，積屍如莽。既而妖徒力屈，元惡計/窮，泉水不枯，便看乱轍，
箭杆未盡，已覩投衡。建此殊功，用隆賞典，封建忠郡開國公，邑
一千五百戶。尋除/驃騎大將軍、開府儀同三司，加侍中。又爲
雍州刺史，宣條布政，導德齊禮，變六輔之風，正五方之俗，遷使/
持節、大將軍。江陵之役，功有勳焉，師還，別封一子穰縣開國
公。又轉尚書右僕射，銓品之寄，才望是歸，授/小司徒。有周御
曆，賜姓宇文氏。又爲延州總管，風行狄土，威棱沙塞，折膠絶埃
塵之急，囊書息烽燧之驚。/轉爲勳州總管，俄遷柱國，定封鄖國
公，邑五千戶。大風起猛士之哥，屬車異威邊之寶。公再鎮汾
隅，實宣/聲略，拜大司空。水上載平，棘木斯蔚，尋遷上柱國。
式遏爲重，居中更輕，除徐州總管。時句吳未賓，洞庭負/固，桐
柏之南，剪爲異域。授公行軍元帥，委之經計，運開山之術，申鼈
樓之勇，百城霧卷，千里霜摧。別封一/子滑國公，邑五千戶。宣
皇宴駕，嗣主幼沖，布惠宣威，實資朝彥，授公相州總管。尉遲迥
志圖問鼎，岨兵/作乱，天子乃心東顧，聽朝不怡。公武略夙標，
英圖橫厲，仍授以元帥，總兵薄伐。一麾而清沁渚，再鼓而廓/漳
濱。沴氣克消，地有武丘之号，妖精載蕩，縣有聞喜之名。飲至
禮成，策勳末賞，天不憖遺，良木云壞。春秋/七十有二，以大象
二年十一月廿七日，薨於京第。縣官興徹懸之感，上宰軫奔車之
悼。詔贈使持節、太/傅、上柱國、懷衛黎相趙洺貝滄瀛魏冀十一
州諸軍事、雍州牧，謐襄公，禮也。惟公命世降生，含和挺質，立/
行成則，出言有章，三德聿修，九思無爽。筮仕遇群飛之日，結髮
值龍戰之秋。徇義忘躬，識貞心於勁草；推/誠奉國，表高節而後
雕。棟幹之望有歸，謨明之寄攸在。至如料敵出奇，舉不失德，
安邊定遠，計無遺算。及/道隆四履，業冠五侯，居高而能撝損，

處貴而不驕忕。求仁履信,風雨不已,趣賢愛士,吐握忘疲。身不怨於/天下,行無忤於一物。故能保茲盛德,令此榮聲,同臧文於立言,並孫僑於遺愛。越其年十二月九日,歸葬/於萬年之壽貴里。屬國立玄甲之兵,輕車陣五營之騎,賓門哀次,空悲即遠之及,山椒解駕,更悼如疑之/還。丘陵若徙,芳猷不墜,其詞曰:/

昭昭胤緒,既浚且崇,居相以德,作伯由功。世傳盛業,門嗣高風,山川秀氣,寔生我公。凰曆基初,龍圖運俶,/載驅金陣,實勤靺服。吳鄧謀猷,良平心腹,望隆軒冕,寄深符竹。金章去里,玉節臨封,狡焉肆毒,逼我崇墉。/百樓禦侮,九地折衡,妖徒棄甲,令績刊鍾。五湖叛換,兩河跋扈,總勒驍雄,驅馳貔虎。大風染鍔,長蛇釁鼓,/地紐遷維,天經重補。功名不已,人世忽而,遺愛千葉,立言一時。山門晝冷,松庭夜悲,佳城或啓,清塵在茲。/

夫人華陰楊氏,生長子那羅、長女長英。夫人滎陽鄭氏,改姓賀蘭,生世子總、次子壽。夫人河南拓拔氏,生子霽。/

長子那羅,早喪,贈使持節、儀同三司、中平縣開國。次子諶,字奉忠,使持節、儀同大將軍、陵蓬二州刺史、穰縣開國公,繼第四弟子遷後。/

世子總,字善會,使持節、開府、京兆尹,殞於王事,贈柱國、蒲陝熊中義五州刺史、河南郡開國公,謚曰貞。次子壽,字世齡,使持節、上開府儀同大將軍、京兆尹、滑國公。/次子霽,字開雲,使持節、開府儀同大將軍、安邑縣開國伯。次子津,字悉達,使持節、儀同大將軍、武陽郡開國公。次子無漏,永安縣開國侯。/

總子世孫圓成,使持節、開府儀同大將軍。長女普安郡公主,適開府、少保、新蔡郡開國公解斯恢。

【疏證】

韋孝寬墓誌,1989 年出土於陝西省長安縣韋曲鎮北原。拓片圖版和參考録文見戴應新《韋孝寬墓誌》,《文博》1991 年第 5 期。較清晰的拓片圖版與參考録文見《新中國出土墓誌》陝西卷(肆)上册頁 29、下册頁 25—26。戴文提及,與韋孝寬墓誌一道,還出土其夫人鄭氏墓誌兩方,一方稱"鄭氏",乃西魏廢帝二年(553)埋葬時所刻,另一方稱"賀蘭氏",並云"夫人諱毗羅,本姓鄭氏,魏末改爲賀蘭",是後來遷葬於夫墓時重新刻的。賀蘭氏及韋孝寬世子韋總的墓誌拓片圖版與録文,亦見《新中國出土墓誌》陝西卷(肆)。

韋孝寬卒於北周静帝大象二年(580),終年七十二歲,則韋孝寬生於北魏宣武帝永平二年(509)。韋孝寬在《周書》卷三一、《北史》卷六四有傳,與墓誌可互補。另有大象二年立之《韋孝寬碑》,在《集古録目》和《寶刻叢編》中有注録。

誌文"祖真憙,清規雅量,見重縉紳,歷馮翊、扶風二郡守,贈涇州刺史"。《北史·韋孝寬傳》:"祖直善,魏馮翊、扶風二郡守。"二記録任官同但祖名有異,當以墓誌爲確。檢《魏書》卷四五,有京兆杜陵人韋閬兄子韋真喜"起家中書博士,遷中書侍郎、馮翊太守"。此人從生活時代、名字以及任職都和韋真憙極其相似,不排除二者爲同一人的可能。若此,則韋孝寬的世系就更加清晰了。

誌文"父旭,……官至尚書右丞,豳州刺史,贈司空公,謚曰文惠"。《北史·韋孝寬傳》:"父旭,武威郡守。建義(528)初,爲大行臺右丞,加輔國將軍、雍州大中正。永安二年(529),拜右將軍、南豳州刺史"。據中華書局點校本校勘記,"南豳州",諸本作"南幽州"，學者考訂"幽"當作"豳"。今墓誌作"豳"，證實了校改的準確。因爲韋旭死後贈司空公、謚號文惠，所以後代追溯時，多徑稱爲司空文惠公①。

誌文"東秦放命，敢肆穿窬，驅率犬羊，攻圍城雉，儷梯衝於天上，飛鋒鏑於地中。公外仗朝威，内揚神算，隨方捍禦，綿歷六旬，流血成川，積屍如莽。既而妖徒力屈，元惡計窮，泉水不枯，便看乱轍，箭杆未盡，已覩投衡"。此段是對大統十二年（546）玉壁之戰的形象描述。

《北史·韋孝寬傳》："恭帝元年（554），以大將軍與燕公於謹伐江陵，平之，以功封穰縣公。"因爲玉壁之戰後，韋孝寬已"進爵建忠郡公"，此"以功封穰縣公"不可解。誌文云"江陵之役，功有勳焉，師還，別封一子穰縣開國公"。本人是郡公，以功別封一子爲縣公，這纔是合理的情況。墓誌可正史傳之一誤。

誌文"轉爲勳州總管，俄遷柱國，定封郿國公，邑五千户"。《北史·韋孝寬傳》：北周"保定初，以孝寬立勳玉壁，置勳州，仍授勳州刺史"，"天和五年（570），進爵郿國公，增邑通前一萬户"。邑數墓誌和本傳有異，或許誌文"邑五千户"指增邑五千户。

又誌文"詔贈……懷衛黎相趙洺貝滄瀛魏冀十一州諸軍事"，《北史·韋孝寬傳》作贈"十二州諸軍事"，當以墓誌爲是。

韋孝寬夫人滎陽鄭氏"魏末改爲賀蘭"。西魏北周河南滎陽鄭氏改姓者中，洞林房鄭孝穆與連山房鄭常都是賜姓宇文氏②，賜

---

① 周紹良、趙超：《唐代墓誌彙編》開明 003"韋匡伯墓誌"，頁 6；周紹良、趙超：《唐代墓誌彙編續集》貞觀 051"韋幾墓誌"，上海古籍出版社，2001 年，頁 39。
② 分見《周書》卷三五《鄭孝穆傳》，頁 610；《庾子山集》卷一五《周大將軍上開府廣饒公鄭常墓誌銘》，頁 985。

姓賀蘭的是哪一支呢？據《賀蘭氏墓誌》，其"祖育……官至散
騎常侍，北豫州刺史"，其"父僧覆……位歷淅州刺史，開府儀同
三司"。文獻中未見鄭育與鄭僧覆，但《魏書》卷五六《鄭羲傳》
中，滎陽鄭羲從父兄鄭德玄曾任滎陽太守，其子有鄭祖育，獲贈
豫州刺史，鄭祖育的弟弟是鄭仲明。又《北史》卷一九《元韶傳》
記載："尒朱榮將入洛，父劭恐，以韶寄所親滎陽太守鄭仲明。仲
明尋爲城人所殺。韶因亂，與乳母相失，遂與仲明兄子僧副避
難。"鄭僧副爲鄭仲明兄子，而鄭祖育恰是鄭仲明之兄。再結合
墓誌，似可認定，賀蘭氏祖鄭育，即鄭祖育，父鄭僧覆，即鄭僧副。
他們屬於滎陽"七房鄭氏"之一的幼麟（鄭羲）房，與洞林房、連
山房同屬滎陽鄭氏北祖鄭曄房①。

① 《元和姓纂》卷九，頁 1347。

隋

一一六　高潭墓誌

【誌蓋】

故周殄寇/將軍益州/陽安令高/君墓誌銘

【誌文】

故周殄寇將軍益州陽安縣令高君墓誌銘/

君諱潭，字子澈，勃海條人，周太師之苗裔也。祖翼，魏使持節、太/保、太尉、録尚書事、都督冀定瀛相滄殷幽七州諸軍事、冀州刺/史、樂城文宣公。父季式，齊使持節、都督冀滄二州諸軍事、驃騎/大將軍、開府儀同三司、太常卿、冀州刺史，乘氏恭穆公。世族家/風，藏諸金石；英材盛烈，著在丹青。君玉挺藍田，幼而明敏，齊文/宣皇帝池紼戒路，選補挽郎。孝昭皇帝承制作宰，除霸府參軍/事，襲爵乘氏縣開國子，食邑四百户。徙并州騎兵參軍事，擢遷/太子洗馬，加伏波將軍、散騎侍郎。尋領并省尚書左民郎，散騎/如故。以母憂去職，俄起除琅耶王大司馬從事郎，加平西將軍、/司州成安縣令。齊曆云季，授儀同三司。周武皇帝戡定山東，明/揚俊楚，除殄寇將軍、益州陽安縣令。君器宇沈深，志操廉謹，博/聞强記，善屬文詞。奉主加貞，事親盡孝，朋友懷其信，鄉里稱其/善。京縣雜俗，自古難治，布政當官，爲天下最。岷磻恃嶮，民物驕/豪，君齊之以禮，御之以德，曾未期月，化若神明。報施惑於往賢，/塗窮慟於前哲。以周大象二年九月十三日終於官寺，春秋卌/有四。臨終明了遺命，不須棺椁，祭奠率爾，勿用牲牢。以隋開皇/二年，歲在柝木之津，二月廿二日丙申，窆於冀州勃海郡條縣/南之西卌里。異班超之生入，類虞國

之遠歸。行路聞之，皆爲殞/涕，式傳景行，乃作銘云：/

遐哉盛德，百世斯在，泱泱大風，以表東海。維嶽降神，生彼俊民，/如崐之玉，如竹之笳。鳳鳴于崗，鴻漸于陸，茞賓來仕，是稱公族。/蒼珮長纓，朱輪華轂，濟寬糾猛，治煩摘伏。五運遞興，市朝遷更，/銅梁峻岨，玉輪遥复。先嘆後號，誠哉有命，去鄉万里，殞兹英令。

【疏證】

高潭墓誌，1973 年出土於河北景縣野林莊鄉大高義村高潭夫婦墓。拓片圖版見河北省文管處《河北景縣北魏高氏墓發掘簡報》，《文物》1979 年第 3 期。又見《隋唐五代墓誌匯編》河北卷頁 1。拓片圖版和參考錄文見《隋代墓誌銘彙考》第 1 册頁 6—9。

高潭卒於北周靜帝大象二年（580），終年四十四歲，則其生年爲東魏孝靜帝天平四年（537）。高潭不見於史傳，但他的祖父高翼和父親高季式正史俱有傳。

高翼，字次同，《魏書》卷五七、《北齊書》卷二一、《北史》卷三一有傳。他是高祐的從父弟，《北齊書》本傳記"孝昌末，葛榮作亂於燕、趙，朝廷以翼山東豪右，即家拜渤海太守。至郡未幾，賊徒愈盛，翼部率合境，徙居河、濟之間。魏因置東冀州，以翼爲刺史，加鎮東將軍、樂城縣侯。及尒朱兆弑莊帝，翼保境自守"。中興（531—532）初年，"贈使持節、侍中、太保、録尚書事、冀定瀛相殷幽六州諸軍事、冀州刺史，謚曰文宣"。與本傳相比，墓誌結銜多太尉一職，又從樂城侯成爲樂城公，且爲七州諸軍事，多一滄州，這可能是在其子發達後又有加封所致。

在高翼諸子中，高乾、高慎、高昂以及高季式在《北齊書》卷二一、《北史》卷三一都有傳。高季式，字子通，是高乾四弟，據本傳，他死於北齊天保四年（553），年三十八歲，則其生年是北魏熙平元年（516），生高潭時年二十二歲。本傳記高季式天保初年封爵乘氏縣子，死後“贈侍中、使持節、都督滄冀州諸軍事、開府儀同三司、冀州刺史，謚曰恭穆”，與墓誌比也略有不同，或許後又有封贈所致。

誌文“齊文宣皇帝池紼戒路，選補挽郎。孝昭皇帝承制作宰，除霸府參軍”。天保十年十月，文宣帝崩，廢帝即位。乾明元年（560）二月，常山王高演爲大丞相、都督中外諸軍事、録尚書事，同年八月，廢掉廢帝而稱帝，即孝昭帝。高潭任“霸府參軍”就是在乾明元年二月到八月間任常山王府或丞相府參軍。

誌文“俄起除琅耶王大司馬從事郎”。琅耶王大司馬指高儼，據《北齊書》卷八《後主本紀》，天統五年（569）二月，高儼爲琅耶王，同年十一月任大司馬，武平二年（571）九月被殺。高潭任從事郎當在此期間。此後，他又任“司州成安縣令”，北齊司州的鄴、臨漳、成安三縣爲京縣，誌文中“京縣雜俗，自古難治，布政當官，爲天下最”即針對他任成安縣令而言，這三個縣的縣令爲從五品，地位高於正六品的普通上縣令。

高潭葬於“開皇二年，歲在析木之津”。“析木”是古代天文學中十二次之一，十二次與十二支一一對應，“析木”對應“寅”。開皇二年（582）正是壬寅。

一一七　楊通墓誌

【誌文】

隋故盧陵太守楊府君墓誌銘/

君諱通,字達之,青州盤陽郡人也。其先春/秋時楊子簡,有滅蠻之功,隨錫楊氏焉。紫/惱丹車之貴,豪滿五郡;行周民望之士,揚/名於中華。祖諱東漢,敕使羽騎尉。父/諱鎬,起鎮北平府參軍、漢北太守、建威將/軍。君仕盧陵太守、虎賁中郎將、威武將/軍,沙漠馳譽。開皇元年二月三日,遘卒。卜/開皇二年四月六日,葬於淄川城東八里。/凡厥士友,至於賓僚,鐫石題徽,式揚景烈。/乃作銘曰:/

月鏡雲升,漢高星朗,綿綿簪纓,疊疊勳勞。/行歸於隋,萬民所望,赫赫新塗,繼體承英。/六龍登号,三虎馳名,并谷有遷,斯名以識。

【疏證】

　　楊通墓誌,出土於山東省淄博市,出土時間不詳,墓誌拓片圖版見《隋唐五代墓誌匯編》江蘇卷頁1,又見《北京圖書館藏中國歷代石刻拓本匯編》第9冊頁3。拓片圖版和參考録文見《隋代墓誌銘彙考》第1冊頁11—12。

　　楊通死於隋文帝開皇元年(581)二月,葬於次年(582)四月。葬地在淄川城東,即今淄博市南。墓誌稱楊通爲青州盤陽郡人。盤陽,北魏置縣,屬青州齊郡,隋無盤陽郡。疑此盤陽郡乃魏末或北齊時升縣爲郡,周及隋初仍而未改,後乃省入淄川縣。

　　墓誌記楊通父、祖歷官，有些爲史書所不載。北魏以前不見有羽騎尉，北朝漢北郡亦不見於史，可能置於北周。

　　墓誌稱楊通“沙漠馳譽”，説明他可能參與過鄂爾多斯地區的戰事。

一一八　北周武德皇后阿史那氏墓誌

【誌蓋】

周武德/皇后誌/銘

【誌文】

大隋開皇二年,歲/次壬寅,四月甲戌/朔廿三日乙未,周/武帝皇后阿史那/氏徂,謚曰武德皇/后,其月廿九日壬/寅,合葬於孝陵。

【疏證】

北周武德皇后阿史那氏墓誌,1993 年出土於陝西省咸陽市底張鎮陳馬村東南,年底爲咸陽市文化局收繳。拓片圖版及參考録文見馬先登《北周武德皇后墓誌》,《文物天地》1995 年第 2 期。又見於曹發展《北周武帝陵誌、后誌、后璽考》,《中國文物報》1996 年 8 月 11 日、《大陸雜誌》第 93 卷第 5 期;陝西省考古研究所、咸陽市考古研究所《北周武帝孝陵發掘簡報》,《考古與文物》1997 年第 2 期;侯養民、穆渭生《北周武帝孝陵三題》,《文博》2000 年第 6 期;《咸陽碑刻》圖 13、頁 390。同時出土武帝孝陵誌一合,題"大周高祖武皇帝孝陵",三行,行三字。

阿史那氏卒於隋文帝開皇二年(582),終年三十二歲①,則其生年爲西魏文帝大統十七年(551),小武帝八歲。

開皇二年四月爲甲戌朔,其月二十二日是乙未,二十三日是

---

①　《周書》卷九《武帝阿史那皇后傳》,頁 144。

丙申,與墓誌有異。二十九日壬寅則無誤。

據《周書》卷九《武帝阿史那皇后傳》,阿史那氏是突厥木杆可汗俟斤之女,在北周武帝天和三年(568)十八歲時嫁給武帝宇文邕。這是突厥與北周、北齊關係中的重要事件①。宣帝即位後,阿史那氏被尊爲皇太后;静帝即位,她又先後被尊爲天元皇太后和天元上皇太后。

誌文云"諡曰武德皇后",誌蓋亦稱"武德皇后",由此可知《北史》卷一四稱她爲"武成皇后"誤。

隋代北周,北周貴族的爵位通通降低,開皇元年規定"周氏諸王,盡降爲公"②。北周的皇后也不予承認,如北周宣帝皇后楊麗華在北周被封爲"天元大皇后",入隋以後,直到開皇六年,因爲她是隋文帝的女兒,纔被封爲"樂平公主"③。武帝皇后阿史那氏也是在死後纔被承認皇后地位,並得以祔葬武帝孝陵。武帝的另一名皇后李娥姿在開皇元年出家爲尼,開皇八年死後"以尼禮葬於京城南"④,可見她死後也未恢復皇后地位。同樣,宣帝的五個皇后中,也只有楊麗華死後得以祔葬於宣帝定陵。

---

① 參吳玉貴《突厥汗國與隋唐關係史研究》第三章第一節,中國社會科學出版社,1998 年。
② 《隋書》卷一《高祖本紀上》,頁 13。
③ 《周書》卷九《宣帝楊皇后傳》,頁 146。
④ 《周書》卷九《武帝李皇后傳》,頁 144。

一一九　李和墓誌

【誌蓋】

大隋上柱/國德廣肅/公李史君/之墓誌銘

【誌文】

大隋使持節上柱國德廣郡開國公李史君之墓誌銘/

公諱和，字慶穆，隴西狄道人也。系曲仁而導緒，闡魏而開基，會稽以秉節流名，汝南以雄/風著稱。自兹厥後，英賢世襲。祖儼，大將軍、秦河涼三州牧、河南王。父辯，鎮西大將軍、河州/刺史、隴西公。令望嘉聲，傳諸史策。公含璋天挺，稟秀篤生，蹈顏冉而爲儔，躡韓彭而可輩，/孝友絕人，誠亮有本。魏之末年，政去王室，蝟毛蜂起，寓縣沸騰。公思拯橫流，志存匡合，於/是拂衣聚衆，擐甲治兵，與夏州刺史元子雍同心起義，策勳王府，帝有嘉焉。俄而元樹宗/支，竊據譙邑，公戎車長邁，不日而平。詔除安北將軍、銀青光禄大夫，賞功也。尋爲大都督、/出防徐州。值天子西移，關河路斷，公乃崎嶇嶮岨，歸衛乘輿，封新陽縣開國伯，五百戶。復/爲持節、安北將軍、帳内大都督。寶泰蟻徒，軼我城保；高歡偽類，據我弘農。公負羽先鳴，蒙/皮追北，河橋沙苑，功最居多。進爵爲公，增邑五百，出爲漢陽太守，兼城防大都督。累除車/騎將軍、左光禄大夫、使持節、車騎大將軍、儀同三司、驃騎大將軍、開府儀同三司，賜姓宇/文。昔輶軒進辭，方聞改族，同鄉舊狎，始得移宗，以古況今，獨稱高視。出爲夏州諸軍事、夏/州刺史。周元年，增邑一千，從班例也。改封闡熙郡公，還爲司憲中大夫。篤志平反，留情報讞，同景興之寬恕，有君達之哀矜。改封義城郡公，除洛州諸軍事、洛州刺史。褰襜踐境，遠／肅百城，行部露章，申威屬縣。又改爲德廣郡公，天和二年，總率洛遷金上四州士卒，納糧／于秭歸、信陵二城，而蠻酋向武陵、向天玉等恃嶮憑山，舊爲民害。公因茲耀武，示以威懷，／群蠻兇懼，相繼降款。還除大將軍，使持節如故。出爲延綏丹銀四州、大寧、安民、姚襄、招遠、／平獨、朔方、武安、金明、洛陽、原啓渝十防諸軍事、延州刺史，總管之內，編雜稽胡，狼子難馴，／梟音靡革，每窺蕃政，有斁邊疆。公未及下車，仁聲已暢，傾陬盡落，偃草從風。實倉廩而息／干戈，勸農桑而變夷俗。就遷柱國，餘如故。建德六年，群稽復動，天子以公舊憶在民，遺風／被物，率衆三万，所至皆平。出爲荆淅淮湖純蒙禮廣殷霍鄭豫溠十三州諸軍事、荆州總／管。復爲延州總管，加上柱國。細侯再撫，比迹易追，子虞重臨，方之何遠。公狀貌魁梧，腹尺／瑰麗，尊君奉上，不二其心，御下臨民，有一其德，恭以自基，讓以明禮。七札可穿，嘗云末藝，／五行俱瞻，終夜忘疲。獻策陳謀，則手書削稿；弼違補闕，則知無不爲。而遘疾弥留，奄從怛／化，開皇二年四月十五日薨于家，春秋七十七。有詔贈使持節、司徒公、徐兗邳沂海泗六／州諸軍事、徐州刺史，謚曰肅，禮也。其年歲次壬寅十二月辛未朔廿六日丙申，葬于馮翊／郡華池縣萬壽原。子廣達等痛結蓼莪，懼深陵谷，播茲遺愛，用展如疑，乃爲銘曰：／

系出高陽，源因柱史，午分上蔡，時移槐里。趙北稱良，漢飛傳美，不褰不墜，寔惟夫子。爰始／成童，已擅豪雄，迴戈捨日，免胄趍風。聯翩駮馬，宛轉琱弓，尺書制敵，雅曲臨戎。自此擁麾，／揚聲漠垂，入司貔虎，出總熊螭。有懷退讓，秉操謙卑，佳官屢轉，好爵頻縻。分竹爲守，丹帷／作屏，胡塞無塵，蠻方載靜。麥

秀岐穗,禾低同穎,寇君易□,鄧侯難請。從容退仕,偃息田家,/
約遊□劍,徐轉安車。前驅駟馬,後引鳴笳,方期剋壯,遽遂西
斜。嗟矣攝生,局哉人世,頖如/石火,危深秋蔕。宿草向蕪,高
松行蔽,不有鐫勒,孰傳來裔。

【疏證】

　　李和墓誌,1964 年出土於陝西省三原縣陵前鄉雙盛村李和
墓。拓片圖版見陝西省文物管理委員會《陝西省三原縣雙盛村
隋李和墓清理簡報》,《文物》1966 年第 1 期,又見《隋唐五代墓
誌匯編》陝西卷第 1 册頁 1。《隋代墓誌銘彙考》第 1 册頁 25—
29 有拓片圖版和參考錄文。賀華《〈李和墓誌銘〉考補》,《文
博》1998 年第 4 期,對墓誌内容有所考釋,請參看。

　　李和,隋文帝開皇二年(582)卒,終年七十七歲,則其生年爲
北魏宣武帝正始三年(506)。《周書》卷二九、《北史》卷六六有
傳,略於墓誌。

　　誌文"公諱和,字慶穆"。據本傳,李和本名"慶和",宇文泰
賜姓"宇文",並賜名爲"意"。隋朝建立後,"以意是太祖賜名,
市朝已革,慶和則父之所命,義不可違。至是,遂以和爲名"。

　　李和之祖李儼,不見於正史。其父李辯,《周書·李和傳》:
"父僧養,以累世雄豪,善於統御,爲夏州酋長。"可見其父名辯,
字僧養。墓誌中其祖、父的結銜,可能是後來的追贈。

　　誌文"魏之末年,……與夏州刺史元子雍同心起義"。《魏
書》卷一〇六下《地形志下》記北魏孝文帝太和十一年(487)改
統萬鎮置夏州。北魏末年任夏州刺史者爲源子雍,六鎮之亂時,
源子雍固守夏州,後又"率士馬并夏州募義之民,攜家席卷,鼓行

南出”,鎮壓叛亂①。代郡源氏爲北魏太武帝時賜姓,源氏本河西禿髮氏之裔,而禿髮與拓跋是同一個北族名號的異譯,二氏同源②,因此,墓誌“元子雍”即“源子雍”。

從李和之父“累世雄豪,善於統御,爲夏州酋長”及李和與源子雍“率士馬並夏州募義之民”看,李和家族可能是夏州本地豪强,極可能屬於稽胡。

誌文“元樹宗支,竊據譙邑,公戎車長邁,不日而平”。元樹是北魏咸陽王元禧之子,降梁,531 年,梁武帝派遣元樹佔領譙城。孝武帝太昌元年(532)七月,北魏東南道大行臺樊子鵠、徐州刺史杜德攻克譙城,抓獲元樹③。李和參與了這次戰役,勝利後“詔除安北將軍、銀青光禄大夫”。

《周書·李和傳》:“賜爵思陽公,尋除漢陽郡守。”而據墓誌,李和初封新陽縣開國伯,後“進爵爲公,增邑五百,出爲漢陽太守”,至北周“改封闡熙郡公”。從叙述看,“進爵爲公”並未改封,當爲進爵新陽縣公。而從時間角度對比,本傳“賜爵思陽公”與墓誌“進爵爲公”當爲一事。“思陽”之名,不見於其他史料,而“新陽”確爲北魏縣名,且曾獲封“新陽”者,並非李和一人④。因此,本傳“思陽”似爲“新陽”之誤。

誌文“賜姓宇文,……同鄉舊狎,始得移宗”。陳寅恪先生指出:“西魏賜姓之制,統軍之將帥與所統軍人同受一姓。”⑤那麼此誌文可有兩種解釋,要麼表明李和手下的軍隊很多是他的

---

①　《魏書》卷四一《源子雍傳》,頁 930。

②　姚薇元:《北朝胡姓考》,頁 238。

③　《魏書》卷二一上《元樹傳》,頁 540。同書卷一一《出帝本紀》,頁 285。

④　《魏書》卷二一上《元誕傳》,頁 558。《周書》卷二九《王勇傳》,頁 491。

⑤　陳寅恪:《隋唐制度淵源略論稿》,中華書局,1963 年新 1 版,頁 131。

“同鄉舊狎”，這是有部落兵色彩的，可作李和爲稽胡之旁證。要麼表明李和一人獲得賜姓後，同時改姓的不僅包括其統領的部隊，而且還包括“同鄉舊狎”，隨之改姓的範圍是比較廣的。

誌文“改封闡熙郡公，還爲司憲中大夫”。本傳作“改封永豐縣公，邑一千户。保定二年（562），除司憲中大夫”。二者相較，李和在封闡熙郡公前，還曾獲封永豐縣公。司憲中大夫，正五命，《唐六典》卷一三《御史臺》御史中丞條注：“後周秋官置司憲中大夫二人，掌丞司寇之法，以左右刑罰。”

武帝天和二年（567）李和率兵攻“蠻酋向武陵、向天玉”事，本傳不載。向氏與冉氏、田氏並爲蠻之大姓，天和初，“信州蠻冉令賢、向五子王等據巴峽反，攻陷白帝，黨與連結二千餘里。周遣開府儀同三司元契、趙剛等前後討之，終不克。〔天和元年〕九月，詔開府儀同三司陸騰督開府儀同三司王亮、司馬裔討之”（《資治通鑑》卷一六九《陳紀三》，5258 頁）。《北史》卷七五《趙㬎傳》：“向天王以兵攻信陵、秭歸，〔硤州刺史〕㬎襲擊破之。”李和出兵所指亦“秭歸、信陵二城”。因時間、地點合，故疑誌文“向天玉”即“向天王”。若是，則向天王是在李和與趙㬎夾擊下被打敗的。在第二年，北周軍隊先後抓獲了冉令賢、冉西梨、向五子王、向天王等，並“悉斬諸向首領”①。

誌文“出爲延綏丹銀四州、大寧、安民、姚襄、招遠、平獨、朔方、武安、金明、洛陽、原啓渝十防諸軍事、延州刺史”。據本傳，李和在“天和三年，進位大將軍，拜延綏丹三州武安伏夷安民三防諸軍事、延州刺史。六年，進柱國大將軍。建德元年，改授延

_____

① 《周書》卷三六《司馬裔傳》，頁 646。同書卷四九《異域上·蠻》，頁 890。

綏銀三州文安伏夷安民周昌梁和五防諸軍事"。以州名相較,墓誌似將天和三年(568)與建德元年(572)的兩次任命合爲一説。丹延綏銀四州,從南到北處於北周與北齊的邊境,由於戰争,諸防的置廢都比較頻繁。同時,這一帶又是稽胡主要的分佈區①,故墓誌有"總管之内,編雜稽胡"之語。而派李和管理此地,或與其家族爲稽胡且"累世雄豪"有關。

《周書》卷六《武帝本紀下》記建德四年(575)二月"柱國、廣德公李意有罪免",墓誌對此避而不談了。

誌文"建德六年,群稽復動"。據《周書》卷四九《異域上·稽胡》,建德五年北周敗北齊軍隊於晉州,"齊人所棄甲仗,未暇收斂,稽胡乘間竊出,竝盗而有之。乃立〔劉〕蠡升孫没鐸爲主,號聖武皇帝,年曰石平"。建德六年,滅北齊後,武帝派兵討稽胡,以齊王宇文憲爲行軍元帥。可能因爲出身於此並曾經在此駐守、對稽胡比較熟悉的緣故,李和被重新起用,參與了這次戰役,"率衆三萬,所至皆平"。

李和"葬于馮翊郡華池縣萬壽原"。馮翊郡華池縣,不見於其他記載,此墓誌可爲隋初馮翊郡設華池縣之强證,而由墓誌出土地亦可確知華池縣在今陝西省三原縣附近。王仲犖先生推測北周即有此縣②。

①　唐長孺:《魏晋雜胡考·稽胡》,載唐長孺《魏晋南北朝史論叢》,三聯書店,1955年。
②　王仲犖:《北周地理志》卷一《關中》,頁28。

一二〇　賀蘭祥妻劉氏墓誌

【誌蓋】

大隋太師/涼國景公/夫人劉氏/之墓誌銘

【誌文】

大隋太師上柱國涼國景公夫人劉氏墓誌銘/

夫人姓劉氏，恒農郡華陰縣人。考慶，儀同三司，朔州刺史。莫不/稟秀玄黃，承基將相，峻格無前，清飆獨上。夫人質挺琳球，聲飛/蘭菊，性與琴瑟偕和，言共丹青並契。昔者賀拔行臺總督戎旅，/周文皇帝管轄軍麾。夫人乃元帥之甥，景公即左丞之出，故申/以婚姻，結其情好。麗華之羨既深，逸少之才見重。標梅興賦，禮/盛當時，妙得縫裳，雅工織帶。太祖身彰，凡諸要襯，非夫人所製，/未嘗御體。孝以奉上，仁以接物，儉足衷禮，勤則不匱。既而夫榮/及室，子貴以親，貫魚同次，緩帶齊喜。租賦之資，每散姻戚，衣食/之惠，必洽輿臺。大統六年，策爲陽平郡君。周元年，拜博陵國夫/人。對象大明，正位小寢，鏘環助祭，耀珥觀盥。明皇御宇，春秋鼎/富，式仰弘規，尊爲保母。保定二年，詔徙涼國夫人。天不憗遺，景/公無禄，嗣君即位，拜太夫人。堂上五男，何止萬石，室中四婦，莫/匪王姬。雖復文氏之子孫肅然，邢門之箕帚林會，校其榮寵，蓋/瑣瑣焉。大隋開皇二年冬十二月十二日，薨于長安第，年六十/六。知與不知，聞之索涕。三年歲次癸卯春二月庚午朔十五日/甲申，葬于咸陽洪渡原。不夜之城或去，琅耶之島時飛。衛椁所/以留文，齊棺於是遺字。銘曰：/

赤龍授唐，白蛇分漢，靈柯瑞蕚，金抽玉散。篤生有美，實唯英粲,/婉若春陽,皎疑秋瀾。含章可正,沉潛以克,陸愧女宗,班慚婦德。/潔尒中饋,虔我内則,衣巧齊都,緜工鄭國。龍簪登廟,魚軒光道,/主養仁姑,帝尊慈保。三呪多男,五福終老,已達其命,物傷其早。/歸魂既上,營魄斯沉,空捐拱璧,誰借分陰。古松春少,危石雲深,/世疏情惰,耕牧方侵。

【疏證】

賀蘭祥妻劉氏墓誌,1965 年出土於陝西省咸陽市周陵鄉賀家村,與其夫賀蘭祥墓誌同地出土,現藏咸陽博物館。拓片圖版及參考録文見《咸陽碑石》頁 15—17,拓片圖版又見《隋唐五代墓誌匯編》陝西卷第 3 册頁 1。本書亦收賀蘭祥墓誌。

劉氏卒於隋文帝開皇二年(582),終年六十六歲,則其生年是北魏孝明帝熙平二年(517)。

誌文“夫人乃元帥之甥”。參《周書》卷二〇《賀蘭祥傳》及賀蘭祥墓誌,這是指劉氏爲賀拔岳的外甥女。保定二年(562)賀蘭祥墓誌稱她爲“叱何羅氏”。據《北史》卷一〇《周本紀下》,北周大象二年(580)年底,楊堅代周前夕,令“諸改姓者,悉宜復舊”。由此可知,叱何羅氏復姓劉氏。

誌文“大統六年(540),策爲陽平郡君。周元年(557),拜博陵國夫人。……保定二年(562),詔徙涼國夫人”。“郡君”與“夫人”是因爲丈夫或兒子尊貴而給予母、妻的邑號。賀蘭祥在大統十四年(548)被封爲“博陵郡開國公”、武成元年(559)“進封涼國公”[1]。因爲存在時間的差異,所以妻子邑號與丈夫的爵

---

[1]　分見《周書》卷二〇《賀蘭祥傳》,頁 336;《周書》卷五《武帝本紀上》,頁 58。

位關係不大。那麼,妻邑號的獲得依據是什麼呢?

北周保定二年(562)"閏月己丑,詔柱國以下,帥都督以上,母妻授太夫人、夫人、郡君、縣君各有差"[①]。可見北周保定二年後是以散秩(戎秩)的序列封母妻的。這份詔書的頒佈是在賀蘭祥去世之前,從本墓誌行文看,"詔徙涼國夫人"也是在賀蘭祥去世之前不久,因此"詔徙涼國夫人"當以此詔書爲依據。這時賀蘭祥的官銜爲"使持節柱國大將軍大都督大司馬涼國公",就是依其散秩"柱國大將軍"。

保定年間,北周的散秩由正九命柱國大將軍,九命開府儀同三司、儀同三司,八命大都督,正七命帥都督和七命都督共同構成。在此序列中,正九命柱國大將軍爲散秩最高一等[②],若最高一等授"夫人",那麼"太夫人"之封的條件是什麼呢? 我們知道在唐代,母妻邑號有國夫人、郡夫人、郡君、縣君的等級,在授予母親時,邑號皆加"太"字[③]。即國夫人變爲國太夫人等等。但是在北周,從封寇洛母宋氏爲襄城郡君、封楊忠母蓋氏爲北海郡君、封獨孤信母費連氏爲常山郡君的記載來看[④],"太夫人"之"太"字並非因母而加。而誌文"嗣君即位,拜太夫人"。嗣君即位指宣帝或靜帝即位之後,即579年以後。爲什麼在此時授予劉氏"太夫人"呢? 資料所限,在此僅做一推測,《漢書》卷四《文帝紀》顏師古注引如淳曰:"列侯之妻稱夫人。列侯死,子復爲

---

① 《周書》卷五《武帝本紀上》,頁66。
② 《周書》卷二四《盧辯傳》,頁404。同書卷六《武帝本紀下》,頁93,建德四年(575),"初置上柱國、上大將軍官"。
③ 《唐六典》卷二《尚書吏部》,頁39。
④ 分見《周書》卷一五《寇洛傳》,頁238;同書卷一九《楊忠傳》,頁315;同書卷一六《獨孤信傳》,頁266。

列侯,乃得稱太夫人。子不爲列侯不得稱也。"據賀蘭祥墓誌,賀蘭祥長子敬,在保定二年賀蘭祥去世時爲"使持節驃騎大將軍開府儀同三司大都督化隆縣開國侯","後襲爵涼國公,位至柱國大將軍、華州刺史"①。劉氏是否可能是在其子賀蘭敬"位至柱國大將軍"後封爲"太夫人"呢? 後周六官,多有襲古之處,在此是否也存在呢?

　　誌文"堂上五男,何止萬石。室中四婦,莫匪王姬",賀蘭祥墓誌記有七子,或許其中五個兒子是劉氏所生。

---

① 《周書》卷二〇《賀蘭祥傳》,頁338。

一二一　封子繪妻王楚英墓誌

【誌蓋】

齊故僕射/冀州使君/夫人王氏/墓誌之銘

【誌陽】

齊驃騎大將軍開府儀同三司尚書右僕射冀州刺史安德郡開/國公忠簡封公妻太原王夫人墓誌銘并序/

夫人姓王，諱楚英，小字僧婢，太原晉陽人。望盡高門，世爲冠族。江/東獨步王文度之八世孫也。自茲以降，人倫蕭瓛，憲章繼軌，不殞/其舊。祖世珍，中書監、長社侯，才超許洛，聲逸天下。父廣業，徐州刺/史，衣裳朝野，標榜縉紳。夫人稟粹淑靈，膺和慶緒，風度凝婉，神情/秀出。年十有三，左避君子，類鍾荀之舊姻，匹袁馬之相媾，猶對賓/客，若鼓瑟琴，即僕射忠簡公。其人也，寔太保司徒宣懿公之元胤，/同楊震之數公，等劉歆之重業，雅道儒風，光映物品，文武功烈，詳/諸簡素。加以藉甚公卿，領袖華夏，門驅駟馬，室饗万鍾。夫人婦德/內彰，母儀外朗。梁妻楚室，詎以相侔？魯穆齊姜，嘗何仿佛？動環珮/於階庭，肅徽嗣於篋史。四德六行之美，乃照灼於丹青；埋羊候日/之奇，寔揮被於緗篆。娣姒叔妹，咸慕指南；彤管嬪嬙，皆仰茂則。信/可謂鎔金範器，邦之媛也。剋誕二子，實等平輿，爲珪璋之羽儀，成/節義之淵海。晚年不幸，次子云歿。晨哀無毀，夜哭成痾。以隋開皇/元年十二月丙子朔廿八日癸卯，終於勃海條縣新安里第。粵以/開皇三年歲次癸卯二月庚午朔十五日甲申，合葬於舊塋。將恐/絎柒易襜，涌泉難測，託跡玄扉，用傳不朽。乃爲銘曰：/

爰初啓聖,創始權輿,符衛瑞鳥,舟躍王魚。本枝遐暢,苗裔扶疎,鴻/哉盛緒,茂矣猗歟。長社貞懿,徐州蔚起,降此賢明,淑問無已。言歸/華族,好合名士,舉案識倫,閨門知止。中饋云主,徽音允塞,譽滿閨/幃,聲輯邦國。慎終寒暑,顧茲風力,義切斷機,恩深輟食。聿成人寶,/是稱孝敬,媲許同規,瞻陳比令。幼結通理,早纓朝命,茅土外崇,豐/貂右映。卜云厝吉,羽衛相依,金鑪罷熾,寶鏡潛暉。煙埋隴黑,霧掩/松微,德音空在,朝雲不歸。

【誌陰】

夫人產二男四女:/

長子玄,字寶蓋。州辟主簿,不就。釋褐左丞相府參軍,轉司空府/中兵參軍,加廣德將軍,襲爵安德郡開國公,遷通直散騎常侍、/龍驤將軍、又除鴻臚少卿。屬齊滅,仕周爲威烈將軍、襄州總管/府掾。/

次子充,字寶相。州辟主簿,釋褐右丞相府參軍事,轉司徒府士/曹參軍。齊滅,歸鄉。年廿六,卒於本郡之邑,今葬於此墓之正東。/

長女字寶首,適隴西李桃杖,清淵縣侯。次適范陽盧公令,尚書/郎。後適隴西李子亢。/

次女寶艷,小字徵男,適代郡婁定遠,即齊武明皇太后之弟子,/司空公、尚書令、青瀛二州刺史、臨淮郡王。後適京兆韋藝,上大/將軍、齊州刺史、魏興郡開國公。/

第三女寶華,小字男弟,適斛律須達,開府儀同三司、護軍將軍、/鉅鹿郡開國公。後適范陽盧叔粲,汾州治中。/

小女寶麗,小字四璠,適清河崔張倉,郡功曹、州主簿。

【疏證】

封子繪妻王楚英墓誌，1948 年出土於河北省景縣安陵區前村鄉十八亂冢封氏墓群，調查情況見張季《河北景縣封氏墓群調查記》，《考古通訊》1957 年第 3 期。墓誌拓片圖版見《隋唐五代墓誌匯編》北京卷第 1 册頁 1—2，又見《北京圖書館藏中國歷代石刻拓本匯編》第 9 册頁 6—7。《隋代墓誌銘彙考》第 1 册頁 38—43 有拓片圖版和參考錄文。

墓誌王楚英的丈夫封子繪，見《北齊書》卷二一《封隆之傳》，子繪父即封隆之。封子繪墓誌與王楚英墓誌同時出土，亦見張季文。錄文見趙超《漢魏南北朝墓誌彙編》頁 423—425。封子繪的謐號，《北齊書》作"簡"，封子繪墓誌未記，據王楚英墓誌，知當作"忠簡"。

王楚英死於隋文帝開皇元年（581），年歲不詳。據封子繪墓誌，子繪死於北齊武成帝河清三年（564），五十二歲（《北齊書》誤爲五十歲），則其生年當在北魏宣武帝延昌二年（513）。如果王楚英與封子繪年歲相若，她去世時已接近七十歲了。

王楚英自己的家世，墓誌云"江東獨步王文度之八世孫也"。王文度，即東晉王坦之。《晉書》卷七五《王湛傳》附《王坦之傳》："坦之，字文度。弱冠與郗超俱有重名，時人爲之語曰：'盛德絶倫郗嘉賓，江東獨步王文度。'"墓誌又介紹王楚英父、祖云："祖世珍，中書監、長社侯、……父廣業，徐州刺史。"世珍，即北魏王慧龍之孫王瓊（字世珍），見《魏書》卷三八《王慧龍傳》。王慧龍自稱是東晉王愉之孫，王緝之子，而王愉是王坦之次子。因此，墓誌稱王楚英爲王坦之八世孫。王楚英父王廣業，不見於史。《魏書》只記了王瓊長子遵業，也提到"遵業兄弟"云云。看來王廣業是王遵業之弟，並且與王遵業一起死於河陰之難。墓誌所記王廣業爲徐州刺史，應當是永安年間的贈官。

墓誌記王楚英"剋誕二子"，"次子云歿"。據封子繪墓誌，長子名寶蓋，次子名寶相。據王楚英墓誌誌陰文字，寶蓋名玄，寶相名充，寶蓋見於《北齊書》，寶相見於封子繪墓誌，可見二人皆以字行。寶相齊滅之後歸鄉，死在王楚英生前，故知封寶相死於577—581年之間，死時二十六歲，知其生年當在北齊文宣帝天保三年至七年之間（552—556）。開皇元年王氏下葬時，營護喪事的應當是封寶蓋（玄）。

誌陰記王楚英四女，第二女與第三女小字分別爲徵男、男弟，可見家庭對於生育男性子嗣的殷切期望。長女寶首，先後嫁李桃杖、盧公令和李子亢。李桃杖，即北魏李沖的曾孫，祖李延寔，父李彬，見《北史》卷一〇〇《序傳》。李沖於北魏孝文帝時改封清淵縣開國侯，李延寔於宣武帝時襲父爵，又於孝莊帝時別封濮陽郡王，見《魏書》卷八三下《外戚下·李延寔傳》。李延寔既別封郡王，遂以父爵轉讓次子李彬，所以李桃杖得嗣清淵縣侯（《北史》避唐諱，作清泉縣侯）。

王楚英第二女封寶艷，先嫁婁定遠，後嫁韋藝。婁定遠是婁昭之子，顯貴於北齊武成帝時期，武成帝死後，被排擠出權力核心，後自殺，見《北史》卷五四《婁昭傳》。《北齊書》卷二一《封隆之傳》附《封子繪傳》："子繪弟子繡，武平中，渤海太守、霍州刺史。……司空婁定遠，子繡兄之壻也，爲瀛州刺史。"可見婁定遠確爲封子繪女婿，只是依賴王楚英墓誌，我們纔知道婁定遠所娶的乃是封子繪第二女封寶艷。婁定遠死於後主武平年間，此後封寶艷想必與母兄相依，居住鄴城。到北周滅齊以後，寶艷又嫁京兆韋藝。《隋書》卷四七《韋世康傳》，韋藝即韋世康之弟，"字世文，少受業國子。周武帝時……出爲魏郡太守。……以功進位上大將軍，……高祖受禪，進封魏興郡公。歲餘，拜齊州刺史"。開皇三年以前的韋藝仕履，與墓誌全合。韋藝爲魏郡太守，後又協助韋孝寬平滅尉遲迥，可能是他得以娶封寶艷的主要原因。

王楚英第三女封寶華，先嫁斛律須達，後嫁盧叔粲。斛律須達是北齊斛律光的次子。《北齊書》卷一七《斛律金傳》附《斛律光傳》："次須達，中護軍、開府儀同三司，先光卒。"斛律光"皇建元年（560），進爵鉅鹿郡公"。其父斛律金死後，斛律光"除太保，襲爵咸陽王，並襲第一領民酋長，別封武德郡公"。史書沒有斛律光在諸子間分配爵位的資料，按照常理，咸陽王要留待世子繼承，而鉅鹿郡公和武德郡公都要轉讓給其他兒子。據王楚英墓誌，知斛律光次子斛律須達得到了鉅鹿郡公。須達死在斛律光被殺之前，即早於武平三年（572），已經擁有鉅鹿郡公的爵位，可見斛律光生前已經把王爵以外的爵位轉讓給了諸子。

封寶首先後嫁三人，封寶艷先後嫁兩人，封寶華亦先後嫁兩人，這種夫死再醮的現象，竟然如此集中地發生在王楚英的三個女兒身上。

一二二　孫高墓誌

【誌蓋】

孫君/墓銘

【誌文】

君諱高,字君飆,汲郡朝歌人也。自令/德啓土,宗卿秉政,英奇世載,無忝家/聲。祖寵,膺仁服義,道冠朝野。君稟質/貞淳,天生秀敏,見奇提孩之歲,永異/襁褓之季。及志學在辰,精采逾邁,同/正平之輒誦,等世叔之俱下。涉獵丘/墳,貫穿流略,莫不陶治精究,原始要/終。至於依仁而行,率礼而動,造次不/苟其言,顛沛未虧其節。但福善無徵,/遭隨有命,苗而不秀,短世斯鍾。以大/隋開皇三年六月六日卒於家,行年/一十有八。仍以其月九日厝於汲郡/城東北四里。陵谷推移,市朝驟革,勒/石泉扃,德音不朽。

【疏證】

　　孫高墓誌,1949年後出土,確切出土地不詳,現藏河南省濬縣博物館,拓片圖版及參考録文見《隋代墓誌銘彙考》第1册頁47—49。

　　孫高,卒於隋文帝開皇三年(583),終年十八歲,則其生年是北齊後主天統二年(566)。

一二三　劉鑒墓誌

【誌文】

齊故郡功曹州主簿墓誌銘/

祖芳,魏侍中、太常卿,諡曰文貞公。/

父悦,魏平東將軍、太中大夫,沛郡太守。/

劉鑒,字子明,徐州彭城郡彭城縣叢亭里人。蓋聞山挺夜/光,林木以之長潤;水流圓折,崖岸於此不枯。故知忠德在/門,仁賢繼體,豈不以聲華委積,冠冕克昌者哉?大魏膺期/之盛,皇道惟新之美。朝儀文物,國典徽章。則其乃祖侍中/太常卿諡曰文貞公草創□□□□不□□陽□□□映/人倫,父太中大夫□□□靡存□□□□□□□□□□/君餘慶效往靈積□□□□□季聰朗早歲□柔□□□□□/修而謙恭自□至□□□之官未能蠲逼帝京之位情□/是希所以嘯咏郡門□□□□□尚滿堂之欣愛玩□□/之適親朋聚萃□日無□□□□□□□□□是以人/□愛美邑里傾衿方當益此純□□□今厚□□□□徒/輔位空設,以隋之開皇二年歲次壬寅夏四□□□□/二日乙丑遘疾,終於家,年五十八。以二年歲次□□□□/月丙寅朔十九日甲申,葬於舊鎮之所。若夫□□□□□/谷易遷,雕金鑴石彯謁於明哉銘□勤□□□□□□/乃爲銘曰:/

累基成嶽,積水浮天。發源者舊,□直□□。□□□□,水茂/蘭荃。鴻騫早歲,鶩矯初年。猗歟弱齡,奇□□□。柯干□尋,/風飇重仞。温行内敏,□情外振。□肅□層,陰稜高韻。少實/家門,惟多暇日。□舞燕裙,房謳趙瑟。蕭條晚運,貶華使實。/恬

恢日永，閑虛在室。梁木稱摧，哲人云喪。逝此□□，悲□／歛
□。主露宵團，薤哥晨唱。飛旐舒卷，群情酸愴。乃鏤沈石，／開
勒幽封。浮雲暗隴，秋月明松。嗚呼餘季，永逝□容。含豪／悼
往，發韻填胸。／

大隋開皇三年十月十九日滄州刺史息濟州前／法曹參軍房導書。

【疏證】

　　劉鑒墓誌，1994 年出土於江蘇省徐州市銅山縣茅村鄉花莊
村。拓片圖版及參考錄文見梁勇《江蘇徐州市茅村隋開皇三年
劉鑒墓》，《考古》1998 年第 9 期。

　　劉鑒卒於隋文帝開皇二年（582），終年五十八歲，則其生年
爲北魏孝明帝正光六年（525），該年六月改元孝昌。

　　其祖劉芳、父劉悅，《魏書》卷五五有傳。其中記劉悅爲“永
安中，開府記室”，與誌文有差距。

　　錄文“開皇二年歲次壬寅夏四□□□□二日乙丑遘疾”，開
皇二年四月是甲戌朔，該月不可能有“乙丑”日。而四月二日是
乙亥、十二日是乙酉、二十二日是乙未。從模糊不清的拓片圖版
判斷，“乙”後之字可能爲“亥”，同時，誌文“四”和“二”字間僅
空四字，從墓誌一般行文看，十二日或廿二日的可能性不大。因
此，此句誌文可能是“開皇二年歲次壬寅夏四月甲戌朔二日乙亥
遘疾”。

　　誌文“以二年歲次□□□□月丙寅朔十九日甲申葬”，開皇
二年諸月無丙寅朔，參誌文最後有“大隋開皇三年十月十九日滄
州刺史息濟州前法曹參軍房導書”，而開皇三年的十月是丙寅
朔，十月十九日又正是甲申。因此，誌文“二年”當指墓主開皇

二年去世後的第二年,即開皇三年。而"歲次"後所空四字中,至少可補"癸卯"及"十"三字。

一二四　王軌及妻馮氏墓誌

【誌文】

齊故章武郡主簿王君墓誌銘/

君諱軌,字仲憲,文安縣人也。自卯金顧命,丞相爲社稷/之臣,晉世膺符,司空允親賢之任,祖　父文,並爲本郡/功曹,多才多藝,羽儀人物。君器岸清高,風栽閑雅,神潛/道德,好古洽聞,峨峨千丈之材,汪汪万頃之質。本郡守/引君爲功曹,非其好也。恂恂鄉黨,垂惠於在。公贊揚分/竹,設方教於誠績,惟君學該百氏,思若泉流。先達名賢,/著斷金之好;後生才子,建□□之狎。林宗之刺滿車,公/超之客成市,而圖南未果,□□□焉,以齊天保七年六/月終,春秋年卅有六。夫人□□馮氏,挺質蘭房,增華桂/苑,四德聿脩,六行爰備。夫人□君早喪,哀嫈在疚,甘兹/劬苦,安此孀嫠。生也有涯,□□□待,以開皇元年五月/□於相州,年六十七。粵以開皇三年十一月十四日/合葬於瀛州城東五十里王□村西舊塋。子子瓊等,孝/情天至,匍匐挺壟,痛生闕□□□聞詩之訓,善鄰徒徙,/念厚褥之施,勒石泉門,式昭□□,爲銘曰:

高陽八子,/周有十亂,齊聖廣淵,重明昭煥。□□君后,繼蹤遐/算,□/生哲人,惟邦之幹。淑人克己,作配君子,女德母儀,慎/終/敬始。西光遽没,東流不止,人生如寄,奄同蒿里。青鳥易/兆,黄鳥難逢,荒野幽隧,非關舊□。塵飛宿草,霧暗寒松,/永言陵谷,誰誌誰封。

【疏證】

王軌及妻馮氏墓誌,河北省河間縣尊祖莊出土,出土時間不詳,誌石現藏河間縣文物保管所。拓片圖版見《隋唐五代墓誌匯編》河北卷頁2。《隋代墓誌銘彙考》第1冊頁90—92有拓片圖版和參考録文。

王軌,卒於北齊文宣帝天保七年(556),終年四十六歲,則其生年是北魏宣武帝永平四年(511)。據《隋唐五代墓誌匯編》的圖版説明,葬年是隋文帝開皇三年(583)十一月。馮氏卒於"開皇元年五月",年六十七歲,則其生年在北魏宣武帝延昌四年(515)。王軌、馮氏和子瓊,並不見於史傳。

王軌爲文安人,據《魏書》卷一〇六上《地形志上》,文安縣屬章武郡。王軌任北齊章武郡主簿,正反映了北朝以本地人擔任郡主簿的傳統現象,北齊郡主簿爲視第九品[1]。墓誌出土於河間縣尊祖莊,誌文"合葬於瀛州城東五十里",這有助於確定隋瀛州城之位置。同時,隋開皇年間文安縣屬瀛州[2],且誌文言葬於"舊塋",可見此地爲其家族墓地。

---

① 《隋書》卷二七《百官志中》,頁770。
② 《隋書》卷三〇《地理志中》河間郡條,頁857。

一二五　王士良墓誌

【誌蓋】

大隋上／大將軍／廣昌肅／公墓誌

【誌文】

大隋使持節上大將軍本州并州曹滄許鄭五州刺史行臺三總管廣昌肅公王使君墓誌／

夫應物産靈,皆由勝地,降神誕德,必在名區。彼汾舊基,實因唐故,哲人雖萎,雄圖在目。安于練銅／之柱,尚表晋陽;無恤求寶之山,猶臨代郡。是知天下之士,多在太原,諸侯之風,唯高康叔。公諱士／良,字君明,并州晋陽人也。受姓姬年,開元周曆,瑞鳥流火,仙鶴乘雲。秦將去殺之慈,漢宰垂仁之／惠,遺祉遂繁,後苗兹廣。子師梟卓,勳高海内,儒仲慕黨,名振京師。遠祖昶,魏司空。七世祖怖,雁門／太守,英聲茂績,可略而言。洎於近葉,並爲邊將,骨鯁不虧,銀艾相襲。考名,蘭陵太守、兗州刺史。公／稟茂氣於先風,體淳知於近冑。嶷然稚齒,卓尒成童,弱不好弄,長無塵雜。先意承顏,等張寬之慕／曾子;執箕擁帚,匹賈復之事李生。請益不休,好學無倦,下書擊劍,罷講開弓。故能文武迭通,儒吏／兼善。釋褐柱國大將軍潁川尒朱公參軍事,子荆之佐石包,安期之陪馬越,有益戎麾,見旌幕府。／尋除諫議大夫、石門縣男,邑二百户。官同劉向之職,封等吳隱之泉。尺木初登,千里方驟。尋封琅／耶侯,餘如故。永熙之際,火德分崩,魏武西遷,齊君東徙。鄴城新建,方欲重威。世子澄爲京畿都督,／專開一府,以統戎政。乃以公爲司馬,領外兵事。昔楚莊

侵宋,寄深子反;晋景伐齊,謀在韓厥。公聯/此職,任等昔人,封
通前戶一千五百。初高氏好戰,窮於用武,黃鉞一麾,玄甲万衆,
朝發夕具,不違/支度。公據案屈指,執鞭心計,馬餘莝秣,士厭
傳殽,挾纊俱暖,投醪並醉。公之贍才,皆此例也。自此/見知,
遂參幃幄,尋遷大行臺左丞、鎮西將軍,進爵爲公,加邑千戶。及
魏曆歸齊,頻典樞要,清途近/職,罔有不階。累遷給事黃門侍
郎,領內書舍人,轉封新豐,加戶三百。續除尚書左丞、御史內
丞、七/兵尚書,入爲侍內、吏部尚書,使持節、都督滄州諸軍事、
滄州刺史。俄徵還闕,詔授開府儀同三司,/又除太子詹事、少
師、侍內。又除太常卿,餘如故。公夕拜青璅,與楊董連曹;朝奉
丹墀,共嚴朱待詔。/管轄雲臺,連鑣叔虎,銓衡建禮,方駕巨源。
至如調護震坊,彝序宗伯,明春卿之故實,體稷嗣之舊/儀。久
之,授豫州刺史、南道大行臺。齊運將傾,猜貳競起,任公拒防,
不委嚴兵,强國承豐,思啓封略,/秦師十万,席卷申威,遂乃去夏
歸殷,背楚從漢。及屆京師,詔授使持節大將軍、大都督、廣昌郡
開/國公、少司徒。公參貳孝治,有弘軌物。前後累授荊州、敷
州、金州三總管。俗歌在宥,吏仰推誠,風土/雖殊,懷德弗爽,戎
難有革,從善無違。周大象之初,又爲并州刺史。爰發如絲,備
褒衣錦。公單車入/境,私服臨壇,掃拜舊墳,極爲後之慟,愍慰
故老,盡生平之歡,不言而治,獄訟屏息。吉徵就道,□儼/傳車,
泣送攀轅,半旬乃發。公積疾弥留,湯砭無損。乃以大隋開皇三
年六月廿六日,薨于私第。春/秋七十七。遺令薄葬從儉。皇情
追悼,贈賻累加,喪禮所須,並蒙資護。公歷事東朝,起於階闥,
結/髮內侍卅餘年,天憲王言,出之予口,煞生與奪,非假傍人,未
嘗以信宿見疏,私豪累己。及遭母憂,/年將五十,非苦腹腸,毀

瘠過度,骨立扶起,見者傷心。告老懸車,禮賜優洽,啟手啟足,全身而終,史/協龜從,人謀允吉。粵其年歲次癸卯十一月丙申朔十四日己酉,遷葬涇陽縣洪瀆川。詔贈使持/節、曹滄許鄭四州刺史,餘官封如舊。謚蕭公,禮也。世孫師利、息德褒等,熒然在疚,思播鴻烈。平原/明讓,公之賢夫,擅洗馬之清文,有河陽之麗藻,足褒樂令,堪紀戴□,有慮貿遷,乃爲銘曰:/

汾陽境寂,新田地美,山有神人,俗多君子。儒仲五徵,子師千里,芳猷不絕,英靈未已。建威靜塞,車/騎治民。合鄉饒雨,交河少塵。功宣異域,憓洽殊鄰。顯允肅公,嗣徽前烈。行爲規矩,言成表綴。承親/盡孝,奉君全節。慎若履冰,介猶懷雪。運符鵲起,數偶龍飛。頻煩軍幕,蜜勿戎機。交拜青璅,獻納丹/墀。握蘭待漏,含香侍帷。涇渭各流,權豪斂色。朝之水鏡,邦之司直。榮傅春宮,通釐夏職。蕃旆兩麾,/甘棠再植。西王得一,東鄰失旦。民如鹿走,政同魚爛。微子去殷,陳平歸漢。上將登壇,司徒還館。六/條亟秉,五教仍章。乘軒軾里,衣錦臨鄉。迎童控竹,侯耋攜漿。庶膺難老,永錫無疆。告滿懸車,是遵/時制。逍遙曳杖,哲人斯逝。峻岳虧琨,芳林賈桂。隱隱懷墻,哀哀灑袂。氣移禮變,筮吉龜從。飛裳拂/扆,垂輴搖龍。途迴舊陌,蠹引新礛。曉雲昏隧,夜月明松。瞻言百行,空餘一封。仰銘國士,俯愴嘉姻。/含豪承睫,操翰濡巾。千秋交辟,万古傳薪。式鐫金礎,長於玉人。

【疏證】

　　王士良墓誌,1988年出土於陝西省咸陽市底張灣飛機場候機樓基址王士良及妻、妾三人合葬墓,其妻董榮暉墓誌同墓出土。拓片圖版及參考録文見《中國北周珍貴文物》頁 126—129。
原録文之誤録處,今據圖版改正。其妻董榮暉墓誌以及同地出
土其子王德衡(王鈞)墓誌,本書收。

王士良,《周書》卷三六、《北史》卷六七有傳。關於其生卒
年,墓誌與史傳差别大,據墓誌,王士良卒於隋文帝開皇三年
(583),終年七十七歲,則其生年爲北魏宣武帝正始四年(507)。
但據其本傳,王士良"隋開皇元年卒,時年八十二",則其生年爲
宣武帝景明元年(500)。當以墓誌爲是。

《周書》及《北史》本傳:"後因晋亂,避地涼州。魏太武平沮
渠氏,曾祖景仁歸魏,爲敦煌鎮將。祖公禮,平城鎮司馬,因家於
代。父延,蘭陵郡守。"這與墓誌所謂"洎於近葉,並爲邊將"
相合。

至於王士良的仕歷,墓誌與本傳大體相同,可互爲補充,對
具體時間能够獲得更準確的認識。

誌文"釋褐柱國大將軍潁川尒朱公參軍事"。據本傳,這是
在北魏長廣王建明(530—531)初。因爲尒朱兆先後被封爲潁川
郡公和潁川王,所以尒朱公是指尒朱兆。但本傳云"尒朱仲遠啓
爲府參軍事",與墓誌有異。又本傳云王士良"與紇豆陵步藩交
戰,軍敗,爲步藩所擒,遂居河右",而 530 年底與紇豆陵步藩交
戰的正是尒朱兆部①。因此,本傳稱"尒朱仲遠"誤,當依墓誌爲
"尒朱兆"。

誌文"尋封琅耶侯"。據本傳,孝武帝太昌(532)初,"進爵
晋陽縣子,邑四百户。尋進爵琅邪縣侯,授太中大夫、右將軍,出

---

① 《魏書》卷一〇《孝莊本紀》,頁 268。同書卷七五《尒朱兆傳》,頁 1663 同。

爲殷州車騎府司馬”。

誌文“尋遷大行臺左丞、鎮西將軍，進爵爲公，加邑千户”。《周書》作“大行臺右丞”、《北史》作“大行臺左丞”，今據墓誌，《北史》爲確。《北史·王士良傳》：“王思政鎮潁川，齊文襄率衆攻之。授士良大行臺左丞，加鎮西將軍，進爵爲公，令輔其弟演於并州居守”。王思政入守潁川是在西魏大統十三年（547），東魏來攻是在大統十四年①，因此，王士良任大行臺左丞當在此時。

據墓誌，550 年北齊建立以後，王士良先後擔任内書舍人、御史内丞、侍内等職，此三職均爲避隋諱而改，實爲中書舍人、御史中丞和侍中。據本傳，其第二次任侍中是在武成帝（561—565）初年。

北周保定四年（564），宇文護率兵攻北齊，“十二月，權景宣攻齊豫州，刺史王士良以州降”（《周書》卷五《武帝本紀上》，頁70）。王士良投降北周，即墓誌所謂“去夏歸殷，背楚從漢”。誌文“前後累授荆州、敷州、金州三總管”。其中“敷州”，本傳作“鄜州”。

誌文“周大象之初，又爲并州刺史”。《周書》本傳云：“建德六年（577），授并州刺史。”中華書局點校本校勘記認爲，因爲從建德五年（576）至宣政元年（578）間宇文神舉任并州刺史，所以王士良建德六年任并州刺史的記載值得懷疑。今據墓誌，王士良是在大象初（579）任并州刺史，這樣正好與宇文神舉的離職相銜接，毫無矛盾，從而也説明《周書》爲誤。

---

① 《北史》卷六二《王思政傳》，頁 2207。

　　誌文"遷葬涇陽縣洪瀆川",同墓出土其妻董榮暉墓誌云"窆於石安原",可見二者爲同地①。

---

① 周偉洲:《邊疆民族歷史與文物考論》,第五章第一節"陝西北周墓葬主葬地考",黑龍江教育出版社,2000年,頁343。

一二六　張静墓誌

【誌文】

■開皇三年歲次癸卯十一月丙申朔廿二■

■清河張氏墓誌序/

■諱静,字僧泰。乃因宦南遷,卜居合鎮。□/武衛將軍、湘東郡太守。春秋卅有九,於斯不禄。/父景暎,宋振遠將軍、中散大夫。大子元通,齊招/遠將軍、員外侍郎,卅有七而死。第四子元叔,陳伏/波將軍,時年廿有九便亡。第二子伍郎、第三子/元略,並陳招遠將軍。長女、仲女、季女等式遵孝/道,無假肅而自成,信義鄉閭,不待束脩之訓。卜/惟其吉,建此五墳,而安一所。西連獨嶺,擎月/兔而開雲;東接龍城,捧日烏而散彩;南看溁/浪,有被控之遊魚;北眺長津,見無移之石獸。/但嗟鹿場町疃,□蹊/窀穴。時聞牧豎之哥,/永罷帛眉之笑。白楊疎縈,空墜凄/風;青□蕭條,徒垂冬雪。聞之孔父,/猶嘆□□,□此伊人,涕澤何已。/

■曰:/

■玉貌,足彼黃塵,蒐無擲處,/賵贈何人,唯當隴栢,年□自新。

【疏證】

　　張静墓誌,1984 年出土於安徽合肥乳品廠、啤酒廠聯合工地張静墓。拓片圖版及參考録文見安徽省博物館《合肥隋開皇三年張静墓》,《文物》1988 年第 1 期。

　　上引文認爲,"卜惟其吉,建此五墳,而安一所"說明墓主的後人選擇了此地,將先後死去的親人安葬到一處。

張静任“武衛將軍、湘東郡太守”。“武衛將軍”一職,始於曹魏,南北朝均置,隋唐亦設①。但是南北朝後期,南北武衛將軍在各自的序列中地位差別較大,北魏、北齊的武衛將軍都是從三品,而梁之武衛將軍位列三班,相當於八品,陳武衛將軍也是八品。

誌文“父景暎,宋振遠將軍、中散大夫。大子元通,齊招遠將軍”。“振遠將軍、招遠將軍”不見於《宋書·百官志》和《南齊書·百官志》,爲當時之新出軍號②。

其第四子爲陳“伏波將軍”,二、三子均爲陳之“招遠將軍”。據《隋書》卷二八《百官志下》,陳“伏波將軍”和“招遠將軍”作爲將軍號,屬“戎號擬官”,分別爲八品和九品。

---

① 《通典》卷二八《職官十·武官上》,中華書局,1988 年,頁 786。
② 參閱步克《品位與職位——秦漢魏晉南北朝官階制度研究》,中華書局,2002 年,頁 426 注①。

一二七　韓貴和墓誌

【誌蓋】

韓貴和墓志

【誌蓋內面】

大葬墓在晉州降川彰壁上韓/村/在西三里有堂弟韓買奴墓，羊/虎悲柱，亦在其所；官榮職爵，備/在悲銘。

【誌文】

唯大隨開皇四年四月十四日，荆/州南陽人也，韓貴和，祖宗因官流/寓，寄居定陽，去武定年中，神武皇/帝採訪英才，遂被州郡舉，置爲/中堅將軍、賀拔安定王參軍，後除/三州界合宿嶺防境大都督。年邁，蒙天元/皇帝旨授和州伊川、隆州儀陽/二郡守。後開皇三年，蒙時儀同三/司、司農少卿、大使、南皮縣開國伯/臣違瓚授荆州刺史。年九十一，以/今開皇四年三月廿八日薨。今葬/在村北三百步，石銘一枚，石柱一/囗，並羊、虎、清磚大藏，陛道周悉，羊√/虎、悲柱並在其所。葬後富貴吉昌。

【疏證】

　　韓貴和墓誌，1999 年出土於山西省沁源縣郭道鎮東村韓貴和墓。拓片圖版和參考録文見郎保利、楊林中《山西沁源隋代韓貴和墓》，《文物》2003 年第 8 期。

　　韓貴和，隋文帝開皇四年（584）卒，終年九十一歲，則其生年爲北魏孝文帝太和十八年（494）。

　　誌文"因官流寓，寄居定陽"。按北朝有二定陽郡，據《魏書》卷一〇六上《地形志上》，其一爲北魏孝文帝延興四年（474）置，治所在定陽（今山西吉縣）。另一爲東魏興和四年（542）置，治所爲平昌（今山西介休縣）。上引文推斷指介休之定陽。

誌文“爲中堅將軍、賀拔安定王參軍”。“賀拔安定王”指賀拔仁，他在北齊“天保初，封安定郡王，歷數州刺史、太保、太師、右丞相、録尚書事。武平元年薨”①。

誌文“後除三州界合宿嶺防境大都督”。“防境大都督”五字爲小字雙行排列，可能是後來加字的緣故。“防境大都督”一職，不見於正史。東魏武定七年（549）《東魏造像石碑》中有“陽翟郡防境大都督石文達等，爲太守敬曦造像記”②。又東魏興和三年（541）封延之墓誌記北魏永安二年（529）封延之“假節假征虜將軍防境都督行勃海郡事”③。可見在防境大都督外，還存在防境都督一職。

“後開皇三年，蒙時儀同三司、司農少卿、大使、南皮縣開國伯臣違瓚授荆州刺史”。違瓚，不見於正史。但《隋書》卷二四《食貨志》記隋開皇三年時有倉部侍郎，名韋瓚。韋瓚是唐韋湊之曾祖，在《新唐書》卷七四上《宰相世系表四上》中記爲“隋倉部侍郎、尚書右丞、司農卿、南皮縣伯”，又獨孤及《韋縝神道碑》有“隨倉部侍郎南皮公瓚”④。因此，墓誌之“違瓚”即“韋瓚”無疑。又因墓誌刻於開皇四年，我們由此可知韋瓚在開皇三或四

① 《北史》卷五三《賀拔仁傳》，頁1909。《北齊書》卷四《文宣本紀》，頁52，天保元年六月“賀拔仁爲安定王”。
② 《寶刻叢編》卷五，叢書集成初編本，中華書局，1985年，頁100。
③ 趙超：《漢魏南北朝墓誌彙編》，頁344。
④ 《毗陵集》卷八《唐故朝議大夫申王府司馬上柱國贈太常卿韋公神道碑銘》，上海古籍出版社，1993年，頁63。

年的確切結銜。開皇三年，韓貴和年過九十，此荆州刺史當爲板授高年之職。

誌文"蒙天元皇帝旨授和州伊川、隆州儀陽二郡守"。據《隋書》卷三〇《地理志中》河南郡陸渾縣條，此地"東魏置伊川郡"，北周設和州後，伊川郡爲和州屬郡①。隆州也是在西魏年間所置②。墓誌"天元皇帝"爲北周宣帝宇文贇，他在大成元年（579）二月傳位太子後，自稱"天元皇帝"③。又據《隋書》卷二九《地理志上》巴西郡奉國縣條，北周隆州無儀陽郡，而有義陽郡。墓誌與文獻，二者當有一誤。

---

① 參王仲犖《北周地理志》卷七《河南上·和州》，頁 602。
② 《隋書》卷二九《地理志上》巴西郡條，頁 824。
③ 《周書》卷七《宣帝本紀》，頁 119。

一二八 徐之範墓誌

【誌蓋】

隋故儀同/西陽王徐/之範墓銘

【誌文】

隋儀同三司徐公墓誌/

公諱之範，字孝規，東莞姑幕人。漢太尉防之後，十二世祖饒，漢鬱林太守。屬漢魏糾紛，避地江表，居/東陽之太末。昔者先道後德，帝祀配於西成；布義行仁，王靈被乎東國。黄河九折，源既深焉，華岳四/方。基亦峻矣，家祥剋茂，無假神鈎，世德其昌，不因靈算，斯故公侯必復，卿長相慚，所以炳蔚丹青，抑/揚金石者也。祖文伯，宋給事黄門侍郎、散騎常侍、東莞蘭陵太山三郡太守，陳登湖海，氣重金陵之/地；許詢風月，聲高紫蓋之鄉。父雄，梁員外散騎侍郎、通直散騎侍郎，搖落小年，未升貴仕，有齊逖敬/南金，追贈通直散騎常侍、太常卿、儀同三司、兗州刺史。夫德在言前，榮居身後，香名逾遠，神氣轉生。/公挺質玉田，揚榮□嶺，似降嵩高之靈，若稟庚寅之秀。孝友成節，仁義爲基，□□擅追風之聲，特達/起連城之價。釋褐梁南康嗣王府參軍事。梁武陵王紀以帝子之貴，任岷岳之重，妙選朝賢，僚采是/寄，以彭城劉孝勝、孝先兄弟及公三人，俱以問望英華，才行秀美，且彈冠結綬，德義綢繆，孝勝任長/史，孝先爲賓友，引公爲外兵，尋改錄事參軍。於是隨府入蜀，奉翠羈而驅折坂，侍犀管以賦行雲，與/二劉兄弟，或變諧好善，馳芳東閣，或翼陪敬愛，命藻西園。聲重鄒枚，事高梁楚，俄遷征遠將軍、廣漢/太守。時梁室遘圮，江左

沸騰，爰舉玉壘之師，將御金陵之難，乃除將作大匠、持節梁州刺
史、郫縣開/國侯，食邑二千户。而八王功業，空餘故事，三江隄
封，無復舊居。公以長兄齊尚書令、西陽王之才先/在北朝，爰軫
同巢，乃歸樂國。以天保九年入齊，仍除寧朔將軍、尚藥典御、食
北平縣幹。河清二年，轉/散騎侍郎、典御如故。天統二年，除輔
國將軍、諫議大夫。三年，遷通直散騎常侍，典御、食幹如先。
四年/轉翊軍將軍、太中大夫。五年，除散騎常侍，其年除假儀
同三司。倚鹿騰祥，清蟬表潔，能官是戀，詔爵/爲榮。武平元
年，遷儀同三司、征西將軍。二年，除開府儀同三司。三年，除
太常卿、西陽王。四年，除侍中、/開府、太常卿、封爵如故。捧
玉壺以待問，置綿蕝而定儀，衣麗華蟲，管吟芳樹。既而有齊
季謝，曆運遷/屬，如殷寶鼎，遠歸郟鄏之城；類趙高冠，遥入咸
陽之殿。周建德六年，除使持節儀同大將軍。及天命/在德，
獄訟歸隋，臨代名邦，優賢是任，公下車布政，高卧共治，磐石
維城，有國之重。晋王帝子，出撫汾/絳，以公宿望，詔追翼輔。
揚風未遠，逝水云迫，開皇四年四月廿六日卒于晋陽縣宅，春
秋七十有八。/惟公樞機警發，思理通晤，博洽今古，漁獵典
墳，淵卿麗藻之文，談天炙輠之妙，探求幽賾，往往入神。/似
周瑜之聽聲，懸知曲誤；如孔融之愛客，罇酒不空。會友必賢，
三明八俊，市朝屢變，一心事百。飛蓬/不息，疲病龍阜之東；
石火無留，零落汾川之右。粤以開皇四年歲在甲辰十二月己
丑朔二日庚寅，/還葬金鄉縣都鄉節義里英山之西，式傳不朽，
乃爲銘曰：/

綿綿厥初，建社分墟，不言寶劍，唯訪仙居。庭羅珪組，巷滿旌
旟，增光舊俗，潤色良書。爰挺若人，克紹/重世，千尋直上，万

頃無際。踵武其裘,服膺文藝,託風遙舉,憑雲高躋。利用宰
府,光踐名卿,掌壼崇禁,/錫土連城。華蟲舒藻,芳樹凝清,通
賢特達,尚德爲榮。鄴城鹿駭,漳濱魚爛,井伯入秦,邵平歸
漢。天地/更闢,光華改旦,分竹唯良,治繩不亂。塵栖弱草,
鍾鳴悲谷,一逐藏舟,長辭華屋。靈飛旐雁,祥車畫鹿,/杳杳
夜臺,蕭蕭拱木。/

前夫人蘭陵蕭氏,後妻西陽王國妃扶風馬氏。/

大子敏信,濟陰太守;第二子敏行,尚書駕部郎中;第三子敏璞,
安定縣令;/第四子敏直,給事中;第五子敏智,太尉府墨曹參軍;
第六子敏貞,給事中;/第七子敏鑒,早亡;第八子敏廉,通直散騎
侍郎;第九子敏恭,著作佐郎;/第十子敏寬;第十一子敏惠;第十
二子敏通。/

公第四弟之權,譙郡太守、散騎侍郎。卜此葬地,得泰卦,後一千
八百年爲孫長壽所發,/所發者滅門。

【疏證】

　　徐之範墓誌,1976 年出土於山東省嘉祥縣滿硐公社楊樓大
隊“英山二號”隋墓,拓片圖版見嘉祥縣文物管理所《山東嘉祥
英山二號隋墓清理簡報》,《文物》1987 年第 11 期;又見《隋唐五
代墓誌匯編》江蘇卷第 1 册頁 2。拓片圖版和參考錄文見《隋代
墓誌銘彙考》第 1 册頁 136—140。其第二子徐敏行墓誌也已出
土,本書收。

　　徐之範卒於隋文帝開皇四年(584),終年七十八歲,則其生
年是梁武帝天監六年(507)。徐之範在《北齊書》卷三三、《北
史》卷九〇有傳,但内容極其簡略,墓誌大大豐富了徐之範及其

家族的資料。

誌文"十二世祖饒"。此說與其兄徐之才墓誌同①。《元和姓纂》卷二："漢徐衡徙高平，孫饒又徙東陽，七代至融，融五代孫之才、之範。"這也與"十二世祖饒"相合。同時，徐融的父輩中還當有名徐熙者②。在徐熙之後，《南史》卷三二《徐文伯傳》記載較詳，熙生秋夫；秋夫生道度、叔向；道度生文伯、成伯③，叔向生嗣伯；成伯生踐、知遠④，文伯生雄。徐雄是之才、之範兄弟的父親。徐之才長子林、次子同卿⑤，孫師順、師蕢⑥。徐之才還有一個侄子名徐珍惠⑦。本墓誌又提供了徐之範十二子的詳細情況，其中第二子爲徐敏行，據其墓誌，敏行有二子，"大子長嘉、第二子季温"。又徐之範有孫名仲宗，生慶、祚⑧。這樣，中古東陽徐氏一族的發展脈絡就比較清晰了。

徐氏一族從徐熙到徐之才、之範，數代都以醫術知名。傳說徐熙曾得一道士贈予的《扁鵲鏡經》一卷，他"精心學之，遂名震

---

① 趙超：《漢魏南北朝墓誌彙編》，頁455—459。

② 《南史》卷三二《徐文伯傳》，頁838，"文伯字德秀，濮陽太守熙曾孫也"。

③ 《魏書》卷九一《術藝·徐謇傳》，頁1966。

④ 《魏書》卷九一《術藝·徐踐傳》，頁1968。

⑤ 《北史》卷九○《藝術下·徐之才傳》，頁2973。其中"長子林，字少卿，太尉司馬"。周紹良、趙超《唐代墓誌彙編續集》貞觀018"徐蕢墓誌"記"祖之才，……父林卿，太尉府司馬、西兗州刺史"。從世系與結銜看，"林"與"林卿"當爲同一人。

⑥ 《元和姓纂》卷二，中華書局，1994年，頁203。《唐代墓誌彙編續集》貞觀018"徐蕢墓誌"，頁19。

⑦ 《外臺秘要方》卷四《黃疸方一十三首》："《必效》，黃疸，身眼皆如金色，但諸黃皆主之方。……此方是徐之才家秘方，其侄〔徐〕珍惠説密用。出第一卷中。"華夏出版社，1993年，頁70。

⑧ 《元和姓纂》卷二，頁203。

海内"，其子"秋夫，彌工其術"，"秋夫生道度、叔向，皆能精其業"，其中"徐道度療疾"在南朝宋被稱爲"天下五絕"之一①，徐叔向則著有《針灸要鈔》等十部醫書②。徐道度之子文伯、成伯兄弟"皆善醫藥"，文伯著《本草》等醫書六部③。叔向之子嗣伯"醫術妙"，並撰《徐嗣伯落年方》、《藥方》、《雜病論》三書④。徐文伯的兒子徐雄"亦傳家業，尤工診察"，"以醫術爲江左所稱"⑤。徐雄二子之才、之範，也均以醫術著稱，史稱之才"大善醫術"、"醫術最高"，之範"亦醫術見知"⑥。

在徐之範諸子中，南宋張杲《醫說》卷一引《隋書》："徐敏齊，太常卿之範之子也。工醫、博覽多藝，開皇中贈朝散大夫。"⑦又南宋周守忠《歷代名醫蒙求》卷上引《齊書》記徐敏齊爲"太常卿之範子，代傳攻醫，博覽多藝，隋開皇中爲駕部郎中"⑧。這兩條關於徐敏齊的材料，不見於今本《隋書》和《北齊書》，且此墓誌所記徐之範十二子中也沒有叫"敏齊"的，但是，《歷代名醫蒙求》稱敏齊在開皇中爲駕部郎中，與墓誌"第二子敏行尚書駕部郎中"的任官相合。二者是否爲一人，難以斷定，

---

① 《南史》卷三二《徐文伯傳》，頁838。
② 姚振宗：《隋書經籍志考證》，《二十五史補編》第四冊，中華書局，1995年，頁5647。
③ 《魏書》卷九一《術藝·徐謇傳》，頁1966。《隋書》卷三四《經籍志三》，頁1044、1045。
④ 《南齊書》卷二三《徐嗣傳》，頁432。《南史》卷三二《徐嗣伯傳》，頁839。《隋書》卷三四《經籍志三》，頁1042、1045，《舊唐書》卷四七《經籍志下》，頁2050。
⑤ 《南史》卷三二《徐雄傳》，頁839，《北齊書》卷三三《徐之才傳》，頁444。
⑥ 《北史》卷九〇《藝術下·徐之才傳》，頁2970、2972，同書同卷《徐之範傳》，頁2974。
⑦ 《醫說》，上海科學技術出版社，1984年。
⑧ 《歷代名醫蒙求》，人民衛生出版社，1955年，頁5。

存疑。

　　值得注意的是，雖然徐氏數代以醫術聞名，但是在徐之才墓誌、徐之範墓誌以及徐敏行墓誌、徐暮墓誌對其父祖的追溯中，對這一點都隻字不提。而徐之才、徐之範自己的墓誌，除了任"尚藥典御"能透露出與醫學的關係外，也没有其他的反映。這在一定程度上顯示了當時醫學不入流的社會狀況。

　　墓誌記徐之範釋褐任"南康嗣王府參軍事"。南康嗣王指蕭會理，他是梁武帝之孫。因爲蕭會理在梁武帝大通三年（529）始爲南康嗣王①，徐之範生於 507 年，所以釋褐是在他二十三歲以後。梁嗣王府參軍事爲三班。

　　據墓誌，徐之範與劉孝勝、劉孝先兄弟俱入梁武陵王紀府。武陵王蕭紀是梁武帝的小兒子，天監十三年（514）年封爲武陵郡王，大同三年（537）閏月，"揚州刺史武陵王紀爲安西將軍、益州刺史"②。徐之範"改録事參軍，於是隨府入蜀"當在此時。劉孝勝、孝先兄弟也隨蕭紀入蜀，孝勝任王府長史、蜀郡太守，孝先入蜀後任王府記室參軍③。

　　誌文"梁室遭圯，江左沸騰"。這是指侯景之亂對梁的打擊。侯景之亂爆發後，蕭紀並未赴援，他在 552 年於益州稱帝，次年七月，蕭紀被蕭繹軍所殺，而益州爲西魏所占。這是徐之範由南入北的背景。

　　誌文"公以長兄齊尚書令、西陽王之才先在北朝，爰軫同巢，乃歸樂國。以天保九年入齊，仍除寧朔將軍、尚藥典御、食

① 《梁書》卷二九《高祖三王‧蕭會理傳》，中華書局，1973 年，頁 428。
② 《梁書》卷三《高祖本紀下》，頁 82。
③ 《梁書》卷四一《劉孝勝傳》、同書同卷《劉孝先傳》，頁 595。

北平縣幹"。蕭紀敗死後，樹倒猢猻散，劉孝勝、孝先兄弟投靠了蕭繹。而徐之範在北齊文宣帝天保九年（558）入北齊，是由於其兄徐之才。據《北史》卷九〇《藝術下·徐之才傳》，徐之才在梁任豫章王蕭綜的豫章王國左常侍和鎮北將軍府主簿，525 年蕭綜投降北魏，在蕭綜的推薦下，北魏孝明帝"詔征之才，孝昌二年（526），至洛"，徐之才由此進入北朝。據徐之才墓誌，他在北齊天保元年（550）任侍中、六年遷儀同三司、七年轉中書監。正是由於兄弟在北齊做高官，所以徐之範在蕭紀敗後來到了北齊。

徐之才、之範兄弟都有由南入北的經歷，其實，徐氏一門中，徐之範的叔祖徐成伯也有同樣的經歷。據《魏書》卷九一《術藝·徐謇傳》，徐成伯在東陽被北魏軍隊俘虜，送至平城，他因醫術而得到獻文帝的信任，太和年間又爲孝文帝治病，任鴻臚卿，封金鄉縣開國伯。三人均精通醫術，且都得到政府的重用，其中徐之才還撰有《徐王方》五卷、《徐王八世家傳效驗方》十卷、《徐氏家傳秘方》二卷、《雷公藥對》二卷①，中間二書正是對其家傳醫術的總結，這些對當時南北醫學的交流，應有一定影響。

墓誌對徐之範在北齊的升遷過程記載甚詳，可以清晰地看到他軍號和散官的升遷。

---

① 《隋書》卷三四《經籍志三》，頁 1045，《舊唐書》卷四七《經籍志下》，頁 2050，《新唐書》卷五九《藝文志三》，中華書局，1975 年，頁 1567。其中《徐王方》不著撰人，前引姚振宗《隋書經籍志考證》和興膳宏、川合康三《隋書經籍志詳考》（汲古書院，1995 年，頁 706—707）均考證《徐王方》作者爲徐之才。

	558	563	566	567	568	569	570	571
軍號	寧朔將軍		輔國將軍		翊軍將軍		征西將軍	
	從四品		從三品		從二品		正二品	
散官		散騎侍郎	諫議大夫	通直散騎常侍	太中大夫	散騎常侍、假儀同三司	儀同三司	開府儀同三司
		正五品	從四品	正四品	從三品	從三品	正二品	正一品

如上表所示，特別是在後主天統二年（566）到武平二年（571）間每年軍號和散官的升遷中，顯示出了相當的整齊性，可見當時官員軍號和散官的轉遷，當有制度可循。

誌文"〔武平〕三年，除太常卿、西陽王"。徐之才爵爲西陽王，據徐之才墓誌，他卒於武平三年六月。徐之範於此年封爵西陽王，當爲襲封徐之才爵。

誌文"前夫人蘭陵蕭氏"。據徐敏行墓誌，徐敏行是"齊高皇帝曾孫、梁司農卿漑之外孫"，則知蕭氏爲蕭漑之女。

一二九 徐敏行及妻陽氏墓誌

【誌蓋】

故駕部/郎徐敏/行墓銘

【誌文】

故駕部侍郎徐君墓誌/

大隋開皇四年四月廿六日，儀同三司、前恒山太守徐公薨。第二/子前駕部侍郎敏行，字訥言，即齊高皇帝曾孫、梁司農卿漑之外/孫也。粵以五月十七日不勝哀毀，卒于喪次。嗚呼！三日而食，教之/導情也淺，一至所感，理之切性也深。各親其親，顧我復我，充窮孺/慕之節，安思禮全。生乎天經地義，致身孝治之日，觀過知仁，其唯/吾賢而已。君踐高門之慶，膺重世之和，聞詩趨禮，外朗內潤。玉壘/大同之年，生於西蜀，金陵侯景之亂，盡室東歸。蒙稚江源，詎減參/玄之幼；經過夏首，無慚辯日之童。天保云季，來儀河朔。開府段德/淵虛襟求士，乃引君爲行參軍，尋敕除太尉府法曹參軍，綸言散/澤，槐路生光，實簡帝心，能令公喜。俄遷太子舍人、待詔文林館，銅/龍端士，並入胸間，金馬詞人，皆愁角折。未幾，轉尚書駕部郎，仍待/詔。含香閣道，傅粉丹墀，勤有過於張鐙，譽無愧於題柱。既而邯鄲/衙壁，往徙房陵，土衡彈冠，來逢壯武。周大象元年，除司膳二命士，/非其所好，辭事言歸。皇隋撫曆，網羅俊異，上柱國、晉王出總河/北，君奉璽誥，來參幕府。明月澄光，時振長裾之客，援琴奏曲，猶/悲下調之聲。終于卌有二。妻海陵太守北平陽侯子女，婦德柔靜，/閨訓閑修，以侍郎嬰疢自滅，不勝哀悴，以十月十四

日毀恙云終,/春秋卅有一。合葬英山西南,儀同公墳之東北十
步。傷哉命也,痛/結朋僚,同列王世遵,擢秀文苑,爲其銘曰:/
靈淮載清,良才挺生。絶塵比足,照廡均明。台庭雅步,禮閣飛
纓。漢/軍滅趙,秦將屠荆。倦遊不遂,壯志難平。風枝泣血,陟
岵崩情。未攀/柏樹,先摧玉榮。路人霣涕,同僚失聲。欸兹巨
孝,萬祀揚名。齊體淑/順,靡勝哀切。晝哭無已,夜燈豈滅。既
奪瑟琴,奄從同穴。于嗟至性,/嗚呼苦節。/
大子長嘉,第二子季溫。

【疏證】

　　徐敏行及妻陽氏墓誌,1976年出土於山東省嘉祥縣滿硐公
社楊樓大隊"英山一號"隋墓,拓片圖版見山東省博物館《山東
嘉祥英山一號隋墓清理簡報》,《文物》1981年第4期。拓片圖
版和參考録文見《隋代墓誌銘彙考》第1册頁131—134。較清晰
的拓片圖版及參考録文見《山東石刻分類全集》第5卷頁85—86。
其父徐之範的墓誌也已出土,本書收。

　　徐敏行,不見於史傳,他卒於隋文帝開皇四年(584),終年四
十二歲,則其生年是梁武帝大同九年(543)。其妻陽氏同年卒,
終年三十一歲,則其生年爲梁元帝承聖三年(554)。陽氏爲北平
大姓,陽侯子不見於史傳。

　　徐敏行之父徐之範生於梁武帝天監六年(507),有十二子,
得第二子敏行時年三十七歲。據徐之範墓誌,他有兩個妻子,前
夫人蘭陵蕭氏、後妻扶風馬氏。徐敏行墓誌稱敏行是"齊高皇帝
曾孫、梁司農卿溉之外孫",可見徐敏行爲蕭氏所生。

　　誌文"天保云季,來儀河朔"。據徐之範墓誌,徐之範入梁

武陵王蕭紀府,並隨府入蜀。553 年蕭紀被殺,西魏佔據益州,徐之範遂於北齊"天保九年(558)入齊,仍除寧朔將軍、尚藥典御、食北平縣幹",徐敏行隨其父來到了北齊。

誌文"開府段德淵虛襟求士,乃引君爲行參軍,尋敕除太尉府法曹參軍"。上引文認爲段德淵即段德深,《北齊書》《北史》有傳,因避李淵諱改,甚是。

誌文"周大象元年,除司膳二命士"。建德六年(577),北周滅北齊,北齊官員大多繼續獲得任用,"僞齊七品以上,已敕收用,八品以下,爰及流外,若欲入仕,皆聽預選,降二等授官"①。據《通典》卷三九載北周官品,在正二命中設有天官府内膳中士和外膳中士。其中内膳中士四人,和内膳上士二人一道,負責皇帝的飲食,"凡進食必先嘗之"②。徐敏行作爲北齊降臣,讓他掌管皇帝飲食的可能性不大,司膳或與外膳相當,或另有所主。

關於徐敏行的結銜,誌蓋稱"駕部郎"、首題爲"駕部侍郎",而同年徐之範墓誌記"駕部郎中"。在立墓誌的開皇四年,三種中當以"駕部侍郎"最爲規範,尚書省設駕部侍郎一人。因爲只是到了隋煬帝大業三年(607)之後,尚書省諸曹侍郎纔與諸曹郎有所區別③,所以當時三種記法並無矛盾。

---

① 《周書》卷七《宣帝本紀》宣政元年(578)詔,頁 116。
② 《唐六典》卷一一《殿中省》尚食局奉御條注,頁 323。
③ 《隋書》卷二八《百官志下》,頁 794。

一三〇　崔仲方妻李麗儀墓誌

【誌蓋】

范陽公/故妻李/氏誌銘

【誌文】

隋使持節儀同三司鴻臚司農二少卿周內史司成二大夫范陽縣開國公崔仲方故妻李夫人墓誌銘/

夫人諱麗儀,其先趙國人也。寓居於平城之桑乾,自柱史翼周、廣武匡趙,/源流深濬,枝葉扶蔬,蟬聯冠冕,葳蕤緒裔,可略而言。曾祖延,魏太保、恒朔/十州諸軍事、恒州刺史、趙郡公。才宏氣遠,文昭武毅。祖弼,太師、大司徒、雍/州牧、趙國公。道邁伊周,名高韓白,勳書王府,功銘大常。父曜,使持節大將/軍、雍州牧、蒲山公。若綵鳳將飛,如皋虬驤首,振古英令,當世才雄。夫人程/祥川覜,稟氣陰祇,玉質內凝,經秋逾閏,蘭姿外發,非春自芳。率性幽閑,不/俟公宮之教;自天敬順,詎待箴訓之言。公桂林散馥,璧水澄圓,望重北州,/名高西漢。僕射太昌侯之孫、司徒汲郡公之子,世載公卿,門傳孝讓。椒蘭/是好,秦晋為匹。夫人爰始禮年,來儀公族,才苞四德,業重七篇。奉盥承姑,/停機訓子,闈教聿宣,閫儀斯洽。庭臨芳桂,氣接神仙,池夾脩篁,韻成絃管。/七珍滿席,不以為奇,百變魚龍,何曾悅目。率行貞素,誡懼滿盈,所冀母儀/兩族、作範二門。与善無徵,俄同閟水。去周天和六年五月十七日遘疾,殯/於京師之第,時年廿七。粵以大隋開皇五年歲次乙巳二月戊子朔十九/日丙午,改袝零壽縣脩仁里臨山之大墓。似務女之沉河,若恒娥之掩月。/悲纏二

子,恨結九泉,遽碧海成林,丹山爲壑。式鐫于石,以誌遺芳,迺爲銘/曰:/

門傳將相,綠綬垂組,家擅公侯,丹書胙土。道冠仙舟,名高莫府,太師佐命,/將軍夾輔。誕兹令淑,蘭芳玉映,百兩言歸,九儀承娉。待傅而行,如賓相敬,/蔡謝女工,斑慚内政。其行可則,其儀可像,琴瑟方和,珩璜無爽。齊眉奉案,/停機訓獎,一逐驚瀾,千秋長往。昔時蘭徑,從來綺閣,鏡轉孤鸞,琴悲別鵠。/夜寒箵静,風凄幌薄,畫柳低昂,新松蕭索。埋雞不曙,沉燭無輝,虚臨明月,/獨掩泉扉。山空鳥思,墳迥人希,呼也不反,還路何期?/

長子,東宫親衛、石城縣開國男大德字民燾。次子,伯陽縣開國男德宣字民滌。長女令珪。/

母武川劉氏,父柱國、幽朔六州諸軍事、朔州刺史、清河郡公敬。/

長兄,開府儀同三司、大丞相府中郎、新州刺史、邢國公故鄰。次兄,上大將軍、易州刺史、蒲山公寬。/

第二叔,柱國、襄鄭六州諸軍事、襄州刺史、魏國公暉。第四叔,上大將軍、敷虢隴介四州刺史、真鄉公衍。/

長舅,柱國、荆安東南五十三州諸軍事、荆州總管、荆州刺史、平原公順。/

第二舅,柱國、太保、涇州刺史、梁國公崇。

【疏證】

　　崔仲方妻李麗儀墓誌,1998 年出土於河北省平山縣兩河鄉西岳村北。拓片圖版見河北省文物研究所、平山縣博物館《河北平山縣西岳村隋唐崔氏墓》,《考古》2001 年第 2 期。拓片圖版和參考録文見《隋代墓誌銘彙考》第 1 册頁 142—146。同地出土其夫崔仲方墓誌、其子崔大善墓誌,本書收崔大善墓誌。

李麗儀卒於北周天和六年(571),終年"廿七",生年當在西魏文帝大統十一年(545)。李麗儀出身名門,其祖父李弼是西魏北周八柱國之一,在《周書》卷一五、《北史》卷六○有傳。李弼死於 557 年,李麗儀童年時,祖父尚在。

誌石首題崔仲方的結銜之中有"司成大夫"一職,但崔仲方墓誌以及《隋書》卷六○《崔仲方傳》中均未提及。

墓誌記其曾祖名延,但《周書·李弼傳》記爲"父永,太中大夫,贈涼州刺史",與墓誌有異。本書所收李弼之子徒何綸墓誌和李椿墓誌中也均記爲"祖永"。

誌文"父曜,使持節大將軍、雍州牧、蒲山公"。《北史》卷六○《李曜傳》:"朝廷以〔李〕弼功重,封曜邢國公,位開府。"可見李曜在生前已經是邢國公了,不知爲何在隋開皇五年(585)的墓誌中却稱其爲蒲山郡公? 又《隋書》卷七○《李密傳》作"祖耀,周邢國公",與《北史》《周書》同,而唐武德二年(619)之李密墓誌①和《舊唐書》卷五三《李密傳》都記爲"祖曜,周太保、魏國公"。由此可知"太保、魏國公"當是追封。

墓誌記李麗儀有兩位兄弟,長兄"開府儀同三司、大丞相府中郎、新州刺史、邢國公故鄰"未見文獻記載。次兄李寬在《周書》卷一五、《北史》六○有傳,他是隋朝李密的父親。

墓誌還提供了李麗儀娘家有價值的信息。其母爲武川劉

① 　周紹良、趙超:《唐代墓誌彙編續集》武德 001,頁 1。

氏，兩個舅舅分別是"長舅，柱國、荊安東南五十三州諸軍事、荊州總管、荊州刺史、平原公順"和"第二舅，柱國、太保、涇州刺史、梁國公崇"。在北朝，爵爲平原郡公且名順者只有侯莫陳順，爵爲梁國公且名崇者只有侯莫陳崇，而侯莫陳順恰爲侯莫陳崇之兄。因此，墓誌所記李麗儀的兩個舅舅爲侯莫陳順、侯莫陳崇兄弟無疑。據《周書》卷一六《侯莫陳崇傳》和《元和姓纂》卷五，他們還有兩個弟弟，分別名瓊、凱。

北周大象二年（580）十二月，楊堅建隋前夕，下令"諸改姓者，悉宜復舊"（《北史》卷一〇《周本紀下》，384 頁）。從墓誌稱其母爲"武川劉氏"可知，侯莫陳氏在此時恢復了劉氏舊姓。那麽，他們是否本姓劉，又是在什麽時候賜姓侯莫陳氏呢？侯莫陳順兄弟諸傳中沒有任何相關信息。庾信《周驃騎大將軍開府侯莫陳道生墓誌銘》記，侯莫陳道生爲"朔州武川人也，本係陰山，出自國族，降及於魏，在秦作劉。……大統九年（543），更姓侯莫陳氏"①。趙明誠在《唐相州刺史侯莫陳肅碑》跋中稱："余嘗得〔侯莫陳〕穎及穎之孫涉墓誌，皆云本劉姓，係出漢楚元王交。穎墓誌則以爲父崇，後周時賜姓；涉墓誌則以爲崇王父豐，後魏時賜姓。"②作爲世居武川的北鎮武人，侯莫陳氏並未隨北魏孝文帝遷洛，因此不可能趕上孝文帝的改漢姓。從以上幾方侯莫陳氏墓誌追溯其姓劉，特別是李麗儀墓誌記侯莫陳氏在隋復姓劉氏的記載可知，在落後的北鎮武人中也有些已用漢字爲姓。至於賜姓侯莫陳的時間，似以西魏年間更爲可信，劉亮在大統十

---

① 《庾子山集注》卷一五《周驃騎大將軍開府侯莫陳道生墓誌銘》，頁 946、949。
② 《金石錄校證》卷二三《唐相州刺史侯莫陳肅碑》，上海書畫出版社，1985 年，頁 428。

年前賜姓侯莫陳氏可作爲旁證①。

　　侯莫陳順在西魏大統十六年（550）"拜大將軍，出爲荆州總管、山南道五十二州諸軍事、荆州刺史"②。又《周書》記其"行西夏州事、安平郡公"，而《北史》作"行西夏州事，改封平原郡公"，由墓誌可知以《北史》爲確。據《周書·侯莫陳崇傳》，他是在557年"孝閔帝踐阼，進封梁國公，邑萬户，加太保"。本傳記其父親名興③，與墓誌"柱國幽朔六州諸軍事、朔州刺史、清河郡公敬"的記載有異。上引《侯莫陳道生墓誌銘》稱"父少興，武川鎮將"，未知與興、敬是否有關。

　　李麗儀的父母，即侯莫陳崇的妹妹與李弼之子的婚姻，是當時八柱國家族之間的一次聯姻。

---

①　《周書》卷一七《劉亮傳》，頁 285。

②　《周書》卷一九《侯莫陳順傳》，頁 308。《北史》卷六〇《侯莫陳順傳》（頁 2150）作大統六年，未知孰是。

③　《元和姓纂》卷五，頁 734 同。

<h1 style="text-align:center">一三一 裴子休墓誌</h1>

【誌文】

隋故儀同三司懷戎子裴公墓誌銘

公諱子休,字季祥,正平聞喜人也。即裴/命氏,陽吉削珪,爰在金行,冠冕海內。或言成林藪,望重南宮,或圖括山川,位/調東鼎。雖人世潛遠,而風流無沬。祖保歡,州舉秀才,觀國之光,驥然舉首,含豪/瀝思,錦緒弦繁。父良,衛大將軍,汾州刺史,太府卿,薨,贈雍華陝三州、尚書僕射,謚/曰貞侯。砥名礪行,遊藝蹈道,弘禮讓於家門,宣績用於邦國。公即貞侯之第六/子也。虎檻不驚,幼標氣骨,羊車見異,早著精彩。年在志學,鼓篋師門,寓目丘墳,/略窺梗概。□同敬叔,發歎於登高;常慕仲升,建侯於定遠。魏太傅長孫稚,望/高群後,地在師臣,開閤俟賢,聞風相禮,引爲行參軍。既而洪溝廣武,爭追秦鹿,沙/海禪臺,競謀周鼎。氣標格樺,旗著蚩尤,戎騎交馳,兵鋒不息。公誠深静難,義感/壯夫,糾率邦黨,克寧汾絳。東魏天平末,授東雍、南汾二州大都督。齊神武略地/西指,師臨玉壁,授東雍州長史。文宣踐祚,行正平郡事,爲瓜步鎮城,又鎮幽部。/驅馳戎旅,式遏邊裔,南望吳門,俯臨白馬,北屯燕塞,遠入盧龍,亟展誠勞,允膺/榮數。天統三年,除持節、都督岐州諸軍事、車騎大將軍、岐州刺史,帶東雍州長/史。地交二境,城對百樓,刁斗相聞,桔槔屢照。公文武兼備,耕戰並修,聲振鄰邦,/威加勁敵。齊平原王段孝先、咸陽王斛律明月等,一代孫、吳,志存□國,出車北/絳,攘地西河。公位預前茅,勳參破竹,授假儀同三司,長史如故。既而

金精食昴，/師殁長平，石鼓鳴山，兵纏河朔。東成破楚，魯國無
先降之將；西州平蜀，綿竹有/後散之軍。周建德六年，授使持
節、儀同大將軍、懷戎縣開國子，邑二百五十户，/從大例也。皇
家受命，尚齒優賢，歸老鄉閭，從心所欲。與第四兄子通，鶴髮
龍/眉，同車共被，家有四世，門稱九德；孝敬之風，影於童稚，雍
睦之道，著自閨閫。爰/降王人，標門旌義，縉紳共美，邦族榮之。
雖石慶韋玄之家教，朗陵太丘之門法，/無以尚也。春秋七十有
二，以大隋開皇五年歲在乙巳四月六日，罹患終於家。/越其年
九月甲寅朔十九日壬申，厝於汾絪原。乃爲銘曰：

天分躔次，地別/隄封。晋星垂虎，汾氣騰龍。精靈感降，英偉連
縱。惟君濟美，是曰規重。器局恢弘，/風神謇諤。外峻壇宇，內
□管籥。千里應言，百金輕諾。劍學長短，書研韜略。諸有/九
合，天下三分。殞星禍宋，□日灾殷。財雄結客，壯志從軍。戎
機展效，王府建勳。/亦即鴻漸，頻膺鶴名。青縞已結，白珩相
照。榮位日隆，身名俱劭。鼎移運改，趙號/秦笑。年在懸車，志
存知止。弘風信邑，垂訓仁里。門有共衣，家無常子。道被邦
族，/德光終始。世同過隙，人隨閱川。交臂詎□，□手歸□。新
墳覆雪，古木凝煙。唯當/雙表，方歷千年。

【疏證】

　　裴子休墓誌，與其兄裴子誕、裴子通三人墓誌，由山西省運
城地區河東博物館，於 1992 年 9 月從民間徵集而得，現藏河東
博物館。墓誌拓片圖版見運城地區河東博物館《晋南發現北齊
裴子誕兄弟墓誌》，載《考古》1994 年第 4 期；墓誌録文及相關研
究見楊明珠、楊高雲《北齊裴子誕兄弟三人墓誌略探》，載《北朝

研究》1993 年第 3 期,此文又題爲《晋南發現北齊裴子誕兄弟墓誌》,收入《山西省考古學會論文集》(二)。凡圖版不够清晰的地方,録文全據楊明珠、楊高雲文中録文,其録文中有明顯誤釋的,參考圖版更正,並重新標點。另裴子休的父親裴良的墓誌,1986 年冬出土於山西省襄汾縣永固鄉家村,請參看本書裴良、裴子誕、裴子通三墓誌疏證。

裴子休死於隋開皇五年(585),七十二歲,則其生年當在北魏宣武帝延昌三年(514)。據裴良墓誌,裴良死於東魏孝静帝天平二年(535),裴良墓誌初刻中稱裴子休年二十二,至北齊後主武平二年(571)重新營葬,墓誌補刻文字稱當時裴子休年五十八。

裴良墓誌稱"第六子子休,字季祥,釋褐太傅行參軍"。證以裴子休墓誌所謂"魏太傅長孫稚,望高群後,地在師臣,開閣俟賢,聞風相禮,引爲行參軍",知道裴子休起家爲北魏太傅長孫稚府行參軍。後東西魏分裂,裴子休的家族支持東魏、北齊。北周滅齊,裴子休被俘,雖照例獲得官爵,仍被遣返家鄉。死後葬於家族墓地汾絪原(又稱汾絪堆)。

裴子誕與裴子通的墓誌,都詳述子女情况,裴子休墓誌則無一言相及。不知這是闕漏所致,還是因爲他本無子息。

一三二　李敬族墓誌

【誌蓋】

隋故開府儀同三／司定州刺史安平／李孝公墓誌銘

【誌文】

隋故使持節開府儀同三司定瀛恒易四州諸軍事定州刺史安平李
孝公墓誌銘／

公諱敬族,字遠欽,安平人,李老之裔。自楚入魏,從魏家趙,劉
項之□□□／□内十四世祖司徒郃,郃生太尉固,固生安平相爕,
復居趙之安平。□□／祖几,禮讓著稱,備於史册。高祖子固,魏
太僕卿,安平惠穆侯。曾祖諱慶□,／魏郡太守,安平子。祖諱祥
胤,漁陽府君,贈幽州刺史。父諱壽,胡州户曹從／事。公幼有令
望,門好儒雅,伏膺文典,過目必記,陰陽數術,經緯羣言,探索／
／幽深,盡詣宗極。時燕趙數亂,墳素無遺,公家有舊書,學又精
博,大儒徐遵／明聞而遠至,詣門請友,呼沲之側,别構精廬,共業
同心,聲猷俱盛。弱冠舉／秀才。孝昌之日,權歸佞幸,上策昌
言,□論事實,詞高義遠,擢第甲科,朝多／側目,不願銓舉。遷
鄴,初調補太學博士,加散騎侍郎、鎮遠將軍。孝靖當陽,／留情
典故,詔與當時才彦在直閤省校定文籍,固辭以疾,得以言歸。
廣陽／王元湛爲太尉公,啓除諮議參軍事,水運既謝,深懼蕃枝,
綸綍雖行,竟不／赴府。其後同遊内省,與湛交人皆被厥辜,獨無
塵累。武定五年十一月十／四日薨於鄴城之宅,春秋五十三。十
二月廿一日,安厝舊里。開皇五年冬／十月五日,詔贈使持節、儀
同三司、恒州諸軍事、恒州刺史。十一月廿五／日,詔曰:贈使持

節、儀同三司、恒州諸軍事、恒州刺史李敬族，操履方峻，/學業淵遠，道長運短，位不充量。其子内史令、上儀同三司、成安縣開國子/德林，皇運初啓，策名委質，參贊經綸，專掌文翰，寔禀遺訓，克成美業，前加/榮餙，未申優禮。可重贈使持節、開府儀同三司、定瀛易并前四州諸軍事、/定州刺史，封定州安平縣開國公，邑壹阡户，謚曰孝。六年正月卅日，改葬/於饒陽縣城之東五里敬信鄉。公志行清妙，器宇沉深，德量淳厚，文詞雅/正，立身秉操，孝友過人。初以□父之亡，太夫人尋而棄背，銜哀毁瘠，綿/歷五年，因心過禮，未嘗怡笑，嗇寶意深，榮利心寡。有齊之始，霸圖嚴急，搢/紳從宦，鞭撻者多，保護髮膚，義不毁辱。尚書右僕射崔暹，宿昔舊交，每相/推薦，言必拒絶，不爲動容。崔亦雅伏高懷，不苦敦逼。德林生蒙愛育，撫視/愍懃，情有識知，便聞訓導。讐犯天地，十六而孤，光陰度隙，俄踰三紀。教義/慈顏，無忘心目，窮感荼毒，畢世不追。太子洗馬河南陸開明，博物高才，譽/重當世。德林願其叙述，敬託爲銘，罔極之心，冀傳萬古。其辭粵：

【誌蓋内面】

於昭柱史，道貴無名，德乃蕃魏，師其醳兵。司徒博/識，夜辯使星，太尉儉正，麥飯流聲。繼體岐嶷，重世/儒雅，業盛山東，榮光日下。陸離寶珮，沃若駟馬，鳳/飛丹穴，珠生赤野。天機早秀，神宇自温，韻諧宮角，/潤抱瑜璠。投足藝圃，栖心禮園，威儀秩秩，説難幡/幡。好學無雙，韋編屢絶，針膏起癈，聚螢映雪。請疑/猶市，載鞱結轍，席坐戴馮，人歸劉潔。七起孝養，扇/枕温床，三年泣血，栽松灌楊。義廬遊處，仁宅翺翔，/讓田似卜，推物同王。褒舉從宦，讜言屢發，訓冑虎/門，飛縷龍闕。流心損卦，還思采蕨,帳飲言歸,承明/不謁。行歌枕石,築室穿渠,彈琴汗簡,狎鳥觀魚。韓恬連辟,仍駕柴車;嵇康被薦,賢哉報書。流謙不實,/義年虛傳,月犯少微,文留封禪。終焉之禮,儉踰先/彦,道德二篇,孝經一卷。萬家廣地,七龍告吉,榮被/陰溝,恩流泉室。笳鐃嘹亮,松槐蕭瑟,葬禮重加,絲/言不一。太丘有子,公業不亡,學府文匠,鳳質龍光。/襲題墓版,機贊祠堂,揚名自遠,千載芬芳。/

安平公夫人南陽趙氏,三男三女。世子彭氏,魏/故奉車都尉,早亡。第二子德林,内史令。第三/子德久,邵陵縣令。長女僧猗,出家早亡。第二女適張氏,/早亡。第三女適趙氏,早亡。德林世子百藥,太子舍人。

【疏證】

李敬族墓誌,1963 年出土於河北省饒陽城南 25 里王橋村隋李敬族夫婦合葬墓,其夫人趙蘭姿墓誌同墓出土,本書收。拓片圖版見劉玉杲《饒陽縣王橋村隋墓清理簡報》,《文物》1964 年第 10 期,又見《隋唐五代墓誌匯編》河北卷頁 3、4。榮麗華《1949—1989 四十年出土墓誌目録》①0080 號作"李敬侯墓誌",誤。拓片圖版和參考録文見《隋代墓誌銘彙考》第 1 冊頁 169—174。

據墓誌,此誌銘文的著者是"太子洗馬河南陸開明"。《新唐書》卷五八《藝文志二》注録有陸開明、宇文愷合著《東宮典記》七十七卷。

李敬族,卒於東魏孝静帝武定五年(547),終年五十三歲,則

---

① 榮麗華:《1949—1989 四十年出土墓誌目録》,中華書局,1993 年。

其生年爲北魏孝文帝太和十九年(495)。李敬族是隋李德林的父親、唐李百藥的祖父。此墓誌大大豐富了對李德林家世的認識。

李敬族的"□□祖儿,禮讓著稱,備於史册",李儿,《魏書》卷八七、《北史》卷八五有傳,史稱其"七世共居同財,家有二十二房,一百九十八口,長幼濟濟,風禮著聞",與墓誌所述合。高祖子固、曾祖慶□及祖祥胤,均不見於史傳。

其父李壽,墓誌記曾任北魏"胡州户曹從事"。但《隋書》卷四二《李德林傳》作"湖州户曹從事"。《魏書‧地形志》既無胡州也無湖州,《魏書》中也未見在此二州任職者。西魏廢帝三年(554),將南襄州改爲湖州,湖州名用至隋仁壽初①,即製作此墓誌時,有湖州。而北魏至隋,未見名胡州者。因此,墓誌之"胡州"可能爲"湖州"之誤,而以當時的地名稱謂先祖之任職,在中古墓誌中也是比較常見的現象。

李敬族夫婦墓誌中都提到徐遵明,徐遵明是北魏後期的大儒,《魏書》卷八四、《北史》卷八一有傳。

誌文"遷鄴,初調補太學博士,加散騎侍郎、鎮遠將軍"。北魏後期和北齊的太學博士都是從七品,品位在國子博士和四門博士之間。在北魏和東魏北齊,除了中央的太學外,地方郡學也叫太學,亦設太學博士。

誌文"詔與當時才彦在直閣省校定文籍,固辭以疾,得以言歸"。《隋書‧李德林傳》:"魏孝静帝時,命當世通人正定文籍,以爲内校書,別在直閣省。"魏末戰亂,皇家藏書遭到破壞,爲此,

---

① 《周書》卷二《文帝本紀下》,頁34。《隋書》卷三一《地理志下》春陵郡湖陽縣條,頁892。參王仲犖《北周地理志》卷五《山南下‧湖州》,頁440。

東魏北齊“頗更搜聚，迄於天統、武平，校寫不輟”①。李敬族所參與當爲此工作的一部分。

“廣陽王元湛爲太尉公，啓除諮議參軍事”，此事的時間當在東魏興和四年（542）元湛任太尉到武定二年（544）元湛薨之間②。但墓誌接着説：“水運既謝，深懼蕃枝，綸綍雖行，竟不赴府。”可見李敬族並未擔任此職。後來，李德林曾“稱父爲太尉諮議，以取贈官，李元操與陳茂等陰奏之曰：‘德林之父終於校書，妄稱諮議。’”③墓誌所謂“水運既謝”，是當時人以五行相生的理論解釋朝代更迭。在北朝人看來，晋爲金德、北魏是水德、北齊北周均爲木德、隋是火德④。在南朝人看來，晋爲金德，宋爲水德、齊梁都是木德，陳是火德⑤。

誌文“六年正月卅日，改葬於饒陽縣城之東五里敬信鄉”。其夫人趙蘭姿和他同日改葬。由今出土地王橋村可知當時敬信鄉之位置。

《隋書·李德林傳》記李德林卒年六十一歲，但無確切時間。因此，自古學者對李德林的卒年就有開皇十一年、十二年、十九年三説⑥。今據墓誌李敬族之卒年以及李德林“十六而孤”之語，可以確切推算出李德林生於北魏孝武帝太昌元年（532），卒於隋文帝開皇十二年（592）。

① 《隋書》卷三二《經籍志序》，頁907。
② 《北史》卷五《魏本紀第五》，頁190、192。
③ 《隋書》卷四二《李德林傳》，頁1207。
④ 分見《隋書》卷六〇《崔仲方傳》，頁1448；同書卷一七《五行志上》，頁618。
⑤ 分見《陳書》卷三《世祖本紀》，頁59；《梁書》卷一《武帝本紀上》，頁29。
⑥ 參岑仲勉《隋書求是》，商務印書館，1958年，頁309。又曹道衡、沈玉成《中古文學史料叢考》卷五“李德林生卒年”條，中華書局，2003年，頁763。

一三三　李敬族妻趙蘭姿墓誌

【誌文】

隋故開府儀同三司定州刺史安平孝公夫人趙氏墓誌銘/
夫人諱蘭姿，曲陽人，漢太傅憙之後也，本自南陽徙於趙國。/祖
元孫、父安德，雖無軒冕之貴，並以操行稱高。德林七世以/還，
通達經典。夫人始笄之歲，備禮言歸，內外節文，吉凶制度，/曲
爲規矩，合門異之。聖哲遺旨，又多啓發，大儒徐遵明時在/賓
館，具相知委，常謂學者云：夫人是內德之師。崇信佛法，戒/行
精苦，蔬食潔齋卅餘載，行坐讀訟，晨昏頂禮，家業廉儉，財/貨無
餘。凡見貧窮，常必施贍，垂恩賤隸，每覩非違，唯加訓誘，/未嘗
捶撻。深仁至德，曠古未聞。齊武平二年二月五日，終於/鄴城
之宅，春秋七十七。五月三日，安厝舊里。大隋開皇六/年正月
卅日，先君改葬，奉合泉宮。德林父兄早棄，凤嬰荼/蓼，姊妹及
弟，煢然靡託，寔賴慈育，得及人倫。光景如流，瞻望/日遠，几筵
永絕，温清無期。徒深銜索之哀，空有終身之慕，尚/書倉部侍郎
新平古道子，學業優長，才思通博，願傳萬一，敬/託爲銘，窮心所
冀，庶幾無朽。其詞曰：
瑤池馭穆，鈞天謁帝，/烏弈不窮，蟬聯相繼。家風祖德，依仁遊
藝，遠操光時，高名逼/世。以斯仁淑，騰芳素里，道越女師，才侔
博士。動容成則，發言/爲史，亦既乘龍，琴和君子。六行孝友，
一德精專，誠感白日，志/概青天。梁節慚美，衛寡推賢，斷絲改
宅，慈訓深焉。破被纏盖，/弘兹明識，暮浴禪香，朝湌菲食。財
兼法施，勤修慧力，惻隱自/心，寬和表色。高舂易迫，重輪難駐，

水閱藏舟,風搖靖樹。壟首/懸月,松陰留霧,空有華標,仙禽來赴。是生才子,獨步斯文,移/此愛敬,千祀逢君。身居巍闕,思結丘墳,嗟乎教義,萬古揚芬。

【疏證】

　　李敬族妻趙蘭姿墓誌,1963 年出土於河北省饒陽城南 25 里王橋村隋李敬族夫婦合葬墓,其夫李敬族墓誌同墓出土,本書收。拓片圖版見劉玉杲《饒陽縣王橋村隋墓清理簡報》,《文物》1964 年第 10 期,又見於《隋唐五代墓誌匯編》河北卷頁 5。榮麗華《1949—1989 四十年出土墓誌目録》0105 號誤作"李敬侯妻趙蘭姿墓誌"。拓片圖版和參考録文見《隋代墓誌銘彙考》第 1 册頁 176—178。

　　趙蘭姿,卒於北齊後主武平二年(571),終年七十七歲,則其生年是北魏孝文帝太和十九年(495),與其夫李敬族同歲。

　　誌文云"夫人始笄之歲,備禮言歸"。按《禮記·内則》:女子"十有五年而笄"。則趙蘭姿在十五歲時,嫁給李敬族。其第二子李德林生於北魏孝武帝太昌元年(532),這時趙蘭姿夫婦三十八歲。

　　趙蘭姿祖元孫、父安德,並不見於史傳。

　　李百藥是李德林之子,也就是趙蘭姿的孫子,《舊唐書》卷七二《李百藥傳》:"爲童兒時多疾病,祖母趙氏故以百藥爲名。"趙氏正是這位趙蘭姿。

　　據墓誌,撰寫此誌銘文的是"尚書倉部侍郎新平古道子"。古道子,《北齊書》卷四五有傳,本傳稱他爲"河内人",北齊天保

七年(556)校定群書時,他是"懷州秀才"①。北齊河内郡屬懷
州,二者的治所都是野王縣(今河南沁陽縣)。但墓誌稱其爲
"新平古道子",據《隋書》卷二九《地理志上》北地郡條,"新平舊
曰白土,西魏置豳州。開皇四年改縣爲新平",地在今陝西彬縣。
二者差異,不知何故。

---

① 《北齊書》卷四五《文苑·樊遜傳》,頁614。

一三四　侯子欽墓誌

【誌蓋】

東平公/侯君之/墓誌銘

【誌文】

君諱明,字子欽,燕州上谷人也。稟性慈仁,志力雄毅。魏/永熙徵授左箱直閤將軍。齊業始基,敕授前軍將軍。累/遷太常卿、使持節、都督荆州諸軍事、荆州刺史、儀同三/司、晋州道行臺左丞。矚齊運將終,主昏政亂,公深覩未/萌,即於晋州率衆歸附。周武帝拜上開府,封平陽縣公,/邑一千户,武皇帝深相敬納。遂定東夏,海内一統,尋除/工部,又進爵東平郡公。後遷使持節、都督成州諸軍事、/成州刺史。公在家孝友,臨戎果決,勳猷盛業,昭映當時。/方應股肱帝室,高步台鼎,儵爾山崩,奄從川逝,春秋七/十有五。大隋開皇四年十一月庚申朔九日戊辰,薨於/大興都邑。六年丙午四月辛巳廿九日己酉,葬於韋曲/東北。公嫡太原郭氏早卒,有詔追贈零丘郡君。繼室平/陽鄧氏,詔授河東郡君。自公薨後亦卒,並合葬焉。陵谷/代易,金石難朽,勒銘玄壤,永播芳猷。其詞曰:/

崇基自遠,高趾蔚然,伊君秉德,繼世惟賢。尅隆堂構,駿/足騰遷,才如貔虎,智若淵泉。入董鈞陳,實宣心膂,出鎮/蕃岳,惠民威楚。受釐專征,莫余敢禦,獵獵強衆,桓桓振/旅。溫溫明敏,糺糺雄斷,去殷就周,背楚歸漢。功苞三傑,/德踰十亂,鴻溝息警,皇猷炳焕。昔服龍章,鏗鏘象闕,今/次窮野,泉門阻絶。幽室不開,玄房永閉,勒石流美,千秋/万歲。

【疏證】

　　侯子欽墓誌,1991 年出土於陝西省長安縣南里王村的西南面。拓片圖版及參考録文見《中國北周珍貴文物》頁 153—155。

　　侯明,字子欽,隋文帝開皇四年(584)卒,終年七十五歲,則其生年爲北魏宣武帝永平三年(510)。在《北齊書》《周書》和《北史》《隋書》中,都稱爲侯子欽,可見是以字行。

　　誌文所謂"晋州率衆歸附",是指北周武帝建德五年(576)十月,武帝親征北齊,圍攻晋州,時任晋州道行臺左丞的侯子欽投降北周,並"夜開城門引軍入"①,協助北周佔領了晋州,這時他已經六十七歲了。其後他又在北周末"除工部",即任工部中大夫。據《通典》卷二三《職官五·工部尚書》,北周設工部中大夫二人,"承司之事,掌百工之籍,而理其禁令"。

---

① 《北齊書》卷一九《尉摽傳》,頁 258。

一三五　□遵墓誌

【誌蓋】

大隋故/懷化君/墓誌銘

【誌文】

君諱遵,字政道,關西武都人也。地居垂壋,邑擅膏腴,/□德彝倫,軒冕相照。祖冠軍將軍、益州刺史,播春風/如動物,灑夏雨以霑人。父撫軍將軍、銀青光禄大夫,/拔尹氏之英才,挂徐生之坐榻。竝譽高當世,領袖一/時。君脣和降峙,誕兹英彦,未藉琢磨,珪璋宿出。雍容/嫺雅,獨致清風,器宇凝深,高朗成性。司州牧、城陽王,/道邁河潤,地均分郡,鎔範作則,鑒識知人,親至草廬,/召君爲兵曹從事。三府側席,取名二鮑。威能服物,廬/江起白馬之祠;章表見稱,司隸有茂才之舉。解褐爲/征虜將軍,奉命循墙,推誠與國。俄復拜爲中散大夫、/安德縣開國子,潤飾邦家,羽儀朝廷。又授懷化府,君/挂鏡檐前,看書篋裏,任頒群職,自怡坐嘯,風月松山,/蕭散懷抱。方欲憑軾西征,待天子之詔,嚴霜夜舉,/長松遂頹。春秋七十有二,開皇三年十月十九日,薨/於洛陽修仁里。粤以六年十月廿五日,合葬於邙山/之陽。迺爲銘曰:/

世載盛德,門有喆人,氣承河海,脣感星辰。分茅錫爵,/冠冕縉紳,參謀虎觀,高泳龍津。出彼虛齋,入贊王道,/允釐民瘼,唯憂用老。弘敞華蓋,紛披羽葆,鬱矣春花,/颯焉秋草。芒芒巨埜,寥寥單戌,兆帶愁雲,山封苦霧。/靈招不返,魂兮何趣,唯有寒蟬,長悲隴樹。

【疏證】

□遵墓誌,出土於河南省洛陽市,出土時間不詳,現藏洛陽古代藝術館;墓誌拓片圖版見《隋唐五代墓誌匯編》洛陽卷第 1 册頁 9、《洛陽出土歷代墓誌輯繩》頁 57。拓片圖版和參考録文見《隋代墓誌銘彙考》第 1 册頁 195—198。

□遵死於隋文帝開皇三年(583),七十二歲,則其生年當在北魏宣武帝延昌元年(512)。

墓誌所云"司州牧、城陽王",指北魏的城陽王元徽。據《魏書》卷一九下《景穆十二王傳下》,元徽於宣武帝時襲封城陽王,"莊帝踐阼,拜司州牧",直至尒朱兆攻陷洛陽。這個時期内,□遵也就十八歲左右,被元徽辟爲兵曹從事史。墓誌在叙□遵應元徽之辟以後,纔説"解褐爲征虜將軍",先前被辟爲兵曹從事史不算他的起家官。

墓誌"又授懷化府"一句,不明所指,也許是指北周末年或隋初的板授。《隋書》卷二九《地理志上》遂寧郡青石與長江兩縣,都注稱西魏置懷化郡。□遵墓誌所謂"又授懷化府",可能指板授懷化太守。

□遵在東魏北齊,可能也是從洛陽遷至鄴城,後又因隋文帝廢毀鄴城而遷回洛陽。

一三六　韓邕墓誌

【誌文】

君諱邕,字顯和,昌黎句容人。其先姬周之苗裔,魏司空公暨之/後。高祖膺,晋銀青光禄大夫、樂梁郡守、比部尚書。曾祖圓,諫議/大夫,營丘、玄兔二郡守。入境褰帷,下車問罪,仁清運土,道光留/藥。祖始,囑燕代陵遅,魏朝龍舉,昌黎駭散,流寄廣平。郡守李公/辟舉平正。父恭,景明之号,本郡功曹。德行被鄉,決擁靡滯,文同/散錦,言若蘭芳。雖處徒勞,常懷鬱鬱。應詔金馬,考第甲科。依/授員外,尋遷御史。秉筆執繩,正理加潤,驄馬之威雖布,憲外之/美又彰。登遷尚書左丞。處繁志静,仵倫之性未加;華德求賢,李/膺之情罕及。遂除廣平郡守。君早標奇巇,挺秀人倫,質素盖於/鄉閭,播美流於朝廷。年幼弱冠,魏開府安德王牒奏行佐。德祖/之譏未比,文舉之筆詎方。乃除太州城局。覆案當途,拂掃稽殿,/市無二價,巷屏喧竪。天保元年,除趙州録事。至四年,轉任東郡/丞。君心懼四知,性鄙三或,朋交敦於節信,子弟示以義方。天統/元年,特除徐州司馬、騎都尉,本号龍驤,進加驃騎。君知止自止,/洞微達微,欽邵平之歸田,貴疏廣之棄職。乃捨官就壟,嘯玩琴/書,散誕山谷,放曠林野。大隋開皇七年,時年八十六,卒於相州/零泉縣界,八月十一日葬於環璪鄉清化里。南臨大阜,北峙安/陽,東帶環璪,西依葛萬。恐山成塊阜,海變桑田,鐫石記工,乃爲/銘曰:

迺祖迺考,或公或王,文以經國,武以肅疆。胤流八表,懸/珮四方,如珪如辟,如芬如芳。珠還虎去,謬開墳典,贊綏良異,無/義不踐。德逾先達，君侯所暎，日月環周，寒暑更互。儵以我形，忽/以我素，徒飛蓋影，虛翔天路。嗟乎生早，悲乎年暮。深谷成原，高/陵爲隰。會葬應劉，哀示孔伋。孤泉寂寞，松風夜急，烏呼逝矣，千/秋長揖。

【疏證】

韓邕墓誌，1975 年出土於河南省安陽市活水村韓邕墓。拓片圖版見安陽市博物館《安陽活水村隋墓清理簡報》，《中原文物》1986 年第 3 期，又見《隋唐五代墓誌匯編》河南卷頁 2。《新中國出土墓誌》河南卷（壹）上册頁 2、下册頁 1—2 有拓片圖版和參考録文。

韓邕，隋文帝開皇七年（587）卒，終年八十六歲，則其生年爲北魏宣武帝景明三年（502）。韓邕及其高祖膚、曾祖圓、祖始、父恭，並不見於史傳。

誌文“祖始，囑燕代陵遲，魏朝龍舉，昌黎駭散，流寄廣平”。北魏太武帝滅北燕後，大量人員内遷，韓氏家族從今天的遼寧義縣遷到了河北雞澤一帶。

誌文“年幼弱冠，魏開府安德王牒奏行佐。……除太州城局”。北朝封安德王者有二，一爲高延宗、一爲韓軌，均爲北齊後期所封。墓誌中以最高爵位指代某人現象常見，所以兩人都有可能。從韓邕“年幼弱冠”看，這當在 521 年前後。北齊文襄皇帝高澄卒於武定七年（549），終年二十九歲①，則高澄生於 521 年。高延宗是高澄第五子，因此“魏開府安德王”絶不可能是高

---

① 《北齊書》卷三《文襄本紀》，頁 37、頁 40 校勘記[12]。

延宗。又韓軌曾任太州剌史①，故"魏開府安德王"當指韓軌。
"城局"指城局參軍。

　　韓邕"天保元年，除趙州録事。至四年，轉任東郡丞"。《北
史》卷七《齊本紀中》：天保二年（551）七月，"改殷州爲趙州，以
避太子之諱"。北齊東郡屬司州②，爲畿郡。據《隋書》卷二七
《百官志中》，畿郡設置與上上郡同，北齊三等上郡丞爲六品。
因此韓邕所任東郡丞當爲六品。

　　誌文"天統元年，特除徐州司馬、騎都尉，本號龍驤，進加驃
騎"。北齊徐州置東南道行臺③，徐州當爲上州，上州司馬爲從
四品。北齊的騎都尉是左右衛府下屬禁衛官，六十人，從六品。
從同時授予徐州司馬和騎都尉看，騎都尉似有加官性質。龍驤
將軍、驃騎將軍是北齊"褒賞勳庸"的將軍號，其中龍驤將軍從
三品、驃騎將軍二品。

　　由墓誌出土地可以知道隋前期"環璪鄉清化里"之位置在
今安陽市活水村。

①　《資治通鑑》卷一五七《梁紀十三》武帝大同元年條，頁4863。
②　《北齊書》卷七《武成本紀》，頁94。
③　《隋書》卷三一《地理志下》彭城郡條，頁870。

一三七　崔昂妻鄭仲華墓誌

【誌文】

夫人諱仲華，榮陽開封人也。盖周之創業，積德累功，王侯將相/之貴，述作文章之美，鼎族高門，冠乎海内。故以聲光篆策，無得/而言。祖道昭，魏國子祭酒、秘書監。考敬祖，魏通直散騎常侍、豫/州刺史。並以英才盛德，民望國華，標牓一時，羽儀百辟。夫人門/有素業，世傳雅望，名教之地，不肅而成。張氏前箴，班家往誡，周/旋俯仰，暗與之合。披丹青而惆悵，鳴環珮以載懷。望古泠然，意/寄沖遠，冕而親逆，繼好來儀。百兩之禮既隆，万世之基伊始。閨/闈之内，相敬如賓，馥若椒蘭，諧同琴瑟。夫其六行四德之高，酒/食醴酏之事，黼黻組絭之麗，機杼麻枲之工，莫不超古邁今，動/成師範。嗟乎，茫茫天道，區區小生，世短天長，奄同風燭。以大隋/開皇七年歲次丁未六月甲辰朔二日乙巳寢疾，薨於蒲吾縣/郭蘇川之舊宅，春秋六十有六。即以開皇八年歲次戊申十一/月丙寅朔八日癸酉，祔於舊塋。子天師等，痛陟岵之無見，悲風/樹之長揺。孺慕嬰號，無所逮及，思所以述德申哀，傳之不朽，敢/作銘曰：/

厥初啓國，宣之母弟，眷彼緇衣，仍世不替。或儒或默，有義有禮，/令德光光，多士濟濟。灼灼夫人，生自華族，動合圖史，芳猶蘭菊。/方珠潤涯，如筍在竹，未行而至，不疾而速。爰繼家室，作配高門，/師保是顧，禮教斯敦。望之而肅，即之也温，謙乃逾貴，卑而轉尊。/西日弗停，東川不息，天道芒昧，神理難測。三壽幾何，百齡有極，/奄随運往，援之無力。滅性致毀，禮云不孝，

矧夫小人,敢違大教。/永慕貫心,哀容在貌,以此全生,豈伊所
樂。龜筮襲矣,將適幽泉,/攀援維縶,不可暫延。創鉅之痛,自
古而然,嗚呼一訣,于嗟万年。/

子天師;子人師;女德儀,適范陽盧公順。

【疏證】

　　崔昂妻鄭仲華墓誌,1968 年出土於河北省平山縣上三汲村
南崔昂夫婦合葬墓,同墓出土崔昂墓誌和崔昂前妻盧脩娥墓
誌①。拓片圖版見河北省博物館、河北省文物管理處《河北平山
北齊崔昂墓調查報告》,《文物》1973 年第 11 期。又見《隋唐五
代墓誌匯編》河北卷頁 6。拓片圖版和參考録文又見李建麗《崔
昂墓誌考》,《書法叢刊》2001 年第 2 期。

　　此墓誌並未記誌主姓氏,上引《河北平山北齊崔昂墓調查報
告》根據其父祖姓名推斷她姓鄭,甚是。鄭道昭和鄭敬祖在《魏
書》卷五六、《北史》卷三五並有傳。鄭仲華之夫崔昂在《北齊
書》卷三〇、《北史》卷三二有傳。

　　鄭仲華,隋文帝開皇七年(587)卒,終年六十六歲,則其生年
是北魏孝明帝正光三年(522)。由崔昂墓誌可知崔昂生於宣武
帝正始五年(508),大鄭仲華十四歲。

　　誌文“子天師;子人師;女德儀,適范陽盧公順”。據崔昂墓
誌,崔昂共有五子三女,天師、人師分別爲四子、五子,德儀爲三
女。因此,另三子二女當爲崔昂前妻盧脩娥所生。

---

① 　趙超:《漢魏南北朝墓誌彙編》,頁 433—434、432。

一三八　宋忻及妻韋胡磨墓誌

【誌蓋】

大隋使持/節上開府/潞州刺史/宜遷公銘

【誌文】

大隋使持節上開府幽州總管潞州諸軍事潞州刺史宜遷縣開國公宋使君之墓誌銘/

公諱忻，字智和，西河人也，宋微子之後。若乃沖天擇木，孔父所以稱仁；高步西河，懷王於焉祚土。/司徒鳴玉於漢朝，侍中珥貂於晉室，莫不振彼清風，垂兹令範，備乎史册，不復詳焉。祖漢，識度凝/明，雄姿穎拔，孝成至行，義盡弼諧。爲冠軍將軍、中散大夫、桑乾郡太守，贈淅州刺史。九江猛獸，感/惠政而歸山；合浦明珠，驗清平而返水。父菓，公子公孫，英風自遠，允文允武，器業已深。任平東將/軍、左銀青光禄、河州刺史。登玉門而建節，威行千里；捧銅符而莅政，化洽百民。公資星精以感氣，/蘊玉質而含英，虎變稱奇，鳳毛著異。瑶林映而秀立，瓊樹鬱以標華，万頃莫惻其深，千仞不知其/際。敦孝悌而成名，振仁風而被物，至乃六奇三略之謀，鷹落猿啼之術，無不智苞時彦，德冠往賢。/解褐任大將軍王思政府參軍事，尋授威例將軍、奉朝請。魏前元年，平蜀有勳，又轉明威將軍、冗/從給事。周太祖啓業三分，經綸草昧，委以爪牙，召爲直寢，授平東將軍、左銀青光禄、帥都督，即領/本鄉兵。公以昆季情重，求推讓兄，太祖體彼睦親，依請聽授。周元年還任都督。二年加前將軍，左/銀青光禄。有周創建六官，求才庶職。保定二年，授冬官府司木弓工上士。七

幹斯調，六材必備，妙/體角筋之固，彌練膠漆之和。其年加驃騎
將軍、右光祿、帥都督。四年又轉大都督，遷白超城主。五/年任
伏流城主。公乃衿帶邊垂、鷹揚作捍，遂慰勞惡羅城主李賓等一
百人翻城歸化。單車入趙，/連鷄而自降；伏軾下齊，拔茅而送
款。縱橫辯説，公之力焉。其年治陝州總管府司馬。天和二年，
授/使持節、車騎大將軍、儀同三司。西晋冠冕，羊祜爲車騎，東
京懿戚，鄧騭爲儀同，以玆二美，公實兼/矣。其年授營軍器監、
治小司金。揚州三品，隨時而納貢；豐城兩劍，望氣而私知。六
年轉工部大夫。/建德元年又加驃騎將軍、開府儀同三司。龍庭
刻石，等竇憲之榮；馬邑治兵，同衛青之任。以今方/古，異代一
時。尋改使持節、開府儀同大將軍。五年授大寧防主。宣政元
年遷幽州副鎮將、還檢校/總管長史事，毗贊大蕃，助成製錦，既
馳驥足，復罄龍駒。其年授宜遷縣開國侯，食邑八百户。大象/
二年，轉上開府儀同大將軍。開皇元年，除幽州諸軍事、幽州刺
史，仍知總管府長史事。下車則貪/城解印，褰帷則奸迴盜静，三
惑去懷，四知成誠。其年進爵爲公，封邑依舊。既除易州刺史，
尋授幽/州總管。三年奉敕令任元帥上柱國趙郡公行軍長史。
四年又臨蔚州刺史。五年還復幽州總/管。頻煩寵任，車丞相之
淹留；荏苒鎮蕃，馬伏波之戎旅。其年，上柱國、晋王，今上之第
二子也，緝/熙帝載，翼亮王猷，任重二南，光照千里。以公善於
撫御，委以腹心，即領佐長上兼州府兵，又檢校/行臺省度支尚書
事。六年，又除潞州諸軍事、潞州刺史。其年奉敕令任行軍元帥
彭城公府長/史。謀猷應變之策，囊括而弗申；晝旗夜火之權，密
鑒而未展。壯志不遂，遘疾漸增，以開皇七年四/月一日薨于私
第，春秋五十有五。粤以九年歲次己酉正月乙丑朔廿日甲申，葬

於小陵原。夫人/韋氏,大都督、車騎大將軍、左銀青光禄、崇業郡太守、贈晉州刺史粲之女,諱胡磨,京兆杜陵人也,/册拜萬榮郡君。敬愛蕭恭,言容婉順,母儀令範,婦德幽閑,既而庭蘭夏折,芳桂春摧,爰在盛年,掩/從深夜,春秋卅有九,瘞於大城西,今遷合葬。嗚呼哀哉!世子右親衛帥都督敬等,著孝於家,竭誠/于國,悲風樹之以往,嘆扇席之無期,將恐大海成田,丹青復滅,故勒兹翠石,飾播芳猷。銘曰:/

淵澄岳峻,枝茂根磐,有殷肇胤,世禄當官。西河祚土,東晉鳴鸞,銀龜不墜,玉潤增蘭。乃祖弘仁,瑚/璉在政,分竹唯良,君臨水鏡。唯考岐嶷,禮高德盛,虎度民安,蝗飛境净。於穆我公,克嗣重光,雅操/鷥步,雄志鷹揚。閨門蕭穆,帝閣琳琅。弓穿七札,文參五行。氣盖廉藺,智邁蕭張。擁旄作牧,至德/潛通。聲馳朔野,獫狁收蹤。仁留澤雉,信結筓童。三槐恪敬,九棘維恭。河陽論戰,蜀道陳謀。陣迴飛/鳥,氣避牽牛。司勳受册,幕府運籌。將軍一代,繡素千秋。閨帳幽房,重扄地户。雲月徒暉,松風漫鼓。/音儀永謝,荒墳獨楚。

【疏證】

宋忻及妻韋胡磨墓誌,1990 年出土於陝西省長安縣韋曲鎮東街宋忻夫婦合葬墓。拓片圖版及參考録文見陝西省考古研究所隋唐研究室《陝西長安隋宋忻夫婦合葬墓清理簡報》,《考古與文物》1994 年第 1 期。王京陽《新出七方墓誌釋文商兑》,《考古與文物》2000 年第 2 期,對此墓誌的部分録文有所校正。

宋忻,隋文帝開皇七年(587)卒,終年五十五歲,則其生年是北魏孝武帝永熙二年(533)。宋忻及其祖漢、父菓均不見於史傳。

誌文記其父宋菓任"平東將軍、左銀青光禄、河州刺史"。《北史》卷三〇《盧辯傳》記北周平東將軍、左銀青光禄大夫均爲正七命。據《通典》卷三四《職官十六》，只有在北周時，銀青光禄大夫分左右。可見其父也是在北周爲官。北周的河州，治所在今甘肅省臨夏縣附近，玉門肯定非其管轄範圍，誌文"登玉門而建節"云云，當爲虛指。

誌文"解褐任大將軍王思政府參軍事，尋授威例將軍，奉朝請"。據《北史》卷六二《王思政傳》，西魏大統十四年(548)，王思政拜大將軍。參考《魏書》卷一一三《官氏志》所記北魏太和二十三年(499)職令，大將軍府參軍事爲正七品上階。《隋書》卷二七《百官志中》記北齊大將軍府參軍事也應是正七品上階，與北魏同。所以宋忻極有可能同爲正七品。"威例將軍"之稱，不見於史。《魏書·官氏志》與《北史·盧辯傳》記北魏有正七品"威烈將軍"，北周有正三命"威烈將軍"，按九品和九命之間的換算，二者實則相同。因此，正七品威烈將軍有可能是任正七品大將軍府參軍事時的軍號。這裏還有另外一種可能，因爲在西魏北周時，存在同時授予軍號和散官的雙授制度[1]，所以據《北史·盧辯傳》，與奉朝請同授的是"屬威將軍"，其爲四命，相當於從六品。在遷轉順序上，與墓主平蜀有勳，授正四命明威將軍合。因此，誌文所謂"威例將軍"，可能是"威烈將軍"或者"屬威將軍"的誤刻或異名。

墓誌記宋忻於保定四年(564)任白超城主、保定五年任伏流

---

[1]　參閱步克《西魏北周軍號散官雙授制度述論》，《學人》第13輯，江蘇文藝出版社，1998年。

城主。據《元和郡縣圖志》卷五《河南道一·河南府》,白超城又名白超壘或白超塢,"東魏修築爲城,因名白超城"。在今河南新安縣西。伏流城"東魏孝静帝武定二年(544)所築,以城北焦澗水伏流地下,西有伏流坂,因以爲名"。在今河南嵩縣附近。伏流城本東魏領地,據《周書》卷四三《魏玄傳》,大統十三年(547),西魏攻佔伏流城。

《周書》卷六《武帝本紀下》記建德四年(575),正月"初置營軍器監"。但墓誌記宋忻任營軍器監是在武帝天和二年(567),又楊敷在天和五年"轉司木中大夫、軍器副監"①。二人任軍器監均在建德四年之前,與本紀之説矛盾。《通典》卷二七《職官九·軍器監》,"後周武帝四年,初置軍器監"。武帝的第一個年號是保定(561—565),結合實際材料,北周置軍器監時間以《通典》説更合理,當在保定四年(564)。

《周書·武帝本紀下》,建德四年十月,"改開府儀同三司爲開府儀同大將軍"。因此,誌文"尋改使持節、開府儀同大將軍"當在建德四年十月後,而在其"五年授大寧防主"之前。

誌文"葬於小陵原"。從墓誌出土地可以確知小陵原位於今長安縣韋曲鎮附近。小陵原一般又被稱爲少陵原或杜陵②。宋忻的夫人韋氏是京兆杜陵人,在其墓附近又發現了大批韋氏家族墓葬,可見宋忻夫婦的合葬墓是在其夫人韋氏的家族墓地中。

---

① 《周書》卷三四《楊敷傳》,頁 600。時間參頁 607 校勘記[46]。
② 程大昌:《雍録》卷七"少陵原"條,中華書局,2002 年,頁 146。

一三九　封延之妻崔長暉墓誌

【誌蓋】

封氏崔夫/人之墓誌

【誌文】

夫人崔氏墓誌銘/

夫人崔氏,諱長暉,博陵安平人也。昔文學而世重當/時,篆駟入室;英才而聲高海內,瑗寔升堂。韜盧鄭之/風流,俯荀陳之弈葉,自兹以降,冠冕相暉。夫人即其/裔也。司徒封祖業之妻、秘書郎崔輔之長女。幼稟蘭/芷之資,稟路桑而伪約;長懷琬琰之質,懷戴己之威/儀。地實姜齊,來儀姬晋。窈窕蘭室,望顧步以生光;瓊/服明珠,振羽儀而交映。華年猶稚,罹此未亡,撫育遺/孤,端嚴自立。率導三息,邁慈母之壹心;愍懃四女,越/班昭之四德。家人罕見其面,鄰里化以成風,造次以/之,迄於白首,天無報施,遘疾踰時。以大隋開皇七年/十一月廿九日薨於里舍,春秋八十有三。粤以九年/二月廿六日葬於舊塋。夫人維産四女而慈育三男,/長女適范陽盧景柔,次適隴西李仁舒,次適范陽祖/長雄,次適博陵崔叔胤。長男孝慕,次孝原,次孝緒。人/生易盡,金石長存,紀行勒銘,流芳萬葉,其詞曰:/

顯允洪冑,世緒蟬聯,重規疊矩,曜後光前。仁興羈髮,/德茂种年,紅顏嬷婉,玉貌娉娟。邢侯之妹,袁公之婦,/教誡魯師,勤勞魏母。才昇志退,位高身後,歲月如流,/人生未久。一從休息,萬事冥然,塵凝虛坐,帳掩寒泉。/孤墳帶月,隴樹含煙,生平今古,永謝長年。

【疏證】

封延之妻崔長暉墓誌,1948 年出土於河北省景縣安陵區前村鄉。拓片圖版見張季《河北景縣封氏墓群調查記》,《考古通訊》1957 年第 3 期。圖版又見《隋唐五代墓誌匯編》北京卷第 1 册頁 5、《北京圖書館藏中國歷代石刻拓本匯編》第 9 册頁 50。拓片圖版和參考録文見《隋代墓誌銘彙考》第 1 册頁 273—276。同時出土的還有其夫封延之墓誌,參考録文見趙超《漢魏南北朝墓誌彙編》頁 344—346。

崔長暉卒於隋文帝開皇七年(587),終年八十三歲,則其生年爲北魏宣武帝正始二年(505)。

誌文"司徒封祖業之妻、秘書郎崔輔之長女"。崔長暉的丈夫封延之,字祖業,《北齊書》卷二一、《北史》卷二四和《魏書》卷三二均有傳,據本傳及封延之墓誌,他死於東魏興和二年(540),終年五十四歲,則他長崔長暉十八歲,封延之去世時崔長暉三十六歲。"司徒"爲封延之死後贈官。崔長暉之父崔輔,不見於史傳。

誌文"撫育遺孤,……率導三息,……維産四女而慈育三男"云云,説明崔長暉爲封延之的後夫人,在他們結婚時,封延之已經有三個兒子了。

誌文"長女適范陽盧景柔,次適隴西李仁舒,次適范陽祖長雄,次適博陵崔叔胤。長男孝纂,次孝原,次孝緒"。封氏四女所嫁均爲當時望族,其中盧景柔,爲北魏盧義敦之子、東魏盧景開之兄弟,曾任蘭陵太守、南州刺史①。在三個兒子中,長子孝纂

① 《新唐書》卷七三上《宰相世系表三上》,頁 2923。盧景開、景柔之父《新唐書》作"義惇",今從《魏書》卷四七《盧義敦傳》作"義敦"。

繼承了其父封延之的爵位①。

　　誌文“葬於舊塋”，東魏興和三年（541）封延之墓誌稱“窆於廣樂鄉新安里”，同地出土的北齊河清四年（565）封子繪墓誌亦稱“窆於先公之舊塋”②。因此，東魏北齊的脩縣（開皇五年改爲“蓨縣”）廣樂鄉新安里，即今天的河北景縣安陵鎮前村鄉爲封氏家族墓地所在。

---

①　《北齊書》卷二一《封延之傳》，頁307。
②　趙超：《漢魏南北朝墓誌彙編》，頁424。

一四〇　羊烈墓誌

【誌蓋】

義州羊/使君墓/誌之銘

【誌文】

太中大夫□光禄少卿義州使君羊公墓誌

公諱烈，字儒卿，泰山梁父人也。自夫唐祚□□開國之基，□□□□□□□。大夫匡霸，太常典禮，晋□露亭侯□，即公之九世祖。□□□□□人□□□領袖於山東，著大姓於海右。高祖哲，濟南相。曾祖□□□□，□治流俗，希世無倫。祖規之，營州刺史。父靈珍，兖州別駕。□□□□□故□古竹出會稽，書生□□。我膺世業，果襲家風，故能弋射□□，田□百氏，羈鞅仁義，黼黻禮義，行藏開我，逢時則駕。年十七，辟州主簿，仍□□平郡守，兼當州贊治。便似侯伯功曹，仍轉河東之位，公明事□□□□□之官。解巾太師咸陽王府參軍事。屬齊文襄皇帝時□□□□□爲秘書郎，更補公府倉曹參軍。俄而魏運數窮，有齊受禪，更遷步兵校尉，仍兼并省比部侍郎，除主衣都統。又敕判領軍大將軍府□事，□左右民部侍郎，仍轉祠部侍郎，除黎陽郡守，食衛國縣幹。除光禄少卿，拜龍驤將軍、兖州大中正，遷平南將軍、太中大夫。出爲東郡守，仍□驃騎大將軍、義州刺史。周宣政元年，更除鄉郡守。便似譙、李去蜀，顯聲魏朝；顧、陸離吳，光名晋室。夫其河漢炳靈，斗卯標狀，金聲玉色，龍章鳳藻。孝友作仁讓之基，信義爲言行之地。學窮賈、鄭，名踰李、杜。居儉好禮，詎假利劍之飾；論道進德，不貴拱璧之珍。才爲世須，入

仕天邑。視劉倉之閣，優遊何進之府。司文東觀，清論南宮。分
竹大邦，舉刺外部。自朝徂野，咸歸准的。便似伯玉非前，接輿
悔往，疏公解出，韋叟知還。入老室以練神，安莊領以全樸。睿
如沖壑，豫若涉川。遂注道佛二經七十餘卷，仍似公紀作釋玄之
論，昭晋無已；輔嗣制指例之篇，肸嚮不息。歲次辰巳，日昃之
離，厭是天行，奄從物化。開皇六年二月壬午朔十六日丁酉，薨
於沙丘里舍，春秋七十有四。九年八月壬戌朔十一日壬申，遷厝
於宮山之陽。昔邢山之墓，便生喬祭之疑；廣陵之冢，有致王公
之或。故勒石泉門，傳諸不滅。春蘭秋菊，天長地久。其銘曰：
蒼帝降精，赤烏流慶，桐圭胙土，掌文膺命。佐霸興功，受氏分
姓，世篤繁祉，後昆無竟。北海稱治，南陽表清，爰曹暨馬，或公
或卿。我膺世載，基構增榮，公業不死，君謀復生。天袟有礼，求
我懿德，麾蓋大蕃，剖符邦國。言爲世範，行成士則，尤畏四知，
能除三或。功名既立，謝病歸田，上罇時賜，安車載懸。倒屣礼
士，挂榻迎賢，竹林清宴，濠水談玄。令龜告殦，陰堂夢逝，桑户
化真，子來厭世。玄臺杳杳，□陰□□，勒石土泉，飛聲萬歲。

【疏證】

　　羊烈墓誌，1993 年出土於山東省新泰市羊流鎮，同時出土
的還有羊烈妻長孫敬顏墓誌，今存新泰市博物館。羊烈墓誌拓
片圖版和參考録文見《隋代墓誌銘彙考》第 1 册頁 284—288。
因拓片圖版模糊，故依其録文，不存誌文行句格式。墓誌録文又
見周郢《新發現的羊氏家族墓誌考略》，載《周郢文史論文集》頁
46—80。長孫敬顏墓誌亦收入本書。對新泰所出羊氏家族墓誌
的研究，請參看王尹成《新泰文化大觀》頁 125—129。此外，還

可參看賴非《齊魯碑刻墓誌研究》頁 239—248。羊烈是羊規之的孫子，羊祉的侄子，羊祉夫婦墓誌亦收入本書，請參看。

羊烈死於隋文帝開皇六年(586)，七十四歲，其生年當在北魏宣武帝延昌二年(513)。

羊烈墓誌稱"父靈珍，兗州別駕"，而羊祉墓誌云"靈珍，州別駕；妻清河崔氏，父烏頭，冀州刺史"。可見羊烈的母親出自清河崔氏。不過，據《魏書》卷四三《房法壽傳》，法壽小名烏頭，降魏後任冀州刺史，因疑羊祉墓誌"清河崔氏"或爲"清河房氏"的誤釋。

羊烈事迹，見《北齊書》卷四三《羊烈傳》和《北史》卷三九《羊祉傳》附《羊烈傳》。據《北史》，羊烈之父名瑩字靈珍，而《北齊書》及羊祉、羊烈墓誌都只記靈珍，可見當時以字行。據此，《北史》所見羊敦之父羊靈引、羊祉墓誌所見羊祉第二弟羊靈寶，都是以字行。《北齊書》稱羊烈"以老疾還鄉，周大象中卒"。據羊烈墓誌，羊烈死於隋文帝開皇六年，《北齊書》誤。

《北齊書》稱羊烈"好讀書，能言名理，以玄學知名"，墓誌亦記羊烈"注道佛二經七十餘卷"，可見羊烈有相當的哲學造詣。

一四一　宋循墓誌

【誌蓋】

宋君墓銘

【誌文】

隋故驃騎將軍遂州使君宋君墓誌銘/

君諱循,字景遵,廣平平溫人。其先盖微子啓之/後,自玄鳥遺胤,桓撥興王,白馬賓周,礼崇三恪,/河山啓封,歷代不絕。君幼而岐嶷,孝友天性。雄/圖猛□,与嵩華齊高;逸氣驍遒,共風雲俱上。談/論遊説,堪得李兑之金;探賾幽玄,雅扶孔默之/旨。魏永安之初,釋褐太宰王府田曹參軍。至興/和二年,除慈山冶軍主,累階加驃騎將軍。去建/德六年,蒙除順政郡守。至開皇四年,蒙授遂州/刺史。君雖年迄期夷,神志開爽,而積善虛論,与/德徒言,兩楹之夢遽應,濟洹之旵奄及。以開皇/九年歲次丁酉十月辛酉朔五日乙丑,薨於木/場村第,春秋九十。以其月十三日癸酉,窆於清/德鄉豹祠西北一里,而居諸驟徙,岸谷時移,餝/鐫金石,傳芳終古。其詞曰:/

盛德不隕,世有哲人,維君桀起,獨拔稱神。學優/孔默,辯類儀秦,工談善謔,洞曉冥真。山門廖廓,/地户深幽,奄同風燭,瞬息不留。松筠夜響,蕈霧/晨浮,人間永絕,白日長休。

【疏證】

　　宋循墓誌,1971年出土於河南省安陽縣北部安豐公社北豐大隊西土圪嶺宋循墓。拓片圖版見安陽縣文教局《河南安陽隋

墓清理簡記》,《考古》1973 年第 4 期。《隋代墓誌銘彙考》第 1
册頁 298—300 有拓片圖版和參考録文。未見誌蓋拓片圖版,按
一般形制,當爲二行、行二字。

宋循,隋文帝開皇九年(589)卒,終年九十歲,則其生年是北
魏宣武帝景明元年(500)。

誌文"開皇九年歲次丁酉"薨。開皇九年爲己酉年,上引文
指出"丁"爲"己"之誤,是。

誌文"興和二年,除慈山冶軍主"。慈山,不見於《隋書・地
理志》。《水經注》卷一七渭水條:"汧水東南歷慈山。"但此慈山
位於今陝西千陽、寶雞之間①,興和二年(540)屬西魏,東魏宋循
不可能任職於此。那麽,"慈山冶"在哪裏呢? 我們認爲當在
《隋書》卷三〇《地理志中》魏郡臨水縣之"慈石山"。慈石山唐
以後至今名磁山,位於今河北武安縣西南。理由有三:一、此地
中古"出磁石"②,至今仍有磁鐵礦蘊藏③,因此有條件設"冶",
而日後北齊所設冶鐵管理之滏口、武安局丞④,便在此附近。
二、中古與"磁石"之意有關的詞彙中,"慈"、"磁"經常互用,如
磁山所在的磁州,《隋書・地理志中》作"開皇十年置慈州",《元
和郡縣圖志》卷一五則作"隋開皇十年廢郡,於縣置磁州"。在
中古本草類著作中,"慈石"與"磁石"互用的例子更不勝枚舉。
因此,"磁山"又被寫作"慈山"是很有可能的。三、此地當時正
在東魏境内。

---

① 參楊守敬《水經注疏》卷一七《渭水上》熊會貞按語,頁 1514。
② 《元和郡縣圖志》卷一五《河東道四・磁州》,頁 433。
③ 《河北省志》第 7 卷《地質礦産志》,河北人民出版社,1991 年,頁 160。
④ 《隋書》卷二七《百官志中》,頁 757。

　　礦産是國家的重要戰略資源,鐵礦更是製造兵器的根本,北魏著名的相州牽口冶就是"常鍊鍛爲刀,送於武庫"①。因此,國家對於諸冶控制嚴密,從北魏源延任"西冶都將"②及東魏宋循任"慈山冶軍主"看,北魏東魏對諸冶可能采取軍事管理的體制。這似與西魏設置"冶監"③的制度或有所差別。而北齊以後,"諸冶皆有局丞"④,管理體制較東魏可能也發生了一些變化。

　　宋循"開皇四年(584),蒙授遂州刺史"。這時他已經八十五歲了,或爲板授。據《北齊書》卷一八《司馬子如傳》,司馬同游"隋開皇中尚書民部侍郎,卒於遂州刺史"。

　　誌文"窆於清德鄉豹祠西北一里"。此"豹祠"指西門豹祠,《水經注》卷一〇濁漳水條記西門豹祠"祠堂東頭石柱,勒銘曰:趙建武中所修也"。《趙西門豹祠殿基記》:"趙建武六年(340),歲在庚子,秋八月庚寅,造西門祠殿基。"⑤《太平寰宇記》卷五五《河北道四》相州鄴縣條引《隋圖經》⑥,云"豹祠在縣東南七里,北臨太平渠"。由今墓誌出土地有助於確定當時清德鄉、西門豹祠以及太平渠的位置。

---

① 《魏書》卷一一〇《食貨志》,頁 2857。
② 《魏書》卷四一《源延傳》,頁 923。
③ 《周書》卷三五《薛善傳》,頁 624。
④ 《唐六典》卷二二《少府監》諸冶監條,頁 577。
⑤ 《金石録校正》卷二〇,頁 377。
⑥ 據《隋書》卷三三《經籍志二》,在隋朝有分地撰寫的《冀州圖經》、《齊州圖經》、《幽州圖經》等,也有一百卷的《隋諸州圖經集》。

一四二　韓景墓誌

【誌文】

大隋相州臨漳縣令韓使君之墓誌

君諱景，字延景，京兆長安人也。自高辛之後，派別千端，源唐帝之前，分流萬緒。輔匡於國，便著上功。翼贊晋朝，還成霸業。祖同，詔授南秦州刺史。□實嘉聲，芳塵未歇。考愷，仁風惠政，餘愛仍傳，盛德不朽，積善斯應。公精靈所降，植挺異人，志量洪雅，風神誘邁。才苞浪潤，質備珪璋，醇粹在躬，誠和樹德。通人許公輔之器，長者稱王佐之才。可謂白玉臨潰，其形不改，青松峻嶺，□□歲寒。開皇二年十一月廿四日，詔授相州臨漳縣令。吏民歌咏，嗟五袴之來遲；竹馬爲期，恨細侯之至晚。在任數年，戶增萬口，及於解代，實有千家。榮馬還朝，攀轅者非一；乘車向閣，臥轍者實多。挂柱胡床，示爲清儉，棄官留犢，便顯節能。開皇九年十二月十日，薨於私第，春秋七十有二。即以十一年歲次辛亥三月癸未朔二日甲申，葬於始平原。三秋霜下，既墜葉於高桐；六龍御日，及沉輪於細柳。佳城重啓，還似滕君；石椁一居，永悲玄夜。恐海變桑田，谷移陵徙，若不雕金而鏤石，無以永播芳音。故勒頌傳聲，庶望其聲不朽。乃爲銘曰：

堂堂厥初，蕭蕭爾祖，翼晋惟良，居秦作輔。令問令望，允文允武，威若秋霜，温如夏暑。棄官留犢，挂柱胡床，家稱節儉，國號誠良。一歸衆壤，久絶芬芳，松新尚短，菊散無香。馬隨風度，鳥共人啼，聲悲石椁，哀深瓦鷄。西園罷筵，東閣虛題，勒銘刊頌，天地俱齊。萬民嗟痛，九族傷情，鳥將日落，旌逐塵驚。於時禽獸,接蔡悲聲,故題金石,以示芳名。

【疏證】

韓景墓誌,1980 年出土於陝西省咸陽市渭城區渭城鄉龔家灣村南,誌石已佚。參考録文見《咸陽碑石》頁 17—18。因無拓片圖版,故依其録文,不存誌文行句格式。

韓景卒於隋文帝開皇九年(589),終年七十二歲,則其生年是北魏孝明帝神龜元年(518)。

誌文"開皇二年十一月廿四日,詔授相州臨漳縣令。……在任數年,户增萬口,及於解代,實有千家"。相州地區,東魏北齊名司州,是東魏北齊的核心地區,其中鄴、臨漳、成安三縣地位最爲重要,三縣縣令在北齊是從五品,品位高於普通上縣令①。其中臨漳縣是"東魏孝静帝分鄴縣之地,於鄴城中置臨漳縣",北周建德六年(577)"周武帝平齊,自鄴城移臨漳縣於今理,屬魏郡。隋開皇三年,改屬相州"②。周隋禪代之際,尉遲迥於相州發動叛亂,雖很快被平定,但此後如何有效控制以相州爲核心的山東地區,一直是隋朝面臨的重要問題。這一地區,也是當時比較難於治理的地區。史稱"鄴都俗薄,號曰難化",又"鄴都俗薄,舊號難治,前後刺史多不稱職"③。特别是在隋朝初年,"山東承北齊之弊政,户口租調,姦偽尤多"④,因此,搜括户口是當時相州地方官的重要任務,也是反映其治績的重要指標。同時,

① 《隋書》卷二七《百官志中》,頁 767。
② 《元和郡縣圖志》卷一六《河北道一·相州》,頁 455。
③ 分見《隋書》卷七三《樊叔略傳》,頁 1677;同書卷四六《長孫平傳》,頁 1255。
④ 《資治通鑑》卷一七六《陳紀十》,頁 5481。

隨着戰亂的結束，背井離鄉之人重返家鄉也是當地人口增加的一個原因。

《隋書》卷三七《李穆傳》記李穆在開皇初"上表乞骸骨"，高祖在答詔中稱"七十致仕，本爲常人"。可見隋初官員退休的年齡大體在七十歲。韓景在開皇二年(582)任臨漳縣令時，已經六十五歲了。

韓景"葬於始平原"，始平原屬於西晉以來始平郡的範圍。

一四三　裴子通墓誌

【誌蓋頂部】
裴君/墓銘

【誌蓋反面】
齊驃騎大將軍太中大夫裴君墓誌銘/

君諱子通,字叔靈,河東聞憙人也。自當塗御曆,大金乘運,世祚公侯/之位,家成冠蓋之門,雄傑相望,英賢閒起。河源出地首之嶽,未能延/此無窮;梁甫接天門之山,詎可同其不絶?祖保歡,雲膚飛候,夙表賢/人,月犯少微,終于處士。考良,汾州諸軍事,汾州刺史,散騎常侍,太府/卿,贈吏部尚書,尚書僕射,民宗人傑,朝望國華,載輔像於龍圖,飛香名/於麟閣。君降神秀出,炳靈鬱起,風流動世,符彩驚人。朱仲獻珠,未足/方其朗徹,玉田生玉,豈得比其光潤? 率懷遠大,任氣縱橫,漁釣九流,/耕耘三德。起家拜員外散騎侍郎。永安之末,天下喪亂,九鼎苔生之/始,四海瓜分之初,汧隴兇首,乘閒肆逆。大都督賀拔岳總戎出討,作/鎮秦州。公以本官參其軍事,尋除步兵校尉,加鎮遠將軍。行臺尔朱/天光以公才望,又引爲大司馬府記室參軍。師還,拜輔國將軍,諫議/大夫,以艱去職。玄精告竭,赤縣崩離,周室以三關反拒,齊人以兩河/開運。桐鄉之邑,每警風塵;蒲陰之地,屢交鋒鏑。君統率鄉閭,肅清封/境,功成方面,勳簡帝心。敕除右將軍,正平太守,當郡都督。正平魏初/分置,即君之本郡也。齊太祖觀兵函谷,誓衆參虚,奉謁行宮,特蒙優/禮。柴園養樹,魏王以其用心;竹箭供軍,漢帝重其明略。仍奉使監察/諸營,總知機要。孟康右苑,方此爲輕;任安北軍,儔之更劣。賊臣放命,/託援金陵,乃戒元戎,奉辭問罪。詔以君爲大行臺郎。君每陳方略,參/贊謀猷,驅後勁以摧鋒,擁前垣而却敵。朱髮觸山之力,衄銳挫芒;青/丘食石之妖,雲崩霧卷。天保二年,廣陵内屬,詔簡元僚,除右將軍,廣/州別駕。馳屏星而布教,坐別乘以宣風,民吏懷恩,樹碑頌德。雖復伯/輿作輔,季子爲臣,遡聽前脩,未有其類。河清二年,入爲大理司直,加/平東將軍。裁臨棘木,獄訟載清,不假桐囚,罪人斯得。天統三年,遷驃/騎大將軍,趙州長史。武平初,拜中散大夫,爲十州大使,巡察方俗,轉/太中大夫。既而市朝貿徙,謝病言歸。載反華亭之上,仍居潁陰之里。

【誌文】

芝蘭滿室,華萼同榮。海内重其家風,人倫敬其門法。有詔表閭,以/旌高義。方登上壽,永保遐齡,而与善無徵,輔仁徒説。安車宴喜,長求/十日之遊;負杖悲哥,空嗟兩楹之奠。開皇十年四月廿六日,薨於陽/城鄉之豐義里,春秋八十一。惟君衿情爽悟,器宇弘深,披雲懷日之/風神,河目山廷之儀表。夙稱孝悌,早擅英奇,受射法於逄門,得兵鈐/於圯上。豐城紫氣之劍,未足明其博物;昆吾白雲之鼎,不能記此奇/功。足以映徹九泉,飛騰万古。夫人元氏,魏安定王超之女也。玉臺懸/鏡,言歸溫嶠之門;金縷爲衣,來入桓嘉之室。芳風滿於公族,淑德表/於閨房。未及偕老,先從幽隔,以十一年歲次辛亥十一月己卯朔七/日乙酉,合葬於汾亘舊塋。若夫鳳舞鷥哥之野,誰辯后稷之墳?未央/長樂之間,豈知樗里之墓。是用銘茲冢諜,以記泉門。其詞曰:/

惟王建國,惟嶽降神,搏風擊水,附翼攀鱗。家傳鼎業,世出英
人,丘園/廊廟,高士名臣。罞菟乘精,牽狼降象,靈府洞照,神峰
峻上。芳桂一枝,喬/松千丈,懸泉不竭,虚舟獨往。魏曆將季,
雅廢國微,六鍾咸泣,九鼎同/飛。頻當衝要,屢贊戎機,雄邊却
敵,振武稜威。器能理劇,才堪静亂,懷/綏共治,題車居半。蕭
清方俗,載空牢犴,海内式瞻,當朝榮觀。運逢韓/滅,世屬吳平,
言辭冠盖,訓理門庭。□元比德,萬石同榮,光流魏軫,價/重秦
城。逝川難捨,藏舟易失,静樹逢風,佳城見日。徒留遺愛,空傳
茂/實,兩劍雙珠,同歸泉室。寂寥万古,荒凉一丘,螢飛書帶,烏
啼吹樓。山/門恒静,壟樹長愁,虚存蘭菊,無復春秋。/

有子六人:/

長子稜,字神道,岳州安南縣令。/

次子俶,字虔道,洛州司户參軍事,外嗣第二兄誕後。/

次子深,字玄道,承奉郎。/

次子侃,字政道。/

次子戎,字濬道。/

次子寬,字弘道。

【疏證】

　　裴子通墓誌,與其兄裴子誕、弟裴子休三人墓誌,由山西省
運城地區河東博物館,於 1992 年 9 月從民間徵集而得,現藏河
東博物館。誌蓋、誌石俱存,且誌蓋背面亦刻有墓誌銘之正文,
與誌石文字先後相續。墓誌拓片圖版見運城地區河東博物館
《晋南發現北齊裴子誕兄弟墓誌》,載《考古》1994 年第 4 期;墓
誌録文及相關研究見楊明珠、楊高雲《北齊裴子誕兄弟三人墓誌

略探》，載《北朝研究》1993 年第 3 期，此文又題爲《晉南發現北齊裴子誕兄弟墓誌》，收入《山西省考古學會論文集》（二）。凡圖版不够清晰的地方，録文全據楊明珠、楊高雲文中録文，文字略有更正，並重新標點。裴子通之父裴良墓誌，1986 年冬出土於山西省襄汾縣永固鄉家村，請參看本書裴良墓誌疏證。並請參看裴子誕、裴子休墓誌疏證。

裴子通死於隋文帝開皇十年（590），年八十一，則其生年當在北魏宣武帝永平三年（510）。據裴良墓誌，則裴子通生年當在永平二年（509）。這種差異可能是由於出生月份影響到對虛歲的計算造成的。

裴子通的妻子"元氏，魏安定王超之女也"。元超是安定王元休的孫子，附見《魏書》卷一九下《景穆十二王下·安定王休傳》："超，字化生。蕭宗初，襲。時以胡國珍封安定公，改封北平王。……尒朱榮之入洛，超避難洛南，遇寇見害。"元超襲封安定王時間不久就改封北平王，而裴子通墓誌仍稱安定王，很可能是因爲婚娶之時元超尚未改封。

一四四　楊胐墓誌

【誌文】

隨使持節儀同三司義興縣開國公楊公墓誌銘/

公諱胐,字文朗,恒農華陰人也。赤泉建五侯之業,太尉肇四/公之基,自茲斯降,世濟其美。祖鈞,使持節、侍内、車騎大將軍、/北道大行臺、華州大平正、臨貞縣開國伯,贈雍華二州刺史、/司空、文恭公。父儉,使持節、驃騎大將軍、開府儀同三司,贈雍/華二州刺史、莊公。並作楷當世,凝績于時,厚禄尊官,優賢尚/德。公少而恭愍,長愈方正,無擇言於己,不失色於人。起家以/軍功爲帥都督,封義興縣開國子,遷大都督、博陵太守,尋轉/淮安鎮將、新蔡太守。爭桑不鬥,搔瓜無犯,民愛猶雨,吏畏如/神。拜使持節、車騎大將軍、儀同三司、大義建安二鎮將、建安/太守。卧鼓滅烽,迩安遥服。頻治澹州、廣州刺史,總督平高、大/義、大和、應城、雉城五防事,皆以稱職,邊壞懷之。又治霍州刺/史。開皇建極,徵爲右宗衛副率,進爵義興縣開國公。及命將/推車,并吞江左,授公行軍總管,獻凱而旋,詔治滁州刺史。海/岱昭蘇,俗歌來暮。仁者必壽,天難忱斯,以開皇十年八月廿/四日寢疾薨于第,春秋五十四。以十一年十一月廿四日葬/於華陰東原。式播芳徽,乃爲銘曰:/

玉羊之精,誕此高明,如漢之銑,如鍾之英。治戎令問,出守有/聲,襄惟試督,受脈斯征。譬火之燎,若冰之清,將窮逸足,遽掩/佳城。蕭蕭轅馬,悠悠斾旌,山螭夕度,木魅晨行。桃林花落,桑/津葉生,寧知長夜,魂魄營營。恒辭白日,永謝嘉庭,松原寂寂,/泉室冥冥。墳寒即右,風新尚輕,芳蘭徽植,惟德惟馨。

【疏證】

楊胐墓誌,陝西省華陰縣出土。拓片圖版和參考録文見《隋代墓誌銘彙考》第 2 册頁 22—24。

楊胐,隋文帝開皇十年(590)卒,終年五十四歲,則其生年是西魏文帝大統三年(537)。楊胐不見於史傳,其祖鈞、父儉在《魏書》卷五八、《周書》卷二二、《北史》卷四一均有傳。據《周書·楊儉傳》,楊儉卒於大統八年,謚曰"静"。而墓誌稱楊儉"莊公",則其謚號爲"莊",當以墓誌爲是。

楊胐在北周先後任淮安、大義、建安鎮將。《魏書》卷一一三《官氏志》:"舊制,緣邊皆置鎮都大將,統兵備禦,與刺史同。城隍、倉庫皆鎮將主之。"北周有鎮將、鎮副將。

誌文"頻治滄州、廣州刺史,總督平高、大義、大和、應城、雉城五防事"。北周之滄州治固始,在今河南固始縣東北;廣州治魯山,在今河南魯山縣城關①。平高等當爲此二州的重要軍事據點。

楊胐在北周封義興縣開國子,隋開皇年間進爵義興縣開國公,可見北周與隋之間在授爵上的連續性。在開皇九年的平陳之役中,楊胐任行軍總管,是這場戰役中九十名總管之一②。

---

① 王仲犖:《北周地理志》,頁 427、680。
② 《隋書》卷二《高祖本紀下》,頁 31。

一四五　趙齡墓誌

【誌蓋】

齊漢陽／公趙君／墓誌銘

【誌文】

君諱齡，字僧壽，隴西天水人也。系起趙城，枝分秦國，因茲著姓，茅土斯傳。／逮于周室道銷，諸侯力政，簡子世稱賢主，沉樂激以言非；肅侯時號令君，／任蘇季而成霸。自斯以降，代有英賢。朱紫銀黃，聲華籍甚。祖逸，魏中書侍／郎，學窮書府，文富翰林，風情氣橫秋□□。父回，魏驃騎大將軍、殷州諸軍／事、殷州刺史，器宇宏朗，風神凝秀，爲政百城，軌儀千里。公德生珠澤，與望／月而流光；靈出劍池，貫斗牛而騰氣。風期開爽，材力絕倫；青襟志學，工倍／師逸。於是鈎深六籍，漁獵百家，盱衡扼腕之談，下清蹊之客，蘭薰白雪之／藻，感赤墀之君。賈誼之在洛陽，慚爲才子；馬卿之居西蜀，惡彼含豪。起家／拜魏奉車都尉，駙馬奉車，莫匪賢儁，自非志行篤素，名望優崇，豈得紐此／銀黃，居斯近侍。後任建忠將軍、左中郎將，于時西域茹茹侵擾邊垂，奉／詔與齊王征討。君志清萬里，潛運六奇，奮龍豹之韜，列天地之陣，於是妖／寇殄滅，灌若摧枯。獻凱旋師，策勳飲至，加鎮東將軍、幽州漁陽郡太守，封／漢陽縣開國公，食邑五百户。既而出征萬里，入撫千圻，吟朱鷺以北臨，建／絳節而東鎮。仁風遐扇，甘雨隨車，鄉無佩犢之民，邑有懷仁之雉。而藏山／易謝，逝水難留，福善無徵，輔仁終爽。齊天保九年十月十三日，寢疾，薨於／漁陽郡之官舍，春秋六十有三。惟公養親竭曾閔之孝，事君立荀

寧之忠,/慎不息惡木之陰,清忍渴貪泉之水。此皆天資衷至,非
仙效所成,而川存/水閟,人斃道存,景命不融,遂襄眉壽。夫人
太原郭氏,正位居室,柔範剋宣,/潔誠中饋,肆勤蘋藻。以隨開
皇八年三月六日,終於鄴縣。粵以大□□□/十二年九月廿一
日,合葬於洛陽縣北邙山信義鄉信義里。但時□遷□,/故老銷
亡,挂劍脫驂,寂寥無紀。故雕茲翠石,以誌音徽。其詞曰:/
星象垂祉,山岳流芳,地多俊傑,世有琳瑯。門傳鳳毳,人蘊龍
章,挺生若士,/世德弥光。陽元識量,彥輔風猷,惟公具美,兼此
清流。既麋好爵,雅譽斯道,/玄戈出將,絳節臨州。東鯷内附,
西□順軌,寔猶武臣,風清萬里。出征入守,/兼兹二美,信給遊
童,恩□寵□。藏山非固,高臺易傾,魂招舊國,竁定新城。/哭
微徐稱,賓無巨卿,唯當過客,望望傷情。

【疏證】

　　趙齡墓誌,出土於河南省洛陽市,出土時間不詳,墓誌拓片
圖版見《隋唐五代墓誌匯編》洛陽卷第 1 冊頁 18,又見《北京圖
書館藏中國歷代石刻拓本匯編》第 9 冊頁 80。拓片圖版和參考
錄文見《隋代墓誌銘彙考》第 2 冊頁 78—80。"風情氣橫秋
□□",梁春勝先生指出,"氣"前脫刻一字,二缺字當是"張日",
爲"風情〔□〕氣,橫秋張日"①。

　　趙齡死於北齊文宣帝天保九年(558),六十三歲,則其生年
當在北魏孝文帝太和二十年(496)。

　　趙齡的祖父趙逸,《魏書》卷五二和《北史》卷三四有傳。據

---

① 梁春勝:《六朝石刻叢考》,中華書局,2021 年,頁 705。

《魏書》，"趙逸，字思群，天水人也。十世祖融，漢光禄大夫。父昌，石勒黃門郎。逸好學凤成，仕姚興，歷中書侍郎。爲興將齊難軍司，征赫連屈丐。難敗，爲屈丐所虜，拜著作郎。世祖平統萬，……拜中書侍郎。……久之，拜寧朔將軍、赤城鎮將。綏和荒服，十有餘年，百姓安之。頻表乞免，久乃見許。性好墳素，白首彌勤，年踰七十，手不釋卷。凡所著述，詩、賦、銘、頌，五十餘篇"。趙逸以文辭見用於姚秦、赫連夏與北魏，即趙齡墓誌所謂"學窮書府，文富翰林"。趙逸兄趙温，仕於仇池國。趙昌、趙温、趙逸父子，歷仕少數族政權，是十六國北朝華夏舊門與胡族政權合作的又一例證。史書多記趙逸兄趙温及伯父趙遷子孫，而趙逸本人的子孫不見於史。幸賴趙齡墓誌，知趙逸有子趙回，回子趙齡。

墓誌稱趙齡"後任建忠將軍、左中郎將，于時西域茹茹侵擾邊垂，奉詔與齊王征討"，並不是指柔然，而可能是指突厥或費也頭。

趙齡死於漁陽，死後理應遷柩歸鄴。到開皇十二年（592），與其妻郭氏合葬。此前趙齡可能已經入葬，但合葬時重刻墓誌。郭氏死於鄴縣，可見她在鄴城被廢毀以後並沒有遠遷。

一四六　羊烈妻長孫敬顔墓誌

【誌文】

齊義州羊使君長孫夫人墓誌銘

夫人長孫氏,諱敬顔,河南洛陽人也。榮華與日/月齊光,槃根將州岳□固,本枝百世,豈易夫人。/祖稚,魏録尚書、上黨王。父子彦,僕射、司州牧。□/阿衡所寄,具瞻斯在。夫人生自蘭房,早稱淑□,/言告師氏,有此家室,邕密禮教,肅穆閨門。儀□/内成,風猷外扇,遠近人物,德□是欽。去□□□,/憲章攸屬。冀因積德,永祈天輔,與善無徵,短辰/奄及。春秋六十有五,以大隋開皇十一年歲在/辛亥閏十二月戊寅朔廿二日己亥,薨於兗州/太陽里。十二年十月癸酉朔卅日壬寅,葬於宫/山之陽。恐山谷陵夷,身名永滅,立銘鐫石,期之/不朽。乃爲銘曰:/

於赫家業,積葉傳芳,乃祖乃父,令問令望。四德/爰備,造舟爲梁,言歸百兩,亦顯其光。蘋蘩蘊藻,/□祀蒸嘗,緝諧中外,謹敬帷房。松貞桂馥,地久/天長,拂石期盡,不永厥昌。大暮昏晦,曠野荒芒,/九泉霧合,風悲白楊。

【誌蓋附刻文字】

男行思,早喪。/男敏方,妻博陵崔氏。/男敏正,早喪。/男敏行,妻趙郡李氏。/男敏則,妻□□□氏。/男敏博,妻□□□氏。/男敏齊,早喪。/女樊□,早喪。/女静□,■/女静則,適安定□□□。/女静德,適敦煌李□英。/女静猗,早喪。/女静□,適清河□□□。/女無□,早喪。/女静質,適北海王弘基。/女静□■

【疏證】

　　羊烈妻長孫敬顔墓誌，1993 年出土於山東省新泰市羊流鎮，同時出土的還有羊烈墓誌，今存新泰市博物館。長孫敬顔墓誌拓片圖版和參考録文見《隋代墓誌銘彙考》第 2 册頁 82—85。録文又見周郢《新發現的羊氏家族墓誌考略》，載《周郢文史論文集》頁 46—80。羊烈墓誌亦收入本書，請參看。

一四七　虞弘墓誌

【誌蓋】

大隋故/儀同虞/公墓誌

【誌文】

公諱弘，字莫潘，魚國尉紇驎城人也。高陽馭運，遷陸海□□□；□□/膺籙，徙赤縣於蒲坂。弈葉繁昌，派枝西域，倜儻人物，漂注□□。祖□/奴栖，魚國領民酋長。父君陁，茹茹國莫賀去汾，達官，使魏□□□□/朔州刺史。公承斯慶裔，幼懷勁質。紫唇鵜頜，白耳龜行。鳳子□□□/之文，洞閑時務；龍兒帶煙霞之氣，迥拔樞機。揚烏荷戟之齡，□□□/月之歲，以公校德，彼有慚焉。茹茹國王，鄰情未協，志崇通藥，□□□/芥，年十三，任莫賀弗，銜命波斯、吐谷渾。轉莫緣，仍使齊國。文宣□□，/焕爛披雲，拘縶内參，弗令返國。太上控覽，砂磧烟塵，授直突都督。□/使折旋，歙諧邊款，加輕車將軍、直齋、直蕩都督，尋遷使持節、都督涼/州諸軍事、涼州刺史、射聲校尉。賈逵專持嚴毅，未足稱優；郭汲垂信/里兒，詎應擬娸。簡陪閶闔，奮叱驚遒。功振卷舒，理署僚府。除假儀同/三司、遊擊將軍。貂璫容良之形，佩山玄玉之勢。鄭袤加賞，五十万餘。/張華腹心，同途異世。百員親信，無所愧也。武平既鹿喪綱頹，建德遂/蠶食關左。收珠棄蚌，更悛琴瑟。乃授使持節、儀同大將軍、廣興縣開/國伯，邑六百户。體飾金章，銜轡簪笏，詔充可比大使，兼領鄉團。大象/末左丞相府，遷領并、代、介三州鄉團，檢校薩保府。開皇轉儀同三司，/敕領左帳内，鎮押并部。天道茫昧，灾眚斜流。九轉

未成,刈蘭溢盡。春/秋五十有九,薨於并第。以開皇十二年十
一月十八日葬於唐叔虞/墳東三里。月皎皎於隧前,風肅肅於松
裏,鐫盛德於長夜,播徽猷於/萬祀。迺爲銘曰:/
水行馭曆,重瞳號奇。隆基布政,派胤雲馳。潤光安息,輝臨月
支。簪纓/組綬,冠盖羽儀。桂辛非地,蘭馨異土。翱翔數國,勤
誠十主。扣響成鍾,/應聲如鼓。蘊懷仁智,纂斯文武。緩步丹
墀,陪遊紫閣。志閑規矩,心無/□□。秋夜揮弦,春朝命酌。彩
威鱗鳳,壽非龜鶴。前鳴箭吹,後引旗旌。/□□□□,宏奏新
聲。日昏霜白,雲暗松青。□河□樹,永閟臺扃。

【疏證】

虞弘墓誌,1999 年出土於山西省太原市晋源區王郭村。拓
片圖版見山西省考古研究所、太原市考古研究所、太原市晋源區
文物旅游局《太原隋代虞弘墓清理簡報》,《文物》2001 年第 1
期。參考録文見張慶捷《〈虞弘墓誌〉中的幾個問題》,《文物》
2001 年第 1 期。虞弘墓誌和同墓出土虞弘妻魏氏墓誌的拓片圖
版、參考録文,分見《隋代墓誌銘彙考》第 2 册頁 95—98,頁
272—274。

虞弘卒於隋文帝開皇十二年(592),終年五十九歲,則其生
年爲北魏孝武帝永熙三年(534)。

虞弘墓石椁四周内外的雕繪被認爲是珍貴的粟特祆教色彩
圖像材料,出土後立刻引起了學者的關注,墓誌的研究也相當深
入,除了上引文外,另有榮新江《隋及唐初并州的薩保府與粟特
聚落》,《文物》2001 年第 4 期;張慶捷《虞弘墓誌考釋》,《唐研
究》第 7 卷;林梅村《稽胡史跡考——太原新出隋代虞弘墓誌的

幾個問題》,《中國史研究》2002 年第 1 期；羅豐《一件關於柔然民族的重要史料——隋〈虞弘墓誌〉考》,《文物》2002 年第 6 期；周偉洲《隋虞弘墓誌釋證》,見《中外關係史：新史料與新問題》①頁 247—257。請參看。

學界對虞弘族屬有不同看法,或以爲柔然,或以爲稽胡,目前尚難有定論。墓誌稱"魚國",而敦煌曲子詞曲牌有《魚美人》,即後來的《虞美人》,以歌魚國美人得名。頗疑魚國本中亞一部落名稱,爲虞弘一族所出。虞弘一族可能爲柔然所役使,輾轉入魏,以部落號爲氏姓,故自稱姓魚或虞。

---

① 榮新江、李孝聰主編：《中外關係史：新史料與新問題》,科學出版社,2004 年。

一四八　呂武墓誌

【誌蓋】
大隋大都/督左親衛/車騎將軍/呂君墓誌

【誌文】
大隋大都督左親衛車騎將軍呂使君之墓誌/

公諱武，字仲禮，天水人也。九州啓土，世著衣冠，百郡開基，家傳軒冕。師尚秉/鉞專征，不韋脩書制禮，允文允武，其在茲乎。曾祖絋，征西將軍、安陽鎮將、燉/煌太守、涼州刺史。祖智，天水、南安二郡太守。父真，名溢丘園，聲高鄉國，使持/節、驃騎大將軍、開府儀同三司、房子縣開國公，洮陽、博陵等防諸軍事，巴、渠、/通、兆四州刺史，贈少司空。三公坐而論道，六卿陰陽燮理。惟公童汪之歲，抗/節戎行，賈誼之年，明經高第。解褐晋蕩公内親信。建德之初，周武皇帝知公/毗贊之能，遣輔代王。後勅已不盡公才，令入勳胄，遷右侍、承御二上士。于時/三方鼎峙，四海猶分，公陷城野陣，韓原之戰推輪；破敵摧兇，垓下之兵舉旆。/但不遇朱門，未封青土。大象之末，周道淪亡。大相膺圖，官依雲瑞。文伎則/敷揚礼樂，武用復拔山扛鼎。公夙藏智略，久畜雄心，慷慨遇申於一時，壯節/逢展於明世。任右親衛帥都督，功績有彰，俄遷大都督。開皇之始，復轉直齋。/三年，河間王奉辭伐罪，受律專征。公尒日蒙副委三軍，管轄師旅，兼復檢校/候正、儀同。四年，褒績賞勞，轉車騎將軍，領右衛右一開府右儀同兵。十年，復/授左衛左親衛驃騎府内車騎將軍。爪牙之寄，實委腹心，禦侮之資，親之口/耳。位始分珪，榮同受脈。開皇十二年,奉詔使外。誰知遘疾於途,忽加瘵疹。/縱神仙和味,不解桑田之徵;術法調湯,焉除豎子之禍。春秋卌有四,薨於行/所。奮戈俠戟,魚鱗之陣無期;披裘尋篇,垂帷之志何日。然夫人宇文氏,大將/軍東光之第二女,先亡。粵以其年歲次壬子十一月癸卯朔十九日辛酉,遂/乃合葬大興縣寧安鄉。人啼馬驫,痛切心肝,鳥噪松枝,悲鳴哀斷。年來歲往,/忽變四時,谷轉陵移,俄銷天地。故乃鐫石鏤功,庶使傳之不朽,明德惟馨,乃/爲銘曰:/

大哉至德,秉越昇平,地封七百,門傳六卿。輔匡帝室,翼贊皇京,世多雄略,代/足豪英。廟藏盛美,鼎鏤深榮,如何一旦,無復逢迎。惟公天挺,幼著神童,文傳/竹簡,武表金鍾。荷戈逐北,抱帙遊東,誰知夏葉,彫落秋叢。孤墳露染,獨壠霜/封,寒冰空奠,酹酒虛逢。洛陽五隱,俠客西周,高陽罷宴,金谷無遊。低雲如蓋,/騰氣成樓,泉分隴下,風起松頭。昔時多歎,今日無愁,昏昏百歲,寂寂千秋。/

世子乾苻,次子乾通,次子乾宗。

【疏證】

　　呂武墓誌,1956 至 1957 年間出土於陝西省西安市東郊韓森寨。拓片圖版及參考録文見中國科學院考古研究所《西安郊區隋唐墓》①頁 106—107、93。《隋唐五代墓誌匯編》陝西卷第 3 冊頁 2 亦有拓片圖版。

　　呂武,隋文帝開皇十二年(592)卒,終年四十四歲,則其生年

① 　中國科學院考古研究所:《西安郊區隋唐墓》,科學出版社,1966 年。

爲西魏文帝大統十五年（549）。吕武及其曾祖紇、祖智、父真並不見於史傳。

　　吕武"解褐晋蕩公内親信"。晋蕩公是宇文護，内親信可能是宇文護作爲權臣時自署官員。西魏大統年間宇文泰爲大丞相時，也有内親信，並且也是作爲起家官，如伊婁穆、陸逞都起家任太祖内親信①。除了内親信外，還有大統年間起家爲太祖親信者，如劉雄、趙文表等②。

　　誌文"建德之初，周武皇帝知公毗贊之能，遣輔代王"。代王宇文達，是武帝之弟，建德三年（574）被封爲代王。此後，吕武又"遷右侍、承御二上士"。此二職爲侍衛左右之官，在六官體系中不知所屬③。

　　"開皇之始，復轉直齋。三年，河間王奉辞伐罪，受律專征"。入隋以後，吕武任直齋。據《隋書》卷二八《百官志下》，左右衛設從五品直齋十五人，掌宿衛侍從。河間王是楊弘，"奉辭伐罪"指楊弘率兵戰突厥事。其間，吕武"檢校候正、儀同"。開皇年間，隋文帝大宴群臣，元諧進曰："陛下威德遠被，臣請突厥可汗爲候正，陳叔寶爲令史。"隋文帝説："突厥不知山川，何能警候！叔寶昏醉，寧堪驅使！"④可見，候正有偵查、預警之責。儀同爲儀同府長官，儀同府下領軍坊。

　　誌文"四年，褒績賞勞，轉車騎將軍，領右衛右一開府右儀同兵。十年，復授左衛左親衛驃騎府内車騎將軍"。這反映了隋朝

---

① 　《周書》卷二九《伊婁穆傳》，頁499；同書卷三二《陸逞傳》，頁559。
② 　《周書》卷二九《劉雄傳》，頁503；同書卷三三《趙文表傳》，頁581。
③ 　參王仲犖《北周六典》卷七《六官餘録》，中華書局，1979年，頁511、513。
④ 　《隋書》卷四〇《元諧傳》，頁1171。

前期的領軍系統及其變化。在隋初，左右衛等下統親衛，置開府，府名爲"左翊一開府、二開府、三開府、四開府"①等。開府之外，又有儀同府，這條史料反映儀同府當是在開府之下的一級。《通典》卷二九《職官十一·武官下》"折衝府"條："隋初左右衛、左右武衛、左右武候，各領軍坊、鄉團，以統戎卒。開皇中，置驃騎將軍府，每府置驃騎、車騎二將軍。"由墓誌吕武在開皇十年所任看，此變革在開皇十年之前已經完成。

吕武夫婦"合葬大興縣寧安鄉"。墓誌出土於西安市東郊韓森寨，這當是隋開皇時寧安鄉的位置。而唐萬年縣寧安鄉在今西安市曲江池南到三兆鎮一帶②，可見隋唐間寧安鄉的位置有所變動。

---

① 《隋書》卷二八《百官志下》，頁778。
② 武伯綸：《唐萬年、長安縣鄉里考》，《考古學報》1963年第2期。

一四九　苟舜才墓誌

【誌文】

大隋逸士苟君之銘/

君諱舜才,字仲堪,汲郡山陽人也。昔電感黃神,蘭/開朱籙,吹律啓胄,休源遂遠。祖秦州,魏室會昌,衣/冠仕洛。考上黨,有齊霸世,領袖鄴京。君器宇宏邁,風/鑒淹通,百行則孝悌居先,五才則仁義爲本。棲遲文/苑,游泳言泉,非禮不動,唯德是習。一臺二妙,固以慚/其筆端;一日千言,何足方其精敏。釋巾開府行參軍,/加中堅將軍,俄轉兗州田曹行參軍。屬齊亡玉鏡,周/握金鎚,郟國公銜命專封,普加考陟。遷鄆州司户參/軍事。逮尉迥滔天,作梗河朔,荊巫鼓怒,趙魏分崩,三/正混淆,四表無統。君子猶鳥,駭則奮飛,追巢許於箕/山,躡支伯於滄海。生榮罕屈,事物不羈,高詠上皇,竟/反初服。龍旗羽盖,非所縈心;鳥振魚躍,自合神表。既/如天垂妖祲,起賢勝之喪氛;月犯少微,隕幽人之貞/吉。以開皇十二年四月五日,暴終里舍,時年五十有/七。夫人平原劉氏,六行内融,四德傍照,方茂春蕙,/先落夏霜。即以其年合葬於平昌縣之西南廿五/里。襄陽之碑,徒看淚墮;京陵之墓,何年劍飛。嗚呼哀/哉。乃爲銘粵:

舒惟軒胤,巘作周友,世載珪璜,於君/何朽。水鏡居物,雌黄在口,入府登朝,光前照後。/時逢叛換,高蹈滄浪,荊珍秘彩,漢寶潛光。/邦國殄瘁,琴人併亡,唯當寒壟,時噎悲楊。

【疏證】

苟舜才墓誌,1989 年出土於山東省臨沂縣翟家鄉前後于村,墓誌拓片圖版見《隋唐五代墓誌匯編》江蘇卷頁 3。《隋代墓誌銘彙考》第 2 册頁 75—76 有拓片圖版和參考録文。

苟舜才死於隋文帝開皇十二年(592),五十七歲,則其生年當在東魏孝靜帝天平三年(536)。

苟氏爲中古山陽望族。國家圖書館所藏敦煌殘卷《唐貞觀八年五月十日高士廉等條舉氏族奏抄》(位 079)列河内九姓,其三即苟氏。斯坦因獲自敦煌的唐代《新集天下姓望氏族譜》(S. 2052)於懷州河内郡列十七姓,亦有苟氏。北朝苟氏世仕魏、齊,苟舜才本人先仕北齊,齊滅後仕於北周。

墓誌"郯國公銜命專封,普加考陟",指北周上大將軍、郯國公王軌。北周滅北齊後,王軌駐節徐州,爲東方重鎮。但是文獻中没有王軌"考陟"北齊舊臣的記載,大概屬於脱漏。

據墓誌,苟舜才仕周爲鄆州司户參軍事,值尉遲迥之亂,解職歸鄉,此後不復仕宦。案尉遲迥反於相州,事在北周静帝大象二年(580),苟舜才四十五歲,正當壯年,何以突然終止仕進呢?很可能,苟舜才卷入了叛亂者一方。《周書》卷二一《司馬消難傳》,消難爲鄖州總管,響應尉遲迥,所管九州八鎮並從之。雖然九州之中没有鄆州,但九州八鎮在空間上涵蓋了鄆州,鄆州多少不得不卷入與長安的對抗。這纔是亂後苟舜才不得不退居鄉里、不再能够出仕的原因。苟舜才墓誌婉轉述其背景,總算把誌主隱退不仕與尉遲迥叛亂,聯繫了起來。

苟舜才號稱汲郡(河内)山陽人,却家於平昌。看來苟氏亦隨南燕東遷青齊,得爲青齊集團之一員,故苟舜才娶於平原劉氏。

一五〇　蘇巋墓誌

【誌文】

隋故參軍事蘇君之銘/

君諱巋,字士游,定州中山無極人。其先漢相/武之後也。崇基峻緒,鬱矣難名,盛德嘉聲,巍/然可見。/曾祖鎮東將軍、文城縣開國公。/祖車騎將軍、長水校尉、襲封文城公。/考衞將軍、左光禄大夫、第一領民酋長。/君操履柔和,志性敦厚,行滿天下,口無擇言。/解巾開府參軍事,優遊幕府,蕭散轅門,閭巷/生光,公侯拭目,可大可久,宜遠宜長。何圖命/也無時,奄先晨露。隋開皇十二年十一月十/六日,終於相州相縣静民鄉之第,春秋五十/有四。以今十三年二月十四日,遷於相州北/十里鄴縣白素鄉。悲哉永矣,有去無來,鑴以/南山,庶防陵谷。其詞曰:/

惟我喆人,冀延遐福,嗚呼命也,其如不淑。雲/生隴柏,霜封埏柳,獨有芳名,死而不朽。

【疏證】

蘇巋墓誌,出土於河南安陽,出土時間不詳,墓誌拓片圖版見《隋唐五代墓誌匯編》北京大學卷第 1 册頁 8。《隋代墓誌銘彙考》第 2 册頁 110—111 有拓片圖版和參考録文。

蘇巋死於隋文帝開皇十二年(592),五十四歲,則其生年當在東魏孝静帝興和元年(539)。

蘇巋的父親曾官第一領民酋長,時間當在北魏後期。北魏後期爲第一領民酋長者,率皆北族,尤以拓跋集團之外圍諸族爲多。由此看來,蘇巍一家應非華夏。他既然著籍定州中山郡無極縣,很可能屬於丁零或定居定州的六鎮鎮民後裔。

墓誌稱蘇巍爲蘇武之後,却以蘇武爲"漢相",顯然對漢史瞭解有限。而且蘇武爲杜陵人,與中山無關。

蘇巍死於相州相縣静民鄉,葬於鄴縣白素鄉。看起來蘇巍本居鄴城,隋文帝廢毀鄴城時,隨相州南遷安陽,因而死於安陽,並還葬於鄴城時代的傳統墓葬地。

一五一　叱奴輝墓誌

【誌文】

［第一石］

維大隋開皇十三年歲次/癸丑十一月丁酉朔十三/日己酉，故都督叱奴輝墓/志。君諱字延輝，西夏州/人也。故都督、郡功曹、州從/事，歷任十代。君資神秀立，/卓然虛靜，幼當承家之重，/孝友之心方就，忠信之性/弥成。儀形偉拔，焕以削成。

［第二石］

春秋七七薨背。遷葬於砂/地南山之陽，西北去夏州/統万城十里墳穴。可憐玉/體，可嗟紅姿，何言夭枉，与/世路而長辭！寂寂地門，幽/幽夜食，泉路難窮，何言嫵/媚，盡一春中。妻賀遂氏，其/形也翩若驚鴻，婉若游龍。/周天和之年夭逝，權斂水/□南原。今移就，合葬同墳。

【疏證】

　　叱奴輝墓誌，出土於陝西省榆林市靖邊縣紅墩界鄉坷坨河大隊華家窪林場耳德景村，具體出土時間不詳。拓片圖版及參考錄文見《榆林碑石》頁 20、206，又見《隋代墓誌銘彙考》第 2 冊頁 113—115。

　　《魏書》卷二《太祖紀》：道武帝登國五年（390）"九月壬申，討叱奴部於囊曲河，大破之"。叱奴部屬四方諸部，"登國初，太祖散諸部落，始同爲編民"[①]。叱奴氏祖先爲叱奴部，以部爲氏。

---

① 《魏書》卷一一三《官氏志》，頁 3014。

北魏孝文帝時，南遷洛陽的叱奴氏改爲狼氏。叱奴輝爲西夏州人。東魏有東夏州、西夏州，有時被合稱爲"二夏州"①。西魏時又有北夏州，與東、西夏州合稱"三夏州"，如長孫儉在西魏大統五年(539)"遷使持節、鎮東將軍、都督東北三夏諸軍事、西夏州刺史"，怡峯"拜東西北三夏州諸軍事、夏州刺史"②。此外還有南夏州。據《周書》卷二《文帝紀》，西魏廢帝三年(554)，改東夏州爲延州、南夏州爲長州。延、長二州名沿用至隋，但西夏州、北夏州則不見於《隋書·地理志》，其地當屬於北周、隋之夏州的範圍。夏州治所爲巖綠，即夏之統萬城，在今陝西省榆林市靖邊縣東北白城子。

上引《魏書》卷二《太祖紀》：登國五年"九月壬申，討叱奴部於囊曲河，大破之"，後云"冬十月，遷雲中，討高車豆陳部於狼山，破之"。姚薇元和陳連慶先生據此認爲破叱奴部後，十月將其部遷往雲中(今内蒙古自治區托克托縣)③。但從《魏書》文意看，"遷雲中"似不指遷叱奴部。今叱奴輝墓誌云西夏州人，又"歷任十代"，且死後葬於夏州，由此，北魏道武帝登國五年叱奴部被打敗遭離散後，很可能被遷徙、定居於夏州一帶。

叱奴輝妻是賀遂氏，《通志》卷二九《氏族略第五》賀遂氏條："晋州稽胡，晋初賜姓呼延，居西州。後魏正始中，呼延勤爲定州刺史，於定陽鎮，賜姓賀遂氏。"其中"居西州"，《古今姓氏書辨證》卷三三作"居西夏州"。姚薇元先生認爲賀遂氏乃聚居夏州之稽胡④。

① 《北齊書》卷二四《孫搴傳》，頁342。
② 分見《庚子山集注》卷一三《周柱國大將軍長孫儉神道碑》，頁816；《周書》卷一七《怡峯傳》，頁283。
③ 姚薇元：《北朝胡姓考》，頁226；陳連慶：《中國古代少數民族姓氏研究》，頁129。
④ 姚薇元：《北朝胡姓考》，頁292。

一五二　李椿墓誌

【誌蓋】

大隋開/府河東/公墓誌

【誌文】

大隋驃騎將軍開府儀同三司河東郡開國公故李公墓誌銘/

公諱椿,字牽屯,隴西燉煌人也。昔刑書始創,皋陶作大理之官,道教初開,伯陽居柱下之職。或秦晋著績,/或趙魏立功,猿臂之胤克隆,龍門之風不墜。曾祖貴,魏開府、平州刺史、衛尉卿。祖永,柱國、太傅、河陽公。竝/殁而不朽,穆叔有嗟,卒而遺愛,孔丘下泣。魏道云喪,周命惟新。推轂綰璽之誠,爪牙心膂之託,則有太師、/太傅、太保、柱國大將軍、太尉、司徒、司空、趙武公弼。五反之榮,三顧之重,宗承降魏文之禮,常林感晋宣之/拜。公即武公之第七子也,別繼叔父大將軍汝南公櫍之後。公精靈早著,風氣夙成,七歲推觀李之明,九/齡擅對梅之慧。光彩照國,未尚魏后之珍;德儀生庭,不遠荆山之璞。慎言敏行,雅合古人,齊物養生,闇同/玄理。池魚園竹,孝性之所至;原鳥庭荆,友懷之所篤。至若紫囊青帙之典,玉韜金匱之文,莫不究其奧情,/窮其深旨。周元年,玉衡初轉,金鏡肇開,乃眷緒餘,爰錫土宇。公起家以勳胄子,封魏平縣開國子,邑四百/户。保定二年,判司邑下大夫。管轄胥徒,簿領繁湊,一官既效,万事皆理。俄除大都督,出鎮延州,强虜畏威,/緣邊仰化,奸豪於是屏迹,民史於是來蘇。周武帝特嘉其能,追入宿衛,授左侍上士,餘官、封如故。公言無/可擇,行必可師,以義感人,以誠簡帝。保定六年,帝深異之，除使持節、車騎大將軍、儀同三司，餘封如舊。鄧/隴之家門閥閱，初作儀同；謝玄之人才明朗，始沾車騎。公之媲此，綽有餘榮。屬蒲坂舊城，襟帶之處，子來/不日，非公莫可。仍以其年詔使修築朱樓翠觀、浮彩大河，危堞崇墉，作固勝部。還，又詔築羌城，民無勞怨。/建德四年，以大寧艱險，表裏戎居，帝思安靜，推公作鎮。尔其板屋之地，俄見華風；窮髮之鄉，翻爲盛俗。久/之，又追同州監領。暨吐谷渾放命蕃虜，肆兇方面，王赫斯怒，出車關右。迺從儲君，星言薄伐，公雄圖厝算，/拔萃絕倫，氣冠行伍，身先士卒，摧獻麋之士，破射鵰之人，醜類滌除，公有力矣。凱旋，以功賞奴婢一十三/口，絹布一百匹、粟麥一百石。五年，周武帝平齊，仍居偏將。詘指而陳成敗，借箸而畫是非。所向無前，咸推/第一。囊者，秦龍吞國，元藉起、翦之功；晉馬浮江，終申祜、預之策。論公效績，与彼儔焉，仍留鎮相州，進爵爲/伯。宣政元年，序勳，特封河東郡開國公，邑貳遷户。大象元年，入爲左少武伯下大夫。二年，累遷上儀同大/將軍、左司武中大夫。十月，又轉右宮伯中大夫。公志性鳴謙，劬勞闈壼，聞車而知遽瑗，聽履而識鄭崇。奉/璋峨峨，執珪濟濟，得人之美，不其然乎。俄以木德既衰，邦家殄瘁。皇上龍潛納麓，豹變登庸，九州父老，/咸懽三章之令，四海文才，皆就八紘之綱。於是彝倫有序，榮命宜昇。其年十二月，除使持節、開府儀同大/將軍，餘封如故。大隋建極，海内清蕩，以漳滏經離，風塵始滅，眷言撫壓，是屬勳賢。開皇二年，敕領東/土相州十二州兵。公不事不爲，有文有武，恩以接下，清以奉上，揚善唱惡，昭德塞違。既獎射御之能，兼敦/禮教之事，閭閻仰爲慈父，行路号曰多奇。十年，授驃騎將軍，餘官、封、領如舊。十二年，公以久居蕃部，思謁/帝闈，詔許入朝。高車旋軫，賈誼之見漢后；語德未慚，吳質之對魏皇。
論交莫尚，以開皇十三年正月廿/七日遘疾，薨於京師之永吉里
第，春秋五十。越以大隋開皇十年歲次癸丑十二月丙寅六日辛
未，厝/於孝義里地。惟公世挺國華，家傳朝棟，連衡許史，造跡
袁楊。志識雄明，神情閑曠，以名爲貌，用仁爲里。威/儀恬愻，
万頃之波瀾；道行芬芳，九畹之蘭蕙。平叔之面，与粉不殊；夷甫
之手，与玉無別。從殷入周，自楚歸/漢，軒輊交映，青紫垂陰。
可謂克荷貽孫，始終賓實者也。既而瓊瑰入夢，辰巳居年，傳兌
有靈，管輅無壽。西/園風月，徒自淒清，東閣賓僚，俄成蕭索。
嗚呼！嗣子匡世、匡民、匡道、匡德、匡義等，並立身以仁，終身以
孝，廬/墳永歎，陟岵長哀。既感許孜之松，還變王褒之柏。故吏
姬素等，恐丁公無傳，卒如陳壽之言；郭生有道，須/屈蔡邕之筆。
乃託舊賓爲銘云爾：/

真人舒氣，仙士浮舟，英靈弈葉，軒冕聿脩。十卿万石，七貴五
侯，賈室虎聚，王門鳳遊。惟公挺秀，實貽良冶，/玉潤金聲，河流
漢寫。器苞武略，才兼文雅，贖士脫驂，迎賓置馬。承家繼世，出
内勳績，紫閣屢陪，丹墀頻歷。/折衝邊鄙，調和戎狄，黃閤遂開，
朱門乃闢。齊秦各帝，楚漢爭衡，塵飛城濮，瓦落長平。將軍坐
樹，主簿披荆，/拜爵建土，書功立銘。日月重光，乾坤合德，逢雲
遇雨，攀鱗附翼。上將昇壇，高驤述職，蓮垂劍影，桃開綬色。
擁/旄虎澗，秉節龍山，威恩被矣，民俗肅然。開城靜柝，權候無
煙，一方咸戴，天子稱賢。藏舟易徙，流晷難駐，薛/臺已傾，徐墳
無遇。杏壇寂寞，竹林煙霧，麾下罕存，故人時賻。榮華如昨，身
世俄已，丹旐路窮，白楊風起。遄/遄岸谷，驟變朝市，千載佳城，
万年君子。

【疏證】

李椿墓誌,1984年出土於陝西省西安市慶華廠廠區。拓片圖版及參考録文見陝西省考古研究所桑紹華《西安東郊隋李椿夫婦墓清理簡報》,《考古與文物》1986年第3期。拓片圖版又見《隋唐五代墓誌匯編》陝西卷第3册頁3。原録文有誤録處,今據圖版補正。同墓出土其妻劉琬華墓誌,本書收。

李椿卒於隋文帝開皇十三年(593),終年五十歲,則其生年是西魏文帝大統十年(544)。但墓誌記李椿"開皇十年歲次癸丑十二月丙寅六日辛未"葬。葬年早於卒年,顯然存在問題。又開皇十年爲庚戌,並非癸丑,而開皇十三年正是癸丑,因此"十年"當爲"十三年"之誤。但"十二月丙寅六日辛未"仍有問題。按開皇十年到十九年之間,十二月無丙寅朔者。開皇十三年十二月爲丁卯朔,五日辛未、六日壬申,與誌文存在一日之差。存疑。

李椿,《周書》卷一五、《北史》卷六〇有傳,内容極簡。誌文記李椿是李弼第七子,"别繼叔父大將軍汝南公櫄之後",《周書·李椿傳》則點明了原因,是"櫄無子,以弼子椿嗣"。據墓誌,李椿字牽屯,"牽屯"在北朝爲山名,侯莫陳悦即敗死於牽屯山。另李弼之子李綸的墓誌也已出土,見本書徒何綸墓誌。

誌文"保定二年(562),判司邑下大夫"。《周書》卷三三、卷三五分别記王康、裴俠曾任"司邑下大夫"一職。隋《大將軍趙芬碑銘一首》記"周受禪,除冬官府司邑大夫"[1],可見司邑下大夫爲冬官府之職。王仲犖先生認爲司邑下大夫就是冬官府的

---

[1] 《日藏弘仁本文館詞林校正》卷四五二,中華書局,2001年,頁151。

"司色下大夫"，理由是《通典》卷三九所載北周官品中没有"司邑"，且邑、色二字容易混淆①。根據《唐六典》卷二二《少府監》"織染署"條，北周冬官之司織、司色下大夫爲掌織染之職。但從墓誌"判司邑下大夫，管轄胥徒，簿領繁凑，一官既效，万事皆理"的叙述看，"司邑下大夫"不像是掌管皇家織染之官，似有别於"司色下大夫"。而北周有"司城中大夫"②，亦不見於《通典》卷三九所載北周官品，不知所屬。不知"司城中大夫"與"司邑下大夫"是否有關。

誌文"周武帝特嘉其能，追入宿衛，授左侍上士"，大象元年（579）"入爲左少武伯下大夫。二年，累遷上儀同大將軍、左司武中大夫。十月，又轉右宫伯中大夫"。其中，"左侍上士"正三命，屬天官府；"左少武伯下大夫"當指夏官之正四命"左小武伯下大夫"；"右宫伯中大夫"屬天官府，正五命，此三職均爲宫廷警衛之職③。從《周書》卷四〇《尉遲運傳》"宣政元年（578），轉司武上大夫，總宿衛軍事"看，"左司武中大夫"也是宫廷宿衛之職。四職當中，"宫伯"尤其重要，《隋書》卷一二《禮儀志七》："後周警衛之制，置左右宫伯，掌侍衛之禁，各更直於内。"在557、572年兩次謀誅宇文護的策劃之中，都有宫伯參與。北周末年楊堅漸掌大權後，也提拔親信先後擔任此職，如"及帝親總萬機，召〔宇文述〕爲左宫伯"④，大象二年（580），又以自己的姐夫竇榮定"領左右宫伯，使鎮守天臺，總統露門内兩厢仗衛，常宿

① 王仲犖：《北周六典》卷七《冬官府》，頁489。
② 杜杲、楊素、鄭萬頃在北周曾任此職。分别見《北史》卷七〇《杜杲傳》，頁2429；《隋書》卷四八《楊素傳》，頁1282；《陳書》卷一四《南康愍王曇朗傳》，頁214。
③ 《隋書》卷一二《禮儀志七》，頁281。
④ 《隋書》卷六一《宇文述傳》，頁1463。

禁中"①。

誌文"開皇二年(582),敕領東土相州十二州兵"。大象二年,尉遲迥在相州叛亂,雖很快被平,但對山東地區建立有效統治的問題並未解決。因此,從李椿任右宮伯中大夫到領相州十二州兵可見,李椿是楊堅建隋過程中一個比較重要的人物。

王仲犖先生曾有一個推測,認爲司武大夫是北周在建德元年(572)或建德四年(575)的宿衛官員改革中由夏官武伯大夫改名而得,理由是"紀傳建德以前,無稱司武大夫者,建德以後,亦無稱武伯大夫者"②。王先生謹慎起見,沒有將司武大夫直接放在夏官府武伯大夫職下,而是單獨列出。而從此墓誌看,李椿在大象元年(579)任左小武伯下大夫、次年任左司武中大夫,可見,建德以後仍然有武伯一職,武伯和司武似乎是並立的官職,不存在建德年間改名的問題。

李椿之曾孫李則政墓誌:"曾祖椿,隋驃騎大將軍、虞州刺史、河東郡公。"③《隋書》卷三〇《地理志中》記河東郡安邑縣"開皇十六年置虞州,大業初州廢"。因爲李椿死於開皇十三年,所以李椿任"虞州刺史"的記載有誤。

---

① 《隋書》卷三九《竇榮定傳》,頁1150。

② 王仲犖:《北周六典》卷七《六官餘錄》,頁505。

③ 周紹良、趙超:《唐代墓誌彙編續集》聖曆015,頁371。

一五三　陶蠻朗墓誌

【誌文】

故齊戎招將軍袁水澠池二縣平越將軍墓誌銘并序

君姓陶，諱蠻朗，丹陽人也。發胤源於帝堯，聲藉聞諸舊史。家世相承，貂纓不絕。曾祖世宗，晋征南將軍，秦州刺史。晋朝遷改，因而土魏，莅民随官，仍住壽春。祖信之，衛大將軍，幽州刺史，范陽公。考智明，齊討寇將軍，新蔡郡。祖世清淳，金温玉閏，莫不器齊瑚璉，位鄰蕭鄗，司掌百僚，輔弼千乘。洎乎侯景作亂，江東三邊鼎沸，四郊多壘。齊主纂募淮南，英選江北豪家。風力鴻龍，爪牙貔虎。君於爾日誠謀果決，携劍膺募。内秉赤心，外甘勤苦，戎服所臨，每有成效。齊朝此州刺史王行臺深相寵異，特申薦表，蒙敕授戎招將軍兼袁水縣，次南道行臺歷陽王奉敕授平越將軍。及隋室龍興，遠求俊桀，随功授職，除澠池縣。斯乃重規沓矩，積功累德，發譽顯於蕃邦，馳聲被於鄉國。行固松筠，心澄水鏡，但生平有限，遂同風燭。開皇十年十二月廿六日遷神於宅，春秋六十有五。道俗傷嗟，官民嘆惜。嗣子寶定，孝性天成，攀號慟絕。今於開皇十四年歲次申寅正月丙申朔廿五日庚申，遷葬沘凌之野、仙嶺之東。故舊潛眸，交遊涕泗。冥然永往，與白日而長辭；邈矣遐年，共黄泉而自遠。蘭肴徒設，桂醑空陳，追此德音，乃爲銘曰：

邈矣人標，源夫帝堯，匡輔千乘，司掌百僚。文該武備，績著功超，冥然萬古，魂飛一朝。元正肇節，寒風猶切，桐卒圭亡，松枯劍滅。桂酒空陳，蘭肴虛設，百二誰開，三千永閉。蕭條荒隧，闃寂佳城，嗟斯獨往，誰不傷情。筠霜轉淥，水泠踰清，桑田難久，丘陵易平。交遊兩絶，無復逢迎。

【疏證】

陶蠻朗墓誌，1995 年安徽淮南賴山集出土，拓片圖版見江德珠《介紹淮南出土的隋〈陶蠻朗墓誌〉》，《書法》1998 年第 2 期。上文記墓誌十八行、行三十二字。但因圖版是剪裁原拓拼接而成，所以無法確切知道誌文行句格式。

陶蠻朗卒於隋開皇十年（590），終年六十五歲，則其生年爲北魏孝明帝孝昌二年（526）。陶蠻朗及其曾祖世宗、祖信之、父智明均不見於史傳。

誌文“洎乎侯景作亂，江東三邊鼎沸，四郊多壘。齊主纂募淮南，英選江北豪家”。547 年，東魏侯景發動叛亂。陶蠻朗正是趁此機會由南方進入北方，入仕北齊。

誌文“蒙敕授戎招將軍兼袁水縣”。《隋書》卷二七《百官志中》無“戎招將軍”，而有“戎昭將軍”，爲正七品上階。“袁水縣”，不見記載。《水經注疏》卷八：“瀧水即古袁水也。故京相璠曰：‘濟南梁鄒縣有袁水’者也。”鄒縣，在今山東鄒縣東南，自秦置後，至隋唐地理位置及名稱未見變化。此袁水縣可能爲新置縣，以古水名命名，在鄒縣附近。魏晉南北朝時期，地方豪強勢力發展，中央爲了籠絡他們，允許在他們所在地區設立州郡縣，同時也爲了獎勵軍功，造成了州郡縣大量增殖的現象①。爲了便於管理，加强對地方的控制，從北齊到隋，也一直在進行對

---

① 參陳仲安、王素《漢唐職官制度研究》，中華書局，1993 年，頁 168。

州郡縣的省併工作,如北齊天保七年(556),下詔"併省三州、一百五十三郡、五百八十九縣、二鎮二十六戍"①。隋則進一步省併,並從州郡縣三級制變成了州縣兩級制。這就是袁水縣置與廢的背景。

　　誌文"次南道行臺歷陽王奉敕授平越將軍"。在東魏北齊,歷陽王只有一位,是元景安,他在北齊後主武平三年(572)封歷陽郡王②。根據牟發松先生的研究,從東魏到北齊,形成了八大地方行臺,分別是幽州東北道行臺、朔州北道行臺、山東(河北)行臺、晉州行臺、河陽(河南)道行臺、豫州行臺、東南道行臺、揚州道行臺③。其中沒有次南道行臺,史傳中也未見次南道行臺的名稱。據《北齊書》卷四一《元景安傳》,元景安僅有一次出任行臺的經歷,即在天統四年(568)到武平六年之間掌管豫州行臺。天統四年"除豫州道行臺僕射、豫州刺史,加開府儀同三司。武平三年,進授行臺尚書令,刺史如故。……六年,徵拜領軍大將軍"。那麼,"次南道行臺"可能是"豫州道行臺"的另一名稱。平越將軍爲正八品下階。

　　誌文"開皇十四年歲次申寅正月丙申朔廿五日庚申"。開皇十四年爲甲寅,"申"爲"甲"之誤。

---

① 《北齊書》卷四《文宣本紀》,頁63。
② 《北齊書》卷四一《元景安傳》,頁543。
③ 牟發松:《東魏北齊的地方行臺》,《魏晉南北朝隋唐史資料》第9、10輯。

一五四　董季禄妻郝令墓誌

【誌文】

大隋開皇十四年歲次/甲寅五月甲午朔廿日癸丑/没故人董季禄妻郝令銘

【疏證】

　　董季禄妻郝令磚質墓誌,1988年出土於河北省隆堯縣西董磚廠,現藏隆堯縣文物保管所。拓片圖版見《隋唐五代墓誌匯編》河北卷頁8。《隋代墓誌銘彙考》第2册頁142—143有拓片圖版和參考録文。

　　從目前所見中原出土隋代磚質墓誌看,大多内容十分簡單,不過時間、人名、住址而已,而且這些磚誌質地粗糙、字迹不佳,可能爲當時平民所有。

一五五　崔大善墓誌

【誌蓋】

崔君/之銘

【誌文】

大隋伯陽縣開國男崔君墓誌銘并序/

君諱大善，字民滌，博陵安平人。自木德膺圖，終成帝師之/兆，炎靈御宇，獨擅文宗之稱。其後長瀾轉浚，遠葉弥繁。祖/猷，汲郡公，通侯絶席，暉映朝野。父仲方，固安公，秉文經武，/震聾荒壤。君誕育未逾一旬，即傾坤蔭。鳩車竹馬之歲，卓/爾不群。其後外氏贈衣，對之流慟，哀動内外，悲感傍人。譬/彼藍田，寔繁五德，方茲麗水，實生百練。雖孔融之幼惠，僅/堪爲比；鍾會之少學，纔可爲傅。年十一，封伯陽縣開國男。/大君有命，開國承家，媲以□□，世多嘉祉。至於彈射之巧，/足可穿葉啼猿；應對之才，堪使□賓卷舌。仲宣後至，蔡生/稱曰公孫；子真暫來，曹君號爲千里。以今方古，遠無慚色，/加以招延賓友，接聲填門，促席清言，莫不累日，或率尔體/物，或奮筆緣情，縱使祢劉之文，無以尚也。冀承藉先緒，□/世縉紳。何期天道迷爽，積善無報，俄棄人間，長隨鬼録。孔/鯉早没，實傷尼父之心；魏混先終，徒使陽元之哭。以開皇/七年丁未十二月十日，卒於陝州之境，春秋一十有七。便/以開皇八年戊申二月廿日權殯於平原鄉士望里。即以/開皇十五年乙卯二月庚寅朔七日丙申，遷厝於舊塋，乃/爲銘曰：/

眇尋前紀，逖聽嘉聲，長岑已降，世有才英。惟君岐嶷，少播/芳

名,与潘齊轡,將衛連衡。爰自五齡,返慕先妣,痛感鄰邑,／哀深
陟屺。仁孝俱布,未冠而仕,世之領袖,人倫杞梓。清文／既掞,
美譽將流,居諸不借,俄謝春秋。松寒月皎,鳥思雲愁,／于嗟風
燭,□落山丘。

【疏證】

崔大善墓誌,1998 年出土於河北省平山縣兩河鄉西岳村
北。拓片圖版見河北省文物研究所、平山縣博物館《河北平山縣
西岳村隋唐崔氏墓》,《考古》2001 年第 2 期。《隋代墓誌銘彙
考》第 2 册頁 154—155 有拓片圖版和參考録文。同地出土崔大
善之父崔仲方墓誌、母李麗儀墓誌。本書收李麗儀墓誌。

崔大善,字民滌,不見於史傳。據崔仲方墓誌,崔仲方有三
子,長子民壽①、第二子民滌、第三子民令,則崔大善是崔仲方次
子。李麗儀墓誌記長子名大德字民壽、次子名德宣字民滌,知崔
大善又名德宣。崔大善卒於隋文帝開皇七年(587),終年十七
歲,則其生年爲北周武帝天和六年(571)。

崔仲方墓誌記崔仲方前後有兩位夫人,前夫人李麗儀,後夫
人范陽盧氏。據李麗儀墓誌,長子民壽、次子民滌以及長女令珪
爲李麗儀所生,則第三子民令當爲盧氏所生。李麗儀死於北周
天和六年五月十七日,由崔大善墓誌“誕育未逾一旬,即傾坤
蔭”來看,崔大善也生在五月,李麗儀的死亡或許與崔大善的出
生直接相關。

崔大善祖崔猷,《魏書》卷五七、《周書》卷三五、《北史》卷三

---

① 《隋書》卷六○《崔仲方傳》,頁 1450,“子民壽,官至定陶令”。《北史》卷三二《崔
仲方傳》(頁 1179)作“民壽”。今參墓誌,《北史》爲是,當爲“民壽”。

二有傳。父崔仲方,《周書》卷三五、《北史》卷三二、《隋書》卷六〇均有傳,以《隋書》爲詳,崔仲方墓誌則提供了更爲詳細的資料。《隋書·崔仲方傳》記崔仲方"進爵安固縣公",《北史·崔仲方傳》作"固安縣公",中華書局點校本頁1197校勘記懷疑"固安"是"安國"的倒訛。今崔仲方墓誌、崔大善墓誌俱作"固安公",可見《北史》爲確,不必懷疑。

　　崔大善"年十一,封伯陽縣開國男"。這當是隋開皇元年(581)。據《隋書》卷二九《地理志上》天水郡條,北魏置伯陽縣,開皇中改名秦嶺縣。

　　開皇十五年"遷厝於舊塋"。李麗儀墓誌稱"改祔零壽縣修仁里臨山之大墓",崔仲方墓誌稱"言歸舊塋"。可見兩河鄉西岳村北一帶爲其家族墓地所在。

一五六　梅淵墓誌

【誌蓋】

梅君/墓誌

【誌文】

大隋隰城處士梅君墓誌/

君諱淵,字文叡,九江壽春人也。漢世仙人梅福,即/其後焉。祖遜,冠帶伊川,聿來汾浦,自茲厥後,因住/西河。考洛,披褐懷玉,藏名晦迹。君勁表異姿,齠年/藉甚。起家齊國參軍,及遭不造,攀慕如絕,至性荼/毒,扶而後起。學如拾芥,未以朱紫爲榮;服義基身,/不持名利涉想。積善無徵,早從物化,年卅七卒。夫/人李氏,柔恭靜順,光於内則。劬勞鞠養,實有深慈。/信心重法,妙識因果。春秋六十九而卒。今以開皇/十五年歲次乙卯八月丁亥朔廿三日己酉吉辰/合葬。長子醜,年廿八而卒。次子白駒,年卅八而亡。/並早擅風猷,信著鄉邑。哲人不永,相繼彫零。迺爲/銘曰:

江漢英靈,世載有德,汾澮物産,不虛其/則。若言羽化,排空振翼,如論事主,忠而能力。克隆/祖武,實光厥初,阜成嵬嶷,葉起扶疎。見賢思等,慕/薗同如,濁源斷谷,清流潤墟。閨門蕭穆,實有家風,/恭孝若閔,訓厲如融。復明因果,妙達苦空,兩樹影/滅,八解能通。山川寥廓,秋氣蒼茫,墳開舊土,壟插/新楊。一歸蒿里,徒述蘭芳,忽非過隙,逝水湯湯。

【疏證】

　　梅淵墓誌,1989 年出土於山西省汾陽縣城關鎮北關村。拓片圖版見山西省博物館、汾陽縣博物館《山西汾陽北關隋梅淵墓清理簡報》,《文物》1992 年第 10 期。又見《隋唐五代墓誌匯編》山西卷頁 2。《隋代墓誌銘彙考》第 2 册頁 162—165 有拓片圖版和參考録文。

　　這是一方夫婦及其兩子的合葬墓誌。梅淵及其妻子並不見於史傳。淮漢流域的梅氏,是漢晉以來的蠻族大姓。

一五七　謝岳墓誌

【誌蓋】

大隋故建/州平安郡/守謝府君/墓誌之銘

【誌文】

君諱岳,字榮宗,陳郡人也。昔殷不鑒夏,天命在周,各/樹懿親,以蕃王室。先人受茲赤土,苞此白茅,分彼本/枝,俾侯於謝。暨諸苗裔,因而氏焉。祖慶,魏荆州刺史,/志性深沉,珪璋特達,净如水鏡,艾若椒蘭。父憘,諫議/大夫,朝廷綱維,鄉閭領袖。君即公之元子也。君識亮/寬雅,才氣橫逸,節概不群,風神獨遠。年十八,召補信/州主簿。以君文諧宮羽,詞和金石,遂舉秀才,射策高/第。直門下省,詔授太尉府行參軍,加龍驤將軍,尋除/涇州長史。鴻漸尺棨,驪馳千里,時流夏雨,或散春風,/德著閨門,行滿天下。武平之季,遜事而歸。庭有義方,/巷無邪慝。及周統東夏,束帛丘園。乃應首册,版授平/安郡守。但災禽致禍,積善無徵,木折山頹,奄鍾君子。/春秋九十有三,開皇三年,薨於胡公里。以開皇十五/年十月廿四日,與夫人關氏,合葬邙山之陽。恐海移/地没,人遷物改,故勒徽猷,以傳來葉。其詞曰:/

赤雀呈符,白魚表德,建是蕃屏,成歸謝國。九族從順,/四民攸則,令色令儀,不愆不慝。其一。

我履前迹,堂構斯/在,巖巖若山,淵淵如海。外馳駿足,内光文彩,世有代/遷,棟梁無改。其二。

叢蘭正馥,霜雪忽摧,一辭人世,長還/夜臺。松烟恒慘,楊風屢哀,徒臨其穴,無復歸來。

【疏證】

　　謝岳墓誌,出土於河南省洛陽市,出土時間不詳,墓誌拓片圖版見《隋唐五代墓誌匯編》洛陽卷第 1 册頁 21,又見《北京圖書館藏中國歷代石刻拓本匯編》第 9 册頁 105。《隋代墓誌銘彙考》第 2 册頁 179—182 有拓片圖版和參考録文。墓誌銘辭之末,省略"其三"二字。

　　謝岳死於隋文帝開皇三年(583),九十三歲,則其生年當在北魏孝文帝太和十五年(491)。

　　謝岳父、祖不見於史。謝岳"年十八,召補信州主簿",時在北魏宣武帝正始五年(508)。北魏無信州,北齊始於陳郡置信州,太康縣所在的淮陽郡隸屬信州,見《隋書》卷三〇《地理志中》淮陽郡條。又《北齊書》卷四二《袁聿修傳》,袁聿修與陳郡謝氏一樣號稱出自陽夏,北齊天統年間,"出除信州刺史,即其本鄉也,時人榮之"。可見到北齊時,信州已經成爲陳郡人士的本州。北魏宣武帝時期,陳郡猶隸豫州,謝岳不得爲信州主簿。這很可能把墓誌寫作時的行政區劃與北魏的情況搞混淆了,畢竟已經過去將近九十年了。

　　謝岳"武平之季,遜事而歸",可能指他在北周滅齊之時棄職回家。北周時"版授平安郡守"。據誌蓋,平安郡屬於建州。平安郡不見於史,建州有安平郡,疑平安爲安平之誤。

　　謝岳妻關氏,或爲關明一族,請參看趙萬里《漢魏南北朝墓誌集釋》卷八對此墓誌的考察。

　　謝岳既仕北齊,可能也居鄴城,開皇初却死於洛陽,疑他也是在隋文廢毀鄴城之後遷到洛陽的。他死後十二年與妻關氏合葬,也就是等到關氏死後,纔正式營葬。

一五八　段威及妻劉妙容墓誌

【誌蓋】

周故使持節驃/騎大將軍開府/儀同三司甘河/洮三州諸軍事/三州刺史新陽/公段君之墓誌

【誌文】

周故開府儀同三司洮甘二州刺史新陽段公墓誌銘/

公諱威,字殺鬼,北海期原人也,其先自武威徙焉。昔西域都護建效於昆山,/破羌將軍立功於鮮水,本枝傍緒,英豪接迹,載德象賢,軒冕不墜。大父爰自/海隅,聿來朔野。瀆上之地,更爲武川;北方之强,矯焉傑立。考壽,滄州刺史。並/宇量宏遠,氣節高邁,展志業於當年,樹風聲於没後。而玉山珠澤,孕寶含珍,/丹穴蘭池,奇毛駿骨。公襟神早異,體貌不恒,俶儻出俗士之規,恢廓有丈夫/之操。控連錢而横宛轉,凌狡獸而落輕禽,固亦似畫若飛,超前絶後。至如兵/稱三略,陣有八圖,藏天隱地之形,左奎右角之勢,洞曉機變,潛運懷抱。尒朱/天柱奮武建旗,取威定霸,虛襟側席,延納奇士。乃引居麾下,委以折衝,每涉/戎行,亟展殊效,自奉朝請遷征虜將軍、内散大夫。齊神武匡朝作宰,復加禮/命,除朔州長史。沙苑失律,預在軍俘,周太祖昔經接閒,釋縛相禮,以爲帳内/都督,轉征虜將軍、太中大夫。又授撫軍將軍、通直散騎常侍、旅賁大夫。周受/禪,轉虎賁大夫,除使持節、洮州諸軍事、洮州刺史。地迩邊裔,俗雜戎羌,服叛/不恒,獷黠難馭。公懷遠以德,制强用武,曾未期稔,部内肅然。就拜驃騎大將/軍、開府儀同三司,進爵爲公,定封一千五百户。沙塞

之外，自古不羈，班朔和/戎，朝寄爲重，乃以公爲突厥使。燕山
瀚海之地，宣以華風；龍庭蹛林之長，展/其蕃敬。還除甘州諸軍
事、甘州刺史。絳節既轉，方赴竹馬之期；朱軒且駕，忽/共日車
同没。春秋六十有七，以建德四年七月十七日寢疾，薨於長安城
之/私第。贈使持節、河兆二州諸軍事、兆州刺史。夫人劉氏，諱
妙容，弘農人。祖康，/魏恒州刺史。父遵，儀同三司、荆州刺史。
世傳冠冕，門垂禮訓，夫人夙神凝粹，/性質端謹，始弘婦德，終擅
母儀。以大隋開皇十年四月十三日遇患薨，時年/六十三。胤子
上開府儀同三司、大鴻臚、河蘭雲石四州刺史、雲蘭二總管、太/
僕卿、龍崗公文振等，夙承教義，克荷析薪，永惟岵屺，哀纏霜露。
以十五年歲/次乙卯十月丙戌朔廿四日己酉，合厝於洪瀆川奉賢
鄉大和里。乃爲銘曰：/

洪宗盛緒，固柢深根，炳靈前葉，鍾慶後昆。乘軒之里，納駟之
門，挺兹髦傑，玉/璞金渾。志氣抑揚，風颺散逸，獵略書圃，縱横
劍術。霸后歷三，誠心唯一，屢錫/茅社，頻升戎秩。巷滿幡旗，
門施桦柏，高車右轉，長河西渡。鼓疊玄雲，笳吟朱/鷺，民吏咸
静，威恩並布。世同閲水，生類栖塵，塞亡光禄，城絶夫人。泉扃
積土，/隴樹行銀，垂芳騰實，万古千春。

【疏證】

段威及妻劉妙容墓誌，出土於陝西省咸陽市底張灣，出土時
間不詳，現藏中國國家博物館。拓片圖版見《隋唐五代墓誌匯
編》陝西卷第 1 册頁 2。《隋代墓誌銘彙考》第 2 册頁 196—200
有拓片圖版和參考録文。

段威卒於北周武帝建德四年(575)，終年六十七歲，則其生

年爲北魏宣武帝永平二年(509)。夫人劉妙容隋文帝開皇十年
(590)卒,終年六十三歲,則其生年是北魏孝明帝武泰元年
(528)。夫婦相差十九歲。劉妙容及其祖父劉康、父親劉遵,均
不見於史傳。

段威是段文振之父,《元和姓纂》卷九"遼西段氏"條記段文
振是東部鮮卑段匹磾之八代孫,又段威曾孫女段曇娘墓誌也自
稱"遼西令支人"①。可見,段威一支屬遼西段氏,爲鮮卑族。武
威段氏較遼西段氏更爲有名,墓誌稱"其先自武威徙焉",蓋託
武威段氏。

誌蓋上段威的結銜是甘、河、洮三州刺史,而首題則爲"洮、
甘二州刺史",從誌文看,段威生前先後任洮州、甘州刺史,死後
"贈使持節、河兆二州諸軍事、兆州刺史"。可見首題結銜是段
威的實際任職。段曇娘墓誌則記爲"周驃騎大將軍、開府儀同三
司、甘洮二州刺史、新陽段公",與段威墓誌首題同。《隋書》卷
六〇《段文振傳》:"父威,周洮、河、甘、渭四州刺史。"與以上
皆異。

段威先後任職於北魏、東魏,大統三年(537)東西魏沙苑之
戰中被俘,遂降於西魏。誌文"又授撫軍將軍、通直散騎常侍、旅
賁大夫。周受禪,轉虎賁大夫"。其中,旅賁大夫和虎賁大夫二
職,既不見於西魏北周,也不見於前後代,而且這兩個職名介於
文武之間,或許在西魏北周之際還存在一個我們目前尚不清楚
的職位序列。

《隋書·段文振傳》記段文振在開皇九年至十九年之間,曾

---

① 周紹良、趙超:《唐代墓誌彙編》永徽 008,頁 59。

任"雲州總管,尋爲太僕卿",由墓誌段文振"雲蘭二總管、太僕卿"之結銜,可知至遲在墓誌製作的開皇十五年(595),段文振已經改任太僕卿了。

一五九　張盛及妻王氏墓誌

【誌蓋】

張君之銘

【誌文】

隋故征虜將軍中散大夫張君之銘/

君諱盛，字永興，南陽白水人也。自開源命氏，分邑承/家，引派水於龍河，挺孫枝於玉樹。乃卿乃相，代有人/焉。唯德与才，無墜斯在。曾祖豐，衛將軍、本州大中正、/青州刺史。祖原，州主簿，加龍驤將軍，特除譙、梁二郡/太守。考濟，郡中正，尋遷給事中、潁川郡太守。君幼而/開朗，秀幹不世之資；早著奇名，果有棟梁之用。起家/郡功曹，尋轉左衛殿中將軍，仍加龍驤將軍。魏景明/年立勳歸國，蒙授積射將軍、秦州五零縣令。仕至征/虜將軍、中散大夫。宜此喆人，永毗家國，何圖命也，墜/彼先秋。以隋開皇十四年正月十五日終於相州安/陽縣脩仁鄉之第，春秋九十有三。/夫人王氏，南徐州人，右將軍散騎常侍澄城公凝之/女也。夫人乃神彩明潤，志調温敏。及作儷時英，穆如/琴瑟。開皇六年奄從運往，亡於靈泉縣西斗山之第，/時年六十有七。今開皇十五年歲次乙卯十一月十/八日，與先君同窆於相州安陽城北五里白素鄉。乃/爲銘曰：/

君子已歿，邦媛仍摧，共歸泉城，俱委塵埃。風悲隴樹，/泉寒夜臺，嗚呼永矣，有去無來。

【疏證】

　　張盛及妻王氏墓誌,1959 年出土於河南省安陽市豫北紗廠附近張盛墓。參考録文見考古研究所安陽發掘隊《安陽隋張盛墓發掘記》,《考古》1959 年第 10 期,又見《新中國出土墓誌》河南卷(壹)下册頁 2。拓片圖版見《隋唐五代墓誌匯編》河南卷頁 8 及《新中國出土墓誌》河南卷(壹)上册頁 3。據《隋唐五代墓誌匯編》,因蓋題過淺,失拓。按一般形制,當爲二行、行二字。

　　張盛卒於隋文帝開皇十四年(594),終年九十三歲,則其生年爲北魏宣武帝景明三年(502)。夫人王氏卒於開皇六年(586),終年六十七歲,則其生年爲孝明帝神龜三年(520)。

　　張盛及其曾祖豐、祖原、父濟,均不見於史傳。從他們分别擔任本州大中正、州主簿、郡中正來看,其家族爲南陽大姓。這與敦煌發現《唐貞觀八年五月十日高士廉等條舉氏族奏抄》(位 079)中南陽十姓以張氏居首的情況相合。張盛岳父澄城公王凝,亦不見於史傳。

　　誌文"起家郡功曹,尋轉左衛殿中將軍,仍加龍驤將軍。魏景明年立勳歸國,蒙授積射將軍、秦州五零縣令"。張盛生於景明三年,景明一共纔五年,張盛如何能在景明前起家、景明時期任職呢? 此句誌文難解。五零縣,不見於史傳。

　　誌文"與先君同窆於相州安陽城北五里白素鄉",參考出土地,可以推知隋安陽城及白素鄉的位置。

一六〇　羅達墓誌

【誌蓋】

大隋巴/渠公之/墓誌銘

【誌文】

大隋使持節行軍總管齊州刺史巴渠伯羅府君墓誌銘/

公諱達，字普達，代郡桑乾人，益州刺史尚之後也。自家形國，乃令/望於成都；遇主有人，遂遷居于京兆。公乃魏扶風太守保之孫，周/板儀同漢陽伯淵之世子。公實高揩自天，降靈川岳，幼而壯氣，長/挾雄武，性好風雲，便有將軍之志。起家即任太祖武元皇帝親/信。公以愛重弓馬，深意於六奇；尤尚干戈，遂布情於三略。因以陪/駕并州，即便鋒穎，於是光前絶後，公有力焉。遂以戰拔恒倫，功殊/賞異，因即蒙授都督，仍封巴渠縣開國男，食邑二百户。尋轉帥都/督。以柱國燕文公作牧神州，尔日光選，補公從事。既以勞效數彰，/屢僉戎典，俄遷大都督。又從大駕平并鄴、追高緯，公以勳超衆/旅，策遂不群，登即留兼齊州，仍任行軍總管。豈直并州郭汲，史著/善政之名；蜀國葛侯，典美奇兵之稱。至大象二年，皇帝初興霸/業，位總三分，始令諸侯儀形四海，以公先帝舊臣，特爲密勿，/詔授公儀同大將軍，進爵爲伯，增邑四百。及春宮創立，儲衛/須人，遂敕授公東宮右勳衛、車騎將軍。公既内充心膂，外任/股肱，便得無陋機權，於是更增隆秩，則詔授太子右監門副率，/仍轉上儀同。鏗鏘入侍，是謂德臣，撝施轅門，即充良將。但以浮生/易促，沉化難留，遘疾不痊，掩歸深夜。公春秋六十有一，薨於京第。/以開皇十六年歲次丙辰八

月辛酉朔廿九日己酉,葬於大興縣/滋川鄉長樂里白鹿原。且以
塞北燕山,空樹將軍之碣;河南縣下,/徒留刺史之碑。嗚呼哀
哉! 正恐青灰壞地,玄石天長,以記將來,乃/爲銘曰:/
汪汪万傾,嵒嵒千刃,壯氣不群,將軍獨進。再董元戎,頻釐幕
府,名/隆上國,儲君是輔。睠志未展,光影先馳,悲多濕草,露重
沾枝。百年/君子,万古留斯。

【疏證】

　　羅達墓誌,1982 年出土於陝西省西安市東郊郭家灘。拓片
圖版及參考録文見李域錚、關雙喜《隋羅達墓清理簡報》,《考古
與文物》1984 年第 5 期。

　　羅達卒於隋文帝開皇十六年(596),終年六十一歲,則其生
年是西魏文帝大統二年(536)。墓誌自稱爲"代郡桑乾人,益州
刺史尚之後"。益州刺史尚指羅尚,西晉惠帝時曾任益州刺史,
但據《晉書》卷五七《羅尚傳》,他是襄陽人,可見羅達墓誌是僞
託先祖。作爲"代郡桑乾人",羅達家族當屬六鎮武人。羅達及
其祖羅保、父羅淵,均不見於史傳。

　　羅達起家"太祖武元皇帝親信"。太祖武元皇帝是隋文帝
之父楊忠,《隋書》卷一《高祖本紀上》:楊忠在隋開皇元年二月
被追尊爲"武元皇帝,廟號太祖"。而誌文所謂"從駕并州",似
指北周武帝保定三年(563)楊忠進攻北齊并州事。

　　誌文"封巴渠縣開國男,食邑二百户"。按北周武帝天和元
年(566)以前,有二巴渠縣,均在今四川境内。《太平寰宇記》卷
一三七《山南西道五》開州萬歲縣條:"宋武帝又於此分置巴渠
縣,屬巴東郡。後周天和元年分巴東郡置萬安郡,改巴渠爲萬歲

縣,取縣北有萬歲谷爲名。隋開皇三年罷郡,以縣屬開州。"又同書同卷達州巴渠縣條:"梁大同中析置,以境在巴州宕渠内,故爲巴渠縣焉。隋初廢。"羅達所封,當爲其一。

誌文"以柱國燕文公作牧神州"。"燕文公"指于謹,封燕國公,謚文,《藝文類聚》卷四六載王褒撰《太傅燕文公于謹碑銘》可爲證。于謹死於天和三年(568),因此羅達任于謹從事當在此前。

北周大象二年(580),楊堅稱帝前夕,因爲羅達曾是楊忠的部下,即所謂"先帝舊臣",所以被楊堅作爲親信、加官進爵。此後,羅達又先後任"東宫右勳衛"和"太子右監門副率"二職。據《隋書》卷二八《百官志下》,太子右監門副率二人,正五品,"掌諸門禁"。因此職並未見於北周六官體制中,且楊堅立太子是在隋開皇元年,所以羅達任東宫官應是在隋開皇以後。上引李域錚、關雙喜文認爲羅達所任"並無有隋朝的官職",進而認爲楊堅建隋後"羅達再没有參預政治活動",似誤。

誌文"開皇十六年歲次丙辰八月辛酉朔廿九日己酉,葬於大興縣"。按開皇十六年八月是辛巳朔,二十九日正爲己酉。因此誌文"辛酉朔"爲"辛巳朔"之誤。

一六一　元伏和墓誌

【誌文】

君諱伏和，字伏和，河南洛陽人。始祖魏平文皇帝。自流資天漢，帶厚地而/成川；峙藉崐山，干重雲而起岫。彪昞緗素，昭彰鍾鼎，備諸耳目，可略而言。/曾祖陵，尚書令、司徒、高梁王。祖瓌，冀州刺史、司空，王襲先封。莫不武冠山/西，文高河朔，聲飛海內，譽滿京師。父孔雀，録尚書、大司馬、太尉、華山武王。/才苞世俗，道播黎氓。彤矢旅弓，朱户黃鉞，入朝不趨，劍履上殿，任窮天爵，/位極人臣。君積慶挺生，神彩秀異。譬諸荊嶺，實產連城；同彼漢川，是生明/月。目括五行，足馳千里。精穿豪末，非言巧於射猴；文差風頭，故無關於吞/鳥。笑無雙於黃子，嗤獨步於王生。年十一，州辟主簿。十二，除大司馬府參/軍事，尋轉給事。十八，授司空鎧曹。十九，除司徒記室。君皇枝帝族，敏惠夙/成，早預簪纓，民無異屬。於時静皇墜策，神武專權，並降前階，隨才叙用，遂/授徐州驃大府主簿。在任甫尔，土賊披狷。心運謀謨，躬擐甲冑，兇徒瓦解，/君有力焉。除太山郡守。及風滅火，五袴兩歧，境有避役之牛，車逢夾軒之/鹿。屬魏鼎潛移，齊圖昞著。本源既絕，枝派俱淪，前代爵品，皆從運革。天統/五年，有敕銓薦，無簡舊新。梁王蕭莊應詔表舉，遂授龍驤將軍、昌國縣令。/王濬勳高一世，陳寔德重當時，以我兼之，無慚前哲。未幾之間，頻丁荼蓼，/不食七日，泣血三年。武平元年，更授車騎大將軍、牟平縣令。開皇七年，任/汾州定陽縣令。呪童恢之虎，留時苗之犢，桴鼓不鳴，鳩巢廳事。春秋七十/有六，以開皇十四年卒於里舍。以十六年十一月十一日,與夫人穆氏合/葬邙山之陽。惟君万頃淵弘,千仞秀上,兼公孫喬之博物,同羊舌胗之多/知,到平子於清談,醉禦寇於秘術。所恨才同黄絹,無賞絶妙之詞;聲高緑/綺,罕識入神之調。曰仁者壽,宜其永年,忽逐夜川,誰不流涕。唯恐佳城石/椁,不冥著於滕公;遼水浮棺,無自言之孤竹。山谷一移,芬芳莫紀,故勒之/金石,以示將來。乃爲銘曰:/

緒自軒皇,瓜瓞悠長,君華君裔,或帝或王。司徒擅美,司空播芳,太尉特達,/銘著旂常。唯君乘慶,沖童稱聖,内苞三德,外兼百行。懸河泉涌,衢罇明鏡,/愈疾佯陳,針肓擬鄭。王公之胄,早預朝倫,崔方畫錦,孫同解巾。剖符馴雁,/專城泣神,鴞變東魯,盜入西秦。迅哉湍怒,危乎懸露,千月難周,百年已度。/思傾松櫝,悲興行路,空見童游,無聞禽呼。

【疏證】

　　元伏和墓誌,1949 年前出土,現存河南省孟津縣平樂鄉郭建邦家。拓片圖版和參考録文見《新中國出土墓誌》河南卷(貳)上册頁 268、下册頁 288—289。

　　元伏和,卒於隋文帝開皇十四年(594),終年七十六歲,則其生年爲北魏孝明帝神龜二年(519)。

　　墓誌稱"始祖魏平文皇帝","平文皇帝"即拓跋鬱律。其曾祖元陵、祖元瓌、父元鷙字孔雀在《魏書》卷一四和《北史》卷一五均有傳,元鷙墓誌也已發現①,墓誌稱"父〔元〕肱",與正史及

---

① 趙超:《漢魏南北朝墓誌彙編》,頁 342。

元伏和墓誌所記之"元瓈"不同,岑仲勉先生認爲當時"肱、瓈二字,音實相同,非有異也"①。

三種史料中對三人的結銜記録差别較大:

	魏書	元鷟墓誌	元伏和墓誌
元陵	襄邑男,進爵爲子	散騎常侍征虜將軍并州刺史	尚書令司徒高梁王
元瓈	柔玄鎮司馬	散騎常侍撫軍將軍冀州刺史	冀州刺史司空高梁王
元鷟	贈假黄鉞、尚書令、司徒公	贈假黄鉞侍中尚書令司徒公都督定冀瀛滄四州諸軍事驃騎大將軍冀州刺史,謚曰武	録尚書、大司馬、太尉、華山武王

如果説憑元鷟顯赫的地位有可能對其父祖追封的話,那麽從元伏和的經歷看,尚不足於此。因此其父祖結銜的依據,當來自元伏和之兄,襲爵華山王的元大器②。

誌文"年十一,州辟主簿"。元伏和生於 519 年,則此年是529 年,爲北魏孝莊帝永安二年。次年"除大司馬府參軍事",爲第七品上階③。東魏天平三年(536)、四年又分别任從六品下階的"司空鎧曹〔參軍事〕"和第六品上階"司徒記室〔參軍事〕"。此後,元伏和又任"徐州驃大府主簿",即驃騎大將軍府主簿,爲第七品下階,正合墓誌"静皇墜策,神武專權,並降前階,隨才叙用"之文。後又任"太山郡守",即"泰山郡守"。

誌文"天統五年,……梁王蕭莊應詔表舉,遂授龍驤將軍、昌國縣令"。蕭莊是梁元帝蕭繹之子,558 年即帝位,年號天啓,同

---

① 《元和姓纂》卷四,頁 430。
② 陸揚《從墓誌的史料分析走向墓誌的史學分析》,《中華文史論叢》2006 年第 4 輯,頁 114。
③ 《魏書》卷一一三《官氏志》,頁 3000。

年接受北齊的封號爲"梁主",560年被陳打敗後入北齊至和州,後主武平元年(570)被封爲"梁王"①。由此可知天統五年(569)時蕭莊尚未封梁王,當爲梁主。

這裏更值得注意的是元伏和自從任郡守後,他的仕途似乎發生了斷裂,即使從北齊建立開始算,也在經歷了近二十年的空缺後,纔在天統五年任昌國縣令,况且,由郡守到縣令也是有差距的。這是什麼原因呢? 墓誌有一個説法,即"魏鼎潛移,齊圖晒著。本源既絶,枝派俱淪,前代爵品,皆從運革"。這是指550年,北齊代東魏之際,"詔降魏朝封爵各有差"②。此詔是針對爵位,並未對職位。退一步而言,即使這個理由能夠部分地解釋職位之降低,也難以説明這近二十年的空缺。

《北史》卷六《齊本紀上》記東魏武定五年(547)八月"尚書祠部郎中元瑾、梁降人荀濟、長秋卿劉思逸及淮南王宣洪、華山王大器、濟北王徽等謀害文襄,事發伏誅"。"大器、瑾等皆見烹於市"③。其中華山王元大器也是元鷙之子④,當爲元伏和的兄弟。作爲兄弟,元伏和難免受到牽連,這或許纔是其仕途挫折的主要原因。因爲其從天統五年(569)任昌國縣令到武平元年(570)任牟平縣令時間不長,所以墓誌在兩事之間所謂"未幾之間,頻丁荼蓼,不食七日,泣血三年"云云,可能是指因元大器事件株連而遭到的困難。

一六二　趙長述墓誌

【誌文】

開皇十七年四月十九日雍州/長安縣脩仁鄉故民趙/長述銘,住在□遠坊。

【疏證】

　　趙長述磚質墓誌,1955 年出土於陝西省西安市西郊权楊村。參考録文見武伯綸《古城集》①頁 262、108,又見武伯綸《唐萬年、長安縣鄉里考》,《考古學報》1963 年第 2 期。拓片圖版見《隋代墓誌銘彙考》第 2 册頁 237—238。

---

① 　武伯綸:《古城集》,三秦出版社,1987 年。

一六三　賀若嵩墓誌

【誌蓋】

大隋上/儀同賀/若君銘

【誌文】

大隋上儀同車騎將軍北陸渾公墓誌/

公諱嵩,字阤羅。曾祖伏連,安富公。承藉豪/雄,世傳將相,從孝文卜居河洛,便爲桑梓。/父統,屬魏代兩分,擁旆關右,去北芒而來/西華,仍爲雍州長安人。周太祖雅相禮接,/贈司空哀公。公即哀公第六子,少小聰令,/文武備通。保定元年起家都督,尋除周譙/王府長史,領親信大都督。俄遷江州千乘郡/守,又任司衛都上士。大象元年,授儀同。二/年,已公巴蜀有勳,授上儀同。開皇六年,任/車騎將軍。十七年四月寢疾,未旬暴薨于/第,春秋五十八。以其年其月廿四日庚子/權瘞于長安縣龍首鄉。嗚呼哀哉,乃爲銘/曰:

雲州之孫,司空之子,世不乏/賢,傳芳襲美。方爲台鉉,忽迫崦嵫,千龜定/卜,駟馬縈悲。泉扉一閉,魂氣何之。

【疏證】

　　賀若嵩墓誌,出土於陝西省西安市,出土時間不詳,現藏陝西省西安市小雁塔保管所。拓片圖版見《隋唐五代墓誌匯編》陝西卷第 3 冊頁 5。拓片圖版和參考錄文見《隋代墓誌銘彙考》第 2 冊頁 239—241。

　　賀若嵩,隋文帝開皇十七年(597)卒,終年五十八歲,則其生

年爲西魏文帝大統六年(540)。《北史》卷六八《賀若敦傳》："曾
祖貸，魏獻文時入國，爲都官尚書，封安富縣公。祖伏連，仕魏，
位雲州刺史。"可知銘文"雲州之孫"是指其祖父曾任雲州刺史。
而墓誌"曾"字似衍，又稱賀若伏連襲爵安富公，與《賀若誼碑》
記載合①。

　　賀若嵩之父賀若統原爲東魏潁州長史，在大統三年(537)降
西魏，"拜右衛將軍、散騎常侍、兗州刺史，賜爵當亭縣公。尋除
北雍州刺史。卒，贈侍中、燕朔恒三州刺史、司空公，謚曰哀"②。
賀若嵩爲賀若統"第六子"，他的兩位兄長賀若敦和賀若誼在
《周書》、《北史》、《隋書》有傳。

　　誌文"保定元年起家都督，尋除周譙王府長史"。武帝保定
元年(561)賀若嵩二十二歲。譙王爲宇文泰第八子宇文儉，據
《周書》卷五《武帝本紀上》，宇文儉封譙王是在武帝建德三年
(574)，他在保定年間的爵位是譙國公。

　　誌文"俄遷江州千乘郡守，又任司衛都上士"。北周有二江
州，一在今四川，後廢州置隆山郡，另一在今湖北，至隋改名津
州③。賀若嵩所任不知是哪一個。"司衛都上士"爲北周太子東
宮的宿衛官員④，《北史》卷三〇《盧辯傳》："〔建德〕四年(575)，
又改置宿衛官員。其司武、司衛之類，皆後所增改。"

---

① 《八瓊室金石補正》卷二五《靈州刺史賀若誼碑》，文物出版社，1985 年，頁 165。
　參錢大昕《潛研堂金石跋尾》卷三，《嘉定錢大昕全集》陸，江蘇古籍出版社，1997
　年，頁 88。
② 《周書》卷二八《賀若敦傳》，頁 473。
③ 分見《隋書》卷二九《地理志上》隆山郡隆山縣條，頁 828；同書卷三一《地理志
　下》清江郡巴山縣條，頁 890。
④ 《唐六典》卷二八《太子左右衛及諸率府》，"後周東宮官員有司戎、司武、司衛之
　類"。頁 715。

賀若氏爲代人,是拓跋氏元從部落①,《北史》卷六八《賀若敦傳》與《隋書》卷三九《賀若誼傳》均記爲"河南洛陽人",爲賀若氏隨魏南遷後改。而賀若嵩墓誌稱"雍州長安人",顯係賀若嵩之父降西魏後,再次改籍。

---

① 王鳴盛:《十七史商榷》卷六八"代人"條,商務印書館,1959 年,頁 701。

一六四　斛律徹墓誌

【誌蓋】

故崇/國公/墓誌

【誌文】

公諱徹,字智通,朔州狄那人也。濫觴帶地,昭迴麗天,川瀆降神,精/靈誕慶。家傳宰相,世建高門,佐命負圖,衣袞相襲。曾祖金,齊相國、假黃鉞、咸陽忠武王。殊禮特尊,坐輦入殿。祖明月,齊左丞相,咸陽/嗣王。周贈使持節上柱國,恒朔趙安燕雲六州刺史,崇國公,邑五/千戶。匡世佐時,阿衡梁棟。父武都,咸陽國世子,尚義寧公主,除駙/馬都尉,特進、開府儀同三司,西兗梁東兗三州刺史,太子太保。周/贈使持節、上開府、懷平邠三州刺史。雄調亢悚,氣盖一時。公育自/椒房,長於戚里,台教所得,學不因師。伎藝之能,文武兼善,器業沉/邃,雅望凝閑。童卯在年,家屯禍難。既逢周武封墓表閭,繼絕存亡,/旌賢顯德。建德六年九月,蒙除使持節、儀同大將軍,襲祖崇國公,/戶邑如舊。俄屬鍾石變改,獄訟歸隋,品命如前,朝章不易。開皇十/年,還依前授,加右車騎將軍。至開皇十一年,蒙依前授崇國公如/本。公生逢百六之會,政值運數將亡,國難紛披,禍傾不測。煙竃未/盡,昆季僅存,時值休明,竊蒙恩獎。叨登上位,頻歷歲年,效力投軀,/願思報國。天不我與,奄忽途窮,蘭桂摧枯,風霜是及。以開皇十五/年十一月廿日薨于京師,春秋卅有三。以隋開皇十七年歲次丁/巳八月乙巳朔十七日辛酉,窆於并城之北十里。川原形勝,巖嶺/可觀,式寄玄珉,垂芳不朽。乃爲銘曰:/

地先居沛,家本依豐,千齡多幸,百福無窮。將門有將,公門有公,惟/我祖考,恒撫元戎。盛烈一時,威高二主,忠惟盡節,群凶橫侮。家/忽披昌,門傾宰輔,僅有遺類,不絕如縷。既遇明時,俄逢善政,未/施功力,頻蒙後命。叨忝天恩,心思水鏡,方慕積善,遂無餘慶。山/有敧斜,川多詰曲,巾車忽棄,翻亡風燭。草茂花紅,松青巖緑,慘見/鑴金,痛看埋玉。

【疏證】

斛律徹墓誌,1980 年山西省太原市西南郊沙溝村斛律徹墓出土。拓片圖版見山西省考古研究所、太原市文物管理委員會《太原隋斛律徹墓清理簡報》,《文物》1992 年第 10 期,又見《隋唐五代墓誌匯編》山西卷頁 3。另《山西碑碣》①頁 34—35 有拓片圖版和參考録文。

斛律徹卒於隋文帝開皇十五年(595),終年三十三歲,則其生年是北齊武成帝河清二年(563)。

斛律徹是斛律金之曾孫,斛律金家族是東魏北齊政治中的重要家族。斛律金父子先後任北齊左丞相,"子孫皆封侯貴達"。而且其家族與皇室聯繫密切,北齊初年,"詔〔斛律〕金孫武都尚義寧公主。成禮之日,帝從皇太后幸金宅,皇后、太子及諸王等皆從,其見親待如此",史稱其"一門一皇后,二太子妃,三公主,尊寵之盛,當時莫比"②。

誌文斛律金的結銜是"齊相國、假黄鉞、咸陽忠武王"。而《北齊書》卷一七《斛律金傳》,其謚號爲"武",與誌文"忠武"

① 山西省考古研究所:《山西碑碣》,山西人民出版社,1997 年。
② 《北齊書》卷一七《斛律金傳》,頁 221、222。

有異。

　　誌文“祖明月，齊左丞相，咸陽嗣王”。斛律金長子斛律光字明月，北齊天統三年（567）斛律金去世後不久，斛律光“襲爵咸陽王”，後主武平二年（571）十一月“斛律光爲左丞相”①。

　　誌文“周贈使持節上柱國，恒朔趙安燕雲六州刺史，崇國公，邑五千户”。北周將軍韋孝寬使用反間計，在北齊散佈斛律光要謀反的謠言。北齊後主受騙，在武平三年（572）七月，“下詔稱〔斛律〕光謀反”，殺了斛律光，“尋而發詔，盡滅其族”②。這也就是墓誌所謂“童卯在年，家屯禍難”。577年北周滅北齊後，周武帝追贈斛律光爲“上柱國、崇國公”，並感嘆説：“此人若在，朕豈得至鄴？”③此墓誌則保留了北周對斛律光更爲完整的追贈記録。據墓誌，同年九月，斛律徹“蒙除使持節、儀同大將軍，襲祖崇國公，户邑如舊”。

　　斛律武都是斛律光的長子，“光死，遣使於州斬之”。史稱斛律武都“所在並無政績，唯事聚斂，侵漁百姓”，作爲丞相世子、皇后之兄，他“性甚貪暴。先過衛縣，令丞以下聚斂絹數千匹以遺之”④。與史書記載相比，墓誌稱斛律武都“雄調亢悚，氣盖一時”，雖有溢美之嫌，但還是比較形象的。

　　《北齊書》卷一七《斛律光傳》：“光有四子。長子武都，……次須達，……次世雄，……次恒伽，……並賜死。光小子鍾，年數歲，獲免。周朝襲封崇國公。隋開皇中卒於驃騎將軍。”“驃騎

---

① 《北齊書》卷八《後主本紀》，頁105。
② 《北齊書》卷一七《斛律光傳》，頁226。
③ 《北史》卷五四《斛律光傳》，頁1971。
④ 分見《北齊書》卷一七《斛律光傳》，頁226；同書卷四四《儒林·石曜傳》，頁597。

將軍"在《北史》卷五四《斛律鍾傳》作"車騎將軍"。可疑的是：斛律鍾是斛律光的第五子，與"光有四子"相矛盾。若按《北史》，斛律鍾"周朝襲封崇國公。隋開皇中，卒於車騎將軍"，這與墓主斛律徹北周建德六年（577）"襲祖崇國公"、隋開皇十年（590）"加右車騎將軍"以及開皇十五年卒都極其相似。因爲"襲封崇國公"者不可能同時有兩人，又斛律徹字智通，鍾之反切恰爲智通，所以二者可能爲同一人。隋因楊忠而諱"忠"音字，斛律鍾因此而改名斛律徹也是有可能的。若此，因爲墓誌記斛律徹爲斛律武都之子，所以《北齊書·斛律光傳》記"光小子鍾"誤。這樣，斛律鍾並非斛律光之子，"光有四子"也就沒有問題了。上引《山西碑碣》第 34 頁在説明中稱"斛律徹，原名鍾"，甚是。

一六五　□徹墓誌

【誌文】

君諱徹，字仲達，韓州黎城人也。源夫三/代繼業，殷武王推天下之尊；五霸乘基，/宋襄公長諸侯之仁。是以家傳餘慶，無/絕昇降之朝；世不乏賢，長顯昏明之國。/趙上黨太守龍，君之九世祖也。桐鄉有/愛，託葬不歸，茅社懷恩，因封即住。故得/居爲冠族，處必豪家，公府貴於就徵，州/郡重其應命。高祖郎，州主簿。曾祖恭，郡/正。祖小，郡司功。父生，鎮遠將軍、并州府/司馬。年在弱冠，即入周行，乃除鎮東將/軍、廓州司士。六條斑政，事必經曹，万里/宣風，言多在職。又遷萇平郡守。春秋七/十有七，終于土里。大隨十八戊午之年，/十一月戊辰朔十八日乙酉，改葬大墓。/霜露有追遠之年，作書遺行，敢勒玄石。

【疏證】

　　□徹墓誌，出土於山西省黎城縣停河鋪鄉霞莊村，出土時間不詳，現藏黎城博物館，墓誌拓片圖版見《隋唐五代墓誌匯編》山西卷頁4。拓片圖版和參考録文見《隋代墓誌銘彙考》第2册頁297—298。

　　□徹，死於隋文帝開皇十八年（598），七十七歲，則其生年當在北魏孝明帝正光三年（522）。

　　關於□徹的姓氏，誌文沒有明確交待，這裏只能作一個推測。中古墓誌中，姓宋的人多將自己的先世追述到殷商和宋國，如本書所收的宋忻墓誌和宋循墓誌便是如此。從誌文"源夫三代繼業，殷武王推天下之尊；五霸乘基，宋襄公長諸侯之仁"一句看，誌主有可能姓宋。

一六六　封孝琰妻崔婁訶墓誌

【誌蓋】

封使君/夫人崔/氏墓誌

【誌文】

□□三司廣州刺史封公夫人崔氏墓誌銘/

夫人諱婁訶,博陵安平人也。祖習,并州刺史。父叔業,/汲郡太守。並作範衣纓,名流雅俗。夫人家傳舊風之/美,素受母師之訓,早著幽閑,夙稱貞静。及合巹時髦,/芳猷弥暢,四德内舉,六行外脩,淑問遍於親知,徽音/播於遐迩。庶与子偕老,騰兹茂實,遭命不諧,良人中/逝。晝哭避嫌之禮,得自天然;斷織慈教之心,率由本/質。加以秋霜等性,冬日均恩,執禮簡約,不好華侈。纂/組勤功,稆品節用,遂能志成閨閫,譽動鄉邦。豈謂天/寡報施,神聽多爽,以開皇十九年六月廿八日遘疾,/薨於冠蓋里舍,春秋七十二,以其年十一月十二日,/祔葬於舊塋。刊石泉門,式傳不朽。其詞曰:/

大風之胤,載祀傳芳。并州濟濟,汲郡堂堂。禀自胎教,/行舉名揚。一醮爲美,二族生光。嬪儀内穆,母德外彰。/旻天不吊,之子云亡。義歸同穴,隴樹成行。幽宫永閟,/玄夜攸長。

長子君礭,妻隴西李氏,父仁舒。/第二息君静。第三息君嚴。第四息公贊。/

長女僧兒,適同郡李明緒,父子貞,兖州刺史。/第二女阿尼,適安定梁孝讓,父子彦,儀同三司。/第三女饒弟,適范陽盧公禮,父師道。

【疏證】

封孝琰妻崔婁訶墓誌,1966 年出土於河北省景縣縣城東南的封氏古墓群,同時出土的還有其夫封孝琰墓誌,墓誌拓片圖版及參考録文,見河北省文物研究所墓誌小組《封孝琰及其妻崔氏墓誌》,《文物春秋》1990 年第 4 期;圖版又見《隋唐五代墓誌匯編》河北卷頁 9。

崔婁訶死於隋文帝開皇十九年(599),年七十二,則其生年當在北魏孝莊帝永安元年(528)。

《北齊書》卷二一《封隆之傳》附《封孝琰傳》:"〔孝琰〕與崔季舒等以正諫同死,時年五十一。子開府行參軍君確、君静等二人徙北邊,少子君嚴、君贊下蠶室。南安之敗,君確二人皆坐死。"可見封孝琰被殺後,其四個兒子或死或殘,崔氏的後半生不會幸福。

一六七　劉睦墓誌

【誌文】

隋故處士劉君墓誌銘／

處士諱睦,字元雛,景州長蘆人也。其先河間獻／王之後。浚源長而不竭,茂葉遠而未疎。祖據德／遊藝,宦止州郡。考苞仁履義,結綬王庭。處士心／靈爽朗,墻寓峻深,孝悌幼彰,風飈早茂。故能究／覈六經,諷覽百氏,爲先進之準的,作後生之儀／表。但幼喪所怙,母氏孀居,不尚忠義立名,唯以／孝敬爲務,乃埋韜光彩,推棄周行,春秋六十六,／以隋開皇十九年三月卒於里舍,其年十一月／廿三日窆之此所。恐陵谷貿遷,徽猷遂盡,乃爲／銘曰:／

縣縣世緒,泱泱洪族,豈止高門,寔爲世禄。猗歟／若人,温其如玉,懿是風猷,博兹典籙。孝敬施人,／友愛動俗,春秋尚富,遽委丘谷。

【疏證】

　　劉睦墓誌,河北省滄州市出土,出土時間不詳,現藏滄州市文物研究所。拓片圖版見《隋唐五代墓誌匯編》河北卷頁 10。《隋代墓誌銘彙考》第 2 册頁 307—308 有拓片圖版和參考録文。

　　劉睦,卒於隋文帝開皇十九年(599),終年六十六歲,則其生年是北魏孝武帝永熙三年(534)。其事迹不見於史傳。

一六八　獨孤羅墓誌

【誌蓋】

隋使持節/大將軍趙/國德公獨/孤君墓誌

【誌文】

大隋故使持節大將軍涼州總管諸軍事涼州刺史趙國獨孤德公墓誌銘/

公諱羅,字羅仁,雲内盛樂人,後居河南之洛陽縣。昔魏膺天籙,肇基朔野,同德/邁於十人,從王踰於七姓。公靈根惠葉,遥胄華宗,猶賈鄧之出穰宛,若蕭曹之/居豐沛。大父太尉恭公,逸氣標舉,高情磊落,公才夭於壠隧,衮職貴於松檟。父/信,太師、上柱國、趙國景公,攸縱自天,略不世出,秉文經武,匡國濟時,實有魏之/棟甍,生民之龜鏡。公即景公之元子,今皇后之長兄也。駿骨天挺,幼有絶電/之姿;全璞不雕,自成希世之寶。永熙之末,强臣擅命,長戟南指,鑾旆西巡。景公/捐家奉國,秉誠衛主。公遂播越兩河,流離三魏,而神劍雖隱,紫氣恒存,寶鼎自/沉,黄雲不滅。周平東夏,區宇一統,分悲之鳥,重集於桓山;韡盛之華,更茂於栘/樹。大象元年,授楚安郡守,導德齊禮,吏静民和。大象二年秋八月,除儀同大將/軍。皇隋上叶五精,光臨四海,繁數縟禮,義歸賢戚。開皇元年三月,除使持節、/上開府儀同大將軍,尋除領左右大將軍。冬十一月,轉右武衛將軍。二年,襲爵/趙國公,邑一萬户。十二年,拜大將軍、太子右衛率。絳闕丹墀,尊同就日,鳳條鶴/鑰,義比前星。公宦成二宮,名重百辟,文武並運,聲實兼舉。十三年,除使持節、總/管涼甘瓜三州諸軍事、涼州刺史。十八年，食益州陽安縣封一千户。此蕃路出／玉門，山連梓嶺，地多關塞，俗雜華戎。秋月滿而胡騎嘶，朔風動而邊笳咽。公威／能制寇，道足庇民，布政宣風，遠懷迩服。而朝光夕影，未息於銅壺；却死還年，空／傳於金竈。春秋六十有六，以十九年二月六日寝疾，薨於位。陟崗靡見，哀結於／椒宫；輟膳興嗟，悼深於蘭宸。粤廿年歲次庚申二月庚申朔十四日癸酉，厝於／雍州涇陽縣洪瀆原奉賢鄉静民里。王人吊祭，謚曰德公，禮也。惟公善風儀，有／器度，混臧否於外迹，苞陽秋於内府。物我莫見其異，愠喜不形於色，故能持盈／若虚，在終如始。可大可久，道著於生前；遺直遺愛，聲傳於殁後。而隴松百尺，詎／免於摧殘；華表千年，終歸於灰燼。乃爲銘曰：／

邈矣崇基，猗歟遠系，焉弈軒冕，嬋連胤裔。於穆景公，英威冠世，濡足授手，師王／友帝。圓魄降靈，方祇薦祉，以兹鼎族，鬱爲戚里。惟公挺秀，淵渟岳峙，鳳羽時戢，／龍翰終起。時逢啓聖，運屬惟新，升降丹陛，警衛紫宸。黼衣朱紱，暢轂文茵，宣／威振遠，樹德臨民。千月未穷，一生俄畢，哀鐸夜動，靈驂曉出。霍湊黄腸，縢銘白／日，今來古往，飛聲標實。

【疏證】

獨孤羅墓誌，1953 年出土於陝西省咸陽市底張灣。拓片圖版見夏鼐《咸陽底張灣隋墓出土的東羅馬金幣》，《考古學報》1959 年第 3 期。又見《北京圖書館藏中國歷代石刻拓本匯編》第 9 册頁 126、《隋唐五代墓誌匯編》北京卷第 1 册頁 10。拓片圖版和參考録文見《隋代墓誌銘彙考》第 2 册頁 312—315。

獨孤羅卒於隋文帝開皇十九年（599），終年六十六歲，則其生年爲北魏孝武帝永熙三年（534）。獨孤羅是獨孤信的長子，《周書》卷一六、《隋書》卷七九、《北史》卷六一有傳。但《隋書》本傳記“仁壽中，徵拜左武衛大將軍。煬帝嗣位，改封蜀國公。未幾，卒官，謚曰恭”。《北史》本傳也記“煬帝嗣位，改封蜀國公。未幾卒官，謚曰恭”。獨孤羅之卒年當以墓誌爲是，其謚號也應以墓誌記“德”字爲確。據獨孤信墓誌①，獨孤信生於宣武帝正始元年（504），則長子獨孤羅出生時年三十一歲。獨孤信第四子獨孤藏墓誌也已發現，本書收。

“大父太尉恭公”，這是隋初的追封，《周書》卷一六《獨孤信傳》：“追贈信父庫者使持節、太尉、上柱國、定恒滄瀛平燕六州諸軍事、定州刺史，封趙國公，邑一萬户。謚曰恭。”墓誌獨孤信的結銜也是隋朝追贈。

據《隋書·獨孤羅傳》，獨孤信534年入關時，並没有帶獨孤羅，所以他一直流落在東魏北齊，直到北周滅北齊後，楊堅的妻子獨孤氏派人找到了獨孤羅。因此獨孤羅的第一任官職是大象元年（579），任楚安郡守。兄弟團聚後，獨孤羅同父異母的兄弟看不起他，“諸弟見羅少長貧賤，每輕侮之，不以兄禮事也”，獨孤羅“不與諸弟校競長短，〔獨孤〕后由是重之”，隋追贈獨孤信趙國公後，在獨孤皇后的建議下，以獨孤羅襲爵趙國公。

誌文“開皇元年三月，除使持節、上開府儀同大將軍”。上開府儀同大將軍是北周武帝建德四年（575）新置②，隋開皇三年令中已經不見。獨孤羅開皇元年（581）任此職，説明開皇初年仍行用着北周的散實官系統。

---

① 趙超：《漢魏南北朝墓誌彙編》，頁480。
② 《周書》卷六《武帝本紀下》，頁93。《北史》卷三〇《盧辯傳》，頁1102同。

　　《隋書》卷二《高祖本紀下》記開皇十七年五月甲戌“以左衛
將軍獨孤羅雲爲涼州總管”，中華書局點校本校勘記認爲“獨孤
羅雲”即獨孤羅。又《隋書》卷五三《達奚長儒傳》：“高祖遣涼州
總管獨孤羅、原州總管元褒、靈州總管賀若誼等發卒備胡，皆受
長儒節度。”據《金石萃編》卷三九《賀若誼碑》，賀若誼卒於開皇
十六年（596）。那麼，涼州總管獨孤羅與靈州總管賀若誼等發卒
備胡事必在開皇十六年之前，也就是此前獨孤羅已經是涼州總
管了，這與墓誌“十三年，除使持節、總管涼甘瓜三州諸軍事、涼
州刺史”合。因此，或《隋書》本紀記載有誤，或開皇十七年任涼
州總管的獨孤羅雲與獨孤羅並非同一人。

　　《隋書》卷二九《地理志上》蜀郡陽安縣條：“舊曰牛鞞，西魏
改名焉，并置武康郡。開皇初郡廢。仁壽初置簡州，大業初州
廢。”由墓誌“十八年，食益州陽安縣封一千户”可知，在置簡州
前，陽安屬益州。

一六九　楊欽墓誌

【誌蓋】

大隋使持/節大將軍/清水敬公/楊君墓誌

【誌文】

大隋使持節上開府兆燕恒三州諸軍事太子左右宗衛率雲朔二州道行軍總管清/水縣開國公楊君之墓誌/

公諱欽，字長欽，弘農華陰人也。昔西漢定封，赤泉則傳侯五葉，東京論道，太尉則服衮/四世。豈直丞相貴臣，參廢興於博陸，樓船良將，獻兵録於世宗而已哉。祖颺，散騎侍郎、/朔州鎮將，蘭桂遽摧，故不臻遠大；父乂，大都督、金城魏興二郡太守，清水縣開國侯，食/邑八百户，贈淅州諸軍事、淅州刺史。公桑梓關輔，向背川岳，禀長河之浚靈，蘊高掌之/秀氣，凤標岐嶷，早懷倜儻，孝敬匪因師友，誠義得自胸襟。屬意兵書，窮龍虎之術，留心/劍伎，盡單複之能，州里推高，遠近歸慕。後魏三年，釋褐前侍中士。武成元年，以平洪和/賊勳，授大都督，敷西縣開國伯，邑六百户。天和元年，以芒山戰勳，進授使持節、車騎大/將軍，襲父爵清水縣侯，邑八百户。六年，以平梁老賊勳，授使持節、驃騎將軍、開府儀同/三司。竇霍戎章，羊鄧台服，疇庸既著，兼而有之。建德元年，增邑五百户，并前爲一千三/百户。至五年，蒙授兆州刺史。大象二年，授使持節都督恒州諸軍事、恒州刺史。公下車/布寬和之政，扇廉平之風，猾吏知耻而去官，貪夫感德而讓畔，無俟期月，聲績翕然。開/皇元年以平尉迴勳，授上開府儀同大將軍、太子左宗衛率。二年，授使持節都督燕州/諸軍事、燕州刺史,公震之以威風,被之以誠信,胡人於焉北牧,鵰騎不敢南窺,徼候無／虞,煙塵静息,斯則良臣光於千里,寧止明珠照乘者哉。三年,進爵清水縣開國公。七年,／又授太子右宗衛率。頃歲匈羯叛換,侵軼疆境。十八年,授雲朔二州道行軍總管。十九／年正月於軍所遘疾,仍事旋京,三月廿九日薨于長安縣醴成鄉仁訓里宅,春秋六十／有四。公器宇凝峻,頃量淵湛,喜愠靡形,澄撓莫變。讀學不求章句,立志願建功名,所輕／者財,所重者義。若夫彈冠膺務,推轂字民,或後殿前驅,契闊行陣,或夙興夜寐,劬勞禁／禦。經歷四紀,出入三代,曾未差以毫釐,乖於任使,可謂良吏良將、有始有終者也。二宮／軫悼,賵贈有加,詔謚曰敬公,禮也。曰以廿年歲次庚申二月庚申朔十四日癸酉,窆／于華州華陰縣潼關鄉通靈里之塋。輀旐具迾,簫鐸相誼,捐舊館而背終嶺,即新墳而／覩龍門。縑竹易歇,金石永存,勒芳猷於陰礎,庶等固於乾坤,乃爲銘曰:／

鋪觀篆籀,迻覽縑油,天下貴族,莫上君侯。赤泉起起,禽項寧劉,樓船烈烈,平閩定甌。降／靈不已,挺生君子,稚歲標奇,黃中擅美。尤長弓劍,頗涉經史,篤信有倫,至性無擬。灼灼／騰芳,峨峨昇仕,國步未康,寇結疆場。慷慨投筆,奮迅戎行,推鋒必勝,應變多方。獻捷璧／水,酬勳廟堂,叔子台命,去病戎章。鳴鐃迻戟,益賦開邦,燕恒闕政,推轂求才。秉文兼武,／帝曰爾能,攀轅惜去,騎竹欣來。匈奴未平,築第忘情,方夷瀚海,向掃龍城。凱歌未,薤露／露先鳴,撤祖舊殯,稅駕新塋。低松始迾,宿草方生,千秋百代,宅兆恒貞。／

夫人幽寧二州刺史扈敬女■
第二息世子孝感,年十四娶■

大女年十七,適上柱國觀國公■

【疏證】

　　楊欽墓誌,1977 年出土於陝西省華陰縣東源,張江濤個人收藏,拓片圖版和參考録文見《華山碑石》頁 23、247—248。墓誌末三行下半部各有二十字左右鑿缺殘損,張江濤説“似爲入土前所鑿”。銘辭中“凱歌未”之下奪一字,“薤露露先鳴”又衍一“露”字,録文一遵原貌。

　　楊欽及其父、祖,不見於北朝史籍。墓誌雖云楊震之後,然世系不明,而楊颺起自邊朔,似有冒認嫌疑。楊欽葬地在華陰縣潼關鄉通靈里,與弘農楊氏家族墓塋潼鄉習仙里不在一處,墓誌銘辭亦謂“撤祖舊殯,税駕新塋”。楊欽於開皇元年(581)官太子左宗衛率,七年爲太子右宗衛率。《隋書》卷二八《百官志下》:太子“左右宗衛,制官如左右衛,各掌以宗人侍衛”。雖然隋代有親信的異姓得爲太子宗衛率的,但是也有宗室任此職的情況,如高祖族父楊處綱①。而楊欽在開皇元年便得此任,很可能是被隋皇室認作疏屬,這也許和楊欽認宗於弘農楊氏有關。

　　墓誌説北周明帝武成元年(559)“以平洪和賊勳,授大都督、敷西縣開國伯”,這是指該年五月在洮水上游與吐谷渾的戰事,洪和是吐谷渾在今甘肅臨潭一帶的據點之一。《周書》卷四《明帝本紀》武成元年五月:“賀蘭祥攻拔洮陽、洪和二城,吐谷渾遁走。”亦見卷二○《賀蘭祥傳》、卷五○《異域下·吐谷渾傳》。楊欽應當是賀蘭祥、宇文貴麾下的將領之一。

---

① 《隋書》卷四三《楊處綱傳》,頁 1214。

　　楊欽死於隋文帝開皇十九年（599），終年六十四歲，則當生於西魏文帝大統二年（536）。墓誌所説“後魏三年”，指西魏恭帝拓跋廓之三年（556），時楊欽年二十一，起家爲前侍中士。

一七〇　王幹墓誌

【誌蓋】

王君之墓

【誌蓋內面】

君諱幹,字德貞,并州太原人也。自白虎已後,遂爲/亳州陳留人也。昔相秦滅楚,功業重於山河;背項/歸劉,英風震於天地。朱輪華轂,与鵬翼以爭飛;麗/組貂冠,映扶桑而獨聳。驃騎將軍定州長史伯之/孫,奉朝請著作佐郎興之子。大矣哉,秀氣之流/□,/君齔齒岐嶷,童子不群,識性早開,辭峰迴發。預聞/書表,懸解日蝕之餘;見議光陰,遥知月中之樹。及/乎學極書林,遍觀今古,府窮萬物之壖,高談百氏/之源,有類懸河,似關天縱。賈誼揆藻,纔入戶牖之/間;戴憑義□,終坐廊檐之外。是故先達仰止,本異/高山,後生興□,實準明德。周大定元年,釋褐亳州/總管府參軍,陳力就位,非其志也。大象二年,賊帥/獨孤讓來逼亳州,鼓震春雷,劍照秋月,懸門已入,/武庫將登。長史裴□仁,以君志非人下,智在物外,/濡足授手,使領偏軍。君於是衝冠裂目、執銳被堅、/據□虎視、拔劍雷息,斬長蛇而存楚都,戮封豕/而/復燕國,君預其功也。長史乃依大丞相書,授大/都督,仁必有勇,此之謂乎。及□將知命,擯落市朝,/興出雲霞,情遷山水,□□□□方承,奄然遘疾,以

【誌文】

大隋開皇一七年正月二日卒於家,春秋五十/有五,以廿年三月十三日遷葬於亳州城北小/黃縣純宜鄉渦水之陽二里也。君以

羽翮騰聳,/冀驥首於□路;風神□□,奄沉骨於山門。恨□/寒松,悲纏思鳥,□□□早丁酷□,□□□已流,扣/地號天,追□□□□□□□□譽,頻舉風流,恐/與霜露俱銷,丘隴同滅,興感崩絶,謹扶□□,敬/悲鄉人。前□州行參軍沈君宜爲銘,簿傳盛德,/豈敢述哀。其詞曰:

姜嫄感祚,季歷開姓,因/秉丹書,遂乘天鏡。及分來葉,各稟先聖,金玉相/暉,冠蓋交映。其一。

祖考令望,君承秀美,明月入懷,/清風四起。身居一室,志在千里,長卿武騎,非其/好□。其二。

下學上達,田家隱名,既招叔夜,復召淵明。/風雲聞上,琴酒縱橫,此情方洽,朝露俄傾。其三。

佳/城置酒,深谷虚簣,墓門人斷,松路風多。昔時遊/陟,但見山河,月如秋扇,徒傷經過。其四。

高山墜壤,/丘隴頹封,君子之道,誰記如龍。故鐫玄石,閟此/深松,貽諸來彦,見德傳風。其五。

【疏證】

　　王幹墓誌,1973 年出土於安徽省亳縣機制磚瓦窯場附近的王幹墓。墓誌是用兩方青石刻成,上石成盝頂狀,中刻"王君之墓"四字,無拓片圖版,不知形制,按一般情況,當爲二行、行二字。誌石拓片圖版見亳縣博物館《安徽亳縣隋墓》,《考古》1977年第 1 期。拓片圖版和參考録文又見《隋代墓誌銘彙考》第 2 册頁 325—328。

　　王幹卒於隋文帝開皇十七年(597),終年"五十有五",則王幹生於西魏文帝大統九年(543)。王幹及其祖伯、父興,均不見於史傳。

誌文"周大定元年,釋褐亳州總管府參軍"。北周静帝大象二年(580)五月,楊堅任左大丞相①。《北史》卷七三《梁士彦傳》:"隋文帝〔楊堅〕作相,轉亳州總管。"因此,當王幹大定元年(581)任亳州總管府參軍時,亳州總管爲梁士彦。

誌文"大象二年,賊帥獨孤讓來逼亳州"。大象二年五月楊堅任左大丞相後,六月,相州總管尉遲迥舉兵反叛,其手下"大將軍檀讓攻陷曹、亳二州,屯兵梁郡"②,檀讓後被于仲文擊敗,"解亳州圍"③。由此,誌文所記"賊帥獨孤讓"疑即爲"檀讓"。檀讓可能是在西魏曾被賜姓獨孤。又從墓誌"懸門已入,武庫將登"看,亳州的情況十分危急,但並未被佔領,因此"解亳州圍"更爲準確。墓誌先述大定元年事,再述大象二年事,顛倒時間順序,不知何故。

① 《周書》卷八《静帝本紀》,頁 131。
② 《北史》卷六二《尉遲迥傳》,頁 2212。
③ 《隋書》卷六〇《于仲文傳》,頁 1453。

一七一　楊士貴墓誌

【誌文】

仁壽元年正月廿六日,長安縣/禮成鄉洽恩里住居德/坊民故楊士貴銘記。

【疏證】

　　楊士貴磚質墓誌,1955 年出土於陝西省西安市西郊权楊村,石藏西安碑林博物館。拓片圖版和參考録文見《隋代墓誌銘彙考》第 2 册頁 359—360。

一七二 成公蒙及妻李世暉墓誌

【誌蓋】

成公/府君/墓誌

【誌文】

隋故成公府君墓誌銘序

君諱蒙,字永錫,東郡人/也。世誕才子,偃仰茂林之中;族出仙人,飛翔華岳之/上。豈直常山誓旅,方識英賢,魚嶺逢車,始知神女而/已。祖康,長都督州主簿。父欐,涼城郡平正。君少而聰/敏,禀自生知,志氣縱橫,盖資天性。彎弧寫月,雲間落/雁之功;撫劍如霜,竹林遇猿之術。釋褐皂服從事,轉/户曹參軍事,復徙法曹參軍。魁岸雄傑,爰登卿望之官;/風力高明,乃踐蕃僚之位。俄遷武威郡,尋除大城、力乾二/令。恤民以惪,神雀來儀;布政以懃,嘉禾滋蔓。兼深該六/度,洞曉三乘,大啓信心,弘斯憘捨。而驚波易逝,隟影難/□,春秋七十有四,開皇四年歲次甲辰三月五日卒。夫人/諱世暉,隴西李氏。祖造,涼州長史;父善,武安軍主。夫人/尅宣令淑,貞質幽閒,德被公宫,聲流彤管。天道茫昧,与/善無徵,粤廿年十二月廿四日薨,時年七十。以大隋仁/壽元年太歲辛酉三月甲申朔廿六日己酉合葬于/姑臧縣顯美鄉之藥水里。天地長久,陵谷遷移,述此/芳徽,揚名不朽。其詞曰:

宗源渺渺,苽瓞綿綿。風流/譽望,世有仁賢。顯允夫子,芳潔華鮮。温慈孝友,玉潤/□□。□□□賦,民吏歌傳。室家貞吉,柔順姝妍。如何不淑,共/□□□。□□□首,月照松帷。佳城鬱鬱,三千有期。

【疏證】

　　成公蒙及妻李世暉墓誌,二十世紀七十年代出土於甘肅省武威市北郊金羊鄉宋家園村。拓片圖版及參考録文見甘肅省武威市博物館黎大祥《甘肅武威發現隋唐墓誌》,《文物》1993 年第10 期。

　　上引文認爲誌主名"成蒙",誤。此誌誌蓋和首題均爲"成公府君",可見復姓"成公"。《通志》氏族略第五"以爵謚爲氏"條有"成公氏"。又墓誌記他是"東郡人也"。據《元和姓纂》卷一公成(成公)條,"成公氏"郡望爲東郡白馬縣。《晋書》卷六一、卷九二成公簡、成公綏之本傳都記爲東郡人。唐初成公夫人墓誌稱爲"滑州圍城人"①,據《元和郡縣圖志》卷八《河南道四》滑州條,滑州就是秦至隋之東郡。可見,東郡爲成公氏之郡望。由以上兩點,誌主姓成公名蒙無疑。又《隴右文物》2000 年第 2期載梁繼紅《武威古代碑銘提要》、《魏晋南北朝隋唐史資料》第18 輯載汪小烜《1990～1999 年新出漢魏南北朝墓誌目録》都將此墓誌誌主定名爲"成蒙",亦誤。

　　成公蒙,隋文帝開皇四年(584)卒,終年七十四歲,則其生年爲北魏宣武帝永平四年(511)。夫人李世暉,開皇二十年(600)卒,終年七十歲,則其生年是北魏節閔帝普泰元年(531)。

　　誌文"祖康,長都督州主簿"。"長都督",不可解。又"父欄,涼城郡平正"。《水經注》卷三河水條注:"沃水又東北,流注

① 　周紹良、趙超:《唐代墓誌彙編》永徽 040,頁 157。

鹽池。……池北七里即涼城郡治。"地在今内蒙古涼城縣北。《魏書》卷一〇六上《地形志》作"梁城郡",誤①。"平正"當爲"中正"因隋諱而改。北魏郡中正爲郡屬官,由太守辟屬。

成公蒙釋褐"皂服從事",此爲北朝州屬官,若據《隋書》卷二七《百官志中》,在上上州州屬官系列中,有"皂服從事",地位在"部郡從事"下,北齊諸州部郡從事爲視從第九品,因此,"皂服從事"也不應高於此品,甚至應屬無品。他後轉户曹參軍事、法曹參軍,"參軍"是州中府官系列,地位高於州官系列,爲流内官。

誌文"合葬于姑臧縣顯美鄉之藥水里"。此地原設有顯美縣,北周時被廢入姑臧縣②。由此墓誌可知,顯美縣被廢後成爲了姑臧縣的一個鄉。而藥水里的確切方位也可由出土地點定爲今武威市北郊金羊鄉宋家園村。

---

① 參王仲犖《北周地理志》北魏延昌地形志北邊州鎮考證,頁1056。
② 《隋書》卷二九《地理志上》武威郡姑臧縣條,頁815。

一七三　王基及妻劉氏墓誌

【誌蓋】

王君/墓誌

【誌文】

君諱基,字鴻業,太原祁人也。後漢/河間相嘉之十三世孫。魏永安之/末,尒朱構亂,僕射劉助建義旗於/河北,乃引君車騎府城局參軍。然/小人道長,助爲逆臣所破,君微服/潛行,遂歸故里,士郡爲主簿,□守/墳墓。以齊武平七年,年七十,卒於/家館。妻河間劉氏,後漢太常/卿劉旗之十一世孫也,河間郡正/顯鳳之妹。大隋開皇四年,年/亦七十,卒於家。仁壽元年歲次辛/酉十月辛亥朔十日庚申,合葬於/義方鄉文簡里。

【疏證】

　　王基及妻劉氏墓誌,1966 年至 1976 年間出土於河北省獻縣城關鎮磚瓦窯村,現藏獻縣文物保管所。拓片圖版見《隋唐五代墓誌匯編》河北卷頁 12。拓片圖版和參考錄文見《隋代墓誌銘彙考》第 2 冊頁 401—403。

　　王基卒於北齊後主武平七年(576),終年七十歲,則其生年爲北魏宣武帝正始四年(507)。劉氏卒於隋文帝開皇四年(584),終年七十歲,則其生年是北魏孝明帝延昌四年(515)。王基及妻劉氏均不見於史傳。

　　誌文"尒朱構亂,僕射劉助建義旗於河北"。劉助,不見於史傳,但從墓誌描述其經歷看,疑即劉靈助。據《魏書》卷九一

《劉靈助傳》，他在孝莊帝時，領幽州大中正、兼尚書左僕射。前廢帝普泰元年（531）二月，劉靈助"自號燕王、車騎大將軍、開府儀同三司、大行臺"，爲莊帝舉義兵於薊①。他煽動百姓反對尒朱氏，唱言"尒朱自然當滅，不須我兵"，由此幽、瀛、滄、冀之民悉從之。三月，劉靈助戰敗被擒，斬於定州。從劉靈助任僕射，起兵河北，百姓參加，到被擊敗，都與墓誌所記劉助經歷相合。因此，此劉助應即劉靈助。

王基妻劉氏，"河間郡正顯鳳之妹"。劉顯鳳，不見於史傳。由墓誌出土地可知葬地"義方鄉文簡里"在今河北省獻縣城關鎮磚瓦窯村一帶。

---

① 時間、地點見《魏書》卷一一《前廢帝本紀》，頁274。

一七四　王季墓誌

【誌蓋】

王府/君之/墓銘

【誌文】

君諱季,字肆郎,長樂信都人也。本系/周儲,世居汾晋。父霓,任長樂郡守。因/官卜處,遂宅此焉。君起家爲驃騎/府長史,非其好也,乃去職言歸,頤神/丘壑。以大隋開皇十九年十二月/十八日卒,時年八十。仁壽元年十月/十日,安厝於冀州城西廿里扶柳鄉。/勒銘泉壤,以誌徽猷,其詞曰:/

契龜岐下,來鳳洛濱,盛德之胤,世有/通人。惟君嗣美,資和秀立,孝友因心,/仁義匪習。晦迹廊廟,託情仙府,未/遇兩童,飜夢二竪。林疎鳥思,地迥墳/孤,唯餘神道,空禁蕉蘇。

【疏證】

　　王季墓誌,出土於河北省冀縣,出土時間不詳,現藏景縣文化館。拓片圖版見《隋唐五代墓誌匯編》河北卷頁11。拓片圖版和參考録文見《隋代墓誌銘彙考》第2册頁405—407。

　　王季,隋文帝開皇十九年(599)卒,終年八十歲,則其生年是北魏孝明帝神龜三年(520)。王季及其父王霓並不見於史傳。

一七五　尉遲運妻賀拔毗沙墓誌

【誌文】

隋故上柱國盧國公夫人賀拔氏墓誌/

夫人諱毗沙,河南洛陽人也。昔金行委馭,玄曆肇開,廓恒岱而
爲基,遷/伊洛而定鼎。世出良將,勒班固之銘;門有賢臣,入王
褒之頌。祖度,肆州/刺史、龍城伯。宇量淵深,天骨疎朗,憑風
雲而鼓動,騁龍驤以騰驤。父勝,/太師、太宰、琅琊獻公。憲章
宸極,舟楫生民,膺台輔之星明,表丹青之神/化。夫人性理端
莊,風儀婉娩,内懷冰碧,外散芳蘭,動必觀圖,辭不越禮。/尉氏
襲龜組之榮,復公侯之業,二門並盛,兩族俱華。各引龍鳳之旗,
同/纂鹽梅之鼎,猗歟淑媛,作儷民英。爲絺綌而著婦工,採蘋藻
以宣柔德。/躬勞錦室,弄杼秋機,親往桑津,浴蠶春水。既有文
而歸魯,因有禮而開/封。以秩從夫,光膺寵命,保定三年,授宜
州宜君郡君。建德三年,授廣業/國夫人。宣政元年,授盧國夫
人。言行無玷,質異白珪,觀察見機,鑒同明/鏡。窺嵇康於牆
裏,遠識賢才;辯蘧瑗於車聲,預昭仁智。諫荆王之獵,不/食鮮
禽;矯齊后之心,詎聽繁樂。大隋受命,授盧國太夫人。治絲教
績,/克勤以勵衆姬;廣被重茵,招賢以成諸子。戒文伯之奉劍,
更事嚴師;反/田稷之遺金,遂稱廉化。以兹閨訓,弘此家聲,儀
範盡於甘泉,節行光於/彤管。既而風樹不停,露塵難久,遽潛輝
於漢域,忽斂彩於崐峰。開皇十/九年七月一日,薨於第,春秋五
十八。粵以仁壽元年歲次辛酉十月辛/亥朔廿三日癸酉,合葬於
雍州涇陽縣奉賢鄉靜民里。山栖兩鶴,猶有/聞天之聲;匣瘞雙

龍,空表侵星之氣。嗚呼！嗣子靖等,陟屺無見,過庭致/感。絕
漿泣血,毀瘠以居喪；冒雨懼雷,銜號而繞墓。乃爲銘曰：/
帝城近親,宛葉故人,箕星降説,嵩岳生申。續宣王室,功濟蒸
民,家承赤/鼎,世載朱輪。應圖湘水,開祥巽位,婉孌戀儀,神襟
清懿。玉顏辭趙,珠光/照魏,肅慎中閨,虔恭内饋。克勒絺紘,
不廢紘綖,遷宅訓子,大被招賢。丹/無金竈,草乏瓊田,飛劍没
水,入月經天。昔懽合卺,今悲同穴,蠶薄徒埋,/魚燈遽滅。松
寒帳冷,谷深雲咽,勒石泉宫,流芳無絶。

【疏證】

　　尉遲運妻賀拔毗沙墓誌,二十世紀八十年代末出土於陝西
省咸陽底張灣,與其夫尉遲運墓誌同墓出土。由於過於殘缺,看
不到誌蓋上的刻字,誌石拓片圖版及參考録文見《中國北周珍貴
文物》頁 107—108。其夫尉遲運墓誌,本書收。

　　賀拔毗沙,卒於隋文帝開皇十九年(599),終年五十八歲,則
其生年爲西魏文帝大統八年(542)。小其夫尉遲運三歲。

　　誌文云："祖度,肆州刺史、龍城伯。"賀拔度,又名賀拔度
拔,《魏書》卷八〇、《北史》卷四九有傳。據《魏書》本傳,賀拔度
曾襲父爵龍城男,死後追贈安遠將軍、肆州刺史。墓誌記"龍城
伯",當是後又有追封。誌文"父勝,太師、太宰、琅琊獻公"。賀
拔勝,《周書》卷一四、《北史》卷四九有傳,賀拔勝生前爵至琅邪
郡公,大統十年死後"贈定冀等十州諸軍事、定州刺史、太宰、録
尚書事,謚曰貞獻"。

　　墓誌對賀拔毗沙獲封記載明確,她"保定三年(563),授宜
州宜君郡君。建德三年(574),授廣業國夫人。宣政元年

（578），授盧國夫人”。北周保定二年“閏月己丑，詔柱國以下，帥都督以上，母妻授太夫人、夫人、郡君、縣君各有差”①。可見北周保定二年後是以散秩（戎秩）的序列封母妻的。一般來説，夫爲開府儀同三司，妻可封郡君；夫爲柱國大將軍、大將軍，妻可封夫人。

據尉遲運墓誌，尉遲運在北周大象元年（579）葬於“咸陽郡涇陽縣洪瀆鄉永貴里”，而賀拔毗沙隋仁壽元年（601）葬於“雍州涇陽縣奉賢鄉静民里”。因二墓誌同墓出土，所以北周涇陽縣洪瀆鄉永貴里與隋涇陽縣奉賢鄉静民里同地，其間鄉里名稱有所變化。

---

① 《周書》卷五《武帝本紀上》，頁66。

一七六　楊宏墓誌

【誌蓋】

大隋帥/都督楊/君墓誌

【誌文】

大隋宗衛帥都督楊君墓誌/

君諱宏，字娑羅，弘農華陰人也。源夫開國承家，公侯/繼踵。西漢則赤泉啓邑，累世傳於茅社；東京則太尉/論道，弈葉服於袞章。曾祖鈞，魏司空、臨貞文恭公。祖/暄，殿中尚書、華州刺史、臨貞忠公。父文立，儀同三司、/華陰伯。並秉武操文，紆青拖玉，英猷茂績，寔高魏代。/君系基鴻緒，質禀純和，爰在弱年，不群童輩，學識雖/因外獎，孝友得之自然。臨財每廉，論交必信，是以鄉/塾見稱，州閭歸美。釋褐周宋王府參軍，策名盛府，參/政英蕃，趨奉賢王，殊蒙禮遇。開皇初，選補宗衛帥都/督。淹留禁衛，未展殊功。舊迅從戎，志立奇績。降年不/永，以開皇十九年五月於朔州感疾，終于軍幕，春秋/卅有七。粵以仁壽元年歲次辛酉十月辛亥朔廿三/日癸酉，窆於華陰東原之舊塋。陵谷有遷，緗油易朽，/勒芳徽於沉石，共天壤而長久。迺爲銘曰：/

眇眇長瀾，綿綿鴻族，五葉赤泉，十人丹轂。維祖維父，/軒冕載復，降福未已，篤生令子。尤便弓劍，頗涉書史，/矜莊私室，恪懃出仕。禁衛彌年，奇節匪宣，慷慨戎伍，/展力緣邊。功業未就，人世遽捐，一辭白日，永閟玄泉。/荒蕪草徑，蕭瑟松阡，春蘭秋菊，萬古恒傳。

【疏證】

　　楊宏墓誌,陝西省華陰縣出土,現藏河南省千唐誌齋博物館。拓片圖版和參考錄文見《隋代墓誌銘彙考》第 3 冊頁 1—4。錄文又見李獻奇、周錚《北周、隋五方楊氏家族墓誌綜考》,《碑林集刊》第七輯頁 60—61。

　　楊宏,隋文帝開皇十九年(599)卒,終年四十七歲,則其生年爲西魏廢帝二年(553)。楊宏及其父文立均不見於史傳。墓誌記其曾祖鈞、祖暄、父文立。本書收楊濟墓誌云"君諱濟,字文立,……祖鈞,……父暄",由此,楊濟當爲楊宏之父。據楊濟墓誌,楊濟死於魏後元年(554),故楊宏從小喪父。

　　誌文"釋褐周宋王府參軍"。上引李獻奇、周錚文認爲宋王指宇文實,甚是。《周書》卷一三《宇文震傳》記宇文實"建德三年(574),進爵爲王。大象(579—580)中,爲大前疑。尋爲隋文帝所害,國除"。楊宏任宋王府參軍當在此期間。

　　楊宏"開皇初,選補宗衛帥都督"。據《通典》卷三〇《職官十二·左右司御率府》,隋文帝時設宗衛,分左右,隸屬東宮系統,"掌以皇族侍衛"。

一七七　楊素妻鄭祁耶墓誌

【誌文】

大隋越國夫人鄭氏墓誌/

夫人諱祁耶，滎陽開封人。昔都鎬邑，酆肇□□□□□□/譽表緇衣，聲傳革履，暨有魏之藻鏡，流品澄□□□□□/爲盛門。祖道穎，魏開府儀同三司、司農卿，終□□□□□/儀同三司，沔、龍、莒三州刺史。並紉蘭佩蕙，□□□□□□/絶。夫人三辰垂曜，降星月之精；八卦相蕩，□□□□□□/骨象應圖，折旋合禮，天情婉順，不待女史，□□□□□/國公地惟鼎族，器乃民宗，夙著高名，早升顯位，□□□□□/禮，百兩來迎。琴瑟克諧，松籬並茂。以開皇元年，拜□□□□/夫人。金夫勳德日隆，望實逾重，功宣文武，任居將相。□□□/人紆情逮下，曾無險詖之心；約己持身，弥秉謙柔之志。□□/於娣姒；分食解衣，賙贍於親族。允膺百福，載育七子。跗□□/復，訓稟過庭，固亦教成斷織。昔荀令君，一代良宰，嘉偶非□/臣，伉儷末善，内外俱美，寔爲希世。既而媵理乖和，弥留氣□/昭陽降慮，乃迎於仁壽宫内，親遣療治。名醫盡緑裒之方，□/反魂莫驗，空煎玉釜之香；促景不停，終逐銅壺之水。將及□/開皇十八年歲次戊午五月辛未朔廿三日癸巳，薨於山□/□旐冕，悲纏椒掖，贈襚吊祭，有加恒典。越公撫存悼往，神□/□□，望空帷而掩泣。以仁壽元年歲次辛酉十月辛亥朔廿/□□陰東原之舊塋。魚軒既反，永閟於黃泉。龍劍一分，空存/□□□。□□□□□庭兹邦媛□□□。

【疏證】

楊素妻鄭祁耶墓誌,1967 年陝西省潼關縣吳村鄉出土,現藏潼關縣文物管理委員會。拓片圖版及參考錄文見《新中國出土墓誌》陝西卷(壹)上册頁 23、下册頁 19—20。又見《潼關碑石》頁 6、101。拓片圖版又收於《隋唐五代墓誌匯編》陝西卷第 3 册頁 6。

《隋書》記隋朝封越國公者只有楊素,并記其妻爲"鄭氏"①。又據《隋書》卷四八《楊素傳》並參考本書所收楊素墓誌,楊素在隋文帝開皇初年是清河郡公,開皇九年(589)平陳後被封爲郢國公,不久改封越國公。隋煬帝大業二年(606),封楊素爲楚國公,同年七月,楊素去世。此誌爲隋文帝仁壽元年(601)制,此時楊素正是越國公。而墓誌對其夫"功宣文武,任居將相"、"一代良宰"的描述,也與楊素出將入相的經歷相合。又鄭氏之葬地在"□陰東原",與楊素及蕭妙瑜(楊素繼母)葬地"華陰東原"當爲一地。三方墓誌均出土於今潼關縣吳村鄉。知誌主"大隋越國夫人鄭氏"當爲楊素之妻。

誌文"夫人諱祁耶,滎陽開封人"。《新唐書》卷七五上《宰相世系表五上》:"鄭氏出自姬姓。……生當時,漢大司農,居滎陽開封。"南北朝時,鄭氏多稱"滎陽開封人",如鄭羲、鄭道邕、鄭道忠等②。鄭祁耶之"祖道穎",不見於其他資料。

---

① 《隋書》卷四八《楊素傳》,頁 1282。又同書卷七九《獨孤陁傳》亦記"楊素妻鄭氏",頁 1790。

② 分見《魏書》卷五六《鄭羲傳》,頁 1237;《周書》卷三五《鄭孝穆傳》,頁 609;趙超《漢魏南北朝墓誌彙編》頁 130 鄭道忠墓誌。

一七八　房吉墓誌

【誌文】

房主簿墓銘

君諱吉,字遜,青州臨淄人也。冠蓋之胤,焕乎方册,基共地/軸爭高,仁与極天比峻。香名貴位,世有其人,良史所書,未勞煩述。祖博物/弘雅,重義輕財,膺公車之徵,就賢良之舉。父伯孫,愛奇好古,精力不倦,除驃/騎大將軍、銀青光禄大夫,亡,贈本州刺史。君雍容放達,玉振金聲,如登閬/風,似攀瓊樹,孝通誠感,松變荆枯,比陸方荀,擬龍齊鳳。刺史敬公,召爲州/都。仍全冠履,斯整彝倫。不興。又爲刺史、前領軍、臨淮王,右戚之貴,襄帷此/蕃,以主簿之職,拾遺左右,見君才地高□,虛衿徵辟。屈己從務,深蒙礼厚。山/公之往高陽,叔子之登峴上,同遊摘詠,共盡心期。唯君如鼓含響,猶鍾待/扣,榮枯等貫,窮達不移。慕德信之高清,追史雲之遠操,歲寒方甚,不懼風霜。/在任纏痾,久而不愈,神方九轉,定知無驗,奇藥五色,更是虛言。以齊武平/二年十一月十六日,喪於家。大隋仁壽元年歲辛酉十一月四日,葬於淄/水□南郊山陽。嗟乎,人同過隙,時如朝露,貞石難彫,芳縑易滅。故勒銘黄/壤,庶令德不忘,身後之名,□於來世。銘曰:

眇尋千載,爰討百王,既資羽翼,/□藉□楊。惟門多傑,家亦剋昌,在山木潤,映廉生光。其一。

承兹世禄,令問不/已,結髮從宦,彈冠來仕。出入禁門,抱瓜懷李,質侔松竹,芳踰□□。其二。

惟君/体道,恒持雅素,何異子昇,還同叔度。日車何速,歲陰行
墓,淒然東野,悲哉/□路。其三。

山風切切,岸草脩脩,梧宮北峙,汝水東流。龍媒騁路,鶴盖雲
浮,俱/□送往,何止千秋。其四。

房主簿妻墓銘。夫人姓朱,字商,樂陵人也。即後/魏散騎常侍、
兗義二州刺史元旭弟岱林州主護、樂陵、樂安、乳□、河間四/郡
守女。

【疏證】

房吉墓誌,出土於山東省淄博市,出土時間不詳,墓誌拓片
圖版見《隋唐五代墓誌匯編》江蘇卷頁6、《北京圖書館藏中國歷
代石刻拓本匯編》第9冊頁146。拓片圖版和參考錄文見《隋代
墓誌銘彙考》第3冊頁26—28。

房吉死於北齊後主武平二年(571),而營葬時間却晚至隋文
帝仁壽元年(601)。

房吉顯然應當是所謂清河房氏,與其它河北大族一樣,後燕
滅亡時渡河到達青齊,此後定居青州。從墓誌稱房吉"青州臨淄
人"看來,房氏至遲到北朝末期,已經從郡望上改稱現居州郡,這
當然與北朝後期青州郡縣行政區劃及名稱的改變有關,原來的
僑置於青州的冀州僑郡縣逐步被撤,造成保留傳統郡望與實際
籍貫間的差距越來越大。

墓誌稱房吉被"刺史敬公,召爲州都"。這個刺史敬公,是
東魏青州刺史敬顯儁。《北史》卷五五《敬顯儁傳》過於簡略,没
有提到他任青州刺史。可是《北齊書》卷一七《斛律金傳》,載斛
律金之兄斛律平,於侯景叛亂時,"爲大都督,率青州刺史敬顯

儁、左衛將軍厙狄伏連等，略定壽陽、宿預三十餘城"。房吉之被命爲州都，就在敬顯儁任青州刺史時期。

　　房吉任州主簿，在"刺史、前領軍、臨淮王"時期。這個臨淮王，就是北齊武成帝至後主時期的婁定遠。史書中婁定遠於武平初出爲瀛州刺史，而不見他有任青州刺史的記錄。因疑房吉所任的州主簿，乃是瀛州主簿。

　　房吉妻朱商的伯父朱元旭，《魏書》卷七二有傳。據《朱元旭傳》，元旭僅任義州刺史，贈幽州刺史，而墓誌稱他任兗、義二州刺史。疑兗州爲贈官，《魏書》誤爲幽州。朱商之父朱岱林墓誌拓片圖版，見《北京圖書館藏中國歷代石刻拓本匯編》第 8 册頁 19。

一七九　楊氏妻高氏墓誌

【誌蓋】

隋處士/楊君高/夫墓誌

【誌文】

大隋故處士弘農華陰楊君高夫人墓誌/

夫人勃海脩人也。自發源姜水,構基崧岳,世襲珪璋,/門傳杞
梓。夫人三德早備,四行夙成,仁孝著於鄉閭,/儉素聞於州里。
將觀桂樹,直是恒娥;暫閱天文,還成/織女。加以言無慍喜,動
合宮商,内外詠哥,咸稱女則。/君乃是平昌公之世子,幼挺奇
節,久標令問,專以琴/書爲念,不以軒盖爲榮。開國承公,棄如
不就,世人尊/異,敬爲處士。易言高尚其志,驗此非虚。踟躕良
匹,沉/琴淑媛,志存虞女,心慕袁姬。既納吉徵,曰嬪皇族,/和
如琴瑟,恩著弟兄,福云其永,流芳後胤。但雲光不/住,電火莫
停,無因偕老,哲人先逝。夫人端行閨門,大/小嚴肅,周稱文母,
曹曰大家,没有嗣風,今傳不朽。豈/意日車奄落,冥禽忽降,積
善無徵,遽摧金玉。春秋六/十有五,以仁壽三年十一月,喪於洛
陽。孝子□護等,/以其月廿二日,同窆舊塋,禮也。恐龜山爲
谷,滄海成/田,徽猷須播,勒石幽泉。其詞曰:/

姜水深沉,崧山鬱崒,神明降感,我膺世出。其一。

女儀夙/著,母訓早成,作配君子,遠播嘉聲。其二。

辰巳相交,禍福/相伏,脩短有分,拔山無力。其三。

壟霜劇泠,松風自哀,何/時仙鶴,重更歸來。其四。

【疏證】

　　楊氏妻高氏墓誌,出土於河南洛陽,出土時間不詳,現藏河南省洛陽古代藝術博物館;墓誌拓片圖版見《隋唐五代墓誌匯編》洛陽卷第 1 冊頁 29、《洛陽出土歷代墓誌輯繩》頁 58。拓片圖版和參考録文見《隋代墓誌銘彙考》第 3 冊頁 85—88。

　　高氏死於隋文帝仁壽三年(603),六十五歲,則其生年當在西魏文帝大統五年(539)。

　　高氏的丈夫楊氏,號稱"皇族",是"平昌公之世子",但沒有繼承其父爵位,並且早死。但隋初宗室成員中,沒有一個"平昌公"。如果高氏的丈夫確實是皇族,那麼他死後不應葬於洛陽。如果他並非真正的宗室成員,那麼他之得姓楊,很可能出於隋文帝的賜姓。

一八○　解盛墓誌

【誌文】

君諱盛，字鴻徽，景州平舒人也。本出濟南，世爲鼎族，門多/冠蓋，貴士如林。尔其先賢有解狐者，祁大夫舉爲中軍之/尉；有解揚者，楚莊王許其致命而歸。斯乃春蘭秋菊，無絶/終古，令德之後，必世有人。洎于晉尚書令、雍州刺史解少/連者，即君之所承矣。祖普賢，魏威遠將軍、兗州慎陽縣令。/父顯慶，爲州從事、縣司功。並号珪璋，俱稱珠玉。君乃藍田/世載，合浦惟新，不鏤自彫，不扶自直。去大周宣政元年，郡/守皇甫公辟爲主簿。昔太原王子師，德音垂裕；京兆韋元/將，聲名藉甚。擬必其倫，非君誰謂？豈圖支離爲疾，怛化俄/然，春秋六十有九，去仁壽二年，奄卒於宅。哲人其逝，誰不/流涕？粤以今四年歲次甲子正月戊戌朔廿四日辛酉，遷/葬於縣城之東北一里高原之上。是知妻哭足以崩城，子/啼堪以痕栢，九京無復可起，万古追痛何言。嗚呼哀哉！若/夫不銘不誌，恐藏舟之或亡；敢刻敢鐫，庶佳城之可託。乃/爲銘曰：/

安期學仙，人言不老。恒娥竊藥，聞之得道。自非子晉，□能/常好。先君宴喜，優遊自足。紈素被服，金丹弗沃。俄徵刈蘭，/奄悲埋玉。長扃泉户，永宿□床。于嗟白日，三千未央。空瞻/□墓，只見蕭楊。

【疏證】

　　解盛墓誌，1992 年出土於河北省廊坊市大城縣城關鎮東關村。拓片圖版見劉化成《河北廊坊市大城縣出土四方隋唐墓誌》,《考古》2000 年第 10 期。拓片圖版和參考録文又見《隋代墓誌銘彙考》第 3 册頁 89—91。同時出土解盛妻張氏墓誌,本書收。

解盛卒於隋文帝仁壽二年(602),終年六十九歲,則其生年是北魏孝武帝永熙三年(534)。比其妻大八歲。解盛及其祖普賢、父顯慶並不見於史傳。

解盛爲"景州平舒人"。《太平寰宇記》卷六七《河北道十六》霸州大城縣條:"漢東平舒縣屬渤海郡,後漢屬河間國,晋於此置章武國,後魏爲章武郡,北齊廢郡,爲平舒縣,隋開皇十六年(596)於長蘆縣置景州,平舒縣屬焉。"隋煬帝大業三年(607),改州爲郡。因此,"景州平舒"正是墓誌製作當時的稱謂。

誌文"大周宣政元年,郡守皇甫公辟爲主簿"。由解盛妻張字墓誌的首題"故章武郡主簿解君妻張墓誌"可知,解盛任郡主簿職於本地。直到北周末年,還沿襲着郡主簿由郡太守自辟本郡人擔任的舊制。解盛任章武郡主簿是在北周宣政元年(578),這和上引《太平寰宇記》"北齊廢郡"相矛盾。以此墓誌並結合《隋書》卷三〇《地理志中》河間郡平舒縣條"舊置章武郡,開皇初廢"的記載,《太平寰宇記》云"北齊廢郡"不確。又景州平舒縣即今河北大城縣,解盛也是葬在家鄉。

解盛祖普賢"魏威遠將軍、兖州慎陽縣令"。據《元和郡縣圖志》卷九《河南道五·蔡州》真陽縣條,真陽本漢之慎陽,慎陽縣在漢"汝南郡。晋屬汝南國。後魏改爲真陽縣,高齊改爲保城縣。隋開皇十六年改置真丘縣,大業二年復爲真陽縣"。此慎陽縣在北魏一直屬於豫州的地理範圍①。墓誌云"兖州慎陽縣",存疑。

---

① 《魏書》卷一〇六中《地理志中》,在義陽郡及城陽郡下,有真陽縣,二郡都屬於豫州。頁 2534、2535。

一八一　李静墓誌

【誌蓋】

李君/墓誌

【誌文】

魏故殷州別駕李君墓誌銘/

君諱静,字静眼,趙國栢仁人,帝顓項之胤,/廣武君之後。祖次仲,鉅鹿郡守。父闥,/郡司功。竝縉紳領袖,人倫模楷。君志調宏/舉,神姿挺儁,釋褐伏波將軍、殷州別駕。未/營銅柱,振文淵之名;申彼驥群,超士元之/任。長衢未騁,短期飜就,以天保四年遘疾/卒於家,時年七十。隋仁壽四年五月一日/合葬於陰灌里舊村西南七百卅步砂溝/之陽。冀盛德高行,永振徽猷,勒石鐫金,迺/爲銘曰:

邈矣真人,攸哉大理,源清流潔,/惟終惟始。朝聞夕喪,君其鬱起,贊彼州礎,/民哥滿邦。九秋霜結,三春露濃,梁木其壞,/吾誰適從。奄辭三徑,俄從九京,楊風暮響,/仙鳥晨鳴。式題金石,永播英聲。/

夫人鉅鹿曹氏,父思,本郡守。

【疏證】

　　李静墓誌,河北省石家莊地區高邑縣李村出土,出土時間不詳,1976 年文物普查時發現,現藏正定縣文物保管所。拓片圖版見《隋唐五代墓誌匯編》河北卷頁 13。拓片圖版和參考錄文見《隋代墓誌銘彙考》第 3 冊頁 110—113。

李静，北齊文宣帝天保四年(553)卒，終年七十歲，則其生年為北魏孝文帝太和八年(484)。李静及其祖、父，並不見於史傳。

李静的夫人是鉅鹿曹氏，父思，本郡守。南北朝時，鉅鹿大姓是魏氏，敦煌發現《唐貞觀八年五月十日高士廉等條舉氏族奏抄》(位079)中，鉅鹿三姓為莫、魏、時。墓誌記曹思任本郡守，又《魏書》卷六八《甄琛傳》記甄琛之母亦為鉅鹿曹氏，由此可知，曹氏在鉅鹿也有一定地位。此外，由出土地點可以推知當時"陰灌里舊村"的大致方位。

一八二　李文都墓誌

【誌文】

唯大隋大業元年歲次乙丑二/月壬戌朔六日丁卯,雍州大/興縣安盛鄉民李文都銘/記。

【疏證】

李文都磚質墓誌,1954 年出土於陝西省西安市東郊郭家灘。拓片圖版和參考録文見《隋代墓誌銘彙考》第 3 册頁146—148。

一八三　魏昇及妻牛玉墓誌

【誌文】

魏君諱昇,字洪勝,荊州南陽西愕人也。祖景龍,/魏文成皇帝封寧南將軍、南陽公。父康,魏宣武/皇帝奉朝請、長水校尉、諫議大夫。然勝春秋八/十一,大象元年,板授壽州臨江縣令。徂以英蘭/望重,孤松處世,直以日輪不住,月桂不停,遂去/開皇二年,奄從物花。息文義,孝心不憩,常咸貫/天之痛。母牛,諱玉,隴西人也,聲流四德,義協三/從,詔授相州城安縣君,至大業元年十一月,/遘疾於寧民鄉徂。義兄弟等,哀慕崩號,戀同五/孝,即以其年歲次乙丑十二月丁亥朔廿三日/己酉,葬於豫州河南縣溹淵鄉高村北,洛水之/陽,石崇金谷之所。東顧芒山,西觀神闕,勒石記/功,乃爲頌曰:

英雄之士,處世心齊,庚存政/直,那謂今迷。牛氏之門,運因相屬,望爲終始,紹/隆五族。春秋九十有一,札名是獨,忽遇彫霞,秋/霜變葉。玉質雙形,同歸泉屋,王主赴野,寂寞孤/墳。楊林引霧,翠栢啥烟,金烏不曉,豈覺驚春。雲車/豈往,策馬不停,朋遊永別,隔絕分天。

【疏證】

　　魏昇及妻牛玉墓誌,1925 年出土於河南省洛陽城後洞村西北寇姓田中。石存陝西碑林博物館;墓誌拓片圖版見《隋唐五代墓誌匯編》洛陽卷第 1 冊頁 33。拓片圖版和參考錄文見《隋代墓誌銘彙考》第 3 冊頁 163—164。

墓誌“物化”作“物花”，“常咸貫天之痛”句，“咸”應作“感”。“楊林引霧”一句，林和引兩字在一格之内，象是漏刻後補刻的，但是從拓片看，兩字布局各不居中，乍看倒似一字。估計是原撰墓誌人漏掉了其中一字，於旁加一字，而書寫及刻石人並不知道是兩字，作一字處理，而成如此模樣。

魏昇於北周静帝大象元年（579）八十一歲時，板授壽州臨江縣令，則其生年當在北魏孝文帝太和二十三年（499）。魏昇死於隋文帝開皇二年（582），死時八十四歲。牛玉死於隋煬帝大業元年（605），九十一歲，則其生年當在北魏宣武帝延昌四年（515）。魏昇除了北周的板授以外，似乎並無正式官爵。其夫婦均以高年分別獲得周、隋兩代板授。

牛玉“授相州城安縣君”。《隋書》卷三〇《地理志中》梁郡條：“考城，後魏曰考陽，置北梁郡。後齊郡縣並廢，爲城安縣。開皇十八年以重名，改曰考城。”所謂“重名”，當即指此“相州城安縣”。同時，此二城安，又都作“成安”，如相州之城安，《隋書》卷三〇《地理志中》魏郡條即作“成安”。梁郡之城安，在《元和郡縣圖志》卷一一《河南道七·曹州》作“成安”。

一八四　李虎墓誌

【誌蓋】

隋上州/刺史李/君墓誌

【誌文】

大隋使持節驃騎大將軍開府儀同三司慎政公上州刺史/李府君
之墓誌銘/

公諱虎,字威猛,隴西成紀人也。昔高陽氏之苗,秦將軍之後/
矣。厥生樹下,而因李姓焉。徙自隴西,遂稱令族,固知長河□/
地,津澤於是派流;高枝拂漢,垂陰以之布葉。公即魏隴西行/
臺爵之孫,周隴東太守寶之世子也。公乃童年□□,風警異/
倫,弱冠英聲,綽有不群之譽。爲生敬讓,仁恕表於家邦;立□/
弘慈,令聞彰於朝野。起家徵授儀同三司,兼除秦州清水本/
郡太守。公實涉獵經史,未肯淳儒,奇略異端,不獨專武。既其/
跨躐行陣,按劍盱衡,乘機振檄,規謨抵掌。尋遷授開府,并封/
慎政縣開國公,上州諸軍事,上州刺史。此地管樔嶮岨,蠻左/
雜居,漢蜀交川,民情粗獷。公乃德刑竝設,風教始行,威□俱/
申,大揚流俗。尔乃方應毗讚,翼亮王猷,豈謂蘭桂早彫,瓊枝/
先折。公春秋七十有二,以建德六年十月八日,奄薨於京/第。
以大業二年歲次丙寅正月　朔十八日癸酉,葬於秦/州清水
縣内莎鄉　里之原。昔武侯亡蜀,仲達猶懼遺風;/管氏喪齊,
小伯請其付國。嗚呼哀哉!將恐山頹谷徙,海變桑/田,刊此玄
銘,其辭云尔:/

汪波万頃,洪基千刃,帝子之苗,公侯之胤。瓊枝玉葉,桂菀蘭/

叢,家傳芬馥,世播芳風。乃祖乃父,蟬聯弈葉,唯子唯孫,軒車/相接。匡家佐國,劍珮連輝,褰帷作牧,震鷺于飛。五福不徵,三/靈儵逝,俄然風燭,奄從人世。神魂眇邈,有去無歸,百年長往,/千載何追。

【疏證】

李虎墓誌,出土於甘肅省清水縣,出土時間不詳,墓誌拓片圖版見《隋唐五代墓誌匯編》北京卷第 1 冊頁 18、《北京圖書館藏中國歷代石刻拓本匯編》第 9 冊頁 5。拓片圖版和參考錄文見《隋代墓誌銘彙考》第 3 冊頁 171—174。

李虎死於北周武帝建德六年(577),七十二歲,則其生年當在北魏宣武帝正始三年(506)。李虎歸葬於清水在隋煬帝大業二年(606),相隔如此之久,亦不見有夫妻合葬等原因。

墓誌稱李虎"起家徵授儀同三司,兼除秦州清水本郡太守"。李虎墓也在清水。可見李虎爲清水郡人。李虎及其父祖不見於史,可能是清水豪族。李虎最終職務是上州刺史,上州,即北魏之南洛州,西魏改爲上州(因其地本名上津)。請參看王仲犖《北周地理志》卷四《山南上》上津郡條。

墓誌"以大業二年歲次丙寅正月　　朔十八日癸酉"與"葬於秦州清水縣内莎鄉　　里之原"兩句,空格處顯然是撰誌者留待喪主填寫的。

一八五　董敬墓誌

【誌文】

齊開府行參軍故董君墓銘/

君諱敬,字義遵,隴西燉煌人也。昔漢德初興,江都相於/是談冊;魏号將建,成都侯於是創言。青紫相仍,金玉不/實,淵乎胄緒,焕焉史諜。祖約,諫議大夫。父暉,濟南太守。/並立德立言,允文允武,爲黎民之望,作道義之標。君生/而岐嶷,長而侗儻,理識弘深,襟情遠暢。園林笋植,孝性/夙彰,庭援荆枯,友懷旦著。濠上妙旨,嘿得其真;柱下微/言,暗与之合。齊武平二年,解巾開府行參軍。屬區宇分/崩,邦國珍瘁,初則三方鼎沸,後則兩河瓦解,乃發喟然/之容,遂有終焉之志。西巖松月,或照管弦;北户荷風,長/吹襟袖。春秋六十有五,以大隋大業二年三月廿六日,/卒於雒陽縣惟新鄉懷仁里。即以其年歲次丙辰四月/乙酉朔一日乙酉,遂即窆於芒山之翟村東南一里。孤/子善相等,叚不滅性,哀以終身。徒驚蔡順之雷,空泣高/柴之血,乃爲銘曰:/

經虞歷夏,啓胄分枝,史筆無曲,園門不窺。英靈長嗣,冠/盖恒垂,在乎吾子,卓尒稱奇。湛容孤秀,清神獨上,縱志/蕭條,肆情偃仰。時開秘奧,每擇歡賞,山林出没,市朝來/往。藏舟驟徙,遇隙無停,俄懸素盖,奄閉玄垌。丘陵瞑色,/松柏秋聲,生前已了,身後空名。

【疏證】

　　董敬墓誌,出土於河南洛陽,出土時間不詳,現藏河南洛陽

古代藝術館;墓誌拓片圖版見《隋唐五代墓誌匯編》洛陽卷第 1
册頁 34、《北京圖書館藏中國歷代石刻拓本匯編》第 10 册頁 6。
拓片圖版和參考録文見《隋代墓誌銘彙考》第 3 册頁 175—177。

　　董敬死於隋煬帝大業二年(606),六十五歲,則其生年當在
東魏孝静帝興和四年(542)。董敬與北齊後主武平二年(571),
"解巾開府行參軍",時年三十歲。據《隋書》卷二七《百官志
中》,開府行參軍是從七品下階。出仕之後五年多,北周滅北齊。
此後董敬就再也没有做官。

　　董敬著籍隴西敦煌,隴西與敦煌並無行政隸屬關係,墓誌如
此記載董敬的郡望或籍貫,非常不規範。也許隴西只是泛指,正
如□遵墓誌稱遵爲"關西武都人"。可是,本書所收李椿墓誌也
稱"隴西敦煌人也",顯然當時這樣表述並不罕見。是否存在另
一種可能,即董敬和李椿現籍敦煌,郡望却在隴西。

一八六　秘丹墓誌

【誌蓋】

大隋望亭/鄉龍陽里/長故人秘/丹墓誌銘

【誌文】

長公諱丹,字君卿,常山行唐人也。南陽市/掾,役使神靈,西蜀尚書,模楷朝廷。祖顯,蔡/陽縣令。父悦,明威將軍。長公器悟苞雅,臆/度淵弘,孝敬自天,友乎率性。年十六任縣/學生,一覽無遺,三冬足用。學遭格廢,徵任/長司,流芳弱冠,播美朝伍。苦空深達,三寶/用崇,冀享遐年,以垂千載。豈意崐山縱火,/玉石無分,上苑逢霜,芝蘭先及。春秋廿有/八,卒于里第,粵以大業二年十一月十日/庚申,葬于望亭鄉龍陽里之墓。後因崇皁,/左帶洪流,卜宅於兹,實爲形勝,將恐陵夷/谷易,物事人非,鐫石壤陰,式昭不朽,乃爲/銘曰:

姬水啓源,太山分社,汶陽受邑,/庫庤錫馬,礼義雲凝,文詞河瀉。其一。

風揚葉/鼓,霜蕙心低,寒川屢咽,離禽亂啼。徒驚/玉狗,空叫金雞,幾時年月,神烏墳栖。其二。

【疏證】

　　秘丹墓誌,20世紀末出土於河北省行唐縣。誌石拓片圖版見鑒克《新出土的隋〈秘丹墓誌〉並蓋》,《中國書法》1993年第1期。更加清晰的拓片圖版又見鑒克《介紹新出土的隋〈秘丹墓誌〉》,《書法》1999年第1期。《隋代墓誌銘彙考》第3冊頁

195—197有拓片圖版和參考録文。誌蓋拓片圖版見《墨香閣瓊華集》。

“秘”姓,不見於《元和姓纂》以及《通志·氏族略》,南北朝其他資料也未見此姓。秘丹卒於隋煬帝大業二年(606),終年二十八歲,則其生年是北周静帝大象元年(579)。秘丹及其祖、父均不見於史傳。

秘丹年十六任縣學生,當爲隋文帝開皇十四年(594)。隋初地方設州郡縣學①,廢郡後有州縣學。隋文帝仁壽元年(601)六月,下詔廢州縣學②。《隋書》卷七五《儒林傳序》:“煬帝即位,復開庠序,國子郡縣之學,盛於開皇之初。”郡縣學在隋煬帝時又得到了恢復。誌文“三冬足用,學遭格廢,徵任長司”,當指隋文帝廢州縣學一事。

誌文“庲庲錫馬”,其中“庲”字不見於諸字書。三國蜀置庲降都督,因此“庲”字或即“降”字。

———————

①　《隋書》卷九《禮儀志四》,頁182,“州郡縣亦每年於學一行鄉飲酒禮”。
②　《隋書》卷二《高祖本紀下》,頁47。《隋書》卷七五《儒林·劉炫傳》(頁1720)記爲“開皇二十年(600),廢國子四門及州縣學”。

一八七 成惡仁墓誌

【誌文】

大隋大業三年歲次丁卯五/月己酉朔廿四日壬申,/大祖成思,父統。元出幽州啄/縣,去大魏建安元年因官膠/州,寄居郚城縣甘露鄉吳音/里。成惡仁陵墓銘記。

【疏證】

成惡仁墓誌,1979 年出土於山東省安丘縣紅沙溝鎮沈家莊。拓片圖版及參考錄文見安丘縣博物館《山東安丘發現隋代墓銘》,《文物》1992 年第 4 期。

“啄縣”,上引文認爲即“涿縣”之誤,甚是。觀墓誌所記,其大祖名成思,父親名成統,上引文稱“大祖成思父”,誤。

誌文“大魏建安元年因官膠州”。建安爲東漢獻帝年號,建安元年(196)距離曹魏建立還有二十餘年,恐誌文有誤。

郚城,《隋書》卷三○《地理志中》高密郡郚城縣條:“舊置平昌郡。後齊廢郡,置琅邪縣,廢朱虛入焉。大業初改名郚城。”《太平寰宇記》卷二四《河南道二十四》密州安丘縣條記爲“隋大業二年(606)改郚城縣,末年廢”。由出土地可知隋大業年間“郚城縣甘露鄉吳音里”之大致位置。

一八八　陳氏妻王氏墓誌

【誌文】

□□故太原王夫人墓誌銘并序/

夫人王氏,其先太原晉陽人也。曾祖峴公,持節南海,遂家焉。祖潛夫,世/承家訓,忠孝立身。父元德,居州牧時,奉公克懃,才聞八座。夫人即公/之第五女也。既笄之後,適于同邑陳氏。自結秦晉之好,無虧婦道之/儀,事姑惟勤,事夫以敬,踰廿載而睦如也。夫人厚德閭里,喧傳□□,/天奪其壽,魂魄上昇,體掩重泉,千秋飲恨。以大業三年五月二□,□/于南海揚仁坊之私第,春秋卅有八。育子一人,曰延裕,夙承慈訓,□/□令名,泣血哀號,行路傷悲。即以其月廿八日,窆于南海治扶□□/□□。恐陵谷變遷,刻茲貞石,銘曰:/

屹然孤墳,南皋之墩,/殯我慈母,蒼天不仁。/□水夜流,松煙晝昏,/□□漣洏,暮暮晨晨。/

■五月廿八日記。

【疏證】

　　陳氏夫人王氏墓誌,出土於廣東省南海縣,出土時間不詳,墓誌拓片圖版見《北京圖書館藏中國歷代石刻拓本匯編》第10冊頁13、《隋唐五代墓誌匯編》北京卷第1冊頁21。拓片圖版和參考録文見《隋代墓誌銘彙考》第3冊頁235—237。

　　王氏死於隋煬帝大業三年(607),四十八歲,則其生年當在陳文帝天嘉元年(560)。

王氏父祖俱不見於史。墓誌稱這一支王氏自"曾祖峴公"始定居南海。

一八九　楊素墓誌

【誌文】

大隋納言上柱國光禄大夫司徒公尚書令太子太師太尉公楚景武公墓誌銘并序　　朝請大夫内史侍郎虞■

公諱素,字處道,弘農華陰人也。其先出自有周,蓋唐叔虞之苗裔。若夫積德爲基,擢本枝於夢梓;建親作屏,蔚遠葉□□□。/以嶽靈降祉,標削成而起秀;地勢流謙,注長河而不竭。故能侯服之貴,西漢茂其疇庸;袞職之華,東都美其仍世。自□□□□/來,名德相踵,爲天下盛族。十世祖瑶,晋侍中、儀同三司、尚書令。高祖恩,河間内史。曾祖鈞,歷侍中、七兵尚書、北道大行□□□/刺史、司空、臨貞文恭公。祖暄,度支尚書、華州刺史、臨貞忠公。並以勳德弈世,位望優崇,冠冕式瞻,人倫准的。父旉,中書□□□/卿、開府儀同三司、汾州刺史、大將軍、淮魯復三州刺史、臨貞忠壯公,宇量凝邈,志略沉遠,身捐土重,節亮時艱,垂令德□□□,/奮英風於百代。公稟景宿之純曜,含俊德而挺生,神機秀發,靈府夷暢。萬籟俱動,未足撓其風飆;百川同會,莫或知其□□。□/性爲道,因心則孝;信義立於言表,器業隆於行餘。五典三墳、六藝百家之説,玉笥金簡、石室名山之奧,莫不詳覽宗致,□□□/流。至如渭渚剖竹,汜橋授略,問兵符於玄女,得劍術於白猿,斯故宛然在目,若指諸掌。既而響含清越,譽重連城,禮賁□□,□/深憲右。周保定五年,起家爲中外府記室,遷司成大夫。公漸翼云初,已致懷於寥廓;攬轡伊始,便有志於澄清。及周武□□□/西鄰,將定東夏,齊王禮崇先路,任重元戎,眷求明德,光膺上佐,請公爲行軍府長史。公爰參旗鼓之節,立乎矢石之間,□□□/陣,戰在先勝,以功進位上開府,封安成公,出爲東楚州總管。任隆疆場,寄重威權。公深謀進取,志存開斥,先屠海陵之□,□□□/淮南之地。大象二年,襲封臨貞公。及皇隋基命,天步猶艱,道屬經綸,時惟草昧。奸臣叛換,外侮於漳濱;宗國干紀,内□□□/邑。士無裹糧之志,朝貽旰食之憂。公奮其義勇,率先占募,陵峻雉其若夷,昒高墉而俯拾。雖則舞梯之攻燕堞,拔幟而□□□/語以奇兵,未足尚也。乃授公大將軍,尋爲徐州總管。未幾,以虎牢之功,進位上柱國,封清河郡公,邑三千户,舊封聽迴□□□/自褅類改物,彝倫載叙,秉憲繩違,允歸民譽,乃授公御史大夫。巴巫衝要,鄰控邊境,時方謀南伐,皇情西顧,詔公□□□/總管。良圖秘計,朝進夕聞。既而王師大舉,分麾授律。皇帝昔以神猷臨邸,親御戎軒;秦孝王亦以懿戚扞城,爰稟□□。□/征之重,非才莫居,親賢並用,於是乎在。開皇八年,同降綸綍,俱爲元帥。於是水龍長騖,蒼兕泛浮,舳艫所指,溛然奔潰。□□□/預之謀,朝論歸美;王濬之捷,功亦居多。江表初定,良資撫納,乃授公荆州總管。以平陳之功,封郢國公,邑三千户,食長□□□/千户,別授一子儀同三司,舊封即以迴授。如帶如礪,允答殊勳;拜前拜後,賞優恒數。尋改封越國公,荆州總管如故。俄□□□/納言。雖復八舍掌壺,獻替斯在,六璽揮翰,樞機是屬,乃授公内史令。龍章鳳姿,翔集兼美,珥瑠鳴玉,左右攸宜。吳越遐□□□/未洽,彎弓挺劍,蟻結蜂飛。懷柔服叛,非公莫可,乃授大使,安集江南,仍爲行軍元帥。公高斾揚旌,遠踰丹徼,樓船翠颿,□□□/波,谷靜山空,氛消霧徹。東南底定,帝有嘉焉,授一子上開府儀同三司。尋以公

爲尚書右僕射,參貳宰司,憲章惟穆,弘□□□,/績譽斯隆,聲振
幽遐,勢傾朝野。又授仁壽宮大監。至於徑輪表絜之度,瞻星揆
景之宜,莫不裁之秘思,殆侔神造。十九□□□/州道行軍總管,
委以邊略。突厥達頭可汗驅其引弓之衆,率其鳴鏑之旅,踰亭越
障,亘野彌原。公親勒輕銳,分命驍勇,□□□擊,前後芟夷,轉
鬬千里,斬馘萬計。自衛、霍以來,未有若斯之功也。復授一子
開府儀同三司。雖沙漠之南,咸知款附;而□□□/北,尚有遊
魂。今上以睿德居蕃,董攝戎重,輕齎絶漠,寔佇帷算,授公元帥
府長史、靈州道行軍總管。公資稟神規,□□□策,威加絶黨,
聲讋虜庭。俄遷尚書左僕射。顯膺名器,寔允僉屬,作副端揆,
弘贊朝猷。時突厥啓民可汗爲本國所敗,隻□□□,/寄命而已。
高祖詔復啓民,仍委公樹立,乃收其部落,還成君長,因頻總元
帥,以影響焉。會啓民可汗復爲凶徒所逼,□□□/赴躡,殺獲巨
多,旋定。啓民返其侵掠,於是服者懷德,叛者畏威,此一役也,
邊塵遂息。雖周室之長驅獫狁,漢朝之遠納□□,□/我勳庸,曾
何仿佛。乃授公世子玄感柱國,以旌武功。獻后升遐,陵塋式
建,公包括群藝,洞曉陰陽,歷相川原,占察墳□,□□/所感,實
合神秘,龜謀襲吉,宅兆以安。下詔褒稱,特加旌賞,別封義康郡
公,邑一萬户,子孫承襲,貽之長世。及晉陽禍□□□。/□邑□
其淵藪,圖逞奸回。公受脤遄邁,投袂致討,勢疾驚飆,威踰奔
電。春冰之照彤日,方斯非擬;秋籜之卷沖風,喻□□□。/□□
克舉,茂賞斯隆,迴授推恩,光枝潤葉。豈止蕭何陳力,寵遍宗
門;衛青立功,榮加禠裼。頃之,遷尚書令、太子太師、營東
□□□/尋授司徒公,改封楚公,加食邑五百户,通前爲一千五百
户。總司百揆,弼和五教。春方居師表之尊,東都率子來之美,

□□□/□玉宇，光升典册，車服崇顯，師尹俱瞻。公秉德居謙，貴而能降，竭誠盡節，慎終如始。方當翼宣景化，克享大年，而嶽□□□□/光掩曜，大業二年七月癸丑朔廿三日乙亥遘疾薨于豫州飛山里第，春秋六十三。粤以大業三年八月丁丑朔八日□□□/窆于華陰東原通零里。惟公雅度宏達，淵猷經遠。神華體俊，鑒照不疲；理瞻詞敏，樞機無滯。奉上以誠，當朝正色。出□□□□/贊機衡，知無不爲，義存體國，諒而能固，守以直道。至於損益時政，獻替謀猷，故乃削其封奏之草，不言温室之樹□□□□□/莫能知。加以才藝兼通，學無不覽，是以五禮六樂之文，陰陽緯候之説，蘭臺秘奧，東觀校讎。司天司地，□□□□□□□/下委以裁綜，垂之不刊，代邸初開，承華式建。公夙荷天眷，嘔經遊處，及運膺下武，重建殊勳，尊□□□□□□□/□□爲社稷之良臣。人之云亡，莫不流涕，故乃悼興當宸，痛甚趨車。詔贈光禄大夫、太尉□□□□□□□□□□□/□□□班劍卌人，前後部羽葆鼓吹，大鴻臚監護喪事。諡曰景武公，禮也。雖則□□□□□□□□□□□□□□□□/□□□□□乃爲銘曰：

辰象緯天，山嶽鎮地，六階允叶，■

【疏證】

　　楊素墓誌，1973 年出土於陝西省潼關縣吳村鄉亢家寨，現藏潼關縣文物管理委員會。拓片圖版和參考録文見《新中國出土墓誌》陝西卷（壹）上册第頁 25、下册頁 21—23。又見《潼關碑石》頁 5、98—100，姚雙年《隋楊素墓誌初考》，《考古與文物》1991 年第 2 期。另《隋唐五代墓誌匯編》陝西卷第 3 册頁 8 有拓片圖版。周錚《〈楊素墓誌初考〉補正》,《考古與文物》1993 年第 2 期,對墓誌内容有所考證。原録文誤録之處,今據圖版改正。

誌文稱"弘農華陰人",這可能是其假託高門的説法①。關於楊素的祖先,《北史》卷四一《楊敷傳》:"高祖暉,洛州刺史,贈恒農公,謚曰簡。曾祖恩,河間太守。祖鈞,博學强識,頗有幹用,位七兵尚書、北道行臺、恒州刺史、懷朔鎮將,贈侍中、司空公,追封臨貞縣伯,謚曰恭。父暄,字宣和,性通朗,强識有學。位諫議大夫,以别將從廣陽王深征葛榮,遇害,贈殿中尚書、華州刺史。"楊暉,本墓誌未追溯,他在北魏任"庫部給事,稍遷洛州刺史。卒,贈弘農公,謚曰簡"②。楊恩,《北史》和《魏書・楊播傳》均記爲"河間太守",而本墓誌以及《周書》卷二二《楊寬傳》則記爲"河間内史",郡爲太守而王國爲内史,究竟爲何,難以確知。楊鈞,《魏書》卷五八有傳,"爲撫軍將軍、七兵尚書、北道行臺。卒,贈使持節、散騎常侍、車騎大將軍、左光禄大夫、華州刺史",按照墓誌中稱贈官的慣例,誌文"北道大行□□□刺史",所缺應爲"臺華州"三字。又史載其"追封臨貞縣伯,謚曰恭"③,而墓誌"臨貞文恭公"之"文"字,當是後代所加。楊暄,史載其"以别將從魏廣陽王深征葛榮,爲榮所害。贈殿中尚書、華夏二州諸軍事、鎮西將軍、華州刺史"④。其中,"殿中尚書"墓誌作"度支尚書"。楊素之父楊敷,《周書》卷三四、《北史》卷四一有

① 參唐長孺《〈魏書・楊播傳〉"自云弘農華陰人"辯》,《魏晋南北朝隋唐史資料》第 5 輯。又收入唐長孺《唐長孺社會文化史論叢》,武漢大學出版社,2001 年。
② 《魏書》卷五八《楊播傳》,頁 1303。
③ 《周書》卷二二《楊寬傳》,頁 364。《北史》卷四一《楊敷傳》,頁 1508 同。
④ 《周書》卷三四《楊敷傳》,頁 599。

傳，楊敷之後夫人蕭妙瑜的墓誌也已發現，見本書。

　　楊素卒於隋煬帝大業二年（606），終年六十三歲，則其生年是西魏文帝大統十年（544）。《隋楊素墓誌初考》稱楊素生年爲533 年，誤。《隋書》卷四八、《北史》卷四一有楊素傳，可與墓誌互補。楊素是隋朝最爲重要的大臣之一，出將入相，才辯無雙。其墓在他死後不久就遭到嚴重破壞。大業九年（613），楊素之子楊玄感叛亂後，京兆内史衛玄率步騎七萬"至華陰，掘楊素冢，焚其骸骨，夷其塋域"①。此方墓誌真可謂劫後餘生。楊素之妻鄭祁耶的墓誌也已經發現，本書收。

　　誌文"周保定五年（565），起家爲中外府記室，遷司成大夫"。本傳云："周大冢宰宇文護引爲中外記室，後轉禮曹，加大都督。""司成大夫"一職，由於《通典》卷三九未記，所以在北周六官系統中，未知所屬②。以墓誌與本傳相較，司成大夫或許與禮曹有關。

　　誌文"以功進位上開府，封安成公，……大象二年（580），襲封臨貞公"。與本傳相比，有兩點差異。首先，本傳記"宣帝即位，襲父爵臨貞縣公"，宣帝即位是在 578 年，則襲父爵時間比墓誌記載早二年。未知孰是。又"安成公"，本傳作"成安縣公"，兩年後楊素"襲父爵臨貞縣公，以弟約爲安成公"。由墓誌及本傳楊約爲"安成公"，可知這是當楊素獲得新的爵位"臨貞縣公"後，將以前的爵位授予其弟。同樣，不久以後楊素獲封清河郡公，又把臨貞公改封其弟楊岳③，即誌文"舊封聽迴"。因此本傳

① 《隋書》卷六三《衛玄傳》，頁 1502。
② 參王仲犖《北周六典》卷七《六官餘錄》，頁 498。
③ 《隋書》卷四八《楊素傳》，頁 1282。

"成安縣公"當爲"安成縣公"之誤。

誌文"未幾,以虎牢之功,進位上柱國,封清河郡公,邑三千户,舊封聽迴"。所謂"虎牢之功"是指580年尉遲迴叛亂,"滎州刺史宇文胄據武牢以應迴,〔楊〕素不得進。高祖拜素大將軍,發河内兵擊胄,破之。遷徐州總管,進位柱國,封清河郡公,邑二千户。以弟岳爲臨貞公"。本傳"武牢"即"虎牢",爲《隋書》避唐諱改。誌文與本傳邑户數有别。

誌文"封郢國公,邑三千户,食長□□□千户"。據其本傳,"進爵郢國公,邑三千户,真食長壽縣千户"。上引周錚文認爲缺字爲"壽縣一"三字,是。

誌文"别授一子儀同三司,舊封即以迴授",據本傳,其實際内容是"以其子玄感爲儀同,玄獎爲清河郡公"。

誌文"吴越遐□□□未洽,彎弓挺劍,蟻結蜂飛"。這是指隋文帝開皇十年(590)冬汪文進、高智慧等江南土豪發動的叛亂,"陳之故境,大抵皆反,大者有衆數萬,小者數千,共相影響"①。隋文帝命楊素爲行軍總管率軍進擊,叛亂很快被平,從此"江南大定"。

誌文"及晋陽禍……"。這是指仁壽四年(604)隋文帝去世後,并州總管漢王楊諒以晋陽爲中心,起兵反對剛剛即位的隋煬帝楊廣,漢王諒的叛亂被楊素率軍平定。

誌文"尋授司徒公,改封楚公,加食邑五百户,通前爲一千五百户"。本傳記大業二年六月"拜司徒,改封楚公,真食二千五百户"。參考墓誌及本傳前述"真食長壽縣千户"的記載,加食

---

① 《資治通鑑》卷一七七《隋紀一》,頁5530。

邑五百户後,當爲真食一千五百户。本傳誤。

　　大業三年,楊素"窆于華陰東原通零里"。其妻鄭祁耶仁壽元年葬於"□陰東原之舊塋",楊素的繼母蕭妙瑜在大業三年"祔葬華陰東原之塋",三方墓誌均出土於潼關縣吳村鄉亢家寨。而楊素的父親楊敷也是"葬於華陰舊塋"①。由此可見,華陰東原,即今陝西省潼關縣吳村鄉亢家寨一帶,是楊氏之家族墓地所在。

---

① 《周書》卷三四《楊敷傳》,頁600。

一九〇　楊敷妻蕭妙瑜墓誌

【誌蓋】

周故大將軍/淮魯復三州/刺史臨貞忠/壯公後夫人/蕭氏之墓誌

【誌文】

周故大將軍淮魯復三州刺史臨貞忠壯公楊使君後夫人蕭/氏
墓誌/

夫人諱妙瑜,南蘭陵人,梁高祖武皇帝之孫,丞相武陵貞獻王/之
女也。條分若木,知慶緒之高;派別天潢,驗靈源之遠。是以蕙/
性攸禀,禮華早茂,令範洽於閨房,淑問流乎蕃戚。有梁之日封/
淮南公主,采翟榮隆,油軿禮盛。既而市朝變俗,蘭桂移芳,家
同/杞宋之苗,族邁神明之後,雖非仕晋,遂等留秦。忠壯公早喪
元/妃,方求繼德,夫人見稱才淑,言歸于我。蕭恭箕帚,自秉柔
順之/心;正位閫闈,弥留慈撫之迹。朝廷以夫尊之典授千金郡
君,命/光禮秩,餝顯環珮,秋朝春禊,飛軒並轂,松筠茂矣,琴瑟
和焉。/先公任居方牧,時逢交争,徇義忘家,捐軀異境。夫人孀
居守志,/無勞匪石之詩;晝哭纏哀,自引崩城之慟。於是寄情八
解,憑心/七覺,炳戒珠於花案,發意樹於禪枝。至如懸針垂露之
工,蔡女/曹姬之藝,姻賞承訓,閨門取則,而西駕難留,東川易
遠,栖無延/壽之驗,木有長年之悲,仁壽三年正月廿五日遘疾薨
于長安/之道興里,春秋七十四。粵以大業三年龍集丁卯八月丁
丑朔/廿六日壬寅,祔葬華陰東原之塋。嗟嗟予季,望望增哀,宅
營魂/於神域,勒芬芳於夜臺。銘曰:/

祚肇郊祺,源因子姓,宋襲殷後,梁承天命。德既不孤,善必餘

慶,/流芳未已,誕兹淑令。惟蘭有薄,惟桂有辛,姚宗寓姒,劉族居秦。/高門作配,君子斯嬪,榮參纁綬,寵協朱輪。運剥時艱,天分地絶,/義彰齊繼,情過魏節。獨悟因果,深知生滅,方冀山高,遽嗟川閲。/衛離周合,撫昔悲今,郭門遼遠,泉路幽深。曉鐸催挽,秋雲結陰,/唯當壟月,直照松心。

【疏證】

楊敷妻蕭妙瑜墓誌,1996 年出土於陝西省潼關縣亢家寨。拓片圖版及參考録文見《潼關碑石》頁 4、97—98。

蕭妙瑜卒於隋文帝仁壽三年(603),終年七十四歲,則其生年爲梁武帝中大通二年(530)。

墓誌云蕭妙瑜乃"梁高祖武皇帝之孫,丞相武陵貞獻王之女也",梁武帝有八個兒子,封武陵王者只有第八子蕭紀[1],因此誌主蕭妙瑜爲蕭紀之女。史稱蕭紀"頗有武略,在蜀十七年,南開寧州、越巂,西通資陵、吐谷渾,内脩耕桑鹽鐵之政,外通商賈遠方之利,故能殖其財用,器甲殷積,有馬八千匹"[2]。侯景亂梁,蕭紀並未出兵勤王,並在梁武帝死後"僭號於蜀,改年曰天正"[3]。553 年 7 月,蕭紀被梁元帝蕭繹的軍隊打敗,蕭紀及其子蕭圓滿被殺,"有司奏請絶其屬籍,世祖許之,賜姓饕餮氏"[4]。

誌文"雖非仕晉,遂等留秦",當指 553 年蕭紀敗死,西魏佔領益州後,蕭妙瑜爲西魏所俘,這一年她剛剛二十四歲。其夫

---

[1] 《梁書》卷二九《高祖三王傳》,頁 427。
[2] 《資治通鑑》卷一六四《梁紀二十》,頁 5084。
[3] 《梁書》卷五五《武陵王紀傳》,頁 826。
[4] 同上,頁 828。

“淮魯復三州刺史臨貞忠壯公楊使君”又是何人呢？檢索史料，在北周爵號“臨貞”、謚曰“忠壯”、且姓楊者，只有一人，爲楊敷，即楊素的父親。《周書》卷三四《楊敷傳》記北周天和六年（571），楊敷任汾州諸軍事、汾州刺史，北齊將領段孝先圍攻汾州，城中糧盡，楊敷率衆突圍被擒，死於鄴。這與誌文“先公任居方牧，時逢交爭，徇義忘家，捐軀異境”完全吻合。

《周書·楊敷傳》：“高祖平齊，贈使持節、大將軍、淮廣復三州諸軍事、三州刺史，謚曰忠壯。葬於華陰舊塋。”其中，“淮廣復”三州刺史與墓誌所記“淮魯復”三州刺史有異。大業三年楊素墓誌追溯其父楊敷之職時，亦稱“淮魯復三州刺史”。《隋書》卷三〇《地理志中》襄城郡魯縣條：“魯陽郡，後置魯州。”錢大昕《廿二史考異》卷三三根據《魏書·地形志中》“廣州，永安中置，治魯陽”的記載，認爲《隋書》此條中的魯州“當爲廣州之誤”。楊守敬《隋書地理志考證》、王仲犖《北周地理志》都采納了錢大昕的看法。岑仲勉先生則進一步認爲，隋仁壽年間因避楊廣之諱，“廣州”又改爲“魯州”①。由此，《周書》“淮廣復”三州與墓誌“淮魯復”三州記載並無矛盾。這是中古墓誌中以當時地理名稱而非歷史地理名稱稱呼前人的一個例子。

誌文“朝廷以夫尊之典授千金郡君”。北周武帝保定二年（562）“閏月己丑，詔柱國以下，帥都督以上，母妻授太夫人、夫人、郡君、縣君各有差”②。可見北周保定二年後以散秩（戎秩）的序列封母妻，那麼，蕭妙瑜被封“千金郡君”，當是以楊敷的“開府儀同三司”而來。

① 岑仲勉：《隋書求是》，頁 35、頁 282 第 247 條。
② 《周書》卷五《武帝本紀上》，頁 66。

在北周保定以後，一般來説，夫爲開府儀同三司，妻可封郡君；夫爲柱國大將軍、大將軍，妻可封夫人。但也存在個別例子，在夫未獲柱國大將軍時，妻已封夫人。如大周譙國夫人墓誌銘①，宇文儉之妻在"天和元年（566）册拜譙國夫人"。《周書》卷一三《宇文儉傳》："武成初，封譙國公，邑萬户。天和中，拜大將軍，尋遷柱國。"天和年號共七年，因此其妻封譙國夫人時，宇文儉尚未拜大將軍、柱國。

誌文"薨於長安之道興里"。隋都城爲大興，此長安爲西漢、西晋、前趙、前秦、後秦、西魏、北周等朝之都，在隋朝屬京兆郡。縣内有仙都、福陽、太平等宫，還有舊長安城②。

蕭妙瑜仁壽三年卒，四年以後，"大業三年龍集丁卯八月丁丑朔廿六日壬寅，祔葬華陰東原之塋"，其夫楊敷也葬於此③。值得注意的是，據本書收楊素墓誌，楊素卒於大業二年（606），大業三年八月八日"窆於華陰東原"。那麼，蕭妙瑜祔葬華陰東原是在楊素下葬後不久。

---

① 趙超：《漢魏南北朝墓誌彙編》，頁 484。
② 《隋書》卷二九《地理志上》，頁 808。
③ 《周書》卷三四《楊敷傳》，頁 600。

一九一　王釗墓誌

【誌文】

河南郡雒陽縣/公諱釗,字遠達,秦州略陽人也。安、秦二州刺史/敬公之元孫。齊釋褐開府行參軍,大隋/隋州司倉參軍事。大業元年七月不禄於東/京雒陽縣崇業鄉建寧里,時年八十有二。/三年十月葬於宮城東北魏孝文后高氏陵/北三里。鄉閭悲送,親屬行啼,烏呼/哀哉。/

大隋大業三年歲次丁卯十月丙子朔九日甲申,/隋州司倉參軍王釗達墓志。

【疏證】

　　王釗磚質墓誌,洛陽出土,具體時間、地點不詳。拓片圖版見《鴛鴦七誌齋藏石》頁 192。拓片圖版和參考録文見《隋代墓誌銘彙考》第 3 冊頁 269—270。

　　王釗,隋煬帝大業元年(605)卒,終年八十二歲,則其生年爲北魏孝明帝正光五年(524)。

　　誌文"秦州略陽人也"。《隋書》卷二九《地理志上》天水郡隴城縣條記:"隴城,舊曰略陽,置略陽郡。開皇二年郡廢,縣改曰河陽,六年改曰隴城。"可見,"略陽"在開皇二年(582)即改名,大業三年墓誌所用爲歷史地名。

　　誌文"齊釋褐開府行參軍"。據《隋書》卷二七《百官志中》,"開府"是"開府儀同三司"的簡稱。作爲開府儀同三司,設置一套府屬官,包括開府長史、開府司馬、開府諮議參軍、開府從事中郎、開府掾屬、開府録事功曹記室倉中兵等曹參軍事、開府主簿、開府列曹參軍事、開府東西閣祭酒參軍事、開府列曹行參軍、開府行參軍、開府典簽、開府長兼左右户行參軍、開府長兼行參軍、開府參軍督護等職。其中開府行參軍是從七品下階。作爲開府屬官，開府行參軍北魏以來就是由府主自己辟署的。如《北齊書》卷四二《盧潛傳》記盧潛被"儀同賀拔勝辟開府行參軍"，又《北齊書》卷四四《孫萬壽傳》記孫萬壽在北齊末被"陽休之辟爲開府行參軍"。

王釗卒於"東京洛陽縣崇業鄉建寧里"。隋大業年間洛陽縣崇業鄉還有嘉善里，見大業十一年翟突娑墓誌①，"卒於河南郡洛陽縣崇業鄉嘉善里"。

王釗名釗字遠達，但墓誌最後稱"王釗達墓志"，不知何故。

---

① 拓片圖版見趙萬里《漢魏南北朝墓誌集釋》，圖版四八四。又見《隋唐五代墓誌匯編》洛陽卷第 1 册頁 131，《鴛鴦七誌齋藏石》頁 218。

一九二　高六奇墓誌

【誌蓋】

隋故金/鄉令高/君之銘

【誌文】

隋故蒲州龍門縣令高君墓誌銘/

君諱六奇,字子述,渤海條人也。長瀾遠輸,共德水而不/窮;層構重基,与嵩山而峻極。自尚父匡贊於周,太傅論/道於漢,豈直刊諸彝器,實亦載於惇史。六世祖慶,燕司/空公,調是鹽梅,爕和水土。祖永樂,魏左光禄大夫。父長/命,雍州刺史。或德範周行,或惠流蕃岳。君禀質珪璋,自/然明潤,體合規矩,器總方員。釋褐開府参軍事,雖孫楚/氣調,郗超絶倫,望我清塵,彼有慚色。齊氏御曆,邊隅多/梗,折衝厭難,實屬才雄。遂去文官,來居武任,搴旗斬將,/屢有戰功。拜直盪正都督、假儀同三司。大隋膺運,車書/共軌,偃伯脩文,弘兹治術。乃授兗州金鄉縣令,又遷蒲/州龍門縣令。自典賦百乘,操刀二邑,威恩被於民吏,聲/實播於朝野。庶享眉壽,貽訓後昆,而卑聽每愆,与仁無/謚。以大業二年六月五日,卒於長樂鄉汎愛里,春秋六/十有七,以大業三年十月十日,窆於舊塋。敬述徽猷,誌/於貞石,其詞曰:

金生漢水,玉出藍田,公侯必復,/茂緒嬋聯。爰挺俊異,世載英賢,潤猶珪璧,芳若蘭荃。既/文且武,事立名傳,駸駸時駕,滔滔逝川。俄違白日,永即/黄泉,德音不朽,寄此雕鐫。

【疏證】

　　高六奇墓誌，1973 年出土於河北省景縣野林莊鄉大高義村，現藏河北省文物研究所。清晰的拓片圖版和參考録文見衡水市文物局編《衡水出土墓誌》頁 38—39。參考録文又見梁春勝《六朝石刻叢考》頁 178。

　　高六奇，不見於史傳，卒於大業二年（606），終年六十七歲，則高六奇生於東魏興和二年（540）。"六世祖慶，燕司空公"，高六奇的祖父高永樂是高翼的長兄子，高翼是高祐的從父弟，高祐是高允的從祖弟，因此高翼、高祐、高允三人有共同的曾祖，即高允之曾祖高慶①。照此推算，高慶正好爲高六奇之六世祖。

　　誌文"祖永樂，魏左光禄大夫。父長命，雍州刺史"。高永樂、高長命父子，見於正史。東魏名高永樂者至少有二，另一位是高歡的侄子"陽州公永樂"，傳見《北史》卷五一。本誌誌主祖父高永樂的事迹，見於《北齊書》卷二一："〔高〕翼長兄子永樂……官至衛將軍、右光禄大夫、冀州大中正，出爲博陵太守，以民事不濟，自殺。贈使持節、督滄冀二州諸軍事、儀同三司、冀州刺史。"永樂"子長命，本自賤出，年二十餘始被收舉。猛暴好殺，然亦果於戰鬬。初於大夏門拒尒朱世隆，以功累遷左光禄大夫。高祖遥授長命雍州刺史，封沮陽鄉男，一百户，尋進封鄢陵縣伯，增二百户。武定中，隨儀同劉豐討侯景，爲景所殺。贈冀州刺史"。誌文並未以贈官作爲高永樂、高長命的結銜。

　　高六奇"釋褐開府參軍事"。"開府"即開府儀同三司。據《隋書》卷二七《百官志中》，三公府參軍事爲正七品上階，同時

---

① 分見《北齊書》卷二一《高永樂傳》，頁 298；《北史》卷三一《高翼傳》，頁 1140；《魏書》卷五七《高祐傳》，頁 1259；《北史》卷三一《高允傳》，頁 1117。

規定開府儀同三司屬官"品亦每官下三府一階",因此高六奇釋褐任開府參軍事爲正七品下階。

誌文"屢有戰功。拜直盪正都督、假儀同三司"。據《隋書》卷二七《百官志中》,北齊直盪正都督爲左右衛府之直盪屬官,從四品上階。而假儀同三司位在儀同三司下,有從假儀同三司進位儀同三司者①。

高六奇在北周滅北齊後,似未當官,入隋後"授兖州金鄉縣令,又遷蒲州龍門縣令"。從州縣統屬方式看,當在開皇三年(583)"罷天下諸郡"之後。

---

① 《北齊書》卷四四《儒林·張景仁傳》,頁591。

一九三 周皆墓誌

【誌文】

公諱皆,字子偕,齊州歷城人也。周/公之苗胄,周瑜之末孫。弼成王以/太平,輔吳主爲鼎足。曾祖群,平原郡/守。祖怜,夏義縣令。父賢,郡主簿。世/有當官,不虛其號。公才調清上,神/情秀拔,龀標奇見,早立高風,備於/九能,實去三或。遽同過缺,奄從窮/壤。時年卅有五,以大業三年十月/丙子朔廿二日丁酉,窆於湖山之/陰。嗚呼哀哉!其詞曰:/

君有俊德,蒲帛方來。道長命促,璧/碎蘭摧。咄嗟去矣,空有餘哀。

【疏證】

周皆墓誌,出土於山東省章丘市聶家村南 300 米處,出土具體時間不詳。拓片圖版及參考錄文見寧蔭棠《山東章丘隋代周皆墓》,《考古與文物》1996 年第 1 期。

周皆卒於隋煬帝大業三年(607),終年四十五歲,則其生年是北齊武成帝河清二年(563)。周皆及其曾祖群、祖怜、父賢並不見於史傳。

周皆是齊州歷城人,據《隋書》卷三〇《地理志中》齊郡條,齊州在大業初改爲齊郡,歷城爲郡治所在。誌文"實去三或","三或"即"三惑",指酒、色、財三種惑人之物。《隋書》卷四七《韋世康傳》云"志除三惑,心慎四知"。周皆葬於"湖山",即今天章丘境内之胡山。周皆祖父憐"夏義縣令",夏義縣或義縣均不見於史,待考。

一九四　楊氏妻李叔蘭墓誌

【誌文】

夫人字叔蘭，隴西成紀人也。極玄宗而啓教，道盛姬周；盡/地利以立規，功宣畢魏。豈止西都丞相，以中律而總萬機，/東京司徒，以潛謀而敷五教。蟬連史册，可略言焉。曾祖崇，/使持節、幽州刺史、太尉、固安襄公。祖璞，安東將軍、雍州刺/史、宜陽穆侯。父蘊，鎮西將軍、尚書左丞、幽州刺史。夫人夙/資惠性，朵髮柔明，幼秉蘭心，髫年婉順。年十有九，歸于楊/氏。楊氏，華陰盛族，四公餘慶，秦晉斯匹，穆是推輪。夫人二/天既移，三星已夕，躬親紃組，手進饎酏。時周室權輿，世屬/馳驚，而楊氏執法端朝，緝熙庶績。雖君子之夙夜，亦哲婦/之憂勤。大統十五年三月，策拜思寧郡君，從夫秩也。昔者/公臣之妻既建茅土，功臣之婦亦啓山河，望古疇今，異代/同榮。以大隋開皇元年八月五日遘疾云亡，春秋八十一。/嗚呼哀哉！夫人吐秀芝田，含芳桂薄，貞踰琬琰，皎若淵泉，/規矩合於女師，識達稱爲博士，四德聿遵，二門雍穆，所謂/有礼有節，協和内外者乎！今以大業三年太歲丁卯十一/月丙午朔四日己酉，遷祔于先塋，礼也。龜謀既從，遠日斯/洎，湊黃腸之一啓，即玄堂而永閟。嗚呼哀哉，乃爲銘曰：/

丞相夫人，司隸令室，婦有内修，定策外弼。維此淑懿，顬若/畫一，輔佐君子，虔恭中饋。笄縱無違，珩環有節，北面何曾，/如賓郗缺。天迴地遊，日來月迭，始嗟異世，俄悲同穴。露草/晨光，風松夜徹，一代賢姬，千年貞節。石泐金生，流芳永哲。

【疏證】

楊氏妻李叔蘭墓誌,陕西省華陰縣出土,現藏河南省千唐誌齋博物館。拓片圖版和參考録文見《隋代墓誌銘彙考》第3册頁286—288。録文又見李獻奇、周錚《北周、隋五方楊氏家族墓誌綜考》,《碑林集刊》第七輯頁58—59。

李叔蘭,隋文帝開皇元年(581)卒,終年八十一歲,則其生年爲北魏宣武帝景明二年(501)。其曾祖李崇、祖李璞、父李蘊,《魏書》卷四六並有傳。李蘊死於北魏宣武帝延昌三年(514),故李叔蘭十九歲出嫁以前,其父已經去世。

西魏大統十五年(549)李叔蘭"策拜思寧郡君"。《新唐書》卷七二上《宰相世系表二上》有"後周渭州刺史思寧公"杜景秀,王仲犖先生曾據此條材料推斷北周有"恩寧縣"的設置①。今核對《新唐書》原文,並墓誌之"思寧郡君",可知"恩寧"當爲"思寧"之誤,且知西魏北周有思寧郡、縣的設置。

---

① 王仲犖:《北周地理志》西魏北周世隸屬不詳治所無考之州郡縣目,頁1026。

一九五　王昞墓誌

【誌文】

魏故開府長兼行參軍王君墓誌銘/

君諱昞，字思業，太原晋陽人也。自大跡表慶，長人集祉，世濟其/美，克荷舊風，或羽化不歸，或纓冕未絶。晋司徒昶，君其後焉。祖/龍，魏陝州刺史。父慶，金紫光禄大夫。門德家聲，藉甚當世，清才/雅望，風流天下。君膏腴有素，漸潤自天，孝乃生知，誠匪師學。離/經辯志，敬業樂群，取異日新，見奇月旦。而水行在運，天下載清，/選部取人，尤重門德，遂以訪第入仕。武定二年，起家開府長兼/行參軍，便已蔭映時流者矣。伯倫之居魏室，子荆之在晋朝，以/古望今，彼應慚德。但天真高潔，體道守虛，掛冕出都，拂衣去國。/孜孜禮教之地，汲汲名義之門。玉帛未足動其心，鍾鼓不必迴/其慮。至若羊雁驟起，丞掾時微，永言高事，莫肯從辟。優遊偃仰，/獵史耕文。怡心巖石之間，絶迹風塵之外。時將二紀，世歷三朝，/名實並飛，年行俱遠。春秋九十有二，隋大業元年十一月九日/卒於里第。夫人桑氏，黎陽甲門，鬱彼女功，克成婦道。其如太沖/之妹，更似世叔之妻。眷彼偕老，於焉合葬。粤以三年歲在丁卯/十一月丙午朔四日己酉窆於黎陽城西北四里。其子胡仁，負/米無託，履霜多感，式序家風，用銘泉路。其詞曰：/

岐山降氣，姬水育神，於穆門素，載誕哲人。朱藍表性，金箭在身，/作家之寶，爲國之珍。行以學達，官由才舉，懷我好音，言刈/其楚。/高風至望，方郭比許，將期遠大，忽伊奠楛。人之云亡，邦國殄瘁,/門徒結纏,同德掩淚。以兹婦道,克成夫器,死生若一,終始無二。/柳車將遠,薤歌送歸,寂寂隴路,杳杳泉畿。銀河無浪,金烏不飛,/唯當美石,獨播芳徽。

【疏證】

　　王昞墓誌,1983年出土於河南省浚縣西大橋北側的衛河中,現藏浚縣博物館,拓片圖版及參考録文見《新中國出土墓誌》河南卷(壹)上册頁108、下册頁97。另《隋唐五代墓誌匯編》河南卷頁15有拓片圖版。

　　王昞及其祖龍、父慶均不見於史傳。王昞卒於隋煬帝大業元年(605),終年九十二歲,則其生年爲北魏宣武帝延昌三年(514)。

　　東魏武定二年(544),王昞年三十一歲"起家開府長兼行参軍",據《魏書》卷一一三《官氏志》所載北魏太和二十三年職令,以及《隋書》卷二七《百官志中》記北齊令,"開府長兼行參軍"都是從八品下階。諸府参軍、行参軍等多爲當時的起家之職。

　　誌文"選部取人,尤重門德,遂以訪第入仕"。什麼是"訪第"?東魏北齊的樊遜出身低微,其祖、父均未做官,其兄以造甗爲業,經常資助樊遜讀書。北齊天保八年(557),策問中樊遜獲得第一名,當時的尚書左僕射楊愔欲授其員外將軍,並辟爲自己的府佐,樊遜"辭曰:'門族寒陋,訪第必不成,乞補員外司馬督。'愔曰:'才高不依常例。'特奏用之。"[1]可知"訪第"指對入仕者門第的考察。同時,從"不依常例"而用"訪第必不成"的樊

---

[1] 《北齊書》卷四五《文苑·樊遜傳》,頁614。《北史》卷八三《文苑·樊遜傳》,頁2790略同。

遞看,在東魏北齊,門第的高低還是入仕的重要因素。這種情況在西魏北周有所變化,史稱"懲魏、齊之失,罷門資之制"①。

墓誌云"夫人桑氏,黎陽甲門"。按北朝及隋,除了北齊孝昭帝高演之妻、襄城王高亮之母爲桑氏之外,桑氏一門並没有什麽顯赫人物。但敦煌發現《唐貞觀八年五月十日高士廉等條舉氏族奏抄》(位 079)和《新集天下姓望氏族譜》(S. 2052)的衛州黎陽郡條中均記有桑氏,在所見唐代的桑氏墓誌中,大部分也稱爲黎陽人②。又《浚縣金石録》所收唐如意元年(692)《桑大亮妻造像》,從造像地點可知此桑氏也當是黎陽桑氏。可見,桑氏確爲中古時期的黎陽大姓之一。

誌文"於焉合葬……窆於黎陽城西北四里"。王515夫婦合葬於其夫人桑氏的家族墓地中。

---

① 《通典》卷一四《選舉二·歷代制中》,頁 341。
② 周紹良、趙超:《唐代墓誌彙編》神龍 028"桑貞墓誌"、元和 066"桑氏夫人墓誌",周紹良、趙超:《唐代墓誌彙編續集》建中 003"桑金墓誌"。

一九六　元氏宫人墓誌

【誌文】

隋故宫人内副監元氏墓誌銘并序/

宫人姓元氏，魏郡人也。善長肇於命族，/河朔世其桑梓，襲傳芳而弈葉，派導緒/以分源。家諜懋其韶穆，史載詳乎冠冕，/而生逢昌運，早奉宫闈。便繁左右，/恭承夙夜，頡頏鉛黛。方仰仙居，冉/冉高春，遽歸下土。以大業三年十一月/十二日遘疾卒於景華宫所，春秋/五十有一。粤以其年太歲丁卯十一月/丙午朔十九日甲子，葬於河南郡河南/縣千金鄉北芒之山。乃爲銘曰：/桑榆斜景，崦嵫未暮，西域名香，無追泉/路。洛橋寒水，芒山疎樹，大夜幽埏，鎸金/方固。

【疏證】

元氏宫人墓誌，出土於河南洛陽，出土時間不詳，現藏河南省洛陽市博物館；墓誌拓片圖版見《隋唐五代墓誌匯編》洛陽卷第 1 册頁 37，又見《洛陽出土歷代墓誌輯繩》頁 59。《隋代墓誌銘彙考》第 3 册頁 302—303 有拓片圖版和參考録文。

元氏死於隋煬帝大業三年（607），五十一歲，則其生年當在北周明帝元年（557）。

元氏爲“内副監”，係宫中女官。景華宫在東都洛陽。據杜寶《大業雜記》，隋東都洛陽“建國門西南十二里有景華宫，宫内有含景殿及射堂、樓觀、池隍”①。建國門是隋東都洛陽城的正

---

① 辛德勇：《大業雜記輯校》，三秦出版社，2006 年，頁 15。

南門,在唐武德四年(621)改名定鼎門①。由此,可知景華宫位
於洛陽城之南。《隋書》卷四《煬帝本紀》記大業十二年隋煬帝
在東都"於景華宫徵求螢火,得數斛,夜出遊山,放之,光徧巖
谷"。唐初平王世充,"太宗以大軍圍王世充,〔張〕士貴率兵攻
景華宫城,拔之"②。

①　徐松(輯)《河南志》,中華書局,1994年,頁2、99。
②　《册府元龜》卷三六九《將帥部·攻取二》,中華書局,1960年,頁4385。

一九七 吕曇墓誌

【誌文】

維大業三年十一月十■
郡大興縣大明鄉■
伏波將軍通議■
令寺丞吕曇■

【疏證】

吕曇殘磚質墓誌，1955 年出土於陝西省西安市東郊韓森寨附近。拓片圖版和參考録文見《隋代墓誌銘彙考》第 3 册頁 300—301。

一九八　　□爽墓誌

【誌文】

君諱爽,字文智,脩武人也。/祖淲,驃騎大將軍、恒州刺/史,弘功茂勛,鬱爲名臣。父/暠,雍、豳、燕三州刺史,道高/價重,寔惟時傑。君少馳民/譽之聲,即有騰驤之氣。特/封午城男,尋遷大行臺軍/正。以熙永二年正月十三/日卒於家,以大業三年歲/次丁卯十二月乙亥朔十/日甲申遷窆于譙城西北/三里也。永惟不朽,迺勒銘:

【疏證】

　　□爽墓誌,1973年出土於安徽省亳縣機制磚瓦窰場。拓片圖版見亳縣博物館《安徽亳縣隋墓》,《考古》1977年第1期。據該文記載,墓内出土墓誌銘一合,用兩塊青石刻成,合在一起。此爲上石,而下石刻五行,爲四字一句的八句銘文,可惜没有圖版,内容不得而知。《隋代墓誌銘彙考》第3册頁313—314亦僅有拓片圖版和參考録文。

　　□爽卒於"熙永二年"。在魏晋南北朝的年號中,並無"熙永",與之相近者,有北魏孝明帝"熙平"和北魏孝武帝"永熙"二年號。據字形,誌文"熙永"當爲"永熙"之誤。"永"字右上角有一波紋符號,可能表示上下二字顛倒位置之意。

　　誌文"祖淲"。"淲"在中古墓誌中,有時是"彪"的別字①。

---

①　秦公、劉大新:《廣碑別字》,國際文化出版公司,1995年,頁253。

誌文"特封午城男"。"午城",不見於史傳。

誌主爲脩武人,即今河南獲嘉縣,他北魏永熙二年(533)卒於家,七十多年以後,在隋煬帝大業三年(607),又"遷窆"於今安徽亳縣之"譙城",不知何故。

一九九　李静訓墓誌

【誌蓋】

隋左光/禄大夫/女墓誌

【誌文】

隋左光禄大夫岐州刺史李公第四女石誌銘并序/

女郎諱静訓,字小孩,隴西成紀人。上柱國幽州總管/壯公之孫,左光禄大夫敏之第四女也。族纂屬鄉,得/神仙之妙;家榮戚里,被日月之暉。況復淑慧生知,芝/蘭天挺,譽華髫髮,芳流罄悗。幼爲外祖母周皇太/后所養,訓承長樂,獨見慈撫之恩;教習深宮,彌遵柔/順之德。於是攝心八解,歸依六度,戒珠共明璫並/曜,/意花與香佩俱芬。既而繁霜畫下,英苔春落,未登弄/玉之臺,便悲澤蘭之夭。大業四年六月一日遘疾終/於汾源之宮,時年九歲。/皇情軫悼,撤縣輟膳,頻蒙詔旨,禮送還京,賵/賻有/加。以其年龍集戊辰十二月己亥朔廿二日庚申,瘞/于京兆長安縣休祥里萬善道場之内。即於墳上搆/造重閣。遥追寶塔,欲髣髴於花童;永藏金地,庶留/連於法子。乃爲銘曰:/

光分媻女,慶合天孫,榮苔比秀,采璧同温。先標令淑,/早習工言,生長宮闈,恩勤撫育。法水成性,戒香增/馥,金牒旦窺,銀函霄讀。往從興躍,言届河汾,珠涓/潤岸,鏡掩輕雲。魂歸祇閣,迹異吳墳,月殿迴風,霜鍾/候曉。砌凝陰雪,檐悲春鳥,共知泡幻,何嗟壽夭。

【疏證】

李静訓墓誌，1957 年出土於陝西省西安市玉祥門外西站大街南 50 米處，具體情況見唐金裕《西安西郊隋李静訓墓發掘簡報》，《考古》1959 年第 9 期。拓片圖版及參考録文見中國社會科學院考古研究所《唐長安城郊隋唐墓》①頁 25—28。

李静訓，隋煬帝大業四年（608）卒，年九歲，則其生年是隋文帝開皇二十年（600）。其祖父李崇、父李敏，《隋書》卷三七、《北史》卷五九並有傳。李敏在隋文帝仁壽（601—604）年間任岐州刺史，大業初轉衛尉卿。

誌文“幼爲外祖母周皇太后所養”。此皇太后指北周宣帝皇后楊麗華。據《隋書》卷三七《李敏傳》，李敏妻名宇文娥英，是周宣帝皇后樂平公主的女兒。周宣帝皇后楊麗華是隋文帝楊堅之長女，宣帝即位後被立爲皇后，静帝尊爲皇太后，隋開皇六年（586）作爲隋文帝之女被封爲樂平公主，大業五年（609）卒，時年四十九歲②。

李静訓卒於“汾源之宫”。據《隋書》卷三〇《地理志中》樓煩郡静樂縣條，汾源舊曰岢嵐，開皇十八年改爲汾源，大業四年又更名爲静樂，境內有汾陽宫。墓誌所謂汾源之宫當指汾陽宫。《隋書》卷三《煬帝本紀上》記大業四年“夏四月丙午，以離石之汾源、臨泉、雁門之秀容，爲樓煩郡。起汾陽宫”。《資治通鑑》卷一八一《隋紀五》同。但若四月始建，李静訓六月一日卒於此宫，豈不建宫過速。其實，以往學者已經注意到了大業四年建宫

---

① 中國社會科學院考古研究所：《唐長安城郊隋唐墓》，文物出版社，1980 年。
② 《周書》卷九《皇后·宣帝楊皇后傳》，頁 145。

説與《隋書》卷七一《敬釗傳》“大業三年，煬帝避暑汾陽宮”的矛盾①。檢閱其他史料，杜寶《大業雜記》云：大業二年“七月，自江都還洛陽，敕於汾州西北四十里，臨汾水起汾陽宮，即管涔山汾河源所出之處。當盛暑日，臨河盥漱，即涼風凛然，如八月九月”②。《太平御覽》卷九六一《木部十·樺》引《大業拾遺録》（即《大業雜記》）亦記“〔大業〕二年汾州起汾陽宮，宮南外平林率是大樺，木高百餘尺，從行文武皆剥取皮覆庵舍”。因此，汾陽宮當建於隋煬帝大業二年，這樣，《隋書·敬釗傳》與此墓誌也就都可以順暢理解了。

李静訓葬於“京兆長安縣休祥里萬善道場之内”。由出土地可推知隋休祥里萬善道場的位置在今西安市玉祥門外西站大街南一帶。此地即唐休祥坊所在，坊名未變。據韋述《兩京新記》卷三，唐長安休祥坊東南隅有萬善尼寺，此寺“周宣帝大象二年立。開皇二年，度周氏皇后嬪御已下千餘人爲尼，以處之也”③。隋煬帝時，“郡縣佛寺改爲道場，道觀改爲玄壇”④，萬善道場即萬善尼寺。萬善道場一直保留到了唐代⑤。

---

①　楊鴻年：《隋唐宮廷建築考》，陝西人民出版社，1992年，頁49。

②　辛德勇：《大業雜記輯校》，三秦出版社，2006年，頁23。

③　平岡武夫：《唐代的長安與洛陽資料》收尊經閣文庫藏舊鈔本，上海古籍出版社，1989年，頁188。

④　《隋書》卷二八《百官志下》，頁802。

⑤　參小野勝年《中國隋唐長安·寺院史料集成》解説篇，法藏館，1989年，頁170—171。

二〇〇　元世斌墓誌

【誌文】

大隋上柱國宋安公／世孫、朝請郎元世斌，／大業五年歲次己巳／五月十九日，薨於隆／政里之第，春秋廿有／四，以其月丁卯朔廿／四日庚寅，權殯於大／興城西龍首鄉隆安／里之山，乃爲銘記。

【疏證】

　　元世斌墓誌，出土於陝西省西安市西郊，出土時間不詳，誌石現藏於陝西師範大學古籍整理研究所。拓片圖版及參考録文見王其禕《西安新出土〈隋元世斌墓誌〉考證》，《文物》2001 年第 8 期。又王雪玲《新發現五種隋唐墓誌考證》，《碑林集刊》第七輯，也有此墓誌的圖版、録文和考證。請參看。

　　元世斌，隋煬帝大業五年（609）卒，終年二十四歲，則其生年是隋文帝開皇六年（586）。誌文“大隋上柱國宋安公世孫”，上引王其禕文指出宋安公即元景山，甚是。元景山死後，其子元成壽嗣位①，墓誌稱爲“世孫”，則元世斌當爲元成壽之子。

　　元世斌任朝請郎，上引王其禕文稱“朝請郎一職不見於《隋書·百官志》”，誤。《隋書》卷二八《百官志下》記隋文帝開皇六年，尚書省“吏部又別置朝議、通議、朝請、朝散、給事、承奉、儒林、文林等八郎，武騎、屯騎、驍騎、游騎、飛騎、旅騎、雲騎、羽騎等八尉。其品則正六品以下，從九品以上。上階爲郎，下階爲

---

① 《隋書》卷三九《元景山傳》，頁 1153。

尉”。由此可知，朝請郎是開皇六年所置吏部八郎之一，爲正七品上階。據《舊唐書》卷六一《竇誕傳》，竇誕“隋仁壽中，起家爲朝請郎。”

《隋書·百官志下》：煬帝大業三年（607）定令時，廢文帝所置吏部八郎。這些職位作爲起家官及出使的職能被謁者臺九郎所替代①。但值得注意的是，八郎的職名似乎並未完全消失，就在大業三年令在廢吏部八郎同時，又在秘書省“置儒林郎十人，正七品。掌明經待問，唯詔所使。文林郎二十人，從八品。掌撰録文史，檢討舊事”②。與吏部八郎中正九品儒林郎、從九品文林郎相比，大業令秘書省新置的儒林郎、文林郎與之名同職異。又《陳書》卷二八《後主十一子傳》記陳祗、陳恮在隋大業中都曾任“通議郎”。聯繫此誌大業五年的朝請郎元世斌，可見八郎中的一些職名在大業三年廢八郎後仍然存在，但品位和職掌或已經有所變動。

---

① 　閻步克：《隋代文散階制度補論》，《唐研究》第五卷，北京大學出版社，1999 年。
② 　《隋書》卷二八《百官志下》，頁 796。

二〇一　陳宣帝夫人施氏墓誌

【誌文】

陳臨賀王國太妃墓誌銘/

太妃姓施氏,京兆郡長安縣人也。吳將績之/後也。父績,陳始/興王左常侍。太妃婉懿在懷,/淑慎后質,宣皇帝聘入後宫,寵冠/嬪嫱,/恩隆椒掖。既而芳蘭在夢,熊羆之兆斯彰,瑞/氣休符,蘋藻之勤惟潔。載誕臨賀王叔敖、沅/陵王叔興、寧遠公主,並桂馥蘭芬,金鏘玉閏。/公主以開皇九年金陵平殄,大隋高祖文/皇帝納公主,拜爲宣華夫人。踵此二橋,非關/縝髮,光斯二服,無待更衣。以大業五年歲次/己巳八月十一日薨于頒政里,春秋五十有/九。其月十四日葬于高楊原洪固鄉。太妃以/移居戚里,優賞既隆,湯沐之資,咸從檀捨,式/營寺宇,事窮輪焕。聊刊玄石,以述清徽。其詞/云爾:/

爰自弱齡,作嬪帝闈,貞孝表質,温恭爲本。逝/川不留,過隙難駐,蘭蕙俱摧,徽猷同樹。

【疏證】

　　陳宣帝夫人施氏墓誌,1992年出土於陝西省長安縣韋曲鎮北原,現藏長安縣文管會。《隋代墓誌銘彙考》第3册頁363—364有拓片圖版和參考録文。録文又見董理《〈陳臨賀王國太妃墓誌銘〉考釋》一文,《文博》2001年第5期。這篇文章還做了詮釋文辭及相關的考證工作。

　　誌主施太妃,爲陳宣帝諸夫人之一,史稱“施姬”。《陳書》

卷二八《高宗二十九王列傳》："施姬生臨賀王叔敖、沅陵王叔興。"墓誌中提到施姬所生一女爲寧遠公主，爲史籍所闕載。寧遠公主後爲隋文帝宣華夫人。《隋書》卷三六《后妃傳》："宣華夫人陳氏，陳宣帝之女也。性聰慧，姿貌無雙。及陳滅，配掖庭，後選入宮爲嬪。時獨孤皇后性妒，後宮罕得進御，唯陳氏有寵。晋王廣之在藩也，陰有奪宗之計，規爲内助，每致禮焉。進金蛇、金駞等物，以取媚於陳氏。皇太子廢立之際，頗有力焉。及文獻皇后崩，進位爲貴人，專房擅寵，主斷内事，六宮莫與爲比。及上大漸，遺詔拜爲宣華夫人。……其夜，太子烝焉。及煬帝嗣位之後，出居仙都宮。尋召入，歲餘而終，時年二十九。帝深悼之，爲製《神傷賦》。"

施太妃死於隋煬帝大業五年（609），五十九歲，則其生年當在梁簡文帝大寶二年（551）。其女寧遠公主（宣華夫人）應當死在大業元年、二年之間（605—606），時二十九歲，則生年當在陳宣帝太建九年或十年（577—578）。隋文帝開皇九年（陳後主禎明三年、589）隋滅陳時，只有十來歲，"配掖庭"可能是當時陳朝宗室女子的共同遭遇。

施太妃的太妃之號得自陳朝。其子叔敖、叔興，於陳後主至德元年（583）被分別封爲臨賀王和沅陵王，施氏依隨長子，故得稱"臨賀王國太妃"。施氏的這兩個兒子入隋以後，也與其他陳氏子弟一樣，被隋文帝分置到邊遠州縣。《南史》卷一〇《陳本紀下》："隋文帝以陳氏子弟既多，恐京下爲過，皆分置諸州縣，每歲賜以衣服以安全之。"其實所謂"諸州縣"，只是隴右、河西那些邊遠之地。《陳書》卷二八："〔陳氏子弟〕至長安，隋文帝並配於隴右及河西諸州，各給田業以處之。"根據同書同卷《陳伯義傳》:"禎明三年入關,遷於瓜州,於道卒。"《陳叔堅傳》:"入關,遷於瓜州,更名叔賢。賢素貴,不知家人生產,至是與妃沈氏酤酒,以傭保爲事。"而《陳叔文傳》,叔文先於巴州迎降,故入關後上表稱"昔在巴州,已先送款,乞知此情,望異常例"。可見陳氏子弟入隋以後都要被徙置隴右河西各州縣,當時以爲"常例"。

施氏"移居戚里"的時間,當在其女得寵以後。但是其子陳叔敖、陳叔興二人,並没有因此擺脱先前的境遇。據《陳書》卷二八,二人爲官都在煬帝大業年間,説明他們的妹妹得寵時,他們並没有從中獲益。很有可能,當陳叔敖、陳叔興西遷之時,施氏未曾跟隨,而是留在關中了。施氏死於頒政里,即頒政坊,在大興城内長安縣轄境。從墓誌中稱其籍貫爲"京兆郡長安縣人"來看,施氏可能還著籍於長安縣,並且,其葬地也在長安縣境内的"高楊(陽)原"。也許陳氏子弟在其遷徙地也都有類似的著籍經歷,這反映了隋朝對於處理陳朝宗室問題的政策。

宣華夫人雖然先後得寵於文帝和煬帝,但陳氏宗室子弟包括陳叔敖和陳叔興境遇的改善,却並非由於這種關係,而要遲至煬帝大業二年,那時宣華夫人已經故去。《陳書》卷二八:"大業二年,隋煬帝以後主第六女女婤爲貴人[1],絶愛幸,因召陳氏子弟盡還京師,隨才叙用,由是並爲守宰,遍於天下。"經過十六年艱辛生活而幸存的陳氏子弟,都因此而獲得了政治身份。陳叔敖"拜儀同三司",陳叔興"爲給事郎"。據前舉董理文,陝西省長安縣還出土了"前陳沅陵王故陳府君之墓誌",有云:"大業二

---

① "第六女女婤",《南史》卷六五《陳君範傳》作"第六女女婤",頁1579。

年,奉敕預參選限,爲身梁(案當爲染字)疾,不堪集例,官遂未成。"雖然做官與否史、誌有別,但是墓誌"奉敕預參選限"一語,反映這一年煬帝專爲解除陳氏子弟的禁錮下過詔敕。《陳書》卷二八陳氏子弟在隋爲官者,除陳叔文先降得官外,都在"大業中",證實大業二年煬帝的寬大政策的確是推行了。

施氏死在宣華夫人之後,這時長子叔敖已經回到京城,她可能和叔敖共同生活。從墓誌看,在大業二年以前,由於宣華夫人,她的生活相當不錯;宣華夫人死後,叔敖等恰好解除禁錮,回到京城,施氏也有了依靠。她衣食無憂,熱心佛事。因此,在隨例入關的陳朝宗室諸人中,她算是比較幸運的一個。

二〇二　解盛妻張字墓誌

【誌文】

故章武郡主簿解君妻張墓誌/

夫人姓張，諱字，河間平舒人也。□□南陽，世多冠/冕，望高四海，爲天下盛門。其先□□世韓卿，近則/受符匡漢。運籌帷幄，高祖遠謝其□，□於廷尉釋/之，文帝與之參乘。此乃家風鼎盛，世□日隆，秋菊/春蘭，餘芳不竭。祖模，清閨有文，見重於世。父何，高/才遠識，有譽鄉邦。夫人華胄標舉，受氣蟬聯，□□/清虛，自然明悟，折旋可則，進退唯禮。其□□□□，/事實生知；婦德婦禮，無假傳習。至於織紝□□□/工，見奇於當世；蘋繁蘊藻之□，敬恭於庸下。□□/孝友自天，恩柔本性。豈圖支離爲疾，風樹相催，□/德之業未窮，變化之期奄及。春秋六十有六，大業/三年，奄卒於宅。哲人其逝，誰不流涕，道俗同悲，哀/酸不息。粵以今六年正月十一日，合葬於縣東北/一里。地唯高敞，道實光華，卜云唯吉，祔兹塋兆。恐/人世捐遠，墳壟將蕪，山嶽沸騰，餘芳不嗣，式鐫幽/壙，託此佳城，乃爲銘曰：/

上德不德，至道不滅，非有非無，何憂何疾。自非赤/松，安成此節，窈窕淑媛，應兹世祀。令問著聞，徽音/不已，忽嗟易及，難再斯起。冥冥泉室，昏昏夜臺，琴/笙不弄，珠玉長埋。人生詎幾，身世崩摧，城闕日遠，/唯見悲哀。

【疏證】

　　解盛妻張字墓誌，1992年出土於河北省廊坊市大城縣城關鎮東關村。拓片圖版見劉化成《河北廊坊市大城縣出土四方隋唐墓誌》，《考古》2000 年第 10 期。拓片圖版和參考録文又見《隋代墓誌銘彙考》第 4 册頁 24—26。同時出土其夫解盛墓誌，本書收。

張字卒於隋煬帝大業三年（607），終年六十六歲，則其生年是西魏文帝大統八年（542）。張字及其祖模、父何並不見於史傳。

解盛、張字夫婦都是平舒人，但一云景州、一云河間，原因是解盛墓誌製作於隋文帝仁壽四年（604），張字墓誌製作於大業六年，大業三年改州爲郡後，平舒即屬河間郡。

案墓誌稱“夫人姓張諱字”，很有可能原撰誌人在“諱”與“字”下都留有空格，以待誌主家人填寫，不料誌主家人竟未注意，逕付刻工，刻工遂省略空格，形成“諱字”連寫的情況。如果這個推測成立，那麽此誌實應命名爲“解盛妻張氏墓誌”。梶山智史《北朝隋代墓誌所在總合目録》1646 號著録爲“解盛妻張字墓誌”，亦備一説。

二〇三　李椿妻劉琬華墓誌

【誌蓋】

大隋故開府/儀同三司驃/騎將軍河東/公李府君夫/人劉氏墓誌

【誌文】

隋故開府儀同三司驃騎將軍河東公李府君妻劉氏墓誌/

夫人諱琬華，中山安喜人也。昔文思稽古，唐帝以火曆登天；鬱起大/風，漢高以炎精肇運。豈止朱光赫弈，白水龍飛，景命蟬聯，岷山鳳跱，/而照彰日月，其能已乎。祖敬夏，本州別駕，蒲陰侯。器宇高沖，英猷峻/遠。父貞，光禄勳、定州刺史、西郡文公。垂範經國，宏圖偉世。夫人稟精/明月，濯彩遐源，藻映柔儀，芳凝陰德。灼灼耀閨房之秀，肅肅振松下/之風。望寒筠以齊貞，竝冬冰而共潔。流鏡圖史，令淑神姿，憲章彤管，/幽閑雅操。秉兹蒸燭，心有慎微，御以温凉，容無憙愠。覽葛覃之詠，躬/勤浣濯；吟緑衣之篇，劬勞紃組。詞發椒花之頌，文摛秋菊之銘。浩浩/歌音，深明寧戚之志；轔轔車響，懸知伯玉之恭。而蕙問川流，蘭徽淵/塞，含光窈窕，君子求思。秦晉匹焉，儷兹華族。即太傅、柱國大將軍、河/陽公之孫，太師、魏武公之第七子，開府儀同三司、河東公李府君之/命妻也。而告旋師氏，百兩言歸。砥六行而睦姻親，礪四德而弘輔佐。/固以夙興夜寐，受襟離於階上；沼沚採蘋，申莊敬於牖下。中饋斯劭，/内政剋宣，蹈禮鳴謙，寔邦之媛。既而良人早没，銜恤未亡。佩柏舟之/詩，同恭姜之誓。遂斷機貽訓，徙宅從仁，藐是諸孤，義方聖善。昔文伯/之母，諒可同塵，田稷之親，曾河異軌。庶膺眉壽，以保遐期，而絳雪無/徵，紫霜空

驗。春秋六十有四,大業三年閏三月四日遘疾,薨于京第。/以六
年歲次庚午癸亥朔正月廿日,葬於藍田縣童人鄉之山。竊以/陵
虛谷滿,海變山飛,勒百齡之芳德,播千載之清輝。乃爲銘曰:/
鴻源遐峻,稽古帝唐,炎漢膺曆,神基載昌。山浮紫氣,室照朱
光,晻藹/嘉祉,精爽靈長。秀出柔儀,懋茲淑令,孝愛天真,溫恭
率性。絺綌勤勞,/蘋蘩莊敬,雪照松貞,蘭芬淵映。榮耀中谷,
在河之洲,幽閑窈窕,哲問/川流。我思輔佐,君子好仇,閨凝懋
德,室美徽猷。天長霞促,電逝川驚,/芳襟霧委,靜樹風生。萋
萋綠野,鬱鬱佳城,幽埏永閟,隴月空明。

【疏證】

　　李椿妻劉琬華墓誌,1984 年出土於陝西省西安市東郊慶華
廠廠區。拓片圖版及參考録文見陝西省考古研究所桑紹華《西
安東郊隋李椿夫婦墓清理簡報》,《考古與文物》1986 年第 3 期。
拓片圖版又見《隋唐五代墓誌彙編》陝西卷第 3 册頁 9。原録文
有誤録處,今據圖版補正。同墓出土其夫李椿墓誌,本書收。

　　劉琬華卒於隋煬帝大業四年(608),終年六十四歲,則其生
年是西魏文帝大統十一年(545),小其夫李椿一歲。劉琬華祖劉
敬夏、其父劉貞,未見其他記載。

　　誌文記劉琬華在大業六年"葬於藍田縣童人鄉之山"。李
椿墓誌記李椿在隋文帝開皇十年(590)"厝於孝義里地"。今二
墓誌同出一墓,可知二地所指爲一。又墓誌出土於西安市東郊
慶華廠,即今西安市灞橋區洪慶鎮田王村一帶,此地在唐屬萬年
縣銅人鄉①。由"童人鄉"到"銅人鄉",隋唐間名稱略有變動。

---

① 　武伯綸:《唐萬年、長安縣鄉里考》,《考古學報》1963 年第 2 期。

二〇四　李世舉墓誌

【誌文】

齊瀛州司馬新興郡守故李府君墓誌銘/

君諱　字世舉，隴西狄道人也。周興，柱下夫子有/見龍之辭;漢立，將軍宛城起輪馬之怖。復有入秦/上策，帝主諮謀，在魏稱師，文侯下軾。祖韶，冀州刺/史，燮秉人倫。父瑜，光禄大夫，鬱爲朝棟。君幼能樞/對，似登元禮之門;少有宏才，若在揚雄之室。齊武/平二年，任新興郡守，遂使飛蝗出境，猛獸浮河，烏/宿時廳，民加厚慕。至四年，轉任瀛州司馬，智方泉/涌，決斷如流，蘊素德於匈懷，起清風於衿袖。何謂/灾生四大，疾變兩童。武平六年卒於任所，春秋五/十有七。夫人盧氏，即是幽州刺史盧司空之女，不/幸早終。繼室邢氏，夙以悲壙。後娉崔氏，復成長往。/今以大業六年歲次庚午正月癸亥朔廿日壬午，/合葬於魏郡鄴縣野馬崗白塔村南一里。嗚呼哀/哉，乃爲銘曰:

智宏周室，德播秦宫，隴西/帝族，塞北英雄。世融冠盖，裔起高風，鬱爲朝棟，盛/矣無窮。其一。

惟君傑起，志懷高上，黎首欽承，群官觖/望。策邁匡衡，才過劉向，素叶芳猷，風流俶儻。其二。

哲/人去世，在歎彌深，隋珠永没，弁寶方沉。風悲隴柏，/鳥泣松林，三齊一壙，實乃傷心。

【疏證】

　　李世舉墓誌，2000 年出土於河北省臨漳縣。拓片圖版見劉

恒《隋〈李世舉墓誌〉拓本跋》,《中國書法》2001 年第 6 期。拓
片圖版和參考録文見《隋代墓誌銘彙考》第 4 册頁 32—34。

李世舉,不見於史傳,他卒於北齊後主武平六年(575),終年
五十七歲,則其生年爲北魏孝明帝神龜二年(519)。上引文認爲
李世舉之父李瑜,即李韶長子李璵,甚是。李韶和李璵在《魏
書》卷三九、《北史》卷一〇〇、《北齊書》卷二九有傳。其中李璵
"天保四年(553)卒,年七十二",則李世舉出生時,李璵三十七
歲。墓誌的刻寫是在李世舉去世後三十餘年的隋煬帝大業六年
(610),撰者連李世舉的名都不清楚,可見對其情況瞭解非常有
限,在這種情況下,將李世舉父親的名字寫錯也是有可能的。

在《北史·李璵傳》中,記載了李璵幾個兒子的情況,分別
是:李詮,字世良;李伯卿;李謐,字世安;李誦,字世業;李世韜。

李世舉"武平二年,任新興郡守",這一年他五十三歲。"四
年,轉任瀛州司馬"。據《魏書》卷一〇六上《地形志上》,瀛州是
北魏孝文帝太和十一年(487)分定州河間、高陽,冀州章武、浮陽
置。治所爲趙都軍城,在今河北省河間縣。北齊州司馬的品位
在從五品到從四品之間。

李世舉先後三妻盧氏、邢氏、崔氏,皆當時大姓。其中盧氏
之父"幽州刺史盧司空"究竟是誰,待考。銘詞本是三首,誌文
僅標其一其二,當是刻寫時致誤。

二〇五　劉士安墓誌

【誌文】

大隋劉君墓誌銘/

君諱士安,河間河間人也。昔波振四海,雄圖起於巴漢;飆迴九/縣,盛業啓於昆陽。開以法度,見遵翼特,儀容取敬,並德播人神,/既流雲耳。大父伯盛,南中府長流參軍、新城縣令。話言有緒,鎔/範可嘉,遺愛餘風,累葉莫尚。父惠明,平東將軍、成皋縣令、穎川、/汝南、弘農三郡守。齊之天保統歷,除南營州長史,尋行南營州/刺史事。渥澤漸於九里,光彩射於百城,天子許其長者之倫,下/民目以神明之類。既名高省閣,又譽重宗門。有子士彥,當周齊/虎爭,亭塞鴟張,雖順日暮而東生,更隨天道以西鶩。周武帝授/使持節、驃騎大將軍、開府儀同三司、河陰郡開國公,食邑一千/戶、龍渠二州諸軍事、二州刺史。大隋馭宇,追授天工,贈以秦州/諸軍事、秦州刺史。公在舊朝新朝,俱以權變購賞;前主後主,並/曰勳庸是賴。公即君之長兄。君才望兩歸,仁義兼守,德音盈耳,/瓌姿溢目,齊日辟爲開府長兼行參軍。然遠遊京輦,非是夙情,/衣錦鄉家,實關本趣。屬周平東夏,改易簪纓,鍾鼎膏腴,咸從縣/仕。遂三就縣功曹、一居郡中正。至隋開皇七年十二月四日終,/時春秋五十八。大業六年歲次庚午正月癸亥朔廿二日甲申,/葬於周城鄉吉遷里祖墳東二百步。妻齊氏,孝子上臺左親侍、/建節尉永康,次子孝長。並深衷邈世,至性高人,咸以有始必終,/無成不壞,而勒詞金石,冀得歲寒,乃爲銘曰:/

蕙滋華薄，杞蔚增峰，長林何有，韡萼齊茸，高門孰矚，盛軌連
蹤。／其一。

文會益友，信交朋執，宴息丘園，翱翔風什，暘谷已遠，春山奄／
戢。其二。

塵壤易壞，陵麓難朽，況乃天長，兼之夜厚，匪鎸金石，清徽／何
久。其三。

【疏證】

　　劉士安墓誌，河北省河間縣出土，出土時間不詳，現藏河間
縣文物保管所。拓片圖版見《隋唐五代墓誌匯編》河北卷頁 17。
拓片圖版和參考録文見《隋代墓誌銘彙考》第 4 册頁 35—37。

　　劉士安，卒於隋文帝開皇七年（587），終年五十八歲，則其生
年爲北魏孝莊帝永安三年（530）。劉士安及其祖伯盛、父惠明、
兄士彦、子永康、子孝長，並不見於史傳。劉士安之父任職北齊，
兄劉士彦後投降北周。

　　劉士安在北齊“辟爲開府長兼行參軍”。據《隋書》卷二七
《百官志中》，在北齊開府儀同三司府有長兼行參軍，地位低於
三公府長兼行參軍一階，爲從八品下階。誌文“屬周平東夏，改
易簪纓，鍾鼎膏腴，咸從縣仕”。北周滅北齊後，宣帝宣政元年
（578）八月詔“僞齊七品以上，已敕收用，八品以下，爰及流外，
若欲入仕，皆聽預選，降二等授官”①。

　　誌文“孝子上臺左親侍、建節尉永康”。據《隋書》卷二八
《百官志下》，隋文帝時，置左右衛，“掌宮掖禁御，督攝仗衛”。

---

① 《周書》卷七《宣帝本紀》，頁 116。

隋煬帝時,將左右衛改爲左右翊衛,翊衛府設親侍。作爲司職宮廷宿衛的官員,所謂"上臺"宿衛,是指皇帝的宿衛,多與東宮宿衛相區別。如隋文帝曾"令選宗衛侍官,以入上臺宿衛。高熲奏稱,若盡取強者,恐東宮宿衛太劣。高祖作色曰:'我有時行動,宿衛須得雄毅。太子毓德東宮,左右何須强武?'"[1]建節尉是隋煬帝大業三年令新置正六品散職。

---

① 《隋書》卷四五《楊勇傳》,頁1231。

二〇六　史射勿墓誌

【誌蓋】

大隋正議/大夫右領/軍驃騎將/軍故史府/君之墓誌

【誌文】

大隋正議大夫右領軍驃騎將軍故史府君之墓誌銘/

公諱射勿，字槃陁，平凉平高縣人也。其先出自西國，曾祖妙尼，/祖波波匿，並仕本國，俱爲薩寶。父認愁，磋跎年髮，舛此宦途。公/幼而明敏，風情爽悟，趫悍盖世，勇力絶人。保定四年，從晋蕩公/東討。天和元年，從平高公於河東作鎮。二年正月，蒙授都督。其/年二月，被使，從郯國公征玉壁城。建德五年，又從申國公擊破/軹關，大蒙優賞。宣政元年，從上柱國齊王憲掩討稽胡。開皇二/年，從上開府岐章公李軌，出向凉州，与突厥戰于城北；又隨史/万歲，羅截奔徒。開皇三年，應募隨上開府姚晉北征，隨方剿撲。/又從安豐公，高越盡鋭攻圍。十年正月，從駕幸并州。十四年，/轉帥都督。十有七年，遷大都督。十九年，又隨越國公素絶幕，大/殲凶黨，噍類無遺。即蒙授開府儀同三司，以旌殊績。其年十一/月，敕授驃騎將軍。廿年，又從齊王入磧。仁壽四年，蒙賜粟/一千石，甲第一區，并奴婢綾絹，前後委積。大業元年，轉授右領/軍、驃騎將軍，又蒙賜物三百段、米二百斛。其年又從駕幸揚/州，蒙賜物四百段、錢六万文。五年三月廿四日，遘疾，薨于私第，/時年六十有六。即以六年太歲庚午正月癸亥朔廿二日甲申，/葬于平凉郡之咸陽鄉賢良里。嗚呼哀哉。世子訶耽，次長樂，次/安樂，朝請大夫；次大興，次胡郎，次道樂，次

拒達。並有孝性,俱能/追遠,懼兹陵谷,乃作銘云:/

洪源峻極,慶緒靈長,祚興石室,族熾金方。維公降誕,家族載昌,/撫劍從驃,挺刃勤王。位以功進,賞以誠來,既登上將,即擬中台。/驚飆何迅,崦光遽頽,何年何歲,松檟方摧。

【疏證】

　　史射勿墓誌,1987 年出土於寧夏固原南郊鄉小馬莊村,出土情況、墓誌拓片圖版、墓誌録文及相關研究,見羅豐《固原南郊隋唐墓地》①頁 7—30、頁 185—196。史射勿之子史訶耽、孫史鐵棒的墓誌,亦於固原出土,見羅豐《固原南郊隋唐墓地》頁 55—86。

　　史射勿死於隋煬帝大業五年(609),六十六歲,則其生年當在西魏文帝大統十年(544)。

　　史射勿應當是粟特人,其漢式名、字,應當是分拆其粟特本名的結果,敦煌文書中有粟特人安射勿槃陀,見羅豐上引書頁 186。史訶耽墓誌稱史射勿之名爲“陀”,史鐵棒墓誌稱其名爲“槃陀”,更足以證明這一點。史射勿墓誌稱其曾祖妙尼,祖波波匿,父認愁。在史訶耽墓誌中,波波匿被簡寫作“尼”,認愁被寫作“思”。到了史鐵棒墓誌中,認愁被寫作“多思”。猶可見内入粟特人有一個譯名無定字的階段。

　　史射勿墓誌稱其曾祖和祖父“並仕本國,俱爲薩寶”,所謂本國,應當即是“西國”,即其粟特城邦(東遷之前)或部族社會(東遷之後)。而史訶耽墓誌稱波波匿(尼)爲“魏摩訶大薩寶、

---

① 羅豐:《固原南郊隋唐墓地》,文物出版社,1996 年。

張掖縣令”。史射勿一家也許是從其祖父波波匿開始入魏的,但所任薩寶、張掖縣令,縱然屬實,也未必出於魏朝任命,當然張掖縣令也許只是隋唐時代的贈官。史射勿墓誌叙其父認愁“磋跎年髮,舛此宦途”,分明是没有出仕,而史訶耽墓誌稱他爲“周京師薩寶、酒泉縣令”,史鐵棒墓誌稱他爲“周京師摩訶薩寶、酒泉縣令”,如果不是隋唐的贈官,便是子孫的杜撰。

墓誌稱“又從安豐公,高越盡鋭攻圍”,安豐公指竇榮定,高越即高越原。《隋書》卷一《高祖紀上》開皇三年五月:“壬戌,行軍元帥竇榮定破突厥及吐谷渾於涼州。”卷三九《竇榮定傳》:“突厥沙鉢略寇邊,以爲行軍元帥,率九總管,步騎三萬,出涼州。與虜戰於高越原,兩軍相持,其地無水,士卒渴甚,至刺馬血而飲,死者十有二三。榮定仰天太息,俄而澍雨,軍乃復振。於是進擊,數挫其鋒,突厥憚之,請盟而去。賜縑萬匹,進爵安豐郡公,增邑千六百户。”從這段史料看,高越原之戰相當艱苦,史射勿亦在軍中,墓誌特别指出他參加了高越原戰役。

墓誌云:“十年正月,從駕幸并州。”《隋書》卷二《高祖紀下》:“二月庚申,幸并州。夏四月辛酉,至自并州。”這一年隋文帝只到并州一次,盤桓兩個月。二月己未朔,庚申是初二。隋文帝一行二月初二抵達晋陽,其出發離開長安,當然是在正月了。史射勿墓誌記其出發的時間,故曰正月;《隋書》記其抵達的時間,故曰二月。

二○七　王瑟墓誌

【誌文】

□□昌黎王府□□王君墓誌銘/

君諱瑟,字孝讓,江東瑯琊臨沂人也。發源華渚,構趾/高丘,長蘭自遠,高峰以峻。而羽儀弈世,冠盖相望,領/袖當時,珠玉連響。祖沖,魏任冀州鎮東府長史,鈎深/致遠,抱質懷文。父璋,任彭城王法曹,復爲北海王東/閤祭酒,行成於己,名振一時。君率性不羣,自然特秀,/然則孝以事親,友於兄弟,風韻清舉,德行兼備,動爲/規矩,言作樞機。出身丹陽王府記室參軍,非其好也。/又除昌黎王府長史。但以世異時移,遂沈宦於丘壑,/南館待士,西園夜遊,高尚不羈,逍遥自得。親賓萃止,/莫不以琴酒相娛;兒女義方,皆以詩礼垂訓。東流不/息,玄兔西傾,日往月來,奄同行客。春秋五十有七,以/大業六年五月二日,卒於永豐里□所。孤子懷德,思感/風雲,痛陟屺之無瞻,望孝水而增咽。即以其月十/三日,厝於王城之北九里。前臨洛浦,後對黃河,左拒/邙山,右鄰金谷。嗟乎痛惜,勒石爲銘。其辭曰:/

世挺珪璋,門稱合浦。家傳禮業,器成稽古。實号儒宗,/真爲學府。其一。

忘家體國,盡力事君。見義而動,慕德有/聞。載驅丹轂,自致青雲。其二。

輔仁莫徵,福謙無象。逝水/不息,藏舟忽往。蕭蕭松柏,杳杳泉壤。

【疏證】

王愻墓誌，出土於河南洛陽，出土時間不詳，現藏河南省洛陽古代藝術館；墓誌拓片圖版見《隋唐五代墓誌匯編》洛陽卷第1冊頁50、《洛陽出土歷代墓誌輯繩》頁60。拓片圖版和參考録文見《隋代墓誌銘彙考》第4冊頁55—58。墓誌原刻寫錯誤，如"長蘭自遠"之"蘭"，疑當作"瀾"；"君率性不郡"之"郡"，顯然當作"群"。

王愻死於隋煬帝大業六年（610），五十七歲，則其生年當在北齊文宣帝天保五年（554）。

墓誌稱王愻爲"江東瑯琊臨沂人也"，意即來自江東南朝的瑯琊王氏，如同北魏之王肅。王愻父、祖不見於史。據墓誌，王愻祖父王沖，"魏任冀州鎮東府長史"，"冀州鎮東府"指冀州刺史、鎮東將軍府。王愻父王璋，"任彭城王法曹，復爲北海王東閤祭酒"，都是北魏後期王府屬官。

王愻"出身丹陽王府記室參軍"，丹陽王，指北齊武成帝之子丹陽王高仁直。據《北史》卷五二《齊宗室諸王下·武成諸子傳》："〔諸王〕皆養於北宫。瑯邪王死後，諸王守禁彌切。武平末年，仁邕已下，始得出外，供給儉薄，取充而已。"齊末諸王管制嚴禁，可是並不妨礙選官體系給諸王配備官屬。王府屬官與諸王關係疏遠，却佔用着官僚系統的重要員額，是官僚候補人員的起家臺階。王愻"又除昌黎王府長史"，昌黎王，指韓鳳（長鸞）。《北史》卷九二《恩幸·韓鳳傳》："仍封舊國昌黎郡王。"墓誌説："以世異時移，遂沈宦於丘壑。"這是指北齊既滅，王愻不復爲官。北齊滅亡時（577），王愻纔二十四歲。此後他以平民身份，居住洛陽。

王懿大業六年"卒於永豐里□所"。徐松輯《河南志》記洛陽有永豐坊,未知是否即此。

二〇八　姬威墓誌

【誌蓋】
隋金紫光禄/大夫備身將/軍司農卿燉/煌太守汾源/良公姬君銘

【誌文】
隋故使持節金紫光禄大夫太子右衛率右備身將軍司農卿龍泉燉煌二郡太守汾/源良公姬府君之墓誌銘/

公諱威，字永興，河南洛陽人也。本系軒皇，寔爲農正，崇基與削成竝峻，清瀾隨委壑俱/遠。世傳卿相，布在方册。曾祖懿，使持節、鎮東將軍、都督雍州諸軍事、雍州刺史、驃騎大/將軍、司空、東郡康公。祖亮，使持節、開府儀同三司、燕州諸軍事、燕州刺史、東郡公。父肇，/使持節、驃騎大將軍、開府儀同三司、左光禄大夫、侍中、東秦州諸軍事、東秦州刺史、勳/晋絳建四州諸軍事、勳州總管、神水郡開國公。竝以雄圖遠略，柱鎮邦基，軌範一時，見/稱前代。公禀秀降生，含章挺出，峰仞孤竦，氣調不群。幽并少年，遙推遊俠，汝潁人物，遠/謝多奇。釋褐昇朝，令名惟始，天和三年，以開府子長上宿衛。建德二年，授折衝上士。三/年五月，又授大都督。平鄴之日，追齊主於青州，擒獲之功，爰加寵命，六年十月，授儀同/三司。宣政元年四月，授承御大夫。大象元年，授右内侍。洎皇猷既建，霸府新開，乃授儀/同三司、領丞相府右帳内。大定元年，進授開府儀同三司，領右帳内如故。開皇元年，授/太子内率，其年九月，又授太子左内率。二年八月，封峃嵐縣開國侯，食邑五百户。式建/茅社，奄有征賦，光升上爵，實懋元勳。十二年八月，以相府長上詔授上開府儀同三/

囗。十三年又授太子右衛率。仁壽二年正月又授右備身將軍。武帳文軒,方勞直宿,晝/巡夜警,是惟屯衛。公之此舉,實允時談,三年二月,進封汾源縣開國公,食邑一千户。大/業元年正月,授司農卿。三年四月十八日,詔授銀青光禄大夫,十九日,詔授龍泉/太守。惟静爲政,以德化民,豪右於焉斂迹,屬城以之解印。四年轉爲燉煌郡太守,獯戎/遠竄,關塞無塵,循良之稱,遐邇攸屬。方當乘軒服冕,論道廟堂,具旗長戟,增榮里閈。造/化不仁,遽殲明哲,以六年四月十一日遘疾薨於京師,春秋六十有二。朝廷結痛悼之/哀,王人申賻贈之禮,喪葬所須,並資官給。易名之典,謚曰良公。惟公門承鍾鼎,伏膺道/訓,據德無怠,蹈義以行。性愛經史,尤長韜策,懷應變之才,居卿尹之位。寬以濟物,貴不/驕人,治官以廉潔御下,植性以勤誠奉國。絃韋適用,文武兼宣,當世名臣,罔出其右。即/以其年歲次庚午七月庚申朔廿三日壬午,永窆於京兆郡大興縣滻川鄉之白鹿原,/禮也。車徒擾擾,諸侯會同位之喪;道路紛紛,天子詔將軍之葬。嗚呼哀哉! 世子武援等/並孝性純深,居喪過禮。飛鳥聞悲即下,墳樹染淚便枯。所慮海變河遷,陵移谷徙,清徽/永閟,盛烈無聞,勒石幽扃,庶傳遐緒,其辭曰:/

三十永世,七百長年,西降幽鎬,東都澗瀍。重光累葉,剋讓相傳,篤生公侯,繼踵英賢。性/靈文武,意氣風烟,芳猷亹亹,茂緒綿綿。論道槐庭,經邦絶域,亟總元戎,方登袞職。來朝/平樂,謁帝柏梁,容儀肅肅,珩珮鏘鏘。與善無驗,遽落崦光,聖情軫悼,輟膳嗟傷。恩/深吳漢,澤甚張良,將亡星賈,相殁山頽。晨笳嗚咽,夜薤酸哀,人喧鶴去,賓散狐來。原承/白鹿,地伏青龍,迤車有轍,隱馬無蹤。滻流百派,灞曲千重,壯麗碑碣,低昂柳松。風悲旦/慘,雲愁暮濃,芳徽茂績,當銘景鍾。

【疏證】

　　姬威墓誌,1954 年出土於陝西省西安市郭家灘姬威墓。拓片圖版見陝西省文物管理委員會《西安郭家灘隋姬威墓清理簡報》,《文物》1959 年第 8 期。又見《隋唐五代墓誌匯編》北京卷第 1 冊頁 25、《北京圖書館藏中國歷代石刻拓本匯編》第 10 冊頁 35。拓片圖版和參考録文見《隋代墓誌銘彙考》第 4 冊頁 66—70。

　　姬威,隋煬帝大業六年(610)卒,終年六十二歲,則其生年爲西魏文帝大統十五年(549)。《隋書》對姬威僅略有涉及,而墓誌對其經歷叙述頗詳且時間清晰。姬威之曾祖懿、祖亮、父肇及子武援並不見於史傳。《八瓊室金石補正》卷二七有大業十一年《太僕卿元夫人姬氏誌》:“曾祖懿,魏使持節、驃騎大將軍、東郡公。祖亮,魏使持節、大將軍、開府儀同三司、燕州諸軍事、燕州刺史、東郡敬公。父肇,周使持節、侍中、驃騎大將軍、開府儀同三司、光禄大夫、東秦州諸軍事、東秦州刺史,勳晋絳建四州諸軍事、勳州總管、神水郡開國公。”二者相較,人名全同,結銜略異,則姬氏爲姬威之姐妹無疑。姬氏卒於北周武帝建德六年(577),終年二十九歲,則姬氏與姬威同年生。

　　姬威之父姬肇的爵位是神水郡開國公,北周武帝建德五年神水公姬願被封爲原國公①,王仲犖先生據此認爲“願舊爵神水公,則願蓋肇之子,襲父爵神水郡公也”,並認爲姬威乃姬願之弟②。

----

① 《周書》卷六《武帝本紀下》,頁 99。
② 王仲犖:《〈元和姓纂四校記〉書後》,《蜡華山館叢稿》,中華書局,1987 年,頁 469。

　　姬威二十歲釋褐，天和三年(568)以勳官子充任衛官。建德二年任正三命“折衝上士”，此職在六官體系中不知所屬，北周還有折衝中大夫①。武帝建德四年十月，“改開府儀同三司爲開府儀同大將軍，儀同三司爲儀同大將軍”②，而誌文記姬威“〔建德〕六年十月，授儀同三司”，二者顯然矛盾。又姬威在大象元年(579)、大定元年(581)分別授儀同三司、開府儀同三司，本書所收楊矩墓誌記在建德六年平齊之後，楊矩進授儀同三司。這些是否意味着開府儀同三司與儀同三司在建德四年後與開府儀同大將軍、儀同大將軍並行呢？

　　誌文“宣政元年(578)四月，授承御大夫”。《隋書》卷六二《劉行本傳》：“周代故事，天子臨軒，掌朝典筆硯，持至御坐，則承御大夫取以進之。及行本爲掌朝〔下大夫〕，將進筆於帝，承御復欲取之。行本抗聲謂承御曰：‘筆不可得。’〔武〕帝驚視問之，行本言於帝曰：‘臣聞設官分職，各有司存。臣既不得佩承御刀，承御亦焉得取臣筆。’帝曰：‘然。’因令二司各行所職。”承御大夫在皇帝身邊，且得佩刀，似爲皇帝的貼身宿衛之官。而姬威由宿衛出身升任此職而後任“掌御寢之禁”的右中侍③、李崇從掌管禁兵的少侍伯大夫轉少承御大夫④，也與以上推測合。

　　從隋開皇元年(581)任太子內率、太子左內率到開皇十三年任太子右衛率，直到仁壽元年(601)以前，姬威一直擔任掌太子東宮“禁內侍衛”和“宮中禁衛”之職⑤。正因爲如此，姬威成了

① 　參王仲犖《北周六典》卷七《六官餘録》，頁 509。
② 　《周書》卷六《武帝本紀下》，頁 93。《北史》卷三〇《盧辯傳》，頁 1102 同。
③ 　《隋書》卷一二《禮儀志七》，頁 281。誌文云“右内侍”，當因避諱而改。
④ 　《隋書》卷三七《李崇傳》，頁 1122。
⑤ 　《隋書》卷二八《百官志下》，頁 780。

太子楊勇的“倖臣”。據《隋書》卷四五《楊勇傳》，晉王楊廣派人
“遺〔姬威〕以財貨，令取太子消息，密告楊素”，並威脅利誘他説
“東宮罪過，主上皆知之矣，已奉密詔，定當廢立。君能告之，則
大富貴”。後姬威“抗表告太子非法”，在促使高祖下決心廢太
子勇過程中起了重要作用。

　　開皇二十年（600），太子勇被廢。兩年後姬威任右備身將
軍，後封爵汾源縣開國公，大業元年（605）授司農卿，仕途已到頂
點。其後他又兩任郡守，特別最後一任遠在邊地，不知姬威自己
是否認爲算是“大富貴”了。

二〇九　韋圓照妻楊静徽墓誌

【誌蓋】

大隋豐/寧公主/墓誌銘

【誌文】

大隋豐寧公主墓誌銘并序/

公主諱静徽,高祖文皇帝之孫女也。若夫靈源濬遠,共/雲漢而同高;聖葉繁滋,與若華而俱茂。既啓河汾之祚,/終居帝王之宅,故以彪炳綠圖,焉弈青史。公主連暉日幹,/已擅桃李之容;結采星軒,即有神仙之麗。蘭情獨秀,蕙性/孤芳,淑態巧於春庭,令問馳於霄極。年十五,以開皇十七/年封豐寧邑公主,其年降嬪于河南公京兆韋圓照。公即/太傅光禄大夫舒襄公之孫,左光禄大夫河南懷公之第/二子也。家傳鼎族,無慚齊紀之歸;人稱玉樹,有類王何之/戚。公主情深結髮,義重匡牀,不矜車服之尊,自篤瑟琴之/好。至於鳥啼花笑,春朝秋晚,共惜光陰,俱歡風月。既而年/驚玉律,漏促金壺,空熏辟惡之香,徒種長生之草。大業六/年三月十五日遘疾,薨于宣平里第,春秋廿有八。駙馬悲/深閨戶,淚盡空牀。晝夢纔通,怨行雲之早没;傷神不已,嗟/佳人之難再。其年太歲庚午七月廿三日遷空舊塋鴻固/鄉疇貴里。寶劍長分,虚對雙龍之匣;妝臺永別,獨掩孤鸞/之鏡。銘曰:/

采兮玄圃,榮參綠車,瑶池接潤,玉樹開花。焰灼穠李,芬芳/燁華,言容早懋,湯沐先加。惠質鏡圖,柔情問史,六珈既備,/三從擅美。禮邁王姬,聲超宋子,内正家室,傍恭娣姒。天孫/匿影,

婺女淪光,驚飈落艷,早露摧芳。壟首低月,松門引涼,╱何言翠
帳,空有餘香。

【疏證】

韋圓照妻楊靜徽墓誌,1990 年出土於陝西省長安縣韋曲鎮
北原楊靜徽、韋圓照夫婦合葬墓。拓片圖版和參考錄文見戴應
新《隋豐寧公主楊靜徽駙馬韋圓照墓誌箋證》,《故宮學術季刊》
第 14 卷第 1 期,1996 年。

楊靜徽卒於隋煬帝大業六年(610),終年二十八歲,則其生
年爲隋文帝開皇三年(583)。同時發現有唐貞觀八年(634)韋
圓照墓誌,韋圓照在《新唐書》卷七四上《宰相世系表四上》有
記載。

誌文"開皇十七年封豐寧邑公主"。豐寧縣,大業初改名西
鄉縣①。古代,公主也有等級之分。"初漢制,皇女皆封縣公
主,……其尊崇者加號長公主"②。《南史》卷四《齊本紀上》:建
元元年(479)"宋諸王皆降爲公,郡公主爲縣君,縣公主爲鄉
君"。這説明南朝宋存在郡公主、縣公主之別。《唐六典》卷二
《尚書吏部》司封郎中條注云:"晋、宋已來,皇女皆封郡公主,王
女皆封縣主。"北朝亦然,存在大長公主、長公主、郡公主、縣公主
等級別。

《隋書》卷二八《百官志下》:隋朝"大長公主、長公主、公主,
並置家令、丞各一人,主簿、謁者、舍人各二人等員。郡主唯減主

---

① 《隋書》卷二九《地理志上》,頁 817。
② 《通典》卷三一《職官十三·歷代王侯封爵》,頁 858。

簿員”。在郡主之下，還有縣主一級①。這些等級與唐代一致，唐制規定：“凡外命婦之制，皇之姑，封大長公主，皇姊妹，封長公主，皇女，封公主，……皇太子之女，封郡主，……王之女，封縣主。”②那麼，隋朝哪些人可以獲得這些封號呢？如果除了特殊的封賞、而僅從與皇帝的血緣關係來看，長公主爲皇帝的姐妹，如“高祖姊安成長公主”、“高祖妹昌樂長公主”③。公主爲皇帝女，如“高祖女襄國公主”、“高祖女廣平公主”、高祖第五女爲“蘭陵公主”、煬帝長女爲“南陽公主”④。這兩點都和唐代制度同。若參考唐制，誌主楊靜徽作爲隋文帝的孫女，也就是王之女，應封隋制中之縣主。所謂“豐寧邑公主”，也可稱爲“豐寧縣公主”或“豐寧縣主”。而在隋朝，縣公主或縣主也可以直接稱爲“公主”，如隋文帝第三子秦王楊俊“長女永豐公主”⑤。因此，墓誌蓋與首題都徑稱“豐寧公主”。

　　誌文“太傅光禄大夫舒襄公之孫”。楊靜徽之夫韋圓照，據韋圓照墓誌，他是韋孝寬之孫、韋總之子。因爲韋孝寬最高的爵位是天和五年（570）所授“鄖國公”，他在大象二年（580）死後“諡曰襄”⑥，所以後代稱韋孝寬時常常稱“鄖襄公”，如《隋書》卷二《高祖本紀下》開皇十七年詔中稱“鄖襄公孝寬”，貞觀八年韋圓照墓誌也稱“鄖襄公”。因此，此誌所謂“舒襄公”不可解，

---

① 《隋書》卷一二《禮儀志七》，頁278。

② 《舊唐書》卷四三《職官志二》，頁1821。

③ 分見《隋書》卷三九《竇榮定傳》，頁1150；同書卷三九《豆盧通傳》，頁1159。

④ 分見《隋書》卷五四《李長雅傳》，頁1363；同書卷五〇《宇文靜禮傳》，頁1315；同書卷八〇《列女傳》，頁1798。

⑤ 《隋書》卷四五《秦孝王俊傳》，頁1241。

⑥ 《周書》卷五《武帝本紀上》，頁77。同書卷三一《韋孝寬傳》，頁544。

或爲“郿襄公”之誤。

　　楊静徽死於大興城“宣平里第”。據《長安志》卷八《唐京城二》，唐長安有宣平坊，坊之西南隅有法雲尼寺，此寺在隋名法輪寺，本隋長孫覽宅，韋圓照的祖父韋孝寬在開皇三年立爲寺，至唐改名法雲寺。可見，宣平之名並寺俱延用至唐。

　　楊静徽“遷窆舊塋鴻固鄉疇貴里”，由墓誌出土地可以確知，鴻固鄉疇貴里位於今長安縣韋曲鎮北原。同墓出土的韋圓照墓誌稱“永窆雍州萬年縣洪固鄉福閏里之舊塋”，於此可見隋唐間鄉里名稱的變動。

二一〇 閻静墓誌

【誌額】

魏東/梁州/刺史/閻使/君墓/誌銘

【誌文】

公諱静,字安之,恒山靈壽人也。有/周之苗裔,貽諸史册,可略
而言,刊/石鑄金,抑有由矣。祖臺,給事黄/門侍郎。考導,涇州
刺史。公使持/節、都督東梁州諸軍事、車騎大將/軍、散騎常侍、
東梁州刺史,諡曰禎,/禮也。公經文緯武,丹青藉以爲工;/蹈德
依仁,管弦賴而成韻。頃以周/齊漸霸,魏歷將遷,以永安二年
正/月卅日,春秋六十有二,并世子懷/仁、懷義、懷禮、懷忠等俱
薨州治。仍/以大業六年閏十二月十日,改葬/於泛濟鄉愛民里。
但川流日夜,瞻/奉莫由,欲不朽於永彰,託玄石爲/銘曰:/
粤惟平素,爰仕縉紳,如何不淑,殲/我良人。九泉永夜,一聚微
塵,所悲/蘭芷,長秋不春。

【疏證】

  閻静墓誌,1974年出土於河北省獲鹿縣閻同村閻静墓。拓
片圖版見河北省正定縣文物保管所《河北獲鹿發現北魏東梁州
刺史閻静遷葬墓》,《文物》1986年第5期,又見《隋唐五代墓誌
匯編》河北卷頁18。以上二圖版質量不佳,此録文是據河北正
定隆興寺陳列之拓片。拓片圖版和參考録文又見《隋代墓誌銘
彙考》第4册頁115—116。

  閻静,北魏孝莊帝永安二年(529)卒,終年六十二歲,則其生

年爲北魏獻文帝皇興二年（468）。閻静及其祖臺、父導均不見於史傳。

　　據《魏書》卷七一《淳于誕傳》，北魏孝明帝孝昌三年（527），“朝議以梁州安康郡阻帶江山，要害之所，分置東梁州”。由於東梁的設置距閻静去世僅有兩年，因此閻静死於州治，極有可能就是死於其使持節、都督東梁州諸軍事、東梁州刺史之任。上引文認爲閻静和他的四個兒子在永安二年正月三十同日死亡，當爲非正常死亡，甚是。同年四月，淳于誕亦“卒於東梁州刺史”①。

　　閻静在隋煬帝大業六年（610）葬於“泛濟鄉愛民里”。根據出土地，並參考隋文帝開皇十六年（596）曾析置鹿泉縣、大業初併入石邑縣之記載②，此地在大業年間當屬恒山郡石邑縣。

---

① 　《北史》卷四五《淳于誕傳》，頁 1662。時間見《魏書》卷七一《淳于誕傳》，頁 1593。

② 　《隋書》卷三〇《地理志中》恒山郡石邑縣條，頁 856。

二一一　甄元希墓誌

【誌文】

大隋大業六年/前静漠將軍左/相都督穎州□/□□□帥都督/□人甄元希銘。

【疏證】

甄元希磚誌,出土時間地點不詳,拓片圖版見《隋唐五代墓誌匯編》北京大學卷第 1 册頁 18。拓片圖版和參考録文見《隋代墓誌銘彙考》第 4 册頁 131—132。

静漠將軍,據《隋書》卷二七《百官志中》,在第八品。北魏有平漠將軍,静漠將軍可能始置於北齊。左相,應作左厢。

二一二　鄭謇墓誌

【誌文】

隋故舂陵郡上馬縣正鄭君墓誌之銘/

君諱謇,字道顯,滎陽開封人。漢司農衆之後也。自昔侯王挺出,/降乃上玄,將相應時,起由川岳,□□岸澤□芳,源清流潔,漢水/藍田,有自來矣。武公世德,緇衣而播□;尚書入朝,曳履而稱諫。/備諸圖史,可略而言哉。/祖顯,魏冠軍將軍、東兗州長流參軍,加衛將軍,遷豫州上蔡縣/令。器宇明悟,儀調温整,居官以敬,馭民以慈。不言而治,非獨原/君;僉議有歸,豈唯卜令。考伽,齊平越將軍、太府寺左藏署主簿,/加平西將軍,周有山東,仍蒙收録,授蒲津關令。襟帶山河,肅止/奸寇,清明著稱,物望攸歸。識雞鳴之詐,爲情斯杜;禮棄繻之賢,/從容待物。君幼而穎令,早有異才,俶儻生知,斯其人也。弱齡庠/序,讀百遍之書;厠染朝流,秉三尺之律。起家邢州南和縣尉,尋/遷將作左校署丞,未幾又轉任舂陵郡上馬縣正。指麾無滯,斷/剖如流,既曰指南,寔惟理窟。前居將作,履修構之重;後入司民,/授解繩之任。宜其長久,爲世棟梁,命也不圖,風燭斯在。以大業/六年十一月九日,終於上馬縣任所之宅,春秋四十有四。今以/七年歲次辛未十一月壬午朔廿一日丙申,遷窆於河南郡城/北八里,邙山之陽。桑田有改,陵谷無恒,略此芳猷,乃爲銘曰:/

曰惟祖禰,寔乃時英,門稱通德,化号仁明。文宗武袖,世載嘉聲,/豈言□信,是著廉平。文武不墜,温柔自强,千尋矯矯,万頃汪汪。/既多才藝,仍富珪璋,聲流史筆,殁有餘芳。惟動惟止,乃言乃行,/物我忘懷,在醜不争。德被宗枝,福流餘慶,表裏生輝,根柯相映。/埏門暫啓,神儀永入,無復鸞迴,空餘雁集。愁雲暝重,悲風曉急,/遷化難留,嗚呼何及。

【疏證】

鄭賽墓誌,出土於河南洛陽,出土時間不詳,現藏河南省洛陽古代藝術館。墓誌拓片圖版見《隋唐五代墓誌匯編》洛陽卷第 1 册頁 69、《洛陽出土歷代墓誌輯繩》頁 63。拓片圖版和參考録文見《隋代墓誌銘彙考》第 4 册頁 176—178。墓誌中“爲情斯杜”句,“爲”本應作“僞”。

鄭賽死於隋煬帝大業七年(611),四十四歲,則其生年當在北齊後主天統四年(568)。

墓誌稱鄭賽爲滎陽開封人,而溯源至於東漢鄭衆,而不是如鄭義一支溯至曹魏鄭渾。鄭賽的祖父鄭顯、父鄭伽,官位不顯,俱不見於史。看起來,滎陽鄭氏的鄭賽這一支,與盛極於北朝的鄭義一支没有什麽關係。鄭顯在魏爲“豫州上蔡縣令”,上蔡縣屬汝南郡。鄭伽在北齊爲“平越將軍、太府寺左藏署主簿”。《隋書》卷二七《百官志中》,記北齊官制,平越將軍在第八品,又太府寺左藏署,有令、丞。左藏署主簿,應當是左藏署令、丞的屬官。北周滅北齊,鄭伽“仍蒙收録,授蒲津關令”。《隋書》卷二七《百官志中》,北齊關津統屬護軍府,“領諸關尉、津尉”。南朝的關津則統屬太府卿。疑北朝關津職能的軍事部分屬護軍府,經濟部分亦如南朝屬太府卿。鄭伽入周而被用爲蒲津關令,應當與他曾供職於北齊太府寺的背景有關。蒲津關,又名蒲坂津、河關、臨晉關等等,地對山西永濟黄河古渡,關在黄河西岸,今陝西省境。

　　鄭賽也一直擔任低級官員，“起家邢州南和縣尉，尋遷將作左校署丞，未幾又轉任春陵郡上馬縣正”。據《隋書》卷二八《百官志下》，縣置令、丞、尉、正，縣尉爲從九品，南和縣如果不是上縣，縣尉僅爲從九品下階，是最低一級官員。將作寺的左校署有令二人、丞四人，左校署丞爲從九品上階（左校令算中署令，因此左校丞也應算中署丞）。而“春陵郡上馬縣正”的縣正，可能是由縣尉改來，隋文帝改革郡縣制度，“縣尉爲縣正”。縣尉不過從九品，何以成爲鄭賽遷轉的最後一站？當然，也可能是左遷。

　　上馬縣，始置於北魏。《隋書》卷三一《地理志下》春陵郡上馬縣：“後魏置，曰石馬，後訛爲上馬，因改焉。”

　　據《元和郡縣圖志》卷一五《河東道四·邢州》，南和縣“隋開皇三年屬洺州，十六年改屬邢州”。則鄭賽起家在開皇十六年（596）以後，即二十九歲以後。

二一三　王德墓誌

【誌蓋】

大隋故/處仕王/君墓銘

【誌文】

隋故王香仁墓誌之銘/

君諱德,字香仁,其先并州太原人也。周王至德,設/明堂以配天;副主登仙,乘白鶴而輕舉。珪璋世載,/冕相承。祖龍,寧朔將軍、齊州牧。父歡洛,太内大夫、/騎都尉、右太府主簿。並有善政之歌,俱揚清德之/誦。君雲雷播氣,川岳降靈,幼志高奇,童年早慧,長/崇孝悌,信著鄉朋,言誠珠玉,人皆貴寶,行超君子,/士共欽風。齊樂安王聞而徵辟,任開府行兼參軍。/辭痾不就,優遊俶里,歸誠勝業,聽讀安心。大名未/立,仙鶴言呼。春秋七十有八,大業七年十一月十/五日遘疾終於敬業里第。道俗共追,朝野悲慕。粤/以其年歲次辛未十一月壬午朔廿八日己酉,窆/於城東北千金鄉楊村北二里,南眺伊洛之水,北/背邙阜之山,周公度而天正,管子筮於此間。嗚呼/哀哉。乃爲銘曰:/

國之高第,莫甚姬王,晉聞雅譽,魏帝稱良。三槐歷/葉,九棘繁昌,餘慶不已,世挺琳琅。其一。

贊牧之孫,都/尉之子,鄉閭有稱,撫斷清美。牛刀且割,詎彰裁綺。/其二。

藏舟易負,逝水難迴,長辭塋外,永鎮松臺。其三。

【疏證】

王德墓誌，1935 年出土於河南洛陽老城北井溝村，墓誌拓片圖版見《鴛鴦七誌齋藏石》頁 199、《洛陽出土歷代墓誌輯繩》頁 64。拓片圖版和參考録文見《隋代墓誌銘彙考》第 4 册頁 181—184。墓誌原刻第三行“冕相承”前奪一“冠”字。

王德死於隋煬帝大業七年（611），七十八歲，則其生年當在東魏孝静帝天平元年（534）。

王德父、祖於史無可考。王德本人曾被辟爲北齊樂安王府行參軍，這個樂安王，即高勱。高勱襲父高岳爵爲清河王，後改樂安王，見《北齊書》卷一三《清河王岳傳》。

王德生前“歸誠勝業，聽讀安心”，死後“道俗共追”。可見他的人生中，宗教生活（佛教）占了很大份量。

王德“任開府行兼參軍”，北齊有開府行參軍和開府長兼行參軍，未見有“行兼參軍”者，恐墓誌書寫或撰刻有誤。

二一四　田德元墓誌

【誌蓋】

大隋故豫/章郡西曹/掾田府君/之墓誌銘

【誌文】

隋故豫章郡掾田府君墓誌/

君諱德元,字龍光,平涼百泉縣人也。嬀水長源,姚墟盛緒,延年定策,/名高中興,子泰推功,聲馳域外,並詳史諜,可略言矣。祖廣略,周柱國、/太保、觀國襄公。父仁恭,隋上柱國、司空公、觀國敬公。世載勳賢,門襲/卿宰,比韋家於西漢,譬袁氏於東京。故以德冠前脩,慶流後裔。君稟/靈温粹,天姿孝友,青裳辯日,髫丱參玄,氣調雲霞,風儀韶韻。雅好琴/書,近得梁君之賞;性愛虛白,遠叶嵇生之志。賓遊滿坐,無虧方外之/神;史籍盈前,轉瑩胸中之寶。仁壽二年,起家授涼州總管府掾。從容/上席,剖決如流,優遊勝曹,衿懷多暇。總管安豐公竇肆公,深挹風猷,/尤相敬礼,曾未期月,聲績已高。姑臧殷實,控接遐裔,拳握之珍,足爲/鄭室。君討日受俸,官燭稀燃,冰水之心,終始若一。及秩滿言旋,單車/就路,清分之聲,漸稱西土。於是幅巾冶袖,遂其疎澹之情;散帙下帷,/窮其討論之致。既而朝思械樸,時訪能官,大業三年,授豫章郡西/曹掾。君頻居右職,明練逾高,譽浹鄰邦,績陳王府。官曹無擁,常聞/主諾之喕;簿領或繁,弥見機神之敏。南方山水,登臨所以思歸;西州/鄉國,瞻佇於焉凄愴。加以土風卑濕,寒暑乖宜,疹疾弥留,奄然長往。/大業七年六月廿二日,終於官舍,春秋卅有一。惟君早稱髦秀,夙播/清

規,博綜文史,枕席仁義。朋交推其款信,氣類挹其風儀。坐有
嘉賓,/門多好事。良晨美景,命醑酒而開筵;勝地名遊,賦清篇
而自得。莫不/辭高金谷,趣極蘭亭。万古奚言,一朝埋玉。嗚
呼哀哉!曰以七年十二/月壬子朔廿二日癸酉,歸葬於大興縣漨
川鄉白鹿原。車迴南郭,聽/薤露之悲哥;馬送東都,切鳴簫之哀
管。欲使桑移碧海,尚表豐碑,谷/變樊山,猶傳餘烈。銘曰:/
王龔之孫,曜卿之子,顯允夫君,還追昔美。博聞强記,敦詩悦
史,器表/墙仞,神標名理。弱冠升序,能聲早振,纖介無私,脂膏
不潤。飛走依仁,/氓黎仰信,方期瑚璉,將登廟堂。一朝已矣,
万代韜光,松深寒霧,挽切/晨霜。勒茲玄石,無絕遺芳。

【疏證】

　　田德元墓誌,1954 年出土於陝西省西安東郊郭家灘田德元
墓。拓片圖版見陝西省文物管理委員會《西安郭家灘隋墓清理
簡報》,《文物參考資料》1957 年第 8 期。又見《隋唐五代墓誌匯
編》陝西卷第 1 冊頁 3、《北京圖書館藏中國歷代石刻拓本匯編》
第 10 冊頁 55。拓片圖版和參考録文見《隋代墓誌銘彙考》第 4
冊頁 188—191。

　　田德元卒於隋煬帝大業七年(611),終年三十一歲,則其生
年是隋文帝開皇元年(581)。

　　田德元的祖、父都是北周、隋的重要人物。其祖名弘字廣
略,西魏大統年間賜姓紇干氏。《周書》卷二七、《北史》卷六五
有傳,《庾子山集注》卷一四有《周柱國大將軍紇干弘神道碑》,
田弘墓誌也已出土,本書收。田德元墓誌稱田弘爲"周柱國、太
保、觀國襄公"。田弘死於建德三年(574),其生前的最高爵位

是雁門郡公，"觀國公"是北周大象末年的追贈①。在其墓誌、神道碑和本傳中都記田弘在建德二年遷任"少保"，本誌文稱"太保"可能也是追贈②。

其父田仁恭，《周書》卷二七、《北史》卷六五、《隋書》卷五四有傳。據《隋書》，田仁恭在隋進位上柱國、進爵觀國公，死後贈司空，諡曰敬。本傳記其二子，分別名世師、德懋，其中田世師繼承了父親的爵位，田德懋在《隋書》卷七二有傳。誌主田德元當爲田仁恭的又一子。

誌文云田德元爲"平涼百泉縣人也"。《田弘墓誌》及《紇干弘神道碑》作"原州長城縣人"，《周書·田弘傳》作"高平人"，《隋書·田仁恭傳》作"平涼長城人"。這些差異主要是由於地名變更造成的。《隋書》卷二九《地理志中》平涼郡條記"平涼郡舊置原州"，而百泉縣舊曰黃石，"西魏改黃石爲長城，……大業初縣改爲百泉"。因此，《田弘墓誌》《紇干弘神道碑》《隋書·田仁恭傳》和墓誌實指一地，爲今寧夏固原縣。而《周書》所記"高平"在西魏末改名"平高"③，在隋與百泉縣同屬平涼郡，也是今固原縣。

誌文"仁壽二年，起家授涼州總管府掾"。仁壽二年（602）田德元二十二歲。"總管安豐公竇肆公"，據《隋書》卷三九《竇榮定傳》，隋初竇榮定曾獲封"安豐郡公"，開皇六年死後贈"陳國公"，子竇抗襲封陳國公，竇榮定另有三子分別是竇憲、竇慶、

① 《周書》卷二七《田仁恭傳》，頁450。
② 《藝文類聚》卷四六《職官部二·太保》，上海古籍出版社，1999年，頁829，云"周庾信太保雁門公紇干弘碑"。《藝文類聚》編纂於唐初，"太保"之稱與誌文合，可視爲後來追贈的旁證。
③ 參王仲犖《北周地理志》卷一《關中》，頁89。

寶璡。墓誌任涼州總管的"安豐公寶肆公"或爲此三子之一。
此時涼州總管的轄境爲涼、甘、瓜、蕭四州①。

　　誌文"大業三年，授豫章郡西曹掾"。據《隋書·百官志
下》，隋煬帝大業三年，罷州置郡，郡置太守。在太守之下置贊治
一人，"次置東、西曹掾"，其品是上郡正六品，中郡從六品，下郡
正七品。

①　嚴耕望：《隋代總管府考》，《中國學志》第六本，1972 年。

二一五　尉仁弘墓誌

【誌文】

君字仁弘,太安狄那人。/齊長樂王尉璨之孫,隋/開府豐州刺史世辨第/三子。君年成立,仁壽二/年,以勳門蔭重擢任/皇后挽郎,敕授游騎/尉。大業三年任漢東郡/司功書佐。至七年,/聖皇念舊,別詔追集,補/右驍衛司騎參軍,不餘/旬日,除驍衛司倉。以大/業八年二月一日春秋/卅有三薨於燕薊,其月/廿二日權殯大墳東北。/嗚呼哀哉,實可傷悲。

【疏證】

　　尉仁弘墓誌,1982 年出土於河北省曲陽縣溝裏鄉王家弓村,現藏曲陽縣文物保管所。拓片圖版見薛增福《河北曲陽發現隋代墓誌及瓷器》,《文物》1984 年第 2 期,又見《隋唐五代墓誌匯編》河北卷頁 19。拓片圖版和參考録文見《隋代墓誌銘彙考》第 4 册頁 210—211。

　　尉仁弘卒於隋煬帝大業八年(612),終年三十三歲,則其生年是北周靜帝大象二年(580)。尉仁弘的祖父尉璨、父親尉世辨在《北齊書》卷一五、《北史》五四有傳。其中"世辨",本傳作"世辯"。本傳記尉世辯"隋開皇中,卒於淅州刺史",而墓誌則謂"豐州刺史"。尉璨之父爲尉景,《北齊書·尉景傳》稱其爲"善無人也",而尉仁弘墓誌則稱"太安狄那人"。太安即大安,北魏大安郡領狄那、捍殊二縣①。《北齊書》卷一九《尉長命傳》,北齊

---

① 《魏書》卷一〇六上《地形志上》,頁 2498。

尉長命也是太安狄那人。《魏書》卷一一三《官氏志》云“西方尉遲氏，後改爲尉氏”。尉長命即尉遲長命，爲尉遲氏所改①，同爲太安狄那人的尉仁弘一系當與尉長命同爲代郡尉氏。

　　誌文“敕授游騎尉”。游騎尉是隋文帝開皇六年（586）所置尚書省八郎、八尉之一，位從七品下階②。大業年間，尉仁弘又先後擔任右驍衛司騎參軍、驍衛司倉參軍。右驍衛爲隋十二衛之一，據《隋書》卷二八《百官志下》，“諸衛皆置長史，從五品。又有録事參軍，司倉、兵、騎、鎧等員”。從尉仁弘由司騎參軍轉司倉參軍的轉遷次序看，在衛府諸參軍中，司倉參軍位於司騎參軍前，與百官志合。

　　尉仁弘葬於“大墳東北”，大墳指祖墳。懷朔鎮流民分爲兩批，一在定州，一在并州，此墓誌出土於河北省曲陽縣溝裏鄉王家弓村，爲其祖墳所在，此六鎮移民一部分居定州之具體表現。

---

① 　姚薇元：《北朝胡姓考》，頁191。

② 　《隋書》卷二八《百官志下》，頁792。

二一六　張妙芬墓誌

【誌蓋】

隋故貴/鄉夫人/張氏墓/誌之銘

【誌文】

隋故貴鄉夫人張氏墓誌銘并序/

夫人諱□□,字妙芬,范陽方城人。華胄承姬,揮弧命氏。晋司空壯/武張公華九世孫。冠冕蟬聯,可得談矣。曾祖穆之,宋寧遠將軍、交/州刺史、□金紫光禄大夫。祖弘籍,廷尉卿。父纘,侍中、中衛將軍、開/府儀同三司、尚書僕射、駙馬都尉、雍州刺史、利亭侯,謚曰簡憲公。/□□令問,多藝多能,皇□鹽梅,帝川□□。夫人即簡憲公第五女,/梁武皇帝外孫,母富陽悼公主,今上皇后之姨。夫人□年姆教,/□□□□□操有禮,幽閑成德,其行既展,其華亦穠。竹杖能銘,□/□解頌。年十五,聘梁始興王,輔佐琴□,弼諧内□,雞鳴咸盥,晨昏/□衣。然王早逐閱川,墓木已拱。夫人孀居守志,□宮亟移,撫養孤/□,慈訓無怠,大床闊被,傍及諸生。開皇四年,奉使入京,□□元□/□子。于時龍德尚潛,早蒙提識,晋陽淮海,恒陪後車。望苑□香,轂/□軒陛,良疇遂宇,處別有資,珠服玉饌,□無虛月。言辭可法,嬪嬙/□其德音;容範應圖,宮掖規其儀表。大業八年五月九日,薨于雒/陽之□善里,春秋六十四。宸居憫□,内宮流涕,詔曰:宣惠尉蕭/籍母,故梁□華戚里,義重睦姻,□年□□,遽兹捐館,宜追榮命,用/□□□可贈貴鄉正三品夫人,賜□□□□物七百段,喪事□□/□田供給。其年五月廿一日,窆邙山之北原。長子籍兄

弟,居喪□/禮,毀幾滅性,仰蒼昊而不追,訇玄廬而哽絶。乃作銘云:/

帝姬□緒,□弧得姓,寶胄金宗,珠璉玉映。門承積善,誕茲淑人,□/葉傳□,□□流詠。作嬪君子,言告言歸,□夫□織,訓子□□□□/□□□□□□□□□琬琰,化洽閨門。頌□□□□□□□□/儀□□□□連,坤德彌□天□□□□□□□□□/□□與善無終。高堂宿設,野□虚崇,隴□□□□□□□□□/□永閟玄宫。

【疏證】

張妙芬墓誌,出土於河南洛陽,出土時間不詳,現藏河南省洛陽古代藝術館;墓誌拓片圖版見《隋唐五代墓誌匯編》洛陽卷第1册頁77。圖版漫漶模糊,難以識讀。拓片圖版和參考録文見《隋代墓誌銘彙考》第4册頁264—267。

張妙芬死於大業八年(612),六十四歲,則其生年當在梁武帝太清三年(549)。

張妙芬是南朝梁外戚張纘之女。張纘字伯緒,《梁書》卷三四和《南史》卷五六有傳。范陽張氏與蘭陵蕭氏,很早就是姻族。據《梁書》卷七《后妃傳》及卷一一《張弘策傳》,宋濮陽太守張次惠有子張穆之、張安之,穆之妻蕭氏,即蕭順之從姑,生女張尚柔,子張弘籍。蕭順之又娶張尚柔,生梁武帝蕭衍。張安之有子張弘策,與蕭衍一起長大(蕭衍呼弘策爲舅),鼎革之際,立有大功。張弘籍早死無子,張弘策乃以第三子張纘出繼弘籍。張妙芬墓誌追述家世,稱曾祖穆之,祖弘籍,反映的就是張纘出繼從伯弘籍的背景。張纘娶梁武帝第四女富陽公主,即張妙芬墓誌所説"富陽悼公主"。案《張纘傳》云："普通初,魏使彭城人劉善明通和,……纘時年二十三,善明見而嗟服。"普通初,當指普通元年至三年(520—522),據此,張纘應出生於齊明帝之末、東昏侯之初(498—500)。到太清三年張妙芬出生時,正值侯景亂梁,張纘已經快五十歲了,他在長沙"棄其部曲,携其二女,單舸赴江陵",二女之中,應當就有襁褓中的張妙芬,另外一女,就是張妙芬的姐姐、後來隋煬帝蕭皇后的母親。墓誌説張妙芬爲張纘第五女,而張纘亦於妙芬出生後不久爲蕭詧所拘殺,看來妙芬就是最後一個子女。張纘奔江陵時所携二女,理應都是他子女中最幼小的。史稱張纘從江陵前往襄陽時,把巨大的家產都留在江陵,那麼他的子女當然也會留在江陵。張纘被蕭詧殺害,梁元帝奪取了張纘的財物。後來江陵被攻破,蕭詧入主江陵,張纘的女兒纔會被蕭詧太子蕭巋所納。

張妙芬墓誌説她"年十五,聘梁始興王"。張妙芬十五歲,爲後梁明帝蕭巋天保二年(563)。這時的始興王,與梁初所封始興王蕭憺及其嗣子蕭亮,都没有什麼關係了。這時的始興王,應當是後梁蕭詧所封,很可能就是蕭巋諸弟之一。張妙芬的姐姐既入蕭巋後宮,蕭巋乃以妙芬嫁始興王。始興王死後,直至開皇四年(584),張妙芬一直居住江陵。這個時期張妙芬的家庭情況並不好。《隋書》卷三六《后妃傳》:"煬帝蕭皇后,梁明帝巋之女也。江南風俗,二月生子者不舉。后以二月生,由是季父岌收而養之。未幾,岌夫妻俱死,轉養舅氏張軻家。然軻甚貧窶,后躬親勞苦。煬帝爲晉王時,高祖將爲王選妃於梁,……於是遂策爲王妃。"

張軻是張妙芬之兄,張纘之子,這時張家已經十分貧窶,寡居的張妙芬的情況也不會好到哪裏去。轉機出現在隋文帝爲楊廣選妃上。據《隋書》卷四四《滕穆王瓚傳》,瓚子綸,"高祖受禪,封邵國公,邑八千户。明年,拜邵州刺史。晋王廣納妃於梁,詔綸致禮焉"。據此,爲楊廣納妃於梁的事情,不得早於開皇二年(582)。同書卷一《高祖紀》,開皇四年八月戊戌,"以秦王俊納妃,宴百僚,頒賜各有差"。楊俊是楊廣之弟,隋文帝爲諸子納妃,理當以兄弟之次,因此,開皇四年八月以前,楊廣應當已經成婚。又同書同卷開皇四年正月壬申:"梁主蕭巋來朝。"蕭巋朝長安與嫁女與晋王廣,一定有關聯。張妙芬墓誌説:"開皇四年,奉使入京,……于時龍德尚潛,早蒙提識,晋陽淮海,恒陪後車。"張妙芬到長安,顯然也是爲楊廣納妃之事,這時張氏外親的背景使張妙芬到長安陪侍未來的蕭皇后。這一年張妙芬三十六歲,此後張妙芬一直隨同楊廣夫婦,生活條件有了很大改善。墓誌説"良疇邃宇,處别有資,珠服玉饌,□無虚月",比起她在江陵的日子,當然並非虚語。

　張妙芬長子蕭籍,隋大業時爲宣惠尉。從《隋書》有限的材料看,擔任宣惠尉的,似乎多是煬帝在藩邸時的親近。蕭籍當然也符合這一條件。

　墓誌溯張氏家世至於西晋張華,所謂"晋司空壯武"是也。《梁書》卷七《后妃傳》及卷一一《張弘策傳》也都溯至張華,《梁書》卷三四《張纘傳》稱張華爲其八世祖,梁武帝詔書云"司空以後,名冠范陽",亦是此意。但《南史》卷五六《張纘傳》説:"纘本寒門,以外戚顯重,高自擬倫,而詔有'司空范陽'之言,深用爲狹。"張氏與蕭氏世爲婚姻,同樣都不是甲族高門,而梁武帝動輒提及西晋張華,顯然是爲了提升外家張氏的地位。

二一七　劉賓及妻王氏墓誌

【誌文】

君諱賓，字元賓，彭城人。其先漢高帝季之後也。自昔炎漢膺圖，承/堯秉曆，江河裔緒，龍鳳開源。或帝或王，擢本枝於百世；上卿上將，/邁遺風於千祀。祖興，車騎大將軍、交州諸軍事、交州刺史。考驚，/司徒府左長史、徐州大平正、安東將軍、青州刺史。並崇禮敦義，武/袖文宗，言行可師，規矩成則。君性履明毅，志調聰敏，仁而有勇，誠/而且孝。起家開府行參軍，尋轉外兵參軍事，仍加輕車將軍。乃值/江淮不靜，蠻夷動亂，君以武略所及，肅然清蕩。詔除衛大將軍、奉/車都尉。齊天統五年七月十六日，終於鄴城西孝義里之宅，春秋/五十有五。權窆於城西南廿五里野馬崗之南。/夫人王氏，河東人，兗州長史文城侯迴洛之女也。夫人乃容調端/審，言行柔明，恭謹自天，冰霜惟性。乃先君早世，撫育孤遺，教以義/方，咸得成立。遂使親賓拭目，表裏傾心，婦德母儀，僉望斯在。又能/識達苦空，洞明真假，修心八解，專精三業。大業七年十月十五日，/亡於東都道化里，時年八十有三。即以其年歲次壬申五月己卯/朔三十日戊申，合葬於雒陽縣東北，邙山之陽，常平鄉永安里。生/氣如在，歿有餘馨。乃爲銘曰：

夎龍作瑞，儀鳳呈祥，素靈斯/絶，紫氣仍昌。握圖握寶，惟帝惟王，福延休慶，世播蘭芳。仁周百行，/器聳千尋，家無踞子，路有遺金。風前泛菊，月下調琴，許心挂劍，戀/故悲簪。惟彼令嫄，儷兹髦俊，竹勁冰清，霜凝玉潤。四德無爽，一言/唯信，禮冠前

修,芳流後胤。朝辭降帳,夕委玄宮,人休館静,客散林/空。夜
臺無晝,隴樹多風,暫生暫滅,如幻如夢。

【疏證】

　　劉賓及妻王氏墓誌,出土時間地點不詳,現藏洛陽博物館,
墓誌拓片圖版及參考録文見《洛陽新獲墓誌》頁 18、203。録文
又可見沈淑玲、唐俊玲《劉賓與妻王氏墓誌考釋》,《中原文物》
1997 年第 2 期。誌主劉賓死於北齊時,先葬鄴城,其妻王氏死於
隋代,故移劉賓與王氏合葬於洛陽。墓誌寫刻於劉賓夫妻合葬
之時,先記劉賓,後記王氏,所以二人同爲墓誌誌主。

　　劉賓死於北齊後主天統五年(569),五十五歲,則其生年當
在北魏宣武帝延昌四年(515)。王氏死於隋煬帝大業七年
(611),八十三歲,則其生年當在北魏孝莊帝永安二年(529)。
劉賓比王氏大十四歲。劉賓死時,王氏四十一歲。

　　墓誌稱劉賓"祖興,車騎大將軍、交州諸軍事、交州刺史。考
鷟,司徒府左長史、徐州大平正、安東將軍、青州刺史"。《魏書》
卷五五《劉芳傳》:"〔芳〕長子懌,……懌弟廞,字景興。……出
帝初,除散騎常侍,遷驃騎大將軍、復領國子祭酒。……及出帝
入關,齊獻武王至洛,責廞而誅之,時年五十二。子鷟,字子
昇。……本州大中正。武定初,轉中書舍人,加安東將軍。……
出爲司徒右長史。未幾遷左長史。……追贈本將軍、南青州刺
史。"可見劉賓的祖父即劉廞。墓誌所記劉廞官"車騎大將軍、
交州諸軍事、交州刺史",應當是贈官。劉鷟任徐州大中正,墓誌
稱"大平正",乃隋時諱忠而改。由此知道,劉賓爲劉芳的曾孫。

　　劉賓妻王氏,墓誌稱"河東人,兖州長史文城侯迴洛之女

也”。《北史》卷五一《齊宗室諸王上·神武諸子·馮翊王潤傳》,提到“開府王回洛”,不知是否即王氏之父。

王氏大業七年“亡於東都道化里”。據《隋書》卷二八《百官志下》,隋煬帝時“京都諸坊改爲里”。隋代住在道化里的,有王邵、趙才、蕭琮,此外道化里還有郡學①。

誌主葬於“其年歲次壬申五月己卯朔三十日戊申”,因王氏死於大業七年十月,故此“其年五月”不可能是大業七年,而大業八年恰爲壬申、五月己卯朔,所以葬年當在大業八年。

二一八　志修塔記

【誌文】

大隋大業八年歲次壬申六月/丁丑朔十三日庚寅，上柱國、岐/州刺史、正義公孫志修塔述/

僧俗姓鄭，本開封人。生有宿因，/長及剃度於文殊禪院。心心絕/跡，生死已空，每每性定，思遊净/域。于大業五年，挂錫廣陵。不期/幻身，魔□未除。至□年，圓寂揚/州江陽縣道化坊九華禪院。享/齡三十有二，即以當年秋七月/戊寅六日，營塔院東吳方地内。/聊志塵俗，記其年代，以存不滅。

【疏證】

　　志修塔記，出土於江蘇省江都縣，出土時間不詳，墓誌拓片圖版見《隋唐五代墓誌匯編》北京卷第 1 册頁 26，又見《北京圖書館藏中國歷代石刻拓本匯編》第 10 册頁 62。

　　塔記首題所謂“大業八年歲次壬申六月丁丑朔十三日庚寅”，頗有疑問。隋煬帝大業八年（612）六月應是己酉朔，而不是丁丑朔。即使以丁丑朔計算，十三日應是己丑日，而不是庚寅日。按己酉朔計算，十三日是辛酉。如果十三日爲庚寅，則是月當朔戊寅，更與曆朔不合。這種錯誤不知是如何造成的。

　　誌主僧志修，出於滎陽鄭氏，“上柱國、岐州刺史、正義公孫”。這個“上柱國、岐州刺史、正義公”，指鄭譯。鄭譯字正義，北周末進位上柱國，隋文帝時爲岐州刺史，見《隋書》卷三八《鄭譯傳》。

二一九　韓暨墓誌

【誌蓋】

大都督/韓府君/之墓誌

【誌石正面】

君諱暨，字承伯，昌黎龍城人也。與周同姓，分基帝嚳之宗；紹封/晋朝，始嗣韓侯之族。名稱三傑，稟勳千年，世重衣香，芬芳百代。/昔虎狼爲七雄之侯，地入穎川。司空在魏，剋更封昌國，子孫流/播，於兹盛矣。祖坤道，輔國將軍、濟州別駕、諫議大夫、國子祭酒。/清才彪炳，碩學博聞。□藻橫飛，辭鋒辯悛。父詳，平州司馬、諮/議參軍。秉性自天，□懷簡素，怡然於物外，有終焉之心；沖漠於/丘園，得無爲之真。美姿容，善談論，言成準的，行爲師表。七閣五/車，究其義隩，九流百氏，洞悉淵源。慕仲君之下帷，愛孫敬之閉/户。屬群飛海水，天下亂離，戎狄窺疆，孝昌失馭，高麗爲寇，被擁/遼東。雖卉服爲夷，大相引接，欽名仰德，禮異恒品。未履平壤之/郊，遽拜大奢之職。非其好也，出自本心，辭之以疾，竟無屈矣，執/節無變，斯之謂乎。華夏人安，宗祧更立，率領同類五百餘户歸/朝奉國，誠節可嘉，爵以酬功，授龍城縣令。畫遊衣錦，道路光輝，/五袴民謡，怡怡頌於邑里；兩岐俗詠，芃芃諷於家園。及乎春日/池臺，秋齋風月，綺美之獨絶高妙，迥邁登樓之辭；緣情之秀麗/妍華，超□芙蓉之旨。碑頌章表，集卷殊多，流移邊服，遺喪略盡。/君承藉緒餘，凤聞德教，飽飫於義礼，富厭於軌儀。韶齔之年，竹/馬之歲，皎然卓異，有別儕伍。不戲弄、不笑言，容止徐佯，風姿可/愛，聰明爽悟，機警若神。聚雪映螢,非無耽倦之苦;墨池寸紙,實/亦媼弊之勞。弈葉雕龍,世有文集,凡所緝綴,莫非模楷。君山嗟/太玄之妙,度越諸賢;茂先訝左氏之辭,洛陽紙貴。兩班接譽,二/劉齊美,比名憑實,未必是過。累政州主簿,咸皆辟調。往來京邑/之際,大被朝貴所知。齊侍中、尚書左僕射崔季舒特相礼接,引/爲府參軍,轉開府掾。幽州行臺尚書令斛律荊山王,德被朝野,

【誌蓋背面】

望傾海內,禮爲記室參軍事。文表章奏,咸用相歸。大務機警,恒/參帷幄,鍾君五字,頓愈風頭。陳琳驟草,停驂無楷。開皇四年,總/管陽洛公以東北一隅,九夷八狄,綏懷撫慰,不易其人,自非雄/略英謀,罕當斯冀。遂上表特奏君與北平總管府參軍事劉季/略往契丹國,獎導諸部。未幾,敕授都督,宣揚皇化,夷狄傾心,/屈膝稽顙,咸希朝賀。七年,領大將軍。契丹國大莫弗入朝,在醴/泉宮引客奉見,詔問東夷北狄安撫之宜,招懷利害。對答/天旨,文皇歎尚,撫手咨嗟。又除帥都督,賜繒二百段。十年,以/君久在外蕃,頻有勞績,特敕追入朝,授大都督。恩詔慰喻,/朝野榮之。黥有懾心,隨何之力,尉陁供命,陸賈爲功。持古況今,/可得而喻。業功行著,賞爵未高。石折西州,山頹東嶽。出塞入塞,/非無霜露之疲;度遼涉遼,頗犯冰河之疾。薨於遼澤,春秋五十三。/皇帝嗟傷,朝賢愍惜。言尋關塞,唯餘飫馬之辭;還顧遼川,空想燕/歌之詠。世子鷹揚郎將、朝請大夫堪如等兄弟五人,攀號叫絕,/泣血扣心,何止悲竹笋生,冰魚混逸而已! 鄉閭拭目,邑宰虛衿,/世不之賢,實在明德。夫人王氏,高陽貴胄,賢才之室,卿相之門,/霜露所侵,封崇郊次。以大隋大業八年歲次壬申十月丁未朔/十五日辛酉,合葬於柳城縣西北七里風神崗之南麓。二龍玉匣,/兩

鶴明珠,具歸狼水之濱,共没燕然之路。嗚呼哀哉！乃爲銘曰：/
弘基周裔,業緒晋朝,封侯祚土,世闡韓苗。魏朝暨顯,昌黎静
立,/積嗣滔滔,家門炭炭。衣纓世載,蟬冕相習,毗贊六條,儒宗
王邑。/流離遼碣,志節不移,謀謨内揣,解難西馳。榮兼百里,
户復前虧,/積德累仁,慶隆弈葉。伊君踵武,英靈迴接,頩緩辭
繁,蘇張弛業。/北胡頓顙,東夷震懾,賞爵天陛,光華煒燁。日
車不駐,月桂難留,

【誌蓋側面】

平生已矣,零落山丘。松林霧總,楊樹風秋,雲愁鳥思,月迴墳
幽。/昔日親友,斷金交結,何悟何期,翻成此别。

【疏證】

韓暨墓誌,1977 年出土於遼寧省朝陽市北郊狼山南坡。拓
片圖版見《隋唐五代墓誌匯編》北京卷附遼寧卷第 3 册頁 178、
《遼寧省博物館藏碑誌精粹》(遼寧省博物館:《遼寧省博物館藏
碑誌精粹》,文物出版社,2000 年)頁 124—125。參考録文見朱
子方、孫國平《隋〈韓暨墓誌〉跋》,《北方文物》1986 年第 1 期,
又見《遼寧省博物館藏碑誌精粹》頁 124—125。

韓暨,隋文帝開皇十年(590)卒,終年五十三歲,則其生年是
東魏孝静帝元象元年(538)。韓暨及其祖坤道、父詳,並不見於
史傳。韓暨在北朝後期至隋初活躍於東北亞各政治勢力之間,
墓誌提供了極爲寶貴的資料。上引朱子方、孫國平文對墓誌有
比較詳細的研究,請參看。隋開皇四年,韓暨與"北平總管府參
軍事劉季略往契丹國"。隋北平總管府,未見記載,此可補史。

誌文"秋齋風月",從文意看,"齋"當爲"霽"字。

二二〇　蕭球墓誌

【誌蓋】

蕭公/墓誌

【誌文】

君諱球,字文預,南蘭陵蘭陵人。明允佐堯,彝倫輔漢,炳/靈世載,可得而談。高祖梁武皇帝,曾祖昭明皇太子,祖/梁孝宣皇帝,父梁太宰、吳郡王,入朝授大將軍、懷義公。/君結慶琨海,連華日幹,解褐給事中、仁化縣開國侯。過/庭稟訓,凤聞詩礼,醇粹理道,内敏外恕。博通墳素,傍曉/藝能,緘緘文章,翩翩書翰。仰之弥高,則宫墙數刃;撓之/不濁,則波瀾万頃。入朝,授博陵所部深澤縣令,讞冤/無滯,擿伏如神,魯雉既馴,王鸞亦舞。譽流京輦,簡在帝/心,好爵方縻,平分不愁。以大業八年七月十六日,卒於/縣舍,春秋卅矣。九年二月十六日,窆邙山之北原。君/隋/内宫堂弟,准従三品,贈束帛一百段,粟麥三百碩,儀仗/鼓吹車輅,營墳夫六百人。母氏袁夫人,痛恍傷割。昔陟/屺瞻望,孝忉人子之心;今晝夜長號,哀深敬姜之哭。乃/作銘云:/

銅淮西浸,雲岱東臨,多生杞梓,復産瓊玲。誕兹令德,嗣/彼徽音,智均秋水,孝感寒林。濯影天潢,寔膺繁祉,開國/表胙,錫珪誠美。姻連霄極,式光戚里,復宰弦歌,慶流江/汜。百齡儵忽,春秋代謝,機歇閲川,周驚怛化。方綏福履,/光陰不借,未懼短辰,俄歸長夜。隴昏夕霧,松吟曉風,遊/魂羈旅,還類飄蓬。楚山迢遞,邙阜穹崇,南觀清洛,非關/陼宫。

【疏證】

蕭球墓誌，1926 年出土於河南洛陽孟津前海資，墓誌拓片圖版見《隋唐五代墓誌匯編》洛陽卷第 1 册頁 93、《洛陽出土歷代墓誌輯繩》頁 66、《北京圖書館藏中國歷代石刻拓本匯編》第 10 册頁 76。拓片圖版和參考録文見《隋代墓誌銘彙考》第 4 册頁 292—295。

蕭球死於隋煬帝大業八年（612），四十歲，則其生年當在後梁明帝天保十二年（573）。

蕭球"高祖梁武皇帝，曾祖昭明皇太子，祖梁孝宣皇帝"，可知其高祖爲梁武帝蕭衍，曾祖爲梁昭明太子蕭統，祖爲後梁宣帝蕭詧。蕭球"父梁太宰、吴郡王，入朝授大將軍、懷義公"，又是誰呢？《隋書》卷七九《外戚·蕭巋傳》："徵琮叔父岑入朝，拜爲大將軍，封懷義公，因留不遣。"時在蕭巋初死、蕭琮繼位之年（585）。由此可知蕭球的父親就是蕭巋之弟蕭岑。蕭岑在後梁爲"太宰、吴郡王"，史所遺略，賴此墓誌知之。蕭巋死後，隋室已决定撤銷傀儡後梁小朝廷。把蕭岑拘留在關中，就是要削弱江陵小朝廷的力量，爲下一步的大動作做準備。

蕭球入隋，可能比其父蕭岑晚，即使晚到開皇七年（587，這一年江陵小朝廷正式被取消），蕭巋也不超過十四歲。據墓誌，蕭岑在後梁的官爵是"給事中、仁化縣開國侯"。可見後梁蕭氏貴族"解褐"之早。入隋，諸蕭子弟略高於俘囚。煬帝即位，蕭氏獲得外戚身份，纔驟然活躍起來。不過，到蕭球四十歲的時候，他也纔仕至縣令。

誌文"准從三品，贈束帛一百段，粟麥三百碩，儀仗鼓吹車輅，營墳夫六百人"。《通典》卷八六《凶禮八·賵贈》記唐制"諸職事官薨卒,文武一品,賵物二百段,粟二百石;二品物一百五十段,粟一百五十石;三品物百段,粟百石;正四品物七十段,粟七十石;從四品物六十段,粟六十石;……"。這是唐代喪葬令的内容①。而據《唐六典》卷六《尚書刑部》刑部郎中條,隋代也有喪葬令,在三十卷令中位列二十九。同時,隋煬帝大業三年以後,使用小升小斗,一升相當於開皇時一升的三分之一,至唐代,又恢復開皇舊制,日常公私通用大升斗②。大業時的三百碩正好相當於唐代的百石。因此,誌文所記,很可能即隋大業喪葬令之節文。

① 參仁井田陞《唐令拾遺》,長春出版社,1989 年,頁 748—750。
② 參郭正忠《三至十四世紀中國的權衡度量》,中國社會科學出版社,1993 年,頁 331—339。

二二一　楊矩墓誌

【誌文】

隋故通議大夫安陸太守楊府君墓誌/

公諱矩,字文懿,弘農華陰人也。本系周原,開基汾水,既展親以命社,乃因生而受姓。/公侯之門,必復其始,人物之盛,世傳明德。豈止韋平仕漢,賢陝相殷,七葉內侍,九世/卿族而已。祖鈞,使持節、侍中、司空公、雍華二州刺史、臨貞恭公。惟望惟才,立功立事,/底平水土,式鎮邦國。父寬,使持節、侍中、尚書左僕射、華州刺史、華山元公。譽緝民宗,/績宣朝右,盛業存乎戈鼎,遺愛結於縉紳。君資神挺秀,體仁生德,孝友發於冥至,敏/達由於自然,家承茅社之貴,門擅勳賢之業。而率性無怠,造次必儒,和以濟物,幾而/成務,鄉曲恭其風采,朝野扇其聲芳。天和二年,起家陳王府記室,建德三年仍遷府/屬。曹攄才舉,僅管齊文;陳群德選,方爲魏屬。君發跡士林,便升顯位,得人之美,談/者攸珍。其年八月,任左折衝上士。五年五月,授左侍伯上士。平齊之賞,進授儀同三司,/封東燕縣侯,食邑八百户。乃峻戎章,光啓藩國,錫丹書以固寵,分青珪而利建。七年/六月,除洛陽郡守。三川舊壤,兩周餘弊,共治之道,惟賢是切。君斷察無擁,條教有方,/吏畏其威,民懷其惠。開皇元年,以本官檢校洛州總管府長史。河潤九里,績懋於循/良;兼司二職,道光於毗贊。三年十月,進授上儀同三司,改封晉熙縣公,邑户如故。尋/授右宗衛右八府車騎將軍。武帳文軒,允參於心膂;書巡夜警,尤屬於親賢。仁壽二/年,授廬州刺史。君褰帷廬九,政稱明察。

當世之法，既聞於賈逵；在朝推善，同知於魏/相。大業二年，除安陸太守。沿江入夏，均一都之會；通宛接鄧，具五民之俗。地惟沃土，/人實難治，君政術有聞，刑禮兼設。遺貨交道，靡攘竊之譏；餘糧栖畝，興廉恥之化。方/且加爵進等，儀形郡國，服冕乘軒，獎鑒卿士。而流還巨壑，景落虞淵，運化不追，名賢/長往。四年八月廿四日，遘疾薨於官舍，春秋六十。惟君早協英猷，夙標譽望，强學以/待問，餝躬而爲善，結友唯賢，所言必信，同仁義於拱璧，匹誠恕於岑鼎。自宦成兩代/將卅年，脩名立於朝府，庶績紀於藩牧。既在貴而能降，實居榮而益謙，夷險若一，終/始無悔。石君廉慎，殆均齊魯，鄧侯教導，各通經術。人爵之美，雖未臻於遠大；時談所/屬，亦足被於遐迩。豈非没而不朽其令名之謂乎！即以今九年歲次癸酉三月乙亥/朔十日甲申，遷葬於華陰縣留名鄉歸正里之東原。公正室鄭夫人，周開府儀同、襄/城公之女也。族華卿宰，才兼明哲，先後成悲，丘陵遂遠。雙龍共匣，永没於蒿泉；二鶴/同枝，還臨於松路。世子孝儀，克纂家風，聿遵庭範，迺稽庸器之典，庶盡思親之義。於/是刊石幽扃，以章遺德，竭孝心於霜露，寄清徽於篆勒。其銘曰：/

河汾鼎族，卿相高門，盛德長祀，其道攸存。世多雄傑，人實瑶琨，山龍玄衮，駟馬朱輸。/堂構斯隆，繼踵清風，近見袁侃，兹爲李公。留連文苑，怊悵談叢，燕庭側席，楚館招弓。/韜略制勝，征鼓臨戎，在官正色，登朝匪躬。勳庸顯著，政術淵通，居盈慮損，處貴思沖。/逸迹方騖，脩途忽窮，人世若浮，生涯本促。一隨朝露，空思夜燭，松色寒青，草心春緑。/□車旋軫，虞歌罷曲，深谷或遷，披文山足。

【疏證】

　　楊矩墓誌,1999 年出土于陝西省華陰縣,石藏千唐誌齋博物館。拓片圖版見《秦晉豫新出墓誌蒐佚》①第 1 册頁 115、《洛陽新獲七朝墓誌》②頁 60。參考録文見李獻奇、周錚《北周、隋五方楊氏家族墓誌綜考》,《碑林集刊》第七輯頁 59—60。

　　楊矩,隋煬帝大業四年(608)卒,終年六十歲,則其生年是西魏文帝大統十五年(549)。楊矩不見於史傳,其祖鈞、父寬在《魏書》卷五八、《周書》卷二二、《北史》卷四一均有傳。據《周書·楊寬傳》,楊寬在北周武帝保定元年(561)卒後,子楊紀嗣。楊矩爲楊紀的兄弟。

　　誌文"天和二年,起家陳王府記室,建德三年仍遷府屬"。上引李獻奇、周錚指出陳王是宇文泰之子宇文純,由於宇文純在武成元年(559)被封爲陳國公,至建德三年(574)方進爵爲王,所以天和二年(567)楊矩所任當爲陳國公府記室,甚是。

　　誌文"其年八月,任左折衝上士。五年五月,授左侍伯上士"。左折衝上士和左侍伯上士,正三命,在北周六官體系中不知所屬,且以往所見史料中,未見折衝上士和侍伯上士分左右者③,而此墓誌則顯示北周折衝上士和侍伯上士亦分左、右。

　　誌文"平齊之賞,進授儀同三司,……七年六月,除洛陽郡守"。北周平北齊是在建德六年(577),據《周書》卷六《武帝本紀下》,建德七年三月壬辰,下詔改元宣政。因此,確切地説,楊矩出任洛陽郡守是在宣政元年六月。

---

① 趙君平、趙文成《秦晉豫新出墓誌蒐佚》,國家圖書館出版社,2012 年。
② 齊運通《洛陽新獲七朝墓誌》,中華書局,2012 年。
③ 參王仲犖《北周六典》卷七《六官餘録》,頁 509、511。

　　楊矩在隋文帝開皇三年(583)十月授上儀同三司,改封晋熙縣公,"尋授右宗衛右八府車騎將軍"。左右宗衛屬東宮系統,"制官如左右衛,各掌以宗人侍衛"①。由這條誌文看,左右宗衛的領兵系統也與左右衛下一開府、二開府的管理方式類似。

　　誌文"大業二年,除安陸太守"。隋煬帝大業三年四月壬辰,改州爲郡,郡置太守②。因此,誌文表述並不十分準確。據《隋書》卷三一《地理志下》安陸郡條,改州爲郡前,此地置安州。

① 《隋書》卷二八《百官志下》,頁 780。
② 《隋書》卷三《煬帝本紀上》,頁 67。

二二二 衙君妻王氏墓誌

【誌蓋】

將作監甄/官丞衙君/夫人王氏/墓誌之銘

【誌文】

夫人王氏者,太原人也。昔子晉輕舉,落落躑於雲霄;/子喬騰躍,俄俄遊於星[漢]。仙貴繼出,公侯迭興,芬藹/圖篆,可略言矣。夫人徐州長史之孫,河南主簿之女,/六行剋融,四德兼備。言告師氏,乃適良人。性儉素,懷/禮則,女儀盛於當時,節行留於後代。夫子歷任按部,/詢謀政事,其和也猶瑟,其臭也如蘭。敬甚遠賓,功踰/調鼎,家豐玉帛,體無兼衣,溫潤湛而流溢,清塵嶷乎/照瑩。至於登樓望月之辰,先推巧笑;入園汎舟之日,/不妒娥眉。以此而論,我無慚德。夜光之寶,方欲吐暉;/桃李之花,何圖已落。以大業九年閏九月廿四日,卒/於私第,春秋卅有七。即以其年十一月廿日葬於河/南郡河南縣靈泉鄉華陽里。悲夫,石門斯掩,空聽白/楊之風;妝匣不開,詎忍臨窗之月。嗚呼哀哉。乃爲銘/曰:/

源自姬□,□于仙□,粵我歷葉,光承遐裔。婦容婦言,/如玉如桂,動靜不俗,率由禮制。淑人節儉,仁踰一時,/應善如響,翫弄莫侍。朱顏一去,碧牖長辭,魂將安往,/空懷所思。泉門不春,夜臺無日,万古俄頃,千秋永畢。/何以自慰,白雪鏗鏘,何以悲人,松風蕭瑟。

【疏證】

　　甄君妻王氏墓誌，出土時地不詳，石存洛陽，拓片圖版見《洛陽出土歷代墓誌輯繩》頁 67。拓片圖版和參考録文見《隋代墓誌銘彙考》第 5 册頁 5—8。

　　王氏的丈夫甄君，曾任甄官署丞。據《隋書》卷二八《百官志下》，甄官署在隋文帝時隸屬太府寺，爲下署，丞爲從九品下階。隋煬帝時甄官署改隸將作監。

　　王氏大業九年“葬於河南郡河南縣靈泉鄉華陽里”。隋河南縣靈泉鄉還有龍淵里。大業十一年蕭濱墓誌稱，蕭濱葬於河南縣靈泉鄉龍淵里。據郭玉堂《洛陽出土石刻時地記》，蕭濱墓誌出土於洛陽城北前海資村東。

二二三 丁那提墓誌

【誌蓋】

大隋真/化道場/尼墓誌

【誌文】

大隋真化道場尼那提墓誌之銘/

法師諱那提,俗姓丁,吳郡晋陵人也。松生感夢,景/業著於開吳;應變成務,奇功表於炎漢。清徽茂績,/流被風聲,盛德嘉言,詳溢圖史。實亦譽馳雅俗,藉甚/古今,視聽所存,名言可略。若夫珠生漢水,特禀/明練之姿;玉出荆山,獨體温貞之質。法師洪源叡/緒,世載融長,正覺真如,性靈沖寂。髫歲精誠,遂專/心於內教;笄年悟道,乃棄俗而歸緇。貞觀苦空,玄/同常樂;理超方等,道成員滿。任心自在,直置無爲,/便會解脱之門,遂冥究竟之旨。可謂內教之綱維,/道門之領袖者矣。正應在世,誘化群生,豈悟一朝,/奄從風燭。仁壽四年五月廿一日,春秋五十二,終/於真化道場。曰以大業九年歲次癸酉十月辛未/朔十五日乙酉,歸窆於京兆大興縣高平鄉之杜/原。恐陵谷變遷,桑田移改,勒兹玄石,庶傳不朽。乃/爲銘曰:

桂體自芳,筠心本勁,物貴自然,人高天/性。一捨六塵,長希八政,去離煩惱,歸依清浄。理極/虛無,道終寂漠,彼岸殊因,此生同託。苦海未津,危/城遽落,既超三界,永登常樂。

【疏證】

丁那提墓誌,1952 年出土於陝西長安縣韋曲附近。墓誌拓

片圖版見《隋唐五代墓誌彙編》北京大學卷第 1 册頁 19，又見
《隋代碑誌百品》①頁 365。拓片圖版和參考録文見《隋代墓誌銘
彙考》第 4 册頁 361—364。誌主尼那提，俗姓丁，照理其法名前
不應冠以俗姓，兹從舊。

　　那提生平家世，墓誌略焉不記，只説她是吴郡竟陵人，笄年
（十五歲）出家，死於大興城真化道場。《隋書》卷二八《百官志
下》：“郡縣佛寺改爲道場，道觀改爲玄壇，各置監、丞。”《長安
志》卷一〇《唐京城四》群賢坊條：“街東之北，真化尼寺。開皇
十年，冀州刺史馮臘捨宅所立。武太后改爲光化寺，神龍元年復
舊。”那提在真化道場爲尼，正與真化尼寺合。疑此真化道場即
隋開皇十年所立真化尼寺，至唐未改。

　　那提葬於大興縣高平鄉，唐長安也有高平鄉，在今韋曲②。

①　隋代碑誌編選組編：《隋代碑誌百品》，新時代出版社，2002 年。
②　武伯綸：《唐長安、萬年縣鄉里考》，《考古學報》1963 年第 2 期。

二二四　席德將墓誌

【誌蓋】

席君/之銘

【誌文】

君諱德將，字道行，河南洛陽人也。秦丞相賚之□世孫矣。/祖題，魏武德太守、荊州諸軍事、荊州刺史。考懷素，開府平/原公劉宣司户參軍事。孝稱天性，學曰生知，術盡三端，才/踰七步。大隋馭曆，改授南陽縣令。朝野歎仁讓之風，州縣/興化平之頌，窮奸討慝，其智如神。訓俗愛民，其恩若母。雖/張敞之莅京兆，未足比功；邵信之守南陽，詎方斯效。弼諧/之功，有稱於俗。但泥洼之水，必産神駒；丹穴之巖，是生威/鳳。固知物類有種，士族相仍。君稟氣上靈，承華遠葉，生而/有識，弱不爲弄，幼而習文，長而好武。馬益起弱冠之歲，未/可並其才雄；鄧仲華策杖之年，不足重其籌略。真可謂荆/山挺曜，蕙圃翹生者矣。大業三年，擢爲國冑。蘊德待價，未/階朝伍。忽屬玄感逆亂，誠勇奮發，擐甲負戈，先鋒挑戰。□/定寇場，冰消瓦散，一躬千用，莊武太過。而昊穹不吊，遇兹/濫禍。以大業九年六月十四日，殯於賊陣。焱日爲之愴暉，/行雲由而改色，有情之物，孰不傷痛。時年廿四也。贈賵之/禮，已有優詔。然名級未頒，闕於鑴勒。粤以其年十月辛/未朔十五日乙酉，殯於芒山之北，靈淵勝地。但英聲茂實，/雖云可久，深谷高岸，猶恐有虧。乃刊誌幽埏，式昭遠葉。其/詞曰：/

悲君早世，惜子英才，隋珠落火，趙璧成災。蒼芒雲慘，瑟泪/風衰,樹唯拱木,隴異春臺。斯眠莫寤,斯去無迴,徒斟緑醑,/誰當舉杯。嗚呼哀哉。大業九年十月十五日乙酉。

【疏證】

　　席德將墓誌,1933 年出土於河南洛陽南石山村,現藏陝西碑林博物館;墓誌拓片圖版見《隋唐五代墓誌匯編》洛陽卷第 1 册頁 103,又見《鴛鴦七誌齋藏石》頁 209、《北京圖書館藏中國歷代石刻拓本匯編》第 10 册頁 87。拓片圖版和參考録文見《隋代墓誌銘彙考》第 4 册頁 365—368。

　　席德將死於隋煬帝大業九年(613),二十四歲,則其生年當在隋文帝開皇十年(590)。

　　席德將之父席懷素,於入隋以前,任"開府平原公劉宣司户參軍事",這個劉宣不見於史。西魏北周爲平原公者,是侯莫陳順。《周書》卷三《孝閔帝紀》孝閔帝元年:"夏四月己巳,以少師、平原公侯莫陳順爲柱國。"可是,《周書》卷一九《侯莫陳順傳》作安平郡公,中華書局標點本校勘記據《周書》卷一六卷末及《北史》卷六〇卷末所附八柱國十二大將軍名單,有"使持節大將軍大都督平原郡開國公侯莫陳順",知安平公當作平原公。據《侯莫陳順傳》,順死於孝閔帝元年。史書没有關於侯莫陳順子嗣的記載。席德將墓誌中的平原公劉宣,應當就是繼承侯莫陳順爵位的人,很可能就是侯莫陳順之子。劉宣,即侯莫陳宣。侯莫陳順與侯莫陳崇兄弟,北魏時已姓劉氏,西魏賜姓侯莫陳氏,北周末又復姓劉氏。這個問題,請參看本書崔仲方妻李麗儀墓誌疏證。

　　席德將死於楊玄感之亂。隋煬帝大業九年(613)六月三日

（乙巳），楊玄感起兵於黎陽，隨即掩襲洛陽。《隋書》卷四《煬帝紀下》："六月乙巳，禮部尚書楊玄感反於黎陽。景辰，玄感逼東都。河南贊務裴弘策拒之，反爲賊所敗。"景辰（丙辰）即十四日。這一天，楊玄感於汲郡渡河，分兵兩道襲洛陽，其主力在邙山白司馬坂與將作監、河南贊治裴弘策的隋軍相遇，戰而勝之，裴弘策軍只剩下十餘騎潰逃回洛陽。席德將死在這一天，他應當就在裴弘策軍中。他並非官員和戰士，可能是裴弘策臨時徵召，倉促上陣的。從席德將的個案，可知當時洛陽守備虛弱，兵力不足，雖然不乏裝備物資，却缺少將士，只得臨時徵發洛陽士民。裴弘策軍一觸而潰，於此亦可窺其一因。

墓誌云："贈賵之禮，已有優詔。然名級未頒，闕於鐫勒。"死難將士的收恤工作，應當包括追贈官爵。可是席德將没有得到任何追贈，就匆匆下葬了。這反映了洛陽政局在急劇震蕩之後的混亂狀況。

二二五　牛諒及妻喬氏墓誌

【誌蓋】

隋故處/士牛君/墓誌銘

【誌文】

君諱諒,字君信,蓋隴西人。□□□□□□暢之□□。自列土/爲封,功成有虞之世;因生賜姓,德著周氏之初。故能世曜朱/門,時榮鼎族,姓之所顯,良爲此焉。祖遵,爲魏寧朔將軍。考弘/璨,爲齊梁州別駕。君嗣彼芝蘭,挺斯芬馥,風儀擅美,禮則標/奇。雍雍秉揖讓之風,穆穆有謙沖之操。加以聞詩聞禮,進聲/進樂,非信不友,非義不交。堂堂乎,翼翼乎,卓犖懷山水之心,/皎潔瑩冰霜之志。是以佩玉意少,披褐情深,高捐朝市之蹤,/遠躡山東之跡。遂乃優遊邑里,棲息丘園,左琴右書,大被厚/褥。既而梁竦閑居,徒聞其語;尚長肆意,空得其名。雖人有古/今,義無彼此。而君言爲准的,行合規矩,内崇孝道,外盡義方,/愠恚曾未形,是非無所執。每登臨春日,必籍池臺;懷遠秋時,/會憑山水。不謂霓光易滅,石火難留,卜室未幾,頹山奄及。春/秋廿有八,卒於殖業里之第。夫人喬氏,抑喬伯之後也。然夫/人世修禮則,代有閨闈,德著師風,教成宗室。于時年始弱笄,/言歸牛氏,冀女儀一世,婦德百年,嬝婉芳春,綢繆偕老。豈圖/光艷与木槿而同彫,不謂年華將桃李而俱落。年廿有四,卒/於牛氏之第。即以大業九年十一月九日,同窆君及夫人於/之邙山。此乃左臨玉井,水激洛泉;右望王城,徑遊金谷。故鑴/金石,用表行年。嗚呼哀哉。乃爲銘曰:/

裔傳牛卓,族望西秦,惟周之將,惟晋之賓。言詞可樂,德義可/
珍,威儀濟濟,珠璧璘璘。世有哲人,朝多達者,身威隴上,聲雄/
洛下。愕愕誠節,斌斌文雅,縱横應命,威風所假。洛川之野,
邙/山之外,道路悠臻,關河共會。寒林蕭索,紅塵掩藹,苦霧埋
旌,/悲風偃蓋。西園闃寂,東閣荒涼,一歸泉路,万古悠長。松
昏兔/影,隴照烏光,無聞黄鶴,空吟白楊。

【疏證】

　　牛諒及妻喬氏墓誌,出土於河南洛陽,出土時間不詳;墓誌
拓片圖版見《隋唐五代墓誌匯編》洛陽卷第 1 册頁 107、又見《北
京圖書館藏中國歷代石刻拓本匯編》第 10 册頁 91。拓片圖版
和參考録文見《隋代墓誌銘彙考》第 4 册頁 390—393。墓誌"同
窆君及夫人於之邙山"句,"之"前似奪一字或兩字。

　　牛諒與妻喬氏,似乎死亡時間很接近。合葬時間在隋煬帝
大業九年(613)十一月。

　　牛諒夫婦均"卒於殖業里之第"。據徐松輯《河南志》,隋東
都有殖業坊。《隋書》卷二八《百官志下》,大業年間"京都諸坊
改爲里"。牛諒夫婦所居即東都殖業里。

二二六　尹家故人婦女王墓誌

【誌文】

大業十一年三月廿日，大興縣永寧/鄉住在安邑里民尹家故/人婦女王銘記。

【疏證】

　　尹家故人婦女王磚質墓誌，1954 年出土於陝西省西安市郭家灘東國棉四廠基建工地。參考録文見武伯綸《古城集》頁261、99。"大業十一年三月"，《新中國出土墓誌》陝西卷貳下册頁 388 作"隋大業十二年正月"，又"尹家"作"尹氏"。未見拓片圖版，録之備考。

二二七　吳弘及妻高氏墓誌

【誌蓋】

隋濟音/縣令吳/府君誌

【誌文】

大隋故濟陰縣令吳府君之墓誌銘/

君諱弘，字大女，京兆大興人也。祖、父並擅英奇，俱稱威重，位/列功臣之上，名書良史之筆。而君稟靈山岳，氣感風雲，幼有/通理之名，早聞穎脱之舉。起家，至大業二年遷濟陰縣令。烹/鮮理務，絃哥調俗，非直當時流舉，實亦去後見思，方膺錫於/壽眉，豈謂福仁冥漠。既而徂光易晚，閱水難留，朝夢涉洹，曉/歌梁木。以大業十一年八月十七日終於大興縣永寧鄉之/本第，春秋九十有一。君之高氏慟甚崩城，哀深過礼，望夫之/感，遂同朝露，以其月廿二日終于本第，春秋八十有一。即以/其年太歲乙亥十月庚申朔一日庚申夫妻合葬於大興/縣産川鄉白禄之源。昔韓子雙環，暫分乖於鄭國；張公兩劍，/終會遇於延津。君有四子，長子富貴，任奮武尉；第二子爲命/不終，早先彫落；第三子任宣惠尉；第四子義陽府備身。兄弟/等孝感蓼莪，淚枯松柏，仰昊天而罔極，瞻岵屺而憎慕，思弥/結於寒泉，慟方深於風樹。嗚呼哀哉，乃爲銘曰：/

祖考淵雅，遐古蟬聯，珪璋疊彩，世載英賢。璧出荆嶺，珠生漢/川，秀兹髦儁，調逸風煙。誕此英奇，超前邁後，聲存史筆，譽流/民口。善始令終，歸全啓手，風勁松哀，山迴車柳。咄哉儵忽，慷/慨未申，如何不淑，殲我良人。月照空懽，林昏野塵，徘徊颺鶴,／悽慘行人。一歸泉下,金鷄詎晨。

【疏證】

　　吳弘及妻高氏墓誌,陝西省西安市出土,出土時間不詳,石藏西安市小雁塔保管所。拓片圖版見《隋唐五代墓誌匯編》陝西卷第 3 册頁 10。拓片圖版和參考録文見《隋代墓誌銘彙考》第 5 册頁 237—240。

　　吳弘,隋煬帝大業十一年(615)卒,終年九十一歲,則其生於北魏孝明帝孝昌元年(525)。其妻高氏,與吳弘同年卒,終年八十一歲,則其生年是西魏文帝大統元年(535)。

　　誌文"瞻岵屺而憎慕",從文意看,"憎"當爲"增"。

　　誌文"大業二年遷濟陰縣令"。大業元年正月詔中有"高年之老,加其版授,並依別條,賜以粟帛"之語①,吳弘大業二年(606)已經八十二歲了,當爲版授。

　　吳弘夫婦葬於"産川鄉白禄之源",此地即今西安藍田縣滻水與灞水之間的白鹿原。本書所收隋大業六年姬威墓誌與大業七年田德元墓誌俱記葬於"京兆郡大興縣滻川鄉之白鹿原",開皇十六年羅達墓誌記載更爲清晰,爲"大興縣滻川鄉長樂里白鹿原"。由這幾方墓誌可知隋白鹿原屬京兆郡大興縣滻川鄉長樂里。又因羅達、姬威、田德元三墓誌均出土於今西安東郊郭家灘,由此可知當時白鹿原和長樂里的大致位置。

　　吳弘長子任"奮武尉"、"第三子任宣惠尉;第四子義陽府備身"。據《隋書》卷二八《百官志下》,奮武尉從六品、宣惠尉正七

---

① 《隋書》卷三《煬帝本紀上》,頁 63。

品,它們都是隋煬帝大業三年令中所設散職。隋前期的左右領左右府設備身六十名①,太子左右内率設備身二十名。隋文帝開皇十八年(598)"置備身府",隋煬帝大業三年改左右備身府爲左右驍衛府,另改左右領左右府爲左右備身府。隋朝的宮衛制度主要因襲周齊,備身是皇帝或太子的侍衛。而大業年間,除了備身府及太子内率府外,其他機構似不設備身一職。那麼所謂"義陽府"有没有可能是備身府下屬設於地方的分支機構呢?存疑。

---

① 《唐六典》卷二五《諸衛府·左右千牛衛》頁641、《通典》卷二八《職官十·左右千牛衛》頁790,均作"備身十六人"。

二二八　劉世恭墓誌

【誌文】

大隋京兆郡大興縣進／賢鄉左備身府故驍果／劉世恭，以今年十月廿／日於河南郡崩逝，以大／業十一年歲次乙亥十／一月己丑朔十四日壬／寅，葬於城東白鹿原滻／川鄉之原。嗚呼悲哉，故／立銘記。

【疏證】

　　劉世恭墓誌，1954 年出土於陝西省西安市東郊。拓片圖版見俞偉超《西安白鹿原墓葬發掘報告》，《考古學報》1956 年第 3 期。又見《隋唐五代墓誌匯編》陝西卷第 3 册頁 11。拓片圖版和參考録文見《隋代墓誌銘彙考》第 5 册頁 262—263。

　　劉世恭曾任左備身府驍果，據《隋書》卷二八《百官志下》，隋文帝開皇十八年（598），設置備身府，煬帝大業三年（607）後，改左右備身爲左右驍衛，又把左右領左右府改爲左右備身府，掌侍衛左右。備身府的軍士爲驍果，備身府内置折衝、果毅、武勇、雄武等郎將，以領驍果。又唐長安亦有進賢鄉①，未知是否即此地。

---

① 　周紹良、趙超:《唐代墓誌彙編續集》儀鳳 009，頁 234。

二二九　張善敬墓誌

【誌文】

隋大業十二年歲次丙子三月丁亥/廿六日壬寅，通澤縣昌樂鄉彫龍/里散人張善敬之柩銘。

【疏證】

　　張善敬磚質墓誌，1999 年出土於河北省永清縣西通澤村。參考録文見吕冬梅、田燕萍《廊坊近年出土的隋唐墓誌》，《文物春秋》2002 年第 3 期。《隋代墓誌銘彙考》第 5 册頁 305—306 有拓片圖版和參考録文。

　　"通澤縣"不見於《隋書·地理志》。《太平寰宇記》卷六九《河北道十八》幽州永清縣條："隋大業七年（611），於今縣西五里置通澤縣，隋末廢。"通澤縣在隋屬涿郡，涿郡是隋煬帝征高麗的基地，《隋書》卷七三《循吏·郭絢傳》謂"煬帝將有事於遼東，以涿郡爲衝要"。《資治通鑑》卷一八一《隋紀五》記大業七年四月"車駕至涿郡之臨朔宫，文武從官九品以上，並令給宅安置。先是，詔總徵天下兵，無問遠近，俱會於涿"，同年七月，又"發江、淮以南民夫及船運黎陽及洛口諸倉米至涿郡"。於此年在涿郡置通澤縣，當與征高麗直接相關。

二三〇　田行達墓誌

【誌蓋】

周故正/議大夫/田公銘

【誌文】

隋故正議大夫虎賁郎將光禄卿田公墓誌/

公諱行達，字　　，平涼平高人也。妻以元女，始建氏於宛丘；鳳皇于飛，遂代興/於太嶽。既徙秦中，仍爲著姓。武安以待士知名，司農以決册見重。有嬀之後，抑/不乏賢。祖盎，安樂太守。父士通，新義公、開府儀同三司、　　州刺史。並任股/肱之邦，偕善廉平之化。羊碑樂社，遺愛猶存。著於記事，又可略而言也。公家本/西土，志節慷慨，生自將門，騎射斯習，已曉傳劍，猶好論兵　。而折節師門，伏膺/黌序，君臣之訓略通，經史於是足用。周氏初基，僻陋河　，未遑文德，實尚武功，/督領本鄉，高選勳貴。宣政元年，出身都督。　皇隋啓運，思隔華戎。開皇三年，乃/詔衛王治兵白道，葷粥狼心，敢懷放命，公時從中權，屢摧　醜，以勳遷帥都督。/其年，州將衛王召補主簿。棧車駕馬，疾惡如風，補闕拾遺，　救無怠。四年，入爲/上臺勳衛。七年，還攝本任。十七年，以統御之勤，選授大都督，領兵如故。狄固貪/惏，有自來矣，或輕五餌，時縱六贏，負案乘流，緣邊南牧。王赫斯怒，爰命張韓，上/柱國楊素總戎沃野，公應募前垣，率先群帥。手持雙戟，腰帶兩鞬，左制温禺，右/梟當户。涉血漂干，揚埃晦地，垂勝七禽，席卷千里。十九年，以功拜開府儀同三/司。其年，奉　敕事秀。屬板楯叛亂，夷獠鋒起。仁壽二年，資普嘉陵等四州所在/孔熾，以公爲陵州道行軍總管，与大將軍段文振東西掎撲。尔其深谷無景，高/山干霄，莫不猨臂潛登，雁行直指，万里通誅，一朝底定。河州北距輪臺，西通朱/圉，以公威名素遠，式遏攸歸。三年，授河州行軍總管。大業元年，檢校左衛十二/車騎將軍，俄轉檢校左武衛廿車騎將軍。三年，改授正議大夫。四年，遷崇義府/鷹揚郎將，又授右禦衛虎賁郎將。六年，拜光禄少卿。引藉千門，筦司九棘，職修/能效，無愧卿才。　皇上間罪遼東，貔虎百万，雖承廟略，亦寄英奇。又拜公行軍/總管。師旋，改授左武衛虎賁郎將。北平跨帶東夷，據臨險阨，撫背扼喉，莫此爲/重。万乘南歸，留情北顧，兼姿器略，朝議難之。公乃越自橐鞬，特允　天旨。十年，/留授北平太守。十一年，徵拜左候衛虎牙郎將。河南群盜，草竊萑蒲，癬疥未夷，/納隍興慮。

　詔公董率偏軍，隨宜剿滅。既而獸窮有觸，鷹鶩不虞，志勇忘身，奄/然幕府，春秋六十有一。以今十二年閏五月五日葬於京兆郡大興縣　　鄉。/温次房之壯氣，遂迫衛鬓；馬新息之雄心，遽埋泉壤。嗚呼哀哉，乃爲銘曰：/

盛德之後，霸王之裔，朱轂連衡，金相弈世。挺生光禄，高蹤是系，譽美春榮，芳踰/冬桂。拔足蘭畹，委質明王，效宣清禁，功懋戎行。時惟鵲起，所謂龍光，捨生殉/主，因利延敵。行歸誠孝，身冤鋒鏑，曲池未平，高臺已闃。何代佳城，應傳芳績。

【疏證】

　　田行達墓誌，出土於陝西省西安市東郊郭家灘，出土時間不詳，現藏西安碑林。拓片圖版見《隋唐五代墓誌匯編》陝西卷第

1册頁4。岳紹輝《隋〈田行達墓誌〉考釋》①有參考録文和比較詳細的研究，請參看。在此僅略做補充。

田行達，隋煬帝大業十一年(615)卒，終年六十一歲，則其生年是西魏恭帝二年(555)。田行達及其祖益、父士通，並不見於史傳。

誌文"四年，入爲上臺勳衛"，即擔任皇帝的宿衛官員，參本書劉士安墓誌疏證。

誌文"大業元年，檢校左衛十二車騎將軍，俄轉檢校左武衛廿車騎將軍"。《通典》卷二九《職官十一·武官下》"折衝府"條："隋初左右衛、左右武衛、左右武候，各領軍坊、鄉團，以統戎卒。開皇中，置驃騎將軍府，每府置驃騎、車騎二將軍。"在一般情況下，車騎將軍爲驃騎將軍的副職，有時也設置與驃騎府平行的車騎府，車騎將軍本身爲長官②。

誌文"又授右禦衛虎賁郎將，……改授左武衛虎賁郎將"。《隋書》卷二八《百官志下》：大業年間，十二衛"每衛置護軍四人，掌副貳將軍。將軍無則一人攝。尋改護軍爲武賁郎將，正四品，而置武牙郎將六人，副焉，從四品"。誌史比較，可見《隋書》避"李虎"諱而改"虎"爲"武"。

此墓誌中多有空格，大致有三種情況。一種是行文格式，如"皇隋啓運"、"皇上問罪遼東"的皇字前、"奉　敕事秀"的敕字前，或"特允　天旨"的天字前。另一些空格當爲誌文撰寫者不清楚的情況，留待誌主家人補充，如田行達的字、田士通任何州刺史、葬於大興縣哪個鄉等，可能由於匆忙，這些並未補上。還

① 《碑林集刊》第六輯，陝西人民美術出版社，2000年。
② 谷霽光：《府兵制度考釋》，上海人民出版社，1962年，頁112。

有一些應該不是原文缺字，而是没有刻上，如"僻陋河　，未遑文德"、"屢摧　醜"、"補闕拾遺　救無怠"等中間的缺字，未刻原因不知。

二三一　徐純及妻王氏墓誌

【誌文】

隨故□□□□兗州長史徐府君墓誌并序/

君諱純，字惇業，東海人也。隆周啓封，因國受氏，玉潤珠輝，世融/冠族。樂則待詔漢武，與嚴、賈而騰芳；幹乃陪宴魏文，共應、劉而/挺秀。春蘭秋桂，英徽繼踵。祖雅，齊尚書右丞，持轄內臺，聲高紫/閣。父瑜，周龍驤將軍、魏州刺史，擁旄作牧，遺愛在民。君洪瀾毓/德，喬岳韜靈，緼籍仁義之方，優遊謙恭之轍，溫枕扇席，率由斯/至。趨庭禀訓，造次必彰，篤志儒林，拘深泉涌，留襟文苑，絢藻霞/舒。以秀才升第，調國子學生，頻遷兼著作。君研覈該練，酬校精/敏，蠹簡咸理，魚豕必甄。隨文皇問罪江隄，君乃卷帙整銳，以軍/功授三司儀同。開皇九年，除兗州長史。驥足高騁，寔光上佐，仁/恕存乎謳頌，惠澤結於氓心。既而秩滿言旋，攀轅軫戀，逸翮方/舉，儵風先落。以大業九年三月九日，終于里舍，春秋五十有八。/夫人王氏，琅邪人，父廣之，并州司馬。胄緒清華，神情婉順，德容/可範，任睦斯弘。俄而移天夙殞，孤稚孑立。夫人抱恭姜之誓，體/孟母之明，撫育窮姒，克隆家業。報德奚爽，不終遐慶。仁壽二年/五月四日卒。粵以□□□□□□十一月十六日，合葬于洛州/洛陽縣北邙之山，禮也。夫藏舟易改，桑海難期，不有鎸勒，徽音/莫紀。迺爲銘曰：/

崇基肇構，因邦啓族，仁義前標，英才後育。猗歟慶緒，聯蟬允淑，/迪兹二世，參臺作牧。公侯必復，道貴洪源，質挺筠桂，文馥蘭蓀。/禮樂胥悦，詩書是敦，對策金馬，高步王門。王門伊何？

校書驎閣,/且詳且綴,或酬或削。投卷陪麈,庸勳是酢,一邦毗贊,千里驥躍。/甫春强仕,俄秋物化,明世掩暉,幽泉税駕。霜郊藹曉,風松吟夜,/徽烈可傳,光陰不舍。

【疏證】

　　徐純及妻王氏墓誌,出土於河南洛陽北邙山,出土時間不詳,墓誌拓片現藏江蘇省揚州博物館,拓片圖版見《隋唐五代墓誌彙編》江蘇卷頁 9。拓片圖版和參考録文見《隋代墓誌銘彙考》第 4 册頁 397—399。墓誌所缺的字,似乎都是被有意鑿去。徐純與妻王氏的合葬時間被鑿,尤爲可疑。墓誌叙徐純參加過隋文帝發動的平陳戰争,稱"隨文皇",似非隋代語氣。因此疑合葬時間晚於隋之滅亡。

　　墓誌"拘深泉涌"句,"拘"當是"鈎"字之誤。授儀同三司被寫作"授三司儀同",或與追求押韻有關。

　　徐純死於隋煬帝大業九年(613),年五十八歲,則其生年是西魏恭帝三年(556)。妻王氏死於隋文帝仁壽二年(602)。明明王氏先死十一年,墓誌却説"移天夙殞,孤稚子立",記王氏撫育孤兒之勤。這也是十分可疑的。

參考書目

北京圖書館金石組:《北京圖書館藏中國歷代石刻拓本匯編》,中州古籍出版社,1989年。

故宮博物院、南京市博物館:《新中國出土墓誌》江蘇(貳),文物出版社,2014年。

故宮博物院、陝西省考古研究院:《新中國出土墓誌》陝西(肆),文物出版社,2021年。

衡水市文物局:《衡水出土墓誌》,河北美術出版社,2010年。

康蘭英:《榆林碑石》,三秦出版社,2003年。

梁春勝:《六朝石刻叢考》,中華書局,2021年。

劉蘭芳、張江濤:《潼關碑石》,三秦出版社,1999年。

洛陽市第二文物工作隊、李獻奇、郭引強:《洛陽新獲墓誌》,文物出版社,1996年。

洛陽文物工作隊:《洛陽出土歷代墓誌輯繩》,中國社會科學出版社,1991年。

毛遠明:《漢魏六朝碑刻校注》,綫裝書局,2008年。

王其禕、周曉薇:《隋代墓誌銘彙考》,綫裝書局,2007年。

王友懷:《咸陽碑刻》,三秦出版社,2003年。

負安志:《中國北周珍貴文物》,陝西人民美術出版社,1993年。

張鴻傑:《咸陽碑石》,三秦出版社,1990年。

張江濤:《華山碑石》,三秦出版社,1995 年。

趙力光:《鴛鴦七誌齋藏石》,三秦出版社,1995 年。

中國文物研究所、河南省文物研究所:《新中國出土墓誌》河南(壹),文物出版社,1994 年。

中國文物研究所、河南省文物考古研究所:《新中國出土墓誌》河南(貳),文物出版社,2002 年。

中國文物研究所、陝西省古籍整理辦公室:《新中國出土墓誌》陝西(壹),文物出版社,2000 年。

中國文物研究所、陝西省古籍整理辦公室:《新中國出土墓誌》陝西(貳),文物出版社,2003 年。

《山東石刻分類全集》,青島出版社,2013 年。

《隋唐五代墓誌匯編》,天津古籍出版社,1991 年。

後　記

　　幾年來我們對新出魏晉南北朝墓誌的搜集和學習，以本書的出版告一段落。我們希望給讀者提供較好的錄文，但我們知道自己水平有限，謬失不可避免，所以我們儘量提供每個墓誌的出土情況、圖版綫索和相關研究信息，以便於讀者核對審查。我們所作的簡短疏證儘可能揭示墓誌文字所提供的歷史信息，限於學力，亦點到爲止。

　　我們要在這裏特別感謝本書所收各墓誌的發掘者、整理者，他們的工作使魏晉南北朝石刻史料的增加成爲可能。儘管我們對照圖版重新給墓誌作了錄文，但多數情況下都參考了從前的錄文，因此，我們也想特別感謝這些墓誌最早的識讀者。當然我們自己要對本書錄文的謬失負完全責任。

　　我們還要感謝曾經在或正在北京大學歷史系學習魏晉南北朝史的多名研究生，他們是：汪小烜、姚宏杰、李昭君、顧江龍、劉聰、王抒、王珊、王芳、張煒、徐冲，等等。他們不僅幫助我們搜集資料、核對錄文，還在討論墓誌疑難問題時，給了我們許多具體的提示和啓發。

　　在本書寫作過程中，我們得到中國文物研究所王素先生、寧夏考古所羅豐先生和山西考古所張慶捷先生的幫助，謹在這裏微申謝忱。

　　我們還要感謝北京大學中國古代史研究中心，本書的寫作得到中心領導和同仁的支持,而且本書的出版也得到中心的直接幫助。

中華書局的張繼海先生給了我們許多幫助,沒有他細緻負責的工作,本書的錯謬一定會多出不少,這裏一併申謝。

羅新　葉煒

甲申冬月於燕園

修訂本後記

　　本書 2005 年出版以後，得到學界師友的關注，我們陸續收到許多有價值的批評意見，涉及體例、釋文、内容理解和歷史信息闡發等諸多方面。而且，近十年來，有關魏晋至隋墓誌的資料發表與研究，出版了許多重要的新著，其中有兩部著作對我們意義尤大：一是毛遠明《漢魏六朝碑刻校注》(綫裝書局 2008 年版)，二是王其禕、周曉薇《隋代墓誌銘彙考》(綫裝書局 2007 年版)。這兩部著作的共同特點是收録較全、圖版精良、録文準確。兩書提供的圖版和録文是本次修訂的重要參考。雖然我們在參考各家録文的基礎上，亦頗有固執己見或另立新義處，但前舉二書對我們的幫助可謂巨大，謹此鳴謝。

　　本次修訂，對所收墓誌未加增減，修訂主要在以下幾個方面：

　　一、原未見拓片圖版或所據圖版模糊不清者，補充新見較好的拓片圖版出處。

　　二、修訂録文，全書由簡體字改爲通行繁體字，俗别字徑改爲正字，假借字及現在仍通行的簡體字則照録原文。儘可能提供每一方墓誌的另一録文出處，供讀者參考。

　　三、修正疏證部分的錯訛之處。

　　我們的修訂工作得到許多朋友的無私幫助，特别是孫正軍、胡婷婷、吳楊、潘敦、叢銘等人,犧牲了很多時間討論得失、校勘書稿。還有許多學界朋友在書評與札記中訂訛正誤,啓發良多,我們儘可能搜集和吸收了這些批評意見。學力所限,錯謬一定還多,匆匆推出修訂本,實感惶恐。

羅新　葉煒

癸巳冬月於燕園

修訂本出版後,先後得到張學鋒、仇鹿鳴老師的提示,謝琰墓誌所據圖版不完整,可以利用新出圖版訂補。利用本次再版機會,我們主要對類似謝琰墓誌,即此前未見圖版或圖版質量差的墓誌,利用新刊佈的圖版重新錄文或校訂。同時參考了以梁春勝先生《六朝石刻叢考》(中華書局 2021 年)爲代表的學界成果,進一步修訂錄文。本書責任編輯李勉女史也提出了大量有價值的修改意見。感謝諸位學界師友對本書的關注,錯漏之處肯定仍有不少,祈請大家繼續指正。

羅新　葉煒

2023 年 9 月於北京大學中國古代史研究中心